Litis-contestation...

Friedrich Ludwig Keller

Ueber

Litis Contestation

und

Urtheil

nach classischem Römischem Recht.

Von

D. F. L. Keller,

Professor der Rechte und Mitglied des Amtsgerichtes
in Zürich.

Zürich,
Geßner'sche Buchhandlung.
1827.

Seinen hochverehrten Lehrern

von **Savigny**

und

Hasse

als Zeichen seiner Hochachtung und Dankbarkeit

gewiedmet

vom Verfasser.

Vorrede.

Unter die Lehren, welche durch unsere neu ent=
deckten Quellen eigentlich erst eröffnet, und einer
ordentlichen Bearbeitung fähig geworden sind,
gehören ohne Zweifel sowohl die dem Nahmen
nach freylich längst bekannte und vielbesprochene
Nouatio necessaria, als auch ganz besonders
diejenige Rechts=Idee, welche wir durch den Aus=
druck „p r o c e s s u a l i s c h e   C o n s u m t i o n" be=
zeichnen können: — zwey Begriffe, die ihrem
Umfange nach zu einem bedeutenden Theil zusam=
men fallen, von denen aber jeder nach einer be=
sondern Seite hin seine Gränze über die des an=
dern hinaus liegen hat.

Die Wichtigkeit dieser Gegenstände für die
Erklärung der classischen Quellen hat seit länge=

rer Zeit meine Aufmerksamkeit auf sie gezogen, und mich angeregt, auf diesem Punkte, wie es auf so vielen geschehen könnte, die Institutionen des Gajus zur Interpretation des übrigen Quellenvorrathes zu benußen. – So enthält schon meine Inaugural-Dissertation eine Probe dieses Bestrebens, und die Art, wie dieselbe aufgenommen und beurtheilt wurde, gab mir den Muth, auf dem betretenen Gebiethe länger zu verweilen, und die angefangenen Untersuchungen etwas weiter auszudehnen.

Dabey konnte es unmöglich entgehen, daß, so wie jene Novation und Consumtion zu den wichtigsten Wirkungen der Litis Contestatio und des Urtheils gehören, und daher nur in und mit der Gesammtbedeutung dieser beyden Institute richtig aufgefaßt und begriffen werden können, so hinwieder auch sie von daher ein neues Interesse und für unsere Erkenntniß neuen Stoff gewinnen müssen.

So scheint eine neue Bearbeitung der ganzen Lehre von Litis Contestatio und Urtheil

nicht bloß für jene speciellen Punkte, auf die
unser Augenmerk immer vorzugsweise gerichtet
bleibt, nothwendig, sondern auch an und für sich
selbst wenigstens nicht überflüssig zu seyn; und ich
unternehme eine solche, nicht zwar in der Absicht,
schon geleistetes zu sichten, zu ordnen, und in ein
wohl gerundetes äußeres System nach allgemeinen
Proportionen zu bringen, sondern mit dem bestimmten Plan, das Neue, was unsere vermehrten Quellen darzubiethen scheinen, aus denselben
zu entwickeln, das schon Bekannte kurz, und so
weit es der Zusammenhang erfordert, mitzuneh-
men, und die gefundenen Resultate, so viel möglich, sogleich wieder zur Interpretation der Quellen zu benutzen.

Es wird daher nicht befremden, ein Mahl,
daß wir der Idee der processualischen Consumtion
und dem, was mit derselben zusammen hängt,
eine vorzüglich genaue Erörterung wiedmen; zweytens, daß wir die Exegese mit einer gewissen
Vorliebe behandeln, und dieselbe weiter ausdeh-
nen werden, als zur kümmerlichen Feststellung

materieller Refultate unumgänglich nothwendig
wäre; fo daß wir uns felbft auf die Gefahr, die
bequeme äußere Ueberficht einiger Maßen zu ftö-
ren, hin und wieder eine wahre exegetifche Epi-
fode erlauben: — und drittens, daß wir unfere
Unterfuchungen auf das claffifche Recht, d. h.
auf die Periode des alten Ordo Judiciorum, befchränken; welches letztere fich ohnehin
auch fchon darum empfiehlt, weil die folgende
Darftellung bald zeigen wird, wie innig gerade
die Inftitute, die uns vorzugsweife intereffiren,
mit jener frühern Proceß-Einrichtung zufammen
hängen; fo daß wir wenigftens den Vorwurf einer willführlichen und gewaltfamen Trennung, und
daherigen Mangels an hiftorifcher Einheit und
Vollftändigkeit nicht beforgen dürfen.

Endlich liegt es felbft in dem erweiterten Plane
der vorliegenden Schrift eigentlich nur, die beyden
Rechts-Inftitute, Litis Conteftatio und Urtheil, in ihren materiellen Wirkungen,
nicht aber in ihrer proceffualifchen Entfte-
hung, Form, Bedeutung zu betrachten. So

wird denn nahmentlich von der Art, wie ein Urtheil zu Stande kommt und Rechtskraft erhält, kurz von der ganzen processualischen Seite des Urtheils keine Rede seyn, da diese füglich theils als bekannt voraus gesetzt, theils ander: weitiger Bearbeitung überlassen werden darf.

Ebenso wird auch die sehr merkwürdige *Actio iudicati* nur auf ganz untergeordnete Weise und nicht weiter, als unsere eigentlichen Gegenstände es nothwendig mit sich bringen, von uns erör: tert, und derselben nahmentlich kein besonderer Abschnitt gewiedmet werden, indem eine umfas: sende Behandlung dieser Materie ohne genaue Berücksichtigung ihrer processualischen Seite, und daherige Untersuchungen, die uns viel zu weit führen würden, unmöglich gelingen könnte.

Nicht so leicht schien sich dagegen auf Seite der *Litis Contestatio* jene Trennung ohne Gefahr für die Gründlichkeit und Klarheit der Untersuchung unsers eigentlichen Gegenstandes durchführen zu lassen.

Die Lehre von der formellen Seite der Litis Contestatio liegt nähmlich zur Stunde noch völlig im Argen: nicht ein Mahl die allererste Frage, was denn die Litis Contestatio eigentlich sey und bedeute, welche Handlung diesen Nahmen trage, ist unbestritten beantwortet; und so mangelhaft auch die Quellen in dieser Lehre sind, so ist doch, wie ich glaube, bey weitem noch nicht alles daraus geschöpft, was sie zu unserer Belehrung, freylich bisweilen bloß in entferntern Andeutungen, enthalten.

Die in unsern Tagen neu entdeckten Vorräthe enthalten zwar für diese Lehre keine speciellen Aufklärungen, allein die unendlich klarere Vorstellung, welche wir dadurch von dem Römischen Civil-Verfahren im Allgemeinen gewonnen haben, muß uns auch hier, wie in jeder Lehre des Processes, bey der Benutzung und Interpretation der vorhandenen Quellen sehr bedeutend zu Statten kommen.

Dazu kommt, daß, wenn überhaupt eine klare und richtige Ansicht von der formellen Bedeu-

tung eines vorliegenden Rechts=Institutes zum
gründlichen Verständniß seiner materiellen Wir=
kungen immer viel beyträgt, und umgekehrt auch
durch dieses hinwieder gewinnt, dieß bey der
Litis Contestatio in ganz besonderm Grade
der Fall ist; wie denn die folgende Darstellung
hiefür der Belege genug enthalten wird.

Sonach halte ich es für nothwendig, vor Al=
lem meine Ansicht über die formelle Be=
deutung der Litis Contestatio in ihrem
historischen Zusammenhang zu entwickeln,
wobey die Vergleichung der Quellen von selbst
zeigen wird, was daran als Hypothese von mehr
oder weniger Wahrscheinlichkeit, und was als
quellenmäßig erwiesene Thatsache zu betrachten ist.

Ueberſicht des Inhaltes.

Erſtes Buch.
Von der proceſſualiſchen Bedeutung der L. C.

Zweytes Buch.

Einleitung § 7. (73—81).

Erklärung materieller Wirkungen von L. C. und Urtheil auf das vorliegende Rechtsverhältniß im
Allgemeinen. (73—81).

B

Vierter Abſchnitt.

Von der ſubjectiven Beziehung der *Exceptio rei iudicatæ.*

B*

————

Erstes Buch.

Von der processualischen Bedeutung der Litis Contestatio.

---

§ 1.

Die Hauptstelle für diese ganze Lehre findet sich bey Festus v. Contestari. Sie lautet wörtlich so:

> „Contestari est cum uterque reus dicit: Tes-
> „tes estote. Contestari litem dicuntur duo aut
> „plures aduersarii, quod ordinato iudicio utra-
> „que pars dicere solet: Testes estote."

Daraus scheint sich mit Bestimmtheit zu ergeben, daß das Wesen der L. C. in einer Zeugenaufrufung [1]

---

[1] Ueber diese Bedeutung von Contestatio f. auch L. 20. § 8. Qui test. fa. po. — Ulp. lib. 1. ad Sabinum. —

„Et ueteres putauerunt, eos, „qui propter solennia testa-„menti adhibentur, durare de-„bere, donec *suprema contesta-*

beſtand, welche am Ende des Verfahrens vor dem
Magiſtrat von Seite beider Parteyen zu geſchehen
pflegte.

Es fragt ſich jetzt vor allem: Worauf bezieht ſich
dieſe Zeugenaufrufung? Was ſoll bezeugt werden?

Dabey iſt ſogleich zu bemerken, daß die Stelle
von einem beſondern, einzelnen zwiſchen dem übrigen
Verfahren in Jure und der Zeugenaufrufung vorkommenden Act irgend welcher Art, auf den die Zeugenaufrufung ſelbſt, als auf ihren Gegenſtand, bezogen
werden könnte, keine Spur enthält. Wir ſind daher
auch nicht befugt, einen ſolchen anzunehmen, und es
iſt gewiß die natürlichſte Interpretation, wenn wir
auf jene Frage ſo antworten: Die Zeugenaufrufung
bezog ſich auf das ſo eben geſchehene ordinare judicium, d. h. auf das ganze in Jure vollzogene Verfahren.

Die Rechtfertigung dieſer Darſtellung der L. C.,
ſo weit ſie mit der Interpretation der angeführten

„tio peragatur." Vgl. Ulp.
Frgm. XX. § 9. „In testamen-
„to, quod per æs et libram
„fit, duæ res aguntur, familiæ
„mancipatio et nuncupatio te-
„stamenti. Nuncupatur testa-
„mentum in hunc modum. Ta-
„bulas testamenti testator te-
„nens ita dicit: Hæc ut in his
„tabulis cerisue scripta sunt,
„ita do, ita lego, ita testor,
„itaque uos, Quirites, testimo-
„nium perhibetote. Quæ nun-
„cupatio et testatio uocatur."
S. auch Gaii Comm. II. § 104.

Stelle bey Festus zusammenhängt, wird nachher versucht werden, jetzt aber wollen wir zuerst den praktischen Sinn und Zweck der L. C.°und die Schicksale, welche sie in den verschiedenen Perioden des Römischen Civil-Verfahrens gehabt hat, in Betrachtung ziehen.

Versetzen wir uns vorerst in die Zeit des alten Römischen Rechtes, als die Legis Actiones die allgemeine Proceß-Form ausmachten. In dieser Zeit bestand jeder Civil-Proceß aus einer Reihe rein mündlicher Verhandlungen. So wie später in der Zeit der Formulå, so zerfiel auch jetzt schon das ganze Verfahren in zwey Haupttheile, in die Verhandlung vor dem Magistrat und vor dem Juder. In Jure wurden theils symbolische Handlungen vollzogen, theils von den Parteyen sowohl als von dem Magistrat feyerliche Worte gesprochen, von denen das ganze Schicksal des Processes in bedeutendem Maße abhing, und deren Resultat, so wie das der spätern Formulå, wesentlich darin bestand, daß dadurch das vor dem Juder bevorstehende Verfahren seinen eigentlichen Charakter und seine bestimmte Richtung erhielt. Erschienen nun also in Folge des in Jure vollführten Verfahrens die Parteyen vor dem Juder, so war es vor allem von der entscheidendsten Nothwendigkeit, daß dieser auf unzweifelhafte Weise von dem, was

in Jure geſchehen war, in Kenntniß geſetzt, und ſo
der Zuſammenhang der jetzt zu beginnenden Verhandlung mit der frühern hergeſtellt, dieſer ihr Einfluß
auf jene geſichert werde. Dafür war in der ſpätern
Zeit aufs vollſtändigſte geſorgt durch die Formula,
ein vom Prätor erlaſſenes ſchriftliches Inſtrument,
welches das Reſultat der ganzen in Jure gepflogenen
Verhandlung in Form einer ausdrücklichen Inſtruction des Juder enthielt, und welche natürlich der
Kläger, der ſie vom Prätor bekam, vor allem andern
dem Juder vorzuweiſen und ſich damit zu legitimiren
hatte. Eine ſolche Formula gab es nun aber zur
Zeit der Legis Actiones nicht, und von etwas auch
nur derſelben ähnlichem haben wir keine Spur. Zwar
fand gewiß der Juder in dem, was vor dem Magiſtrat geſchehen war, wenn er davon nur unterrichtet
wurde, eine deutliche Anweiſung, was er nun zu
thun habe; allein eine ausdrückliche ſchriftliche Inſtruction, oder auch nur ſonſt eine Schrift, wodurch
er von dem in Jure geſchehenen durch den Magiſtrat
ſelbſt unterrichtet worden wäre, erhielt er wohl gewiß nicht (2). Es muß daher durchaus in dieſer

---

(2) Ganz anderer Meinung
iſt freylich Du Roi im Archiv
für civiliſtiſche Praxis, Bd. 6.
S. 259. Note 26., wo die Behauptung aufgeſtellt wird, daß
ſchon zur Zeit der Legis Actiones die Formula ebenſo im
Gebrauch geweſen ſeyen, wie

ältern Zeit ein anderes Mittel gegeben haben, wodurch der Juder in zuverläſſige Kenntniß alles deſſen,
was in Jure geſchehen war, geſetzt wurde; und dieſes Mittel finden wir wohl gerade in der L. C. —
Nähmlich die ganze Verhandlung in Jure geſchah in
Gegenwart von Zeugen, und den Schluß derſelben
machte die Conteſtatio aus, d. h. ein eigentliches Auf-
rufen der Zeugen von Seite der Parteyen, über das,
was ſie jetzt geſehen hatten, künftig Zeugniß abzulegen, das heißt natürlich vor dem Juder, wenn
es ſich um Conſtatirung des in Jure geſchehenen handeln werde.

In dieſem Sinne nun und mit Beziehung auf
dieſen Zuſtand der Dinge ſcheint das citirte Fragment, welches uns Feſtus, gewiß aus einer guten
alten Quelle ſchöpfend, mittheilt, geſchrieben zu ſeyn.

ſpäter nach Aufhebung der
Legis Actiones, daß ſich alſo
dieſe ſpätere Zeit von der frühern bloß durch Weglaſſung
der Solennität der Legis Actio
unterſchieden habe. Allein dieß
iſt wohl ſchon an ſich ganz undenkbar, und wird auf jeden
Fall durch Gajus, Comm. IV.
§§ 30 u. 95., wo Legis Actio
und Formulä durchaus als
einander ausſchließende Arten
des Verfahrens genannt werden, vollſtändig widerlegt. Die
ganze Behauptung ſcheint übrigens ein Ausfluß eines andern,
noch viel auffallendern Irr-
thums zu ſeyn, nämlich daß
noch zu Cicero's Zeit die Legis
Actiones als regelmäßiges Verfahren gegolten hätten. Soll
denn die Lex Aebutia neuer
als Cicero ſeyn?

Später dann, in der Zeit der Formulä, war, wie ſchon geſagt, für die Bekanntmachung des Juder mit dem, was in Jure geſchehen war, anderweitig hinreichend geſorgt; dieß alte Mittel der Zuziehung von Zeugen, ſo wie die darauf ſich beziehende Schluß-form der Conteſtatio war jetzt alſo überflüſſig gewor-den, und man darf wohl mit Zuverſicht annehmen, daß wirklich zur Zeit der claſſiſchen Juriſten von der eigentlichen Litis Conteſtatio in der angegebenen Be-deutung nicht mehr die Rede war.

Hier drängt ſich nun aber ſogleich die Frage auf, wie es denn komme, daß die Ausdrücke Litis conte-ſtatio und Lis contestata dennoch in den aus der claſſiſchen Zeit erhaltenen Rechtsquellen, beſonders in den Pandekten, unzählige Mahle vorkommen. Wir haben jetzt alſo davon Rechenſchaft abzulegen, wie ſich die Bedeutung der L. C. verändert, und wie ſich dieſelbe in dieſer veränderten Bedeutung erhalten habe. Dieß kann, wie ich glaube, ziemlich genügend, auf folgende Weiſe geſchehen.

Schon im älteſten Römiſchen Rechte waren mit dem vollendeten Verfahren vor dem Magiſtrat gewiſſe materielle Wirkungen auf das Rechtsverhältniß und die Actio, welche den Gegenſtand des Proceſſes aus-machten, verbunden, wie dieſe im zweyten Theile unſerer Abhandlung ausführlich dargeſtellt werden sollen. Da nun, wie gesagt, diese Wirkungen erst durch das vollendete Verfahren in Jure hervorgebracht wurden, den Endpunkt dieses Verfahrens aber die L. C. ausmachte, so ist es sehr natürlich, daß man da, wo der Zeitpunkt des Eintretens solcher Wirkungen angegeben werden sollte, den Augenblick der L. C. zu nennen pflegte. Dahin gehört z. B. die Regel: „Ante litem contestatam dare debitorem oportere, „post litem contestatam condemnari oportere" u. s. f. Da aber diese Wirkungen nicht eigentlich mit der L. C. an sich als ihrer Ursache, sondern bloß mit ihr als dem Endpunkt des Verfahrens in Jure verbunden waren, so versteht es sich von selbst, daß dieselben auch da noch eintraten, als die eigentliche L. C. außer Gebrauch gekommen war. Solche Regeln, wie die angegebene, blieben also ihrem Wesen nach in Kraft und Gebrauch, und es ist ganz begreiflich, daß man sie auch im Ausdrucke nicht änderte. So erhielt jetzt der Ausdruck Litis Contestatio, wo er in solchen Verbindungen noch fernerhin gebraucht wurde, die uneigentliche Bedeutung, in welcher er bloß den ideellen Endpunkt, die Vollendung des Verfahrens vor dem Magistrat bezeichnet; und so ist es immer zu verstehen, wo die Ausdrücke ante litem contestatam, post litem contestatam u. dgl. vorkommen.

Allein nicht selten finden wir auch litem contestari

als Verbum, alſo eine wirklich geſchehende
Handlung bezeichnend, in unſern Claſſikern
vor, und hier iſt dann die Erklärung, als werde
dadurch bloß ein ideeller Endpunkt ausgedrückt, von
ſelbſt ausgeſchloſſen. Da es nun aber eine beſondere
Schlußhandlung, an die bey jenem Ausdruck gedacht
werden könnte, in dieſer Zeit gar nicht mehr gab, ſo
bleibt wohl nichts anderes übrig, als anzunehmen,
was ſich denn freilich auch durch die genauere Vergleichung der hieher gehörigen Stellen (3) entſchieden

(3) Es mag zu dieſem Zwecke
nicht überflüſſig ſeyn, wenigſtens die claſſiſchen Stellen des
Corpus Juris, in denen ſich
dieſes Wort vorfindet, vollſtändig anzugeben. Es ſind folgende: L. 16. De officio præ-
ſidis. L. 10. § 2. Si quis
cautionibus. L. 1. § 2. De
feriis. L. 32. § 9. De receptis. L. 11. L. 28. § 4. De
iudiciis. L. 7. §§ 5. 7. L.
11. § 1. Ad exhibendum.
L. 22. De R. C. L. 7. De
in lit. iur. L. 23. § 3. De
condict. indeb. L. 10. De
peculio. L. 22. § 5. L. 31.
§ 2. Sol. matrim. L. 33. De
legatis 1mo. L. 1. De penu

legata. L. 7. § 6. De liberat. leg. L. 1. § 4. Si cui plus
q. p. l. Falc. L. 55. § 5.
Ad SC. Trebell. L. 1. § 9.
Ut legatorum. L. 5. § 26. Ut
in poss. legat. L. 24 pr. De
libera. cau. L. 2. § 3. De
dol. m. et met. exc. L. 84.
De V. O. L. 28. De nova-
tionibus. L. 71. § 3. De ſo-
lutionibus. L. 3. § ult. L.
13. pr. Judic. solui. L. 1.
§ 3. Si fam. furt. fec. L. 28.
De iniuriis. L. 3. § 10. De
sepulchro uiol. (L. 20. De
accusationibus.) L. 86. De
R. J. — L. 11. L. 13. C. De
procuratoribus. L. 4. C. De
in lit. iur. L. 16. C. De fide-

zu bestätigen scheint; nähmlich daß man jetzt unter litem contestari geradezu die Vollziehung des ganzen Verfahrens in Jure von Seite der Parteyen verstanden habe.

Es ist nun aber allerdings die von uns aufgestellte zweyte Bedeutung gerade auf diesem letzten Punkte von dem, was wir als die ursprüngliche Bedeutung der L. C. angenommen haben, so verschieden, daß es nicht überflüssig scheinen kann, über den Zusammenhang und Uebergangspunkt zwischen den beyden Bedeutungen noch nähern Aufschluß zu suchen: und diesen finden wir, wenn ich nicht irre, wirklich in unserer von Anfang an zum Grunde gelegten Hauptstelle bey Festus, welche wir jetzt also wieder genauer in's Auge fassen müssen.

Nähmlich bis dahin haben wir aus derselben geradezu abgeleitet, daß die L. C. in dem durch diese Stelle erklärten eigentlichen Sinne nichts anderes sey, als eben die Handlung des Zeugenaufrufes selbst, und es ist dieß gewiß eine sehr natürliche Interpretation der Stelle. Dennoch dürfen wir nicht übersehen, daß sie, wenn wir genau bey ihrem Ausdrucke

inscribus. L. 3. C. De nonationibus. — Vgl. auch *Cic.* ad Att. XVI, 15. (s. unten § 54). *Gellii* N. A., V. 10.

(s. unten § 4. Note 26). *Paulli* R. S., I. 13. B. § 4. *Consult. uet. JCti.* c. 6.

bleiben, ſo viel eigentlich nicht ſagt. Es heißt nicht:
„das *contestari litem* beſteht in dem Ausſpre-
„chen der Worte *Testes estote*"; ſondern es heißt:
„die Benennung *litem contestari* kommt da-
„her, weil die Worte *Testes estote* ausge-
„ſprochen werden", denn dieſe Handlung der
Zeugenaufrufung heißt, wie der Anfang der Stelle
ſagt, contestari. Die Stelle ſagt alſo, genau genommen, nicht, was das *litem contestari* ſey, ſondern
nur, woher dieſer Ausdruck komme. Nun iſt
es freylich das gewöhnliche und regelrechte, daß der
Nahme einer Sache eben aus dem, was ſie iſt, ge-
ſchöpft wird, der Grund des Nahmens alſo mit dem
Weſen der Sache identiſch iſt, ſo daß der Nahme die
Sache vollſtändig ausdrückt; und darum hat unſere
bisherige Interpretation im Allgemeinen immer nichts
gegen ſich. Aber dabey iſt nicht zu vergeſſen, daß
ſehr oft, und nahmentlich auch im Sprachgebrauch des
Römiſchen Rechtes eine Sache nicht von ihrem ganzen Weſen, ſondern bloß von einem ihrer Theile,
welcher dieſelbe beſonders zu charakteriſiren ſcheint,
benannt wird; ſo die fiducia von dem pactum fiduciæ,
ſo die Eigenthumsklage von dem dabey vorkommenden
uindicare u. ſ. f. Ebenſo wäre es ſehr möglich, daß
ſchon in der alten Zeit, als das Zeugenaufrufen
wirklich geſchah, der Ausdruck Litis Conteſtatio eine

Handlung bezeichnet hätte, wovon jenes bloß einen Theil ausmachte, und diese möchte vielleicht gerade das ganze Verfahren vor dem Magistrat gewesen seyn. Dann wäre der Zusammenhang des alten Sprachgebrauches mit dem neuern der classischen Juristen auf's allernatürlichste hergestellt, und wir müßten dann sagen: Gerade so wie die Eigenthums-klage in der alten Zeit von dem dabey vorkommenden uindicare den Namen Vindicatio erhielt, und diesen auch später behielt, als die Form des uindicare weg-gefallen war; ebenso wurde das Verfahren vor dem Magistrat ursprünglich von dem dabey geschehenden Zeugenaufrufen Litis contestatio genannt, und diese Bezeichnung blieb auch dann noch, als das Zeugen-aufrufen selbst außer Gebrauch gekommen war.

Mag nun aber auch diese weitere Bedeutung von Li-tis Contestatio schon sehr alt seyn, so bleibt es mir doch immer unzweifelhaft, daß die zuerst entwickelte, nach welcher dieselbe bloß den Schluß-Act der Zeugenaufru-fung bezeichnet, die eigentliche und ursprüngliche war.

In der bisherigen Entwickelung ist die Behaup-tung, daß zur Zeit der Formula die eigentliche Litis Contestatio als einzelne, in einer Zeugenaufrufung bestehende Proceß-Handlung außer Gebrauch gekom-men sey, blos auf das durch die Einführung der Formula weggefallene Bedürfniß derselben gestützt worden. Dazu kommt nun aber auch der Umstand, daß in allen juristischen Quellen der classischen Zeit eine solche Zeugenaufrufung nicht ein einziges Mahl erwähnt wird. Ueberdieß glaube ich, daß sich für unsere Behauptung sogar ein positiver Grund in denselben vorfindet, und zwar in L. un. C. De litis contestatione. (4). Die Stelle ist von Severus und Antoninus, also aus der classischen Zeit, und so sehr dieselbe, wie wir nachher sehen werden, der Interpolation verdächtig ist, so ist doch so viel nicht zu bezweifeln, daß es auch in ihrer ursprünglichen und echten Gestalt ihr Vorwurf war, einen Zweifel über die Frage zu lösen, wann denn eigentlich der Augenblick eintrete, in welchem Lis contestata vorhanden sey. Diese Frage hätte aber doch gewiß nie aufgeworfen werden können, wenn die L. C. noch immer, wie sie uns Festus beschreibt, eine einzelne Proceß-Handlung gewesen wäre. Dagegen wenn man unsere secundäre Bedeutung der L. C. voraus setzt, so konnte sehr wohl darüber Zweifel entstehen, ob die Wirkungen der L. C. schon mit dem Anfang des Verfahrens in Jure oder erst in einem spätern Augenblick einträten.

---

(4) Denselben Schluß zieht auch Heffter (Institutionen des römischen und teutschen Civil-Proceſſes, Bonn 1825. 8.) aus dieser Stelle, freylich auf etwas verschiedene Weise. Die Worte derselben ſ. unten § 5.

Welches nun aber gerade der Zeitpunkt zwischen
der Abschaffung der Legis Actiones und unsern classi=
schen Juristen sey, in dem die alte L. C. außer Ge=
brauch kam, können wir natürlich nicht ein Mahl bis
zu einem gewissen Grade von Wahrscheinlichkeit be=
stimmen.   Zwar spricht Festus, oder vielmehr die
Quelle, aus welcher er schöpft, von der alten L. C.
als von einer gegenwärtig üblichen Handlung, und
wir sind nicht befugt, das Alter dieser Quelle in die
Zeit vor Abschaffung der Legis Actiones zu setzen;
auch wäre es gar wohl möglich, daß eine altherge=
brachte Proceß=Handlung noch eine geraume Zeit,
nachdem sie ihre eigentliche Bedeutung verloren hatte,
im Gebrauch geblieben wäre: aber auf der andern
Seite wissen wir auch nicht, ob wir von dem Schrift=
steller, aus welchem Festus schöpfte, und welcher eben
so gut ein alter Grammatiker als ein Jurist gewesen
seyn kann, so große Genauigkeit erwarten dürfen,
daß er von einer veralteten juristischen Handlung nicht
im Präsens sprechen würde; ferner ob nicht die alte
L. C. noch zur Zeit der Formulä, ja bis auf unsere
classischen Juristen wenigstens da im Gebrauch blieb,
wo die Legis Actiones ausnahmsweise angewandt
wurden; so wie wir ja überhaupt darüber gar nicht
unterrichtet sind, ob und wie diese neben den Formulä
gebräuchlichen Legis Actiones von den alten verschie=

den waren, und welche Modificationen ſie erlitten
hatten.

Zum Schluß bemerke man folgendes:

Was man auch immer von der ſo eben gegebenen
Darſtellung des Begriffes und der Bedeutung der L.
C. in ihrer urſprünglichen Geſtalt halten möge, ſo
ſind doch, wie ich glaube, zwey Hauptpunkte davon
ſo beſtimmt in den Quellen gegründet, daß ſie als
Fundament und Bedingung jeder richtigen Anſicht
über dieſen Gegenſtand betrachtet werden müſſen.

Erſtens: Daß es durchaus keinen Grund gibt,
anzunehmen, es habe einen beſtimmten einzelnen, von
dem ordinare iudicium verſchiedenen, oder als Theil
in dieſem enthaltenen Act des Proceſſes gegeben, auf
welchen ſich die Zeugenaufrufung bezogen, und der
alſo mit dieſer zuſammen genommen die L. C. ausgemacht hätte.

Zweytens: Daß die L. C. ſowohl urſprünglich als
nahmentlich auch noch in der ganzen Zeit der claſſiſchen
Juriſten dem Verfahren vor dem Magiſtrat angehöre.
Dieſer zweyte Satz, welcher nach meiner Ueberzeugung eines vollſtändigen Beweiſes fähig iſt, ſoll nachher noch beſonders erörtert werden.

§ 2.

Betrachten wir nun die Ansichten, welche sich bey den neuern Schriftstellern betreffend das Wesen und die Bedeutung der L. C. vorfinden, so sind dieselben durchweg (1) von der unsrigen sehr abweichend, und es sollen jetzt von diesen die bedeutendern nach ihren Hauptclassen aufgezählt werden (2).

(1) Etwas schwankend, doch im Ganzen nicht sehr verschieden von unserer Ansicht, äußert sich *Jo. Chr. Fr. Vossler* (præside *J. F. Malblanc*) De litis contestatione Romanorum. Tubingæ 1808. 4. §§ 5 — 7. Es ist auffallend, daß diese ziemlich bekannte Schrift troß der beygedruckten Protestation des Präses von Allen, die sie anführen, schlechtweg diesem zugeschrieben wird. — Man sehe ferner: Mühlenbruch, Cession § 6. Note 69. Wenn man die hier stehenden kurzen Aeußerungen über die L. C. mit desselben Verfassers Doctrina Pandectarum Vol. 1. § 158 vergleicht, so wird man wenigstens keine wesentliche Abweichung von unserer Darstellung finden.

(2) Es versteht sich von selbst, daß wir nicht alle verschiedenen Meinungen einzeln aufzählen können. Dieß wäre wenig belehrend in einer Materie, wie die unsrige ist, wo sich wegen der Dürftigkeit der Quellen Viele auf's bloße Rathen verlegt haben. Zudem ist es mir unmöglich gewesen, von der großen Anzahl Schriften, welche über die L. C. erschienen sind, (s. Lipenius h. v.) auch nur die Hälfte zu bekommen. Die mir unbekannt gebliebenen sind übrigens fast alles obscure Dissertationen des XVII. u. XVIII. Jahrhunderts. — Zuletzt kommt mir noch ein neues Buch in die Hände: *J. C. de Tigerström* De Judicibus apud Romanos. Berolini 1826. 8. Hier ist unter anderm auch eine

Die älteſte und am meiſten verbreitete Meinung iſt dieſe:

Die L. C. habe darin beſtanden, daß der Kläger die Thatſachen, die er ſeiner Klage zum Grunde legte,

eigene Anſicht über die L. C. enthalten, und da ich dieſelbe unter gar keine Kategorie zu bringen weiß, ſo mag ſie gleich zum voraus mit einem Worte berührt werden: „Duo mihi „probanda erunt, ſagt der Vfr. § 9. p. 77.; primum li= „tem *in iudicio* contestari ſo= „litos esse ueteres; post de „ratione eius, quantum opus „erit, accuratius dicetur.“ Nun werden in Einem Athem= zuge L. 1. C. De litis con- test. L. 14. § 2. C. De iudi- ciis. L. 2. pr. C. De iure- iur. prop. calum. (beyde von Juſtinian). L. 10. Si quis cautionibus. Nov. 53. c. 4. Nov. 93. c. 1. citirt und ex= cerpirt, und dadurch der erſte Beweis glücklich geliefert. Da= bey erfährt man die Reihen= folge der einzelnen Handlungen in Judicio, und ſo auch den eigentlichen Zeitpunkt der L. C. — „Aperte dictum est (nähm=

lich in d. L. 1. C., deren Worte wir unten § 5. zeigen werden) in iudicio et editam „actionem et contestatam li= „tem et peroratam causam „esse, et quidem ante pero= „rationem in iudicio litem „contestatam.“ Die Worte *per* narrationem negotii in d. L. 1. bedeuten *post* narr. neg., denn *narratio negotii* und das vorhergehende *edita actio* ſey Eins. Freylich heißt es dann zwey Seiten ſpäter (p. 80) wieder: „Certum itaque est, „et editionem actionis fuisse „et litem in iudicio contesta= „tam, initio quidem perora= „tionis.“ Sehr begierig wird man nun auf die Erörterung des zweyten Punktes, nähmlich in welchem Acte eigentlich die L. C. beſtanden habe. „Iam „quæ in litis contestatione „ratio fuerit, consideremus. „Erat ab ea litis initium, „hactenus præparatoria, non-

feyerlich ausſprach, und der Beklagte darauf be=
ſtimmt antwortete. Dieſe Erklärung der L. C. liegt,
ſo viel ich weiß, bey allen denen zum Grunde, welche
wenigſtens mit einigem Schein die Meinung verthei=
digt haben, daß die L. C. in Judicio geſchehen ſey (3).
So nahmentlich bey Cujacius (4) und Gold=

„dum lite ordinata, usque
„adeo quisque poterat ante
„litiscontestationem uel paci-
„scendo uel transigendo a lite
„recedere. Abinde res in iu-
„dicium deducta est, et noua
„obligatio incepit“; — und
ſo noch einiges über die Wir=
kungen der L. C.; über die
eigentliche Frage aber kein
Wort, ausgenommen zum
Schluſſe folgendes: „Solenni-
„ter certe priori tempore lis
„contestata est, meminit enim
„*Festus* de testibus in litis-
„contestatione adhibitis . . .
„Quos testes solennitatis causa
„adductos esse contendo: te-
„stium nulla erat necessitas,
„nec nisi consueta solennitas
„apud Romanos, primo qui-
„dem tempore, in obligatio-
„nibus ineundis: *sin testimo-*

„*nium de re præbuissent, ne-*
„*scio, an uerior sim, eos eua-*
„*nescere potuisse*“ (?) u. ſ. w.
Dieß mag als Probe genügen
und mich zugleich entſchuldigen,
wenn ich nicht im Stande war,
dieſe neue Anſicht mit wenigen,
klaren Worten zu referiren.

(3) Die abweichende Mei=
nung des *Menardus* ſoll nach=
her angeführt werden.

(4) *Obss.* IX. 21. — Eine
kurze und nicht bedeutende Ab=
handlung über die L. C. —
Daß übrigens hier ganz grund=
los das Fragment der Zwölf
Tafeln „Quom perorant ambo
„præsentes“ auf die L. C. be=
zogen und als Zeugniß für die=
ſelbe aufgeſtellt wird, iſt ſchon
von Vielen bemerkt worden.

ſchmidt (5). Von den Vertheidigern der entgegen
geſetzten Anſicht ſtellt ſie beſonders Winckler (6) auf,

(5) C. L. Goldſchmidt
über Litis = Conteſtation und
Einreden, Frankfurt a. M.
1812. 8.

(6) *C. G. de Winckler* Dis-
crimen inter litiscontestationem jure ueteri ac hodierno
et utriusque effectus; in ſeinen
Opusculis minoribus Vol. I.
p. 293. sqq. Dieſer nimmt es
mit der Behauptung, daß die
L. C. in der beyderſeitigen Er=
zählung der Thatſachen beſtan=
den habe, ſo genau, daß er
ſogar voraus ſetzt, außer, der
L. C. ſey der factiſche Hergang
vor dem Prätor gar nicht zur
Sprache gekommen. Da er
nun aber doch darauf kommt,
daß die L. C. faſt am Ende
des Verfahrens in Jure, nah=
mentlich nach der postulatio
und impetratio actionis geſche=
hen ſey, ſo biethet ſich ihm die
allerdings ziemlich natürliche
Einwendung dar, wie denn
alles dieſes habe geſchehen kön=
nen, ohne daß der Prätor von
dem Sachverhalt unterrichtet

geweſen ſey; welche Einwen=
dung er aber auf eine gar
kunſtreiche und merkwürdige
Weiſe beſeitigt. Ueberhaupt
läßt ſich nichts abgeſchmackte=
res denken als die Art, wie
er (§ 5.) die Ordnung der ein=
zelnen in Jure geſchehenden
Handlungen beſtimmt, und
durch die Quellen zu begrün=
den ſucht. So z. B. beweiſt
er aus den Worten „Qui pe-
„tebat et qui inficiabatur,
„quingentos æris deponebat"
bey *Varro* De L. L. cap. 4.,
daß die Sacramenti sponsio
nach der L. C. geſchehen ſey;
und erklärt daraus auch die
Stelle des Valerius Probus:
„Si negat, sacramento quæ-
„rito." Bey derſelben Gele=
genheit erſcheint auch, veran=
laßt durch die Stelle des Feſtus,
ſeine ganz poſſierliche Erklärung
des ordinare litem, die wir
unten kennen lernen werden.
Uebrigens iſt es, ſobald man
von der im Anfang dieſer Note
angegebenen Vorausſetzung

welchem unter Andern auch Glück (7) im Wesentlichen folgt.

Die ganze Ansicht beruht auf einer, wie ich glaube,
ganz unthunlichen Combination von L. un. C. De Lit.
contest. mit unserer Stelle bey Festus; indem man
aus jener die Narratio, aus dieser die Zeugenaufrufung heraus nahm, und die nöthigen Zuthaten nach
Gutfinden hinzu fügte. Daß übrigens die L. C. in
einer Narratio bestanden habe, beweist d. L. un. C.
gewiß nicht, wenn man sie auch in dieser ganzen
Materie als ein völlig authentisches Zeugniß betrachten wollte. Und wie man dann vollends die nach
Festus vor dem Prätor geschehende Zeugenaufrufung (8)
auf die nach L. un. cit. in Judicio geschehende Narratio beziehen könne, ist wohl auch nicht einzusehen.

So müssen wir also dieser Ansicht von der L. C.
eine quellenmäßige Begründung gänzlich absprechen.
Ihre innere Unwahrscheinlichkeit wird sich aber theils
aus unserer Demonstration des Satzes, daß die L. C.

ausgeht, an sich ganz begreiflich, daß, wie uns Janus a
Costa erzählt, es auch eine
Meinung gibt, nach welcher in
jedem Proceß zwey Litis con-
testationes, eine in Jure und
eine zweyte in Judicio vorgekommen wären.

(7) *Ch. F. Glück* Opuscula
iuridica. Fascic. 2. p. 365. ff.
und Desselben ausführl. Er-
läut. der Pand. Bd. 6. S. 166.

(8) Daß dieß wirklich in der
Stelle des Festus des bestimmtesten liegt, wird im folgenden
§ näher dargethan werden.

in Jure geschehen sey, theils aus der Erörterung der materiellen Wirkungen der L. C. beyläufig so deutlich ergeben, daß hier eine weitere Widerlegung überflüssig wäre.

Eine zweyte, von der vorigen ganz verschiedene Ansicht über die ursprüngliche Bedeutung der L. C. ist die, welche, so viel ich weiß, unter den Schrift-stellern zuerst **Heffter** (9) ausgesprochen hat. Nach dieser hätte die L. C. in folgendem bestanden: Am Schlusse der Verhandlungen in Jure habe der Kläger erklärt, daß er nunmehr förmlich unter den und den Bedingungen (10) Litem inferire; und der Beklagte habe seinerseits ad iudicium provocirt oder wieder-hohlentlich erklärt, daß er das Judicium accipire. Zeugen habe man dabey angerufen, um einen Beweis über diesen wichtigen Act zu erhalten. Späterhin möge dieß wegen der schon mehr verbreiteten Schrift, und da durch die Acta der Beweis der Handlung wenigstens eben so gut erhalten werden konnte, weg-gefallen seyn, und man habe es bey dem iudicium accipere des Beklagten bewenden lassen (11).

---

(9) A. W. **Heffter** Institu-tionen des römischen und teut-schen Civil-Processes. Bonn 1825. 8. B. 2. Tit. 1. § 7. S. 281.

(10) Das soll wohl heißen: in der durch die Formula vom Prätor vorgeschriebenen Art.

(11) Wie kam es, daß jene Erklärung des Klägers weg-

Allein diese ganze Darstellung (12) ermangelt nun auf der einen Seite alles positiven Fundamentes, denn als ein solches kann doch wohl die dafür einzig angeführte L. 24. pr. De usuris (13) nicht im Ernste gelten gemacht werden. Eine positive Widerlegung derselben ist daher auch nach dem Zustand unserer Quellen nicht wohl weiter möglich, als sie schon in dem bisher gesagten von selbst enthalten ist, und ich muß mich nahmentlich auch hier auf das Ende des vorhergehenden § (14) beziehen. Auf der andern Seite aber scheint mir diese Ansicht auch keine große innere Wahrscheinlichkeit für sich zu haben, indem ich einen rechten praktischen Zweck und Nutzen solcher von beyden Parteyen geschehenden Erklärungen nicht einsehen kann.

fiel, die des Beklagten dagegen blieb?

(12) Es ist übrigens zu bemerken, daß diese Erklärung der L. C. nur für die Zeit der Formulä gemeint ist. Ueber die Zeit der Legis Actiones äußert sich H. nachher (S. 295.) beyläufig auf folgende auffallende Weise: „Ob, so lange die Legis Actionen üblich waren, „eine litis contestatio und „insbesondere eine Zeugenaufrufung vorgekommen sey, wissen wir nicht, ist aber auch „nicht sehr wahrscheinlich. Die „Vollziehung der *legis* „*actio in iure* war die L. C. „selbst."

(13) „Si quis solutioni quidem moram fecit, *iudicium* „*autem accipere* paratus fuit, „non uidetur fecisse moram, „utique si iuste *ad iudicium* „*prouocauit.*"

(14) S. oben S. 10. „Existens."

Von Grund aus neu iſt übrigens die ſo eben angeführte Meinung nicht, ſie iſt ihrer Grund=Idee nach z. B. ſchon in der freylich ſehr verworrenen Darſtellung des Göddäus (15), welcher Gund=

(15) *Joh. Gœddæi* Commentarius repetitæ prælectionis in Tit. XVI. Lib. L. Pandect.; daſelbſt ad L. 36. d. t. §§ 14. et 15. — Er erklärt zuerſt die constitutio iudicii, d. h. die Verhandlung über die Abfaſſung der Formula, und drückt ſich dann über die L. C. ſelbſt ſo aus: „Hanc constitutionem „iudicii sequebatur litis con-„testatio, h. e. datus judex „poscebat testes, quos uter-„que reus rogabant, et coram „illis testabantur, se de hac „lite constituta, b. e. actione „siue iudicio ad hunc iudi-„cem datum ire, uterque di-„cebat: *Testes estote.*“ Demnach ſollte man glauben, die L. C. erſchiene auch hier als Schlußhandlung des Verfahrens in Jure, wodurch von beyden Parteyen die Annahme des Judicium ausgeſprochen würde; nur daß man dann nicht recht einſieht, wie der index datus ſelbſt dabey gegenwärtig ſeyn und mitwirken konnte. Nachher aber, wo der Unterſchied zwiſchen constitutio iudicii oder litis und der L. C. gezeigt wird, heißt es dann wieder: „Constitutio litis for-„mulam futuri iudicii et quæs-„tionem exprimit; contestatio „litis de formula et quæstione „data interponitur. Consti-„tutio iudicii est extremus „prætoris actus, quem in iure „facit; *contestatio litis est pri-„mus actus iudicii*, et quidem „ille, quo ad datum iudicem „in iudicium itur:“ So iſt es denn allerdings ſchwer, aus allem dieſem eine deutliche Vorſtellung zu gewinnen. — Unter eben dieſe zweyte Kategorie von Meinungen gehört übrigens auch die des *Rœuardus*, Protribunalium c. 11., und *Hilliger* ad Donelli Comm. de iur. ciu. Lib. 24. c. 1. § 7. (in Opp. Tom. 6. p. 197.)

ling (16) folgt, und der sich noch Andere mehr oder weniger annähern (17), enthalten.

Endlich liegt wohl ungefähr dieselbe Ansicht der freylich sehr unbestimmten Aeußerung, betreffend die L. C., welche sich in Schweppe's Rechtsgeschichte § 566. findet, zum Grunde. Auffallend ist es, daß in Hugo's Rechtsgeschichte des Wesens und der Bedeutung der L. C. mit keiner Sylbe gedacht ist.

(16) *Gundling* De lite contestata commoda plerumque, incommoda numquam, cap. 1. § 5. in dessen Exercitationes academicæ, ed. *Heineccii.* Halis 1736 4. Tom. 1. p. 359. ff. — Wenn derselbe kurz vorher (ibid. § 1.) sagt; „Litiscon„testationem nihil aliud esse „quam eius rei, de qua con„trouersia est, apud iudicem „ex utraque parte testato fa„ctam narrationem,“ so muß dieß wohl auf das Justinianeische Recht bezogen werden.

(17) Vgl. *J. Menardi* Comment. in *Ciceronis* Orat. pro Roscio Comœdo, cap. 11.,

dessen Ansicht von der Bedeutung der L. C. im Allgemeinen ganz hieher gehört. Nachdem er nähmlich den Gebrauch der Zeugenaufrufung erzählt hat, fährt er so fort: „Id an„tem, ut puto, contestaban„tur, petitor quidem, se pe„tere, ne actioni eius præ„scriptio temporalis noceret (dieß letztere soll doch wohl bloß den geheimen Grund, nicht etwa den Gegenstand des petere angeben), reus uero, se „inficiari, et uterque, se iu„dicium accipere et conten„dere paratum esse: nam ex „litiscontestatione iudicium „acceptum intelligitur.“ Dann weicht er aber darin von den vorhin Genannten ab, daß er die L. C. bestimmt dem Verfahren in Judicio zuspricht. Er bezieht sich dabey auf die Stelle in *Macrobii* Saturn. III. 16. „Veniunt in iudicium tristes; „quorum negotium est, nar„rant; index testes poscit,“ — und leitet daraus ab, daß

Die dritte Darſtellung der Bedeutung und Geſchichte der L. C. endlich, welche als Product einer eigenthümlichen Anſicht heraus gehoben werden muß, iſt die des Janus a Coſta (18). Dieſelbe ſteht,

die L. C. unmittelbar auf die causæ coniectio gefolgt ſey: dieſe ſey a a. O. unter *narrant*, jene unter *iudex testes poscit* verſtanden. Daß aber dieſe ganze Stelle, welche übrigens auch Cujacius a. a. O. auf die L. C. bezieht, dieſelbe gar nichts angeht, ſondern vielmehr von dem Beweiſe der Streitſache ſelbſt redet, verſteht ſich nach dem ganzen Zuſammenhang und beſonders auch wegen des darauf folgenden „tabulas poscit, litteras inspicit“, von ſelbſt, und iſt auch ſchon von Winckler, Goldſchmidt u. a. längſt bemerkt worden. Darin ſtimmt der Letztere (a. a. O. S. 13.) mit Menardus überein, daß er die L. C. ebenfalls unmittelbar auf die causæ coniectio folgen läßt, und er citirt dafür nicht nur die von der causæ coniectio an ſich handelnde Stelle von Aſconius ad Cic.

in Verrem I. 9., wozu nun bekanntlich Gajus Comm. IV. § 15. kommt, ſondern auch insbeſondere *Gellius* N. A, V. 10., ohne Zweifel wegen der Worte „quum ad iudices coniiciendæ consistendæque causæ gratia uenissent“. Wir werden unten (§ 3.) auf dieſe Stelle zurück kommen.

(18) Es iſt auffallend, daß dieſe gewiß nicht unbedeutende Darſtellung gerade am allerwenigſten berückſichtigt zu werden pflegt. Freylich mag dieſes zum Theil auch dem Orte, wo ſie ſteht, und wo man allerdings nicht gerade antiquariſche Unterſuchungen über Römiſches Recht erwarten ſollte, zuzuſchreiben ſeyn. Sie findet ſich nähmlich in ſeinem Commentar zu den Decretalen Lib. 2. Tit. 5. — So wurde auch ich mit dieſer Darſtellung erſt ſpäter bekannt, und ſie war mir deſto intereſſanter, da ich

so weit sie die ursprüngliche Natur der L. C. und die
Bedeutung des Ausdruckes betrifft, in auffallender
Uebereinstimmung mit der von uns entwickelten Ansicht, und es sich darin nahmentlich die drey Hauptpunkte der letztern; 1°. daß die L. C. in Jure geschehen sey; 2°. daß sie in der Zeugenaufrufung bestanden, und diese sich nicht auf einen besondern Act,
sondern auf das ganze Verfahren, d. h. auf das litem ordinare bezogen habe (19), und 3°. die Unterscheidung zwischen dieser ursprünglichen engern und
der abgeleiteten weitern Bedeutung des Wortes Litis
Contestatio (20); — des bestimmtesten enthalten.

meine Ansicht ganz unabhängig
davon ausgebildet hatte.

(19) Diese beyden ersten
Punkte anerkennt auch *Heinec-
cius*, Antiquitt. IV. 6. § ult.
Deßgleichen wohl auch *Noodt*
De iurisdictione et imperio.
Lib. 1. cap. 15., *Donellus* in
Comm. de J. C. Lib. 24. c. 1.
und *Sigonius* De iudiciis. Lib.
1. c. 27.; welche aber alle das
Wesen und die Geschichte der
L. C. nicht ex professo ent-
wickeln, sondern bloß auf eine
Art berühren, nach welcher man
ihre genauere Meinung nicht
recht erkennen kann.

(20) Diese weitere Bedeu-
tung wird hier aus einer sehr
interessanten Vergleichung mit
dem Testaments-Acte abgeleitet. So wie diesen eine feyerliche Zeugenaufrufung (testatio) schließe, und der ganzen
Handlung den Nahmen gebe,
eben so verhalte sich die contestatio zur ordinatio iudicii.
„Eademque forma. fährt er
fort, non ineleganter dicam,
„iudicii uel litis ordinationem
„dici quoque posse litis con-
„testationem, quam claudit
„et perficit contestatio solem-
„nibus uerbis . . . facta.“ —

Eben ſo eigenthümlich, aber völlig mißlungen iſt dann die darauf folgende Darſtellung der ſpätern Veränderungen, welche die L. C. erlitten habe. Es ſoll dadurch der Streit über die Frage, ob die L. C. in Jure oder in Judicio geſchehen ſey, ausgeglichen werden, und zum Behuf dieſer Ausgleichung wird nun aus einer höchſt unglücklichen Combination von L. un. C. h. t. mit L. 47. § 1. De negot. geſt. (21) folgendes entwickelt:

In einer ungewiſſen, doch auf jeden Fall der urſprünglichen Abfaſſung der beyden angeführten Stel‐

Ueber die Etymologie und Be‐ deutung von testamentum vgl. übrigens *Gell.* N. A., V. 12., ganz beſonders *Ulp.* Frgm. XX. §§ 1. p., und L. 20. § 8. D. Qui teſt. fa. po., wo, ganz parallel der von uns angenommenen weitern und engern Bedeutung von Litis contestatio, die Worte contestatio und testatio das eine Mahl zur Bezeichnung des ganzen Teſtaments-Actes, das andere bloß für die zweyte Hälfte deſſelben, nähmlich die weſentlich in dem Zeugenauf‐ ruf beſtehende nuncupatio ge‐ braucht werden. — Die Worte

der §§ 9. und 8. citt. ſ. oben § 1. not. 1. Der § 1. cit. lautet ſo: „Testamentum est „mentis nostræ iusta conte‐ „statio, in id solenniter facta, „ut post mortem nostram „ualeat. "

(21) *Paulus* Lib. 1. Senten‐ tiarum. — „Non refert, di‐ „recta quis an utili actione „agat uel conueniatur, quia „in extraordinariis iudiciis, „ubi conceptio formularum „non obseruatur, hæc subti‐ „litas superuacua est, maxime „cum utraque actio eiusdem „potestatis est, eundemque „habet effectum. "

len vorher gehenden Zeit habe den ganzen Civil-Proceß die wichtige Revolution getroffen, daß der alte
Ordo Judiciorum abgeschafft, und die extraordinaria Judicia an dessen Stelle gesetzt wurden. Die Bedeutung dieser Veränderung sey die gewesen, daß von nun an die Feyerlichkeiten, welche
früher mit dem Verfahren in Jure verbunden gewesen waren, nahmentlich alle die *solennia uerba* wegfielen, und vom Prätor das Judicium auf einfache,
formlose Art ordinirt und die Actio gegeben wurde (22).
Jetzt sey natürlich auch die L. C., welche, selbst aus
solennibus uerbis bestehend, einen bloßen Bestandtheil
jenes alten solennen Ordo Judiciorum ausmachte,
untergegangen, ihr Nahme aber sey übrig geblieben,

(22) Es versteht sich, daß
ein Kenner des Römischen
Rechts wie Janus a Costa
nicht behaupten konnte, der
Ordo Judiciorum im gewöhnlichen Sinne sey zur Zeit der
classischen Juristen abgeschafft
gewesen. Auch läßt seine ganze
Darstellung nicht den mindesten Zweifel, daß er sich unter
jener Veränderung nichts anderes dachte, als was wir jetzt
einfach durch Abschaffung
der Legis Actiones und

Einführung der Formulä
bezeichnen. Dieß zeigen am deutlichsten folgende Worte, durch
welche er diese Veränderung
charakterisirt: „Postquam ex-
„traordinaria iudicia esse cœ-
„perunt, i. e. postquam ab-
„iit in desuetudinem uetus et
„solemnis ordo iudiciorum,
„et actiones, quæ olim legis
„actiones dicebantur, simpli-
„citer dictæ fuerunt actiones,
„et sine solemnibus uerbis
„dari cœperunt“ u. s. f.

und bezeichne von da an in veränderter Bedeutung
den Act, „cum iudex separatim causam audire cœ-
„perit per narrationem et contradictionem rei." Zugleich habe jetzt auch der Ausdruck *Iudicium acci-*
pere, welches nach wie vor mit dem *Litem contestari*
parallel gehen und eine der Zeit nach genau damit
zusammen fallende Handlung bezeichnen ſollte, ſeine
bisherige Bedeutung verändert, und bezeichne nun
nicht mehr die Handlung des Klägers oder beyder
Parteyen, welche die vom Prätor ertheilte Actio annehmen, ſich dem von ihm gegebenen Juder unterwerfen, ſondern es ſey nun zu verſtehen „de iudicio,
„quod solus reus accipere seu suscipere dicitur, non
„a prætore, sed ab actore, qui agit apud iudicem
„datum; tunc enim actor iudicium dictat, reus acci-
„pit, et ita iudicio a reo accepto lis dicitur conte-
„stata. "

Im Ganzen ſcheint mir nun dieſe Entwickelung
aus folgenden Gründen durchaus zu verwerfen:

1°. Vor allem iſt es völlig ungegründet und falſch,
daß die Worte *Iudicia ordinaria* und *extraordi-*
naria im Civil-Proceß außer ihrer wahren und echten Bedeutung, wonach ſie die Trennung von Jus
und Judicium ſetzen oder läugnen, auch noch den
Gegenſatz zwiſchen dem Verfahren per legis actiones
und dem per formulas ausdrücken. Von einer ſolchen

zweyten Bedeutung findet sich nirgends die entfernteste
Spur, und sie hat auch nicht die mindeste innere
Wahrscheinlichkeit für sich.   Ueberdieß ist sie in der
L. 47. cit., auf welche a Costa ihre ganze Existenz
gründen will, insbesondere durch den ganzen Zusammenhang ausgeschlossen und unmöglich, indem gerade
dieser es erfordert, daß *„extraordinaria iudicia"* in
seiner gewöhnlichen Bedeutung verstanden werde. Freylich ist es dann ganz unzweifelhaft, daß die Stelle,
wie sie vorliegt, von Paulus nicht herrühren kann;
denn es ist nichts gewisser, als daß in der ganzen Zeit
der classischen Juristen die Trennung von Jus und
Judicium die Grundlage der Civil-Justiz ausmachte.
Hierin liegt denn aber auch die Lösung des Räthsels.
Es leidet nähmlich keinen Zweifel, daß die Stelle,
interpolirt und der ganze fragliche Satz den Compilatoren zuzuschreiben ist.   Nur das Uebersehen dieser
von Aeltern und Neuern vielfach gemachten (23) und
heutzutage wohl allgemein anerkannten Bemerkung
konnte die irrige Interpretation dieser Stelle, von
welcher so eben die Rede war (24), veranlassen.

(23) Vgl. außer den von Hommel und Smallenburg an-
geführten Auslegern besonders
auch Mühlenbruch, Ces-
sion, S. 167. f. und v. Sa-

vigny über das Interdict
Quorum bonorum in der Zeit-
schrift für gesch. R. W. Bd. 5.
S. 19. f.

(24) In demselben Sinn wird

2°. Wollte man aber auch die ganze widerlegte
Erklärung der L. 47. cit. als wahr annehmen, ſo
würde es auch jetzt noch an jedem Berührungspunkte
mit d. L. un. fehlen, die Combination beyder Stellen
alſo dennoch als völlig grundlos erſcheinen, denn es
iſt doch gewiß nicht einzuſehen, und es iſt auch von
a Coſta nicht von ferne nachgewieſen worden, wie
die Abſchaffung der Legis Actiones und der dadurch
bewirkte Untergang des formellen Beſtandes der L. C.
die Uebertragung derſelben von dem Verfahren in
Jure auf das Judicium in einer ganz neuen Bedeu=
tung, die von der urſprünglichen auf keine Weiſe ab=
zuleiten wäre, habe nach ſich ziehen können (25).

Immer aber iſt es zu bemerken, daß Janus a
Coſta auch in dieſer ſeiner Darſtellung der ſpätern
Schickſale der L. C. wenigſtens darin mit unſern An=

die fragliche L. 47. auch im
Inſtitutionen=Commentar des
a Coſta, freylich mehr beyläufig
und ohne beſondere Erörterung
verſtanden und benutzt. Vgl.
daſelbſt zu pr.: De actionibus.

(25) Dieſe Uebertragung
nimmt mit Berufung auf a
Coſta, doch nicht ohne Beden=
ken, auch Schulting an
(Diss. De recusatione iudicis,

cap. 10. § 3.), und es iſt al=
lerdings, wenn man mit der
Stelle bey Feſtus die L. un.
cit. vergleicht, und auf das
äußere Zeugniß dieſer beyden
Stellen alles bauen will, gar
wohl zu begreifen, wie man
auf dieſe Meinung verfallen
konnte; nur muß man auf die
innere Wahrſcheinlichkeit der=
ſelben verzichten.

ſichten ungefähr überein ſtimmt, daß er von der Vorausſetzung ausgeht, die L. C. in ihrer urſprünglichen
Bedeutung ſey durch die Abſchaffung der Legis Actiones untergegangen (26).

§ 3.

Es iſt in der ganzen bisherigen Entwickelung der
Bedeutung und Geſchichte der L. C. als ausgemachte
Wahrheit von uns angenommen worden, daß dieſelbe,
ſo lange es eine Trennung von Jus und Judicium
gab, dem Verfahren in Jure angehörte, und es leidet keinen Zweifel, daß unſere ganze Anſicht ohne die
Richtigkeit dieſer Behauptung nicht beſtehen kann.
Gerade dieſer Satz iſt nun aber nichts weniger als
allgemein anerkannt (1), ja es läßt ſich nicht ein Mahl
behaupten, daß er von einem ſeiner Vertheidiger ge-

(26) Nach der gewöhnlichen
Meinung hätte die Sitte der
Zeugenaufrufung viel länger
fortbeſtanden. So z. B. nach
Winckler l. c. § 10. — vgl.
Glück, Pandekten Bd. 6. S.
171. Doch zweifelt Gold-
ſchmidt a. a. O. S. 13., ob
zu Sever's Zeit bey der L. C.
noch Zeugen angerufen zu werden pflegten; und auch Heff-

ter a. a. O. ſcheint nach dem
Obigen den Untergang dieſer
Sitte in eine frühere Zeit zu
ſetzen.

(1) Die Vertheidiger ſowohl
als die Gegner deſſelben finden ſich aufgezählt bey *Winckler* l. c. Sect. 1. § 3., und
Glück Opusc. Fasc. 2. p. 377.
— Die Neuern ſ. oben § 2.

nügend erwieſen und feſtgeſtellt worden wäre, ob er
gleich die meiſten Stimmen für ſich hat, und die Frage,
ob die L. C. in Jure oder in Judicio geſchehen ſey,
einen Hauptgegenſtand jeder Abhandlung dieſer Materie ausmacht, auch wirklich zum Theil mit vielem
Fleiße erörtert worden iſt (2).

Aus allen dieſen Rückſichten halte ich es denn für
nothwendig, die ſämmtlichen Gründe, welche für und
gegen unſere Anſicht in den Quellen enthalten zu ſeyn
ſcheinen, genauer zu betrachten, um wo möglich über
dieſen Punkt zu einem feſten Reſultate zu gelangen.

Vor allem kommen wir hier noch ein Mahl auf
die Hauptſtelle bey Feſtus zurück, wo es heißt:

„Contestari litem dicuntur duo aut plures ad-
„uersarii, quod ordinato iudicio utraque pars
„dicere solet: Testes estote.“

Es kommt für unſere Frage alles darauf an, was
die Worte „ordinato iudicio“ bedeuten. Und da
hat es doch wohl keinen Zweifel, daß ordinare iudicium heißt: das Judicium anordnen, einrich-
ten (3), ordinato iudicio alſo: „nachdem das

---

(2) Man vergleiche unter
den im vorhergehenden § angeführten Schriften beſonders
Winckler l. c. Sect 1. §§ 3. 4.
Glück, Pandekten, Bd. 6. S.
169. ff. und in Opusc. Fasc.
2. p. 377. ff. *Vossler* l. c.
§5. und Goldſchmidt a. a.
O. §§. 14—17. in den Noten.

(3) Weſentlich gleichbedeutend

„Judicium angeordnet ist." — Wo wird nun aber das Judicium angeordnet? Unzweifelhaft vor dem Magistrat. Mögen Legis Actiones, mögen Formulä die Proceß-Form ausmachen, immer erhält das künftige Judicium durch das Verfahren vor dem Magistrat seinen Charakter und seine Richtung; mit andern Worten: es wird in Jure angeordnet (4). Da-

mit ordinare iudicium ist constituere iudicium bey *Cicero* pro Roscio Com. c. 11. „Lite „contestata, iudicio damni „iniuria constituto, tu sine „me cum Flauio decidisti"; wo die Worte iudicio da. inin. const. nähere Bestimmung des lite contestata zu seyn scheinen, — Diese Stelle ist übrigens auch für unsere Hauptfrage nicht unbedeutend, doch hat sie Winckler a. a. O. dafür mehr als genug benutzt. — Für das constituere iudicium vgl. auch *Cic.* pro Cæcina c. 3. „Si prætor is qui „iudicia dat, numquam petitori præstituit, qua actione „illum uti uelit, videte, quam „iniquum sit, *constituta jam* „*re* iudicem, quid agi potu „erit, aut quid possit, non

„quid actum sit, quærere." Ferner Orator. Partit. c. 28. „Atque etiam ante iudicium „*de constituendo* ipso iudicio „solet esse contentio, quum „aut, sitne actio illi, qui „agit, aut iamne sit, aut num „iam esse desierit, aut illane „lege, hisne uerbis sit actio, „quæritur" u. s. w. Endlich kommt in gleichem Sinne auch *iudicium contestari* vor. L 19. Sol. matrim. (s. unten § 18.)

(4) So sagt auch J. a Costa a. a. O., nachdem er den Hergang der L. C. beschrieben hat: „et est quasi ultima linea „extremusque actus litis or- „dinationis; *litem autem apud* „*prætorem ordinatam fuisse* „*nemo sanus dubitare potest.*" Hierin stimmt Schulting a. a. O. des bestimmtesten

her müſſen wir doch wohl nach dem einzig natürlichen
Sinn dieſer Stelle ſagen: „Nach beendigtem
„Verfahren in Jure fordern beyde Par-
„teyen die Zeugen auf, über das ſo eben
„geſehene und gehörte künftig Zeugniß
„abzulegen. Daher der Ausdruck *litem con-*
„*testari.*“ Sonach hat es wohl kein Bedenken, daß
der Verfaſſer der vorliegenden Stelle ſich die L. C.
als in Jure geſchehend gedacht hat.

Da nun aber dieſe Stelle dennoch auch zur Vertheidigung der entgegen geſetzten Anſicht, nähmlich
daß die L. C. in Judicio geſchehen ſey, gebraucht,
oder doch als verträglich mit derſelben betrachtet wird,
ſo wollen wir uns ein Mahl einen Augenblick auf
den Standpunkt dieſer Erklärung ſetzen und das Verhältniß der Stelle zu dieſer Meinung näher betrachten.

Entweder bleibt man bey dem von uns aufgeſtellten Begriff von ordinare iudicium oder nicht (5): im

übereln. — Wem übrigens hiefür die innern Gründe nicht
entſcheidend genug ſind, der
vgl. u. a. L. 1, C. Si man-
cip. ita. uen.

(5) Dieſes Dilemma vermei-
det freylich Goldſchmidt
a. a. O. S. 16. dadurch, daß
er behauptet, was der Ausdruck *ordinare iudicium* bedeute,
könne man eigentlich nicht wiſſen, denn er komme im Corpus Juris bloß zwey Mahl
vor, nähmlich in L. 24. § 3.
und L. 25. § 2. De liberali
causa; und daraus könne man
mit Beſtimmtheit nichts ſchließen. Wenn man aber auch

erstern Falle würde die Stelle sagen: Nachdem das Judicium vom Prätor angeordnet ist, so sagen nun

die von uns bezeichnete Bedeutung dieses Ausdruckes als die eigentliche annehmen wolle, so sey doch die ganze Stelle so vag, daß es sich gar wohl denken lasse, der Verfasser derselben habe doch die L. C. als in Judicio geschehend voraus gesetzt, und, was bey einem Nicht = Juristen leicht möglich wäre, jenes Wort in einer uneigentlichen Bedeutung gebraucht, die darum sehr natürlich sey, weil doch erst, wenn die Parteyen vor dem Judex erschienen, das Judicium seinen eigentlichen Anfang nehme. Uebrigens mache eben diese Vagheit und Allgemeinheit die Stelle auch in kritischer Beziehung verdächtig, und es sey daher am besten, statt *ordinato iudicio* vielmehr *ordinario iudicio* zu lesen, wodurch denn die (an sich allerdings richtige) Idee ausgedrückt würde, daß in den iudiciis extraordinariis die L. C. nicht vorkomme. — Diese ganze Interpretation be-

darf wohl keiner besondern Widerlegung. Nur rücksichtlich der vorgeschlagenen Emendation möchte man unter anderm fragen, was denn eigentlich die Bestimmtheit der Stelle dadurch gewinne. — Einen recht auffallenden Contrast mit diesem cavalierischen Verfahren Goldschmidts bildet die Art, wie Winckler a. a. O. § 5. zwar mit großer Genauigkeit die Stellen, wo das ordinare iudicium erwähnt wird, aufzählt (es sind außer den beyden vorhin angeführten: L. 4. C. No de statu defunc. L. 14. C. De libera. ca. L. 2. C. De consort. ei. lit. L. 1. C. Qui dar. tut.; dazu vgl. L. 8. pr. § 1. D. De inoff. test. L. 26. § 2. De testam. tut. L. 7. § ult. L. 24. pr. De libera. cau. L. 1. C. Ad SC. Turpill. L. 20. D. De probationibus. L. 8. De re militari. L. 1. C. Si mancipium), daraus aber ganz pedantisch bloß die Einzelnheiten, welche zu dieser

beyde Parteyen vor dem Juder: „Testes estote." —
Allein auf dieſe Weiſe werden offenbar die Worte
„ordinato iudicio" ganz überflüſſig, der Gedanke
„vor dem Juder" aber wird völlig willkührlich
und gewaltſam hinein getragen; kurz es würde gewiß
niemand, der dieſes ſagen wollte, ſich ſo ausdrücken,
wie unſere Stelle lautet.　Im zweyten Falle aber
müßte der Sinn folgender ſeyn; Nachdem der Juder
zu ſitzen angefangen, und der Kläger die Thatſachen,
worauf er ſich ſtützte, angeführt, der Beklagte ſich
darüber erklärt hat, ſo ſprechen beyde Parteyen:
„Testes estote." Allein dieß wäre, wie ich glaube,
eine Bedeutung, welche ſchon an ſich den Worten ordinare iudicium durchaus nicht untergelegt werden
kann, und überdieß wäre es eine völlig willkührliche,
durch nichts begründete Annahme, daß eine ſolche
vorläufige Feſtſtellung der factiſchen Streitpunkte den
Anfang des Verfahrens vor dem Juder ausgemacht
habe.

Gegen jede der beyden ſo eben angeführten Erklärungen iſt aber noch folgendes anzuführen.

Die Worte „Testes estote" heißen wörtlich: „Ihr

Erwähnung zufällig Veranlaſſung gaben, heraus nimmt,
und ſie als Beſtandtheile des
iudicium ordinare angibt; ſo

daß er auf einen beſtimmten,
allgemeinen Begriff gar nicht
kommen kann.

sollt Zeugen seyn." Fragen wir nun: Worü-
ber? so muß das, was bezeugt werden soll, offenbar entweder etwas seyn, was in Jure geschehen ist,
oder etwas, das in Judicio geschah oder jetzt geschehen soll. Das erstere kann es hier nicht seyn,
denn Testes estote kann zwar dem einfachen Wortsinne nach ohne allen Zweifel bedeuten: „Legt mir
„künftig Zeugniß ab über das, was ihr
„jetzt gesehen und gehört habt"; auch wohl:
„über das, was ihr jetzt sogleich sehen und
„hören werdet"; aber gewiß unmöglich: „Legt
„mir jetzt Zeugniß ab über das, was ihr
„früher ein Mahl gesehen und gehört habt."

Sollen sie aber, was die zweyte Voraussetzung
war, über etwas Zeugniß ablegen, was in Judicio
geschieht, so frage ich: Vor wem? Vor dem Juder? Aber was vor diesem selbst als solchem geschieht,
darüber bedarf es doch wohl keiner Zeugen. Eine andere Gelegenheit aber, bey der sie über das in Judicio geschehene Zeugniß ablegen sollen, läßt sich wohl
kaum auf befriedigende Weise angeben.

Und so dürfen wir wohl unbedenklich jede Erklärung unserer Stelle für falsch erklären, welche davon
ausgeht, daß die L. C. in Judicio geschehen sey.

§ 4.

Außer der bis jetzt abgehandelten Hauptſtelle gibt es nun noch mehrere Andeutungen in unſern Quellen, welche für unſere Streitfrage zu berückſichtigen, und ſomit für die Beſtimmung der Natur der L. C. von Wichtigkeit ſind. Es ſind dieſelben vorzüglich in folgenden Stellen enthalten.

1ᵇ. L. 16. L. 17. De procuratoribus.

„Ante litem contestatam libera potestas est „uel mutandi procuratoris uel ipsi domino „iudicium accipiendi. "

„Post litem autem contestatam reus, qui „procuratorem dedit (1), mutare quidem eum „uel in se litem transferre a uino procura-„tore uel in ciuitate manente potest, causa „tamen prius cognita" (2).

Hienach ſteht es vor der L. C. frey, den Procurator zu ändern oder das Judicium ſelbſt zu übernehmen. Nach der L. C. hingegen könne dieſes nur aus Gründen und daher bloß nach vorher gegangener Cauſâ Cognitio geſchehen.

---

(1) Vgl. L. 25. eod.

(2) Im Folgenden werden die Gründe, welche den Gegenſtand der causæ cognitio ausmachen können, aufgezählt. Uebrigens wird dieſe Stelle, freylich auf ſehr unvollkommene Weiſe, auch von *Winckler* (l. c. § 3.) benutzt.

In dieser Bestimmung nun finde ich eine sehr bedeutende Anzeige, daß der Moment der Lis contestata zusammen fällt mit dem beendigten Verfahren in Jure, d. h. mit der definitiven Ertheilung der Formula. Da nähmlich in dieser die Condemnation auf den Nahmen des Procurator gestellt wird (3), so lautet die Formula verschieden, je nachdem eine Partey selbst oder durch diese oder eine andere Person, als ihren Procurator, auftritt. Eine definitiv ertheilte Formula aber, als das Resultat des ganzen Verfahrens in Jure, kann natürlich nach bloßer Willkühr der Parteyen nicht geändert werden, sondern es bedarf dazu immer einer Causâ Cognitio und Verfügung des Prätor. Es versteht sich dieß so sehr von selbst, daß auch ohne jene Stellen die Unmöglichkeit in die Augen fallen müßte, daß eine Partey nach definitiver Ertheilung der Formula nun bis nach angefangener Verhandlung vor dem Juder willkührlich den Procurator, also einen ausdrücklichen Punkt der Formula, ändern könnte.

2°. Sehr bedeutend ist ferner für unsere Ansicht die in dieselbe Materie einschlagende L. 8. § 2. eod.

„Veterani procuratores fieri possunt; milites „autem, nec si uelit aduersarius, procura-

(3) *Gaii* Comm. IV. §§ 86. 87. 55.

„tores dari possunt, nisi hoc tempore litis
„contestatæ quocunque casu prætermissum
„est.“

Ulpian ſagt: Die Milites können nicht als Procuratoren beſtellt werden; ſelbſt nicht mit Einwilli-
gung des Gegners (4), mit Ausnahme des Falles,
wenn dieſe Unfähigkeit zur Zeit der L. C. gar nicht
zur Sprache gebracht wurde.

Nun gehört aber die Zuläſſigkeit eines Procurator
ausgemacht zur Cognitio Prätoris. Ueberzeugte ſich
der Prätor von der Unzuläſſigkeit deſſelben, ſo ver-
ſagte er die Actio für oder gegen ihn; fand er, daß
aus den vorgebrachten Thatſachen die Unzuläſſigkeit
folge, daß aber die Wahrheit dieſer Thatſachen noch
nicht ausgemittelt ſey, ſo fügte er eine Exceptio pro-
curatoria bey. Der Sinn jener Stelle muß alſo doch
wohl nothwendig folgender ſeyn: Der Prätor ſoll
einen Miles unter keinen Umſtänden als Procurator
zulaſſen. Iſt dieß aber ein Mahl aus dieſem oder
jenem Grunde doch geſchehen, und die Formula für
oder gegen einen ſolchen Procurator wirklich ertheilt
worden, ſo ſoll es dabey ſein Bewenden haben, und
nahmentlich der Juder nicht befugt ſeyn, der Formula
zuwider dieſe Unfähigkeit zu berückſichtigen. — Ich

(4) Vgl. L. 7. De postulando.

glaube nicht, daß diese Stelle von der entgegen gesetzten Ansicht aus erklärt werden kann.

    3°. L. 25. De R. V. (*Ulp.*)

       „Is, qui se obtulit rei defensioni sine causa,
      „cum non possideret, nec dolo fecisset, quo
      „minus possideret, si actor ignoret, non est
      „absoluendus, ut Marcellus ait: quæ senten-
      „tia uera est; sed hoc post litem contesta-
      „tam: cæterum ante iudicium acceptum non
      „decipit actorem, qui se negat possidere,
      „cum uere non possideret, nec uidetur se
      „liti obtulisse qui discessit" (5).

Wenn ein Nichtbesitzer sich mit der Eigenthumsklage belangen läßt, als ob er besäße, so soll er nach
der L. C. mit der Erklärung, nicht zu besitzen, nicht
mehr gehört, sondern condemnirt werden. Dagegen
wenn er vor der L. C. diese Erklärung gibt, so befreyt er sich damit, denn jetzt kann ihm keine Täu-
schung des Klägers vorgeworfen werden. Auch hier
liegt gewiß das decipere darin, daß er in Jure den
Proceß gegen sich ordiniren läßt, und die Formula
annimmt. Gewiß fällt daher im Sinne des Juristen
das Annehmen der Formula und die L. C. in Einen
Moment zusammen.

    (5) Vgl. L. 13. § 13. L. 45. De hered. pet.

4°. **L. 25. § 8.** De ædilitio edicto. (*Ulp.*)

„Sciendum est, hæc omnia, quæ exprimun-
„tur Edicto Aedilium, præstare eum (nähm-
„lich emptorem) debere, si *ante iudicium*
„*acceptum* facta sint; idcirco enim necesse
„habuisse ea enumerari, ut, si quid eorum
„*ante litem contestatam* contigisset, præ-
„staretur. Cæterum *post iudicium accep-*
„*tum* tota causa ad hominem restituendum
„in iudicio uersatur, et tam fructus, quam
„id, quo deterior factus est, cæteraque ue-
„niunt. Iudici enim *statim atque iudex*
„*factus est,* omnium rerum officium incum-
„bit, quæcunque in iudicio uersantur; ea
„autem, quæ *ante iudicium* contingunt,
„non ualde ad eum pertinent, nisi fuerint
„ei nominatim iniuncta" (6).

Hier wird der Moment der L. C. oder des Judicium acceptum als identiſch bezeichnet mit dem, quo
iudex factus est. Welches iſt nun aber der Zeitpunkt,
quo iudex fit? Ohne Zweifel derjenige, in welchem
er durch Erlaſſung der Formula zum Juder ernannt

---

(6) Dieſe Stelle macht auch
Winckler (l. c. § 4.) gelten,
und vertheidigt ſie insbeſondere
gegen diejenigen, welche ſie
für die entgegen geſetzte Anſicht
gebrauchen wollten.

wird (7); unmöglich kann er erst dann Juder werden, wenn die Parteyen schon vor ihm erschienen sind,
und ihre gegenseitige Erklärung gemacht haben.

Ferner heißt es in dieser Stelle: Die Beurtheilung der Thatsachen, welche vor die L. C. fallen,
gehört dem Prätor, die der spätern dem Juder (8).
Nun zeigt sich aber die ganze Beurtheilung des Prätor regelmäßig bloß in der Einrichtung der Formula
wirksam. Ist diese ein Mahl definitiv erlassen, so ist
seine Thätigkeit in der Regel zu Ende. Man kann
somit unmöglich sagen, die rechtliche Würdigung alles dessen, was sich zwar nach ertheilter Formula,
aber vor geschehener erster Erklärung vor dem Juder
ereignet, stehe dem Prätor zu. Es leidet also auch
hienach keinen Zweifel, daß der Augenblick der Lis
contestata mit dem der ertheilten Formula zusammen
fällt.

5°. Es ist Regel, daß unter gewissen Umständen
die gerichtliche Verfolgung von Rechten gar nicht gestattet seyn solle. So z. B. zur Zeit der Ernte und
Weinlese (9). Ebenso darf ein Legatus provincialis

(7) Vgl. L. 39. pr. L. 46.   Satzes findet sich auch in L. 73.
De iudiciis.   De procuratoribus.

(8) Eine Anwendung dieses   (9) L. 1. De feriis.

zu Rom in der Regel nicht belangt werben (10). Aus=
nahmsweiſe ſoll aber auch in ſolchen Fällen der Pro=
ceß eingeleitet werden, wenn Gefahr im Verzuge iſt,
z. B. weil die Klage zu verjähren oder durch Todes=
fall unterzugehen droht; aber auch dann ſoll das Ver=
fahren nur ſo weit fortſchreiten, als es nöthig iſt,
um dieſe Gefahr abzuwenden, nahmentlich alſo nicht
weiter als bis zur L. C. — Man ſehe:

L. 1. § 2. De feriis. (*Ulp.*)

„. . . . Sane quotiens res urget, cogendi qui-
„dem sumus ad prætorem uenire, uerum ad
„hoc tantum cogi æquum est, ut lis con-
„testetur, et ita ipsis uerbis orationis expri-
„mitur: denique alterutro recusante post li-
„tem contestatam litigare, dilationem oratio
„concessit" (11).

L. 28. § 4. De Iudiciis. (*Paulus.*)

„Sed et si dies actionis exitura erit, causa
„cognita aduersus eum iudicium prætor dare

---

(10) L. 24. pr. § 2. De
iudiciis. L. 35. § 2. De iureiurando. — Ueber dieſe Re=
gel, deren in unſern Quellen
ſehr oft Erwähnung geſchieht,
vgl. im Allgemeinen: L. 5.
§ 1. De pecun. conſt. L. 32.
§ 9. De receptis qui arb. L. 2.
§§ 3. 6. L. 5. L. 8. L. 39.
§ 1. L. 42. De iudiciis.
L. 30. pr. L. 66. § 3. Ad
SC. Trebell. L. 3. De lega-
tionibus.

(11) Vgl. L. 3. pr. eod.

„debet, ut lis contestetur, ita ut in prouin-
„ciam transferatur" (12).

Diese Erwähnungen der L. C. nun sind allerdings
von einer Art, daß schon in ihrer äußern Gestalt,
in den darin gebrauchten Ausdrücken für die Beantwortung unserer Streitfrage Andeutungen enthalten
zu seyn scheinen, und es ist daher bey der großen
Dürftigkeit der Quellen wohl zu begreifen, daß man
auf diese Stellen einen bedeutenden Werth setzte, und
daß jede Partey sie so viel möglich für sich zu benutzen suchte. Dennoch kann ich darin ein entschei-
dendes Zeugniß für die eine oder andere Meinung
nicht finden, denn es ist, wie ich glaube, auf dem
Wege sicherer Interpretation nicht dahin zu gelangen,
daß man sagen könnte: so kann der Jurist nur
unter dieser, nicht aber unter der andern
Voraussetzung geschrieben haben. Statt daher eine bestimmte Interpretation im Sinne unserer
Meinung aufzustellen und dann mit der entgegen gesetzten Erklärung der Gegner um die größere Wahrscheinlichkeit zu streiten, und so am Ende ein schwankendes Argument für jene zu erhaschen, wollen wir
uns, im Vertrauen auf die übrigen für unsere An-

(12) S. auch L. 16. De off. praesidis. L. 2 § 4. Ex
quib. cau. maiores.

ficht angeführten directen und indirecten Gründe, damit begnügen, zu zeigen, daß die beyden Stellen mit
derselben verträglich sind, mit andern Worten,
daß eine vernünftige und an sich nicht unwahrschein-
liche Interpretation von unserer Voraussetzung aus-
gehend möglich ist.

Von der erstern der beyden Stellen, der L. 1. § 2.
cit. wird dieses niemand läugnen, da selbst die Gegner sie nur durch eine künstliche Interpretation zu
beseitigen trachten (13). Aber auch die L. 28. § 4.
cit. läßt sich, wie ich glaube, sehr wohl auf folgende
Weise erklären (14). Der Satz, daß ein Legatus
nicht mit Processen belästigt werden dürfe, leidet eine
Ausnahme, wo die Klage gegen ihn zu verjähren
droht. Allein auch hier soll von jenem Satze nur so
weit abgegangen werden, als es zu Vermeidung dieser nachtheiligen Folge nothwendig ist. Da nun durch

(13) So sagt Goldschmidt
a. a. O. S. 17. Note c. freylich sehr kategorisch: Die Stelle
bestimme weiter nichts, „als
„daß man gezwungen sey, in
„Jure zu erscheinen, damit
„der Prätor Judices ge-
„ben, und vor diesen
„Lis contestirt werden
„könne."

(14) Die Art, wie *Winck-
ler* l. c. § 4. sub fin. diese
Stelle zu beseitigen sucht, ist
höchst unbefriedigend, indem
er dabey von seiner verkehrten
Vorstellung über die Bedeutung und Ordnung der einzelnen in Jure vorkommenden
Handlungen ausgeht.

die L. C. die Klagenverjährung unterbrochen wird,
so soll daher der ausnahmsweise einzuleitende Proceß
nur bis zur L. C. geführt, dann bis zur Rückkehr
des Legatus eingestellt und erst an dem Wohnorte
desselben fortgesetzt werden. Zu diesem Ende hin
wird also das ganze Verfahren in Jure vollzogen,
die Actio ertheilt, das Judicium constituirt, die Formula erlassen, aber alles nicht, wie es die natürliche
Bedeutung dieses Actes mit sich bringt, in der Meinung, daß in Folge dieser Einleitung der Proceß
nun wirklich vor einen Juder gebracht und vor diesem
durchgeführt werde, sondern nur weil durch diese
Vollziehung des einleitenden Verfahrens der Moment
der L. C. eintritt. Mehr als dieses will man nicht,
und es geschieht daher auch für den ganzen Proceß
weiter nichts (das Judicium beginnt gar nicht), sondern derselbe wird jetzt in prouinciam, wo der Legat
wohnhaft ist, transferirt (15). Sonach wäre der
Sinn unserer Stelle, um uns an ihre Worte näher
anzuschließen, dieser: Wenn die Klage der Verjährung nahe ist, so soll der Prätor das

(15) Dieß Transferre in pro-
uineiam macht eine Ausnahme
von der in L. 30. De Iudiciis enthaltenen Regel, „Ubi
„acceptum est semel iudicium,

„ibi et finem accipere debet,“
die sich auch in L. 34. eod.
angewandt findet. Ganz anders
freylich versteht diese Regel
Goldschmidt (a. a. O. S. 16.)

Judicium, die Actio geben, damit der Moment der L. C. eintrete; jedoch in der Meinung, daß nun der Proceß in die Provinz
transferirt werde.

So kann, wie ich glaube, dieſe Stelle wenigſtens
nicht gegen unſere Meinung beweiſen. Von einer
andern Seite könnte ſie vielleicht ſogar ein bedeuten-
tendes Argument für dieſelbe werden, nähmlich wenn
wir wüßten, wie das Transferre bewerkſtelligt wurde.
Da es nähmlich in dem vorliegenden Falle ſchon zum
voraus gewiß war, daß das Judicium nicht zu Rom
durchgeführt werden ſollte (16), ſo iſt es mir nicht
unwahrſcheinlich, daß man darauf ſchon in der Formula Rückſicht nahm, und es ließe ſich denken, daß
dieß gerade bey der Ernennung des Judex geſchehen
wäre. Zwar konnte wohl der Prätor nicht geradezu
einen Judex in der Provinz ernennen (17), aber es

welcher daraus gar ſchlau
demonſtrirt, daß die L. C. in
Judicio geſchehen ſey; nähm=
lich ſo: „Ubi acceptum“ u.
ſ. w.; alſo auch umgekehrt:
„Ubi finem accipit iudicium,
„ibi et accipi debet; nun iſt
„aber indicium accipere mit
„litem contestari gleichbedeu=
„tend, und ſo mußte denn

„die L. C. vor dem Judex
„geſchehen“

(16) Dadurch entſcheidet ſich
der Fall von dem der L. 46.
De Iudiciis (vgl. L. 60. eod.),
und daher wird es unwahr=
ſcheinlich, daß, wie dort, nur
eine Mutatio iudicis eingetreten wäre.

(17) Nicht unintereſſant iſt

wäre möglich, daß er die künftige Ernennung des
Juder dem betreffenden Provincial-Magistrat anheim
gestellt, und sich darauf in der Formula ausdrücklich
berufen hätte; etwa so: „*Iudex esto quem Titius
„Prorætor dabit.*" Doch sind wir in dieser Sache
von unsern Quellen so gänzlich verlassen, daß ich das
so eben gesagte als bloße Möglichkeit, nicht ein Mahl
als bestimmte Vermuthung hinstellen, und daher für
unsere Hauptfrage nicht das mindeste darauf bauen
möchte.

6°. Ein viel bedeutenderes Argument für unsern
Satz liegt, wie ich glaube, in einer andern Stelle,
welche ebenfalls von der unter 5°. angeführten Regel,
daß ein Provincial-Legat in Rom nicht belangt werden dürfe, handelt. Es ist dieß § 2. d. L. 28. De
Iudiciis.

hierüber die Vergleichung von
L. 6. De off. præf. urbi, wo
aber die richtige Leseart noch
gar nicht ausgemacht ist. Nach
der Florentina, welche auch
durch die Basiliken unterstützt
wird, lautet das Ende der
Stelle: „extra urbem potest
„iubere iudicare"; wogegen
in den Gothofredischen Ausgaben als handschriftliche Variante „*nec* extra" u. s. f.

angeführt wird. Und diese Leseart, ob sie gleich in der Gebauer'schen Ausgabe gar nicht
erwähnt ist, möchte denn von
Seite innerer Wahrscheinlichkeit nicht wenig für sich haben.
Dieselbe findet sich auch in einer Pandekten-Handschrift, die
ich besitze, die übrigens mit
der von Gothofred citirten
Colladon'schen höchst wahrscheinlich identisch ist.

4

„Ex quibus causis non cogitur legatus iudi-
„cium accipere, nec iurare cogendus est,
„se dare non oportere, quia hoc iusiuran-
„dum in locum litis contestatæ succedit (18).

Hienach kann dem Legatus in dem regelmäßigen
Falle, wo der Proceß gar nicht gegen ihn erhoben
werden darf, auch der Eid nicht wirkſam deferirt
werden, weil, wie Paulus ſagt, der deferirte Eid
die Stelle der L. C. vertritt (19), folglich in dieſem
Falle ſo gut wie ſie ſelbſt ausgeſchloſſen ſeyn muß.
Nun iſt vorerſt im Allgemeinen zu bemerken, daß die
Eides-Delation regelmäßig entweder ganz vor dem
Proceß (20) oder wenigſtens in Jure (21), nicht
aber erſt in Judicio geſchieht (22). Aber noch viel

---

(18) Vgl. L. 35. § 2. De
iureiur., supra alleg.

(19) Eine merkwürdige An=
wendung dieſes Satzes, darin
beſtehend, daß dem deferirten
Eid eine einze'ne Wirkung der
L. C. unter ausdrücklicher Ver=
gleichung mit dieſer zugeſchrie=
ben wird, findet ſich in L. 9.
§ 3. De iureiur. (*Ulp.*) „Si
„is, qui temporaria actione
„mihi obligatus erat, detu-
„lerit iusiurandum, ut iurem,
„eum dare oportere, egoque

„iurauero; tempore non libe-
„ratur, quia post litem con-
„testatam cum eo perpetuatur
„aduersus eum obligatio.“
Vgl. auch L. 34. § 3. eod.

(20) L. 28. § ult. L. 9.
pr. l. 29. De iureiur.

(21) L. 34. §§ 6. 7. L. 37.
De iureiur.

(22) In wie fern die Eides=
Delation auf bindende Weiſe
auch in iudicio geſchehen
konnte, weiß ich nicht gewiß.
Ich würde es läugnen, wenn

ſtärker wird dieſes Argument, wenn wir uns den
Sinn dieſes „*in locum litis contestatæ succedit*"
aus den natürlichen Folgen der Eides=Delation deut=
lich machen. Nähmlich wenn über ein Rechtsverhält=
niß der Eid deferirt iſt, ſo ertheilt der Prätor die
ſonſt dafür aufgeſtellte Actio nicht, ſondern läßt le=
diglich den deferirten oder referirten Eid abſchwören.
Die Eides=Delation ſchneidet alſo den urſprünglichen
Proceß ab, und man kann ganz eigentlich ſagen, „*in*

nicht L. 34. § ult. De iureiur.
Zweifel erregte, wobey aber
zu bemerken iſt, daß die bedeu=
tendſten Ausleger dieſe Stelle
und den vorher gehenden § 8.
für ausgemacht interpolirt er=
klären. Wir ſind hier nicht
veranlaßt, eine beſtimmte Er=
örterung und Entſcheidung je=
ner Frage zu unternehmen, da
es uns völlig genügen muß,
daß der zweifelhafte Fall we=
nigſtens von niemanden als
der regelmäßige gelten gemacht
werden wird. Uebrigens gibt
es bekanntlich im claſſiſchen
Römiſchen Rechte zweyerley
Eides=Delation, nähmlich ent=
weder über die *actio* ſelbſt
(dare oportere u. dgl.) oder

über einzelne derſelben zum
Grunde liegende Thatſachen.
In der letztern Art nun konnte,
wie ich glaube, die Eides=De=
lation allerdings in iudicio
vorkommen (vgl. L. 21. De
dolo), und es hätte wohl auch
nichts gegen ſich, auf ſolche
Fälle, deren im Titel De iu=
reiurando ſehr viele vorkom=
men, den § ult. cit. zu bezie=
hen. In demſelben vergleiche
man noch L. 9. C. De R. C.
Endlich kann d. § ult. auch
gar wohl auf den Fall gehen,
wo bey ſchwierigem Beweiſe
der Judex aus ſich der einen
oder andern Partey den Eid
auflegt, wovon Gajus in
L. 31. eod. ſpricht.

„*locum litis contestatæ succedit,*" weil die regel=
mäßige Beendigung des Verfahrens in Jure, nähm=
lich die Ertheilung der Formula, dadurch überflüſſig
gemacht wird, und ſomit ganz unterbleibt.

7°. **L. 14. De his qui not. infa.** (*Paulus.*)

„Seruus, cuius nomine noxale iudicium do-
„minus acceperit, deinde eundem liberum et
„heredem instituerit, ex eodem iudicio dam-
„natus non est famosus, quia non suo no-
„mine condemnatur, quippe cum initio *lis*
„*in eum contestata non sit.*"

Eine Hauptſtelle. Jemand wird wegen ſeines Scla=
ven mit einer Noxal=Klage belangt; nach der L. C.
ſtirbt er mit Hinterlaſſung eines Teſtamentes, worin
der Sclave freygelaſſen und zum Erben eingeſetzt iſt.
Dieſer wird condemnirt. Nun heißt es, die Folge
der Infamie könne ihn nicht treffen, *quia lis in eum
contestata non sit*, d. h. weil die Formula nicht
auf ihn concipirt iſt; denn die Intentio lautet bey
Noxal=Klagen auf den Herrn ſelbſt (23), nicht, wie
z. B. bey der Actio de peculio, auf die Perſon des
Sclaven. Auf ihn wird aber in dem vorliegenden
Fall, wie auf jeden Erben, mit deſſen Erblaſſer ſchon

(23) Jch habe dieß in mei=   ſtelle hiefür iſt L. pen. § 1.
ner Jnaugural = Diſſertation   De noxal. act.
p. 52. f. nachgewieſen. Haupt=

Lis contestirt war, vermuthlich bloß die Condemnatio umgestellt (24), und der Freygelassene erscheint also nicht als suo nomine condemnatus, was doch Bedingung des Eintretens der Infamie ist (25). Die L. C. muß demnach eben die Handlung seyn, woraus die Einrichtung der Formula hervor geht. Wäre sie eine factische Erklärung vor dem Juder, so könnte man unmöglich sagen: „Lis in eum contestata non „est;“ denn in einer solchen müßte er ja auf jeden Fall als Hauptperson erscheinen, und diese Phrase würde von jenem Standpunkte aus schlechterdings keinen vernünftigen Sinn darbiethen.

8°. Gar nicht unbedeutend scheint mir für unsere Meinung auch die Stelle bey Gellius N. A. Lib. 5. cap. 10. zu seyn (26), wo die L. C. geradezu als

(24) Es wird davon unten in § 20. Note 3. des Nähern die Rede seyn.

(25) L. 1. L. 6. § 2. De his qui not. infa., aus welcher letztern Stelle, verbunden mit den bekannten Regeln über die Conception der Formula beym Auftreten eines Procurator u. dgl., sicher genug hervor geht, daß es bey der Frage, ob jemand suo nomine condemnirt sey, nicht darauf ankommt, ob die Condemnatio auf ihn gerichtet ist oder nicht, sondern vielmehr auf die Intentio. Vgl. L. 39. § 1. De procuratoribus.

(26) Die hieher gehörigen Worte sind folgende: „Litem „(Protagoras) cum Euathlo „contestatur, et quum ad iu- „dices coniiciendæ consisten- „dæque causæ gratia uenis- „sent, tum Protagoras sic ex- „orsus est . . . .“

eine dem Judicium vorher gehende Handlung erwähnt
wird. Zwar iſt hier von einem Proceſſe in Griechen-
land die Rede, allein es hat doch alle Wahrſcheinlichkeit gegen ſich, daß Gellius einen Ausdruck mit einer
ſo beſtimmten und ihm natürlich völlig geläufigen tech-
niſchen Bedeutung gewählt haben würde, wenn er ſich
das zu Bezeichnende als weſentlich verſchieden gedacht
hätte.

9°. Es iſt völlig gewiß und unbeſtritten, daß der
Moment der *Lis contestata* mit dem des *Iudicium
acceptum* identiſch iſt (27). Vergleicht man nun aber
das *Iudicium accipere* mit den häufig vorkommenden Ausdrücken *Iudicium dare, reddere, postulare,
impetrare, petere, dictare, edere* (28) und dem
auffallend verwandten *Formulam accipere* (29),
welche alle ganz entſchieden auf das Verfahren in
Jure ſich beziehen, ſo hat es doch gewiß die höchſte
innere Wahrſcheinlichkeit, daß alles dieſes Correlativ-
Begriffe von jenem ſeyen, und daß alſo auch der

(27) Vgl. z. B. L. 29. De
nonationibus. L. 25. De R. V.
L. 25. § 8. De ædil. ed. u. ſ. w.
— Heffter a. a. O. S. 282.
Note 29.

(28) Vgl. z. B. L. 15. De
auctor. tut. L. 31. § 1. De

nouationibus. L. 1. § 4. Quod
legatorum. L. 83. § 1. L. 112.
pr. De V. O.   L. 13. §. 1.
Iudicatum solui. L. fi. Pro
dote.

(29) Vgl. *Gaii* Comm. IV.
§ 57.

Moment des Iudicium acceptum dem Verfahren in Jure angehöre (30).

Es gibt aber auch manche Stellen, wo sich diese Bemerkung augenscheinlich bestätigt findet. So ist ganz besonders in L. 8. § 3. De procuratoribus (31) das *Cogere ad accipiendum iudicium* (32) in unmittelbaren Gegensatz gestellt mit *Actionem denegare*, und dasselbe, so wie auch der völlige Parallelismus zwischen *Cogere iudicium accipere* und *Actionem dare*, ergibt sich aus der Vergleichung von L. 24.

(30) So sagt auch *Winckler* l. c. § 3. „Quemadmodum „aliquid dari et accipi uno „eodemque tempore solet, ita „etiam iudicium a praetore „datum coram eodem acci„piebatur seu lis contestaba„tur.“ Dagegen bemerkt dann Goldschmidt a. a. O. S. 16. sehr fein: „Da aber nicht vom „Geben und Annehmen eines „körperlichen Dinges die Rede „ist, so kann ich diesen Schluß „nicht anders als höchst un„richtig finden.“

(31) *Ulp.* „Procuratorem „ad litem suscipiendam da„tum, pro quo consentiente „dominus iudicatum solui ex-

„posuit, praetor ait, iudicium „accipere cogam. Verum ex „causa non debebit compelli, „utputa inimicitiae capitales „interuenerunt inter ipsum „procuratorem et dominum; „scribit Iulianus, debere in „procuratorem denegari ac„tionem.“

(32) Ueber das Cogere iudicium accipere im Allgemeinen vgl. auch L. 43. § 6. L. 44. L. 45. pr. L. 73. De procuratoribus. L. 71. § 2. De legatis 1mo. L. 49. pr. Ad SC. Trebell. L. 7. pr. De aqua et aquae. L. 18. Iudic. solui. L. 2. C. De hered. v. act. uend.

§ 2. (33) mit L. 25. und L. 28. § 2. De iudiciis (34) und ganz beſonders aus L. 76. De procuratoribus (35).

Am entſcheidendſten endlich iſt in dieſer Beziehung die Vergleichung folgender zwey Stellen mit einander.

L. 1. pr. De publicanis. (*Ulp.*)

„Prætor ait: Quod publicanus . . . ui ade-
„merit, quodue familia publicanorum, si id
„restitutum non erit, in duplum, aut si post
„annum agetur, in simplum iudicium dabo.
„Item si damnum iniuria furtumue factum
„esse dicetur, iudicium dabo: si id ad quos
„ea res pertinebit non exhibebitur, in do-
„minos sine noxæ deditione iudicium dabo.‟

(33) „Si *postulatur* in rem
„actio aduersus Legatum,
„numquid *danda* sit? . . .
„Cassius respondit, sic ser-
„uandum, ut . . . non sit
„*concedenda* actio; si uero
„. . ., non sit *inhibenda*. Iu-
„lianus siue distinctione *de-*
„*negandam* actionem. Merito;
„ideo enim non *datur* actio,
„ue ab officio suscepto lega-
„tionis auocetur.‟

(34) Die Worte dieſer Stelle
ſ. oben S. 50.

(35) (Iulianus.) „Titius,
„cum absentem defenderet,

„satis dedit, et *priusquam*
„*iudicium acciperet,* desiit reus
„soluendo esse; quam ob cau-
„sam defensor *recusabat iudi-*
„*cium in se reddi oportere.*
„Quæro, an id ei concedi
„oporteat. Iulianus respon-
„dit: Defensor, cum satis de-
„dit, domini loco habendus
„est, nec multum ei præsta-
„turus est prætor, *si eum non*
„*cœgerit iudicium accipere;*
„cum ad fideiussores eius iri
„possit, et hi, quicquid præ-
„stiterint, a defensore conse-
„cuturi sint.‟

L. 5. pr. eod. (*Gaius.*)

„Hoc edicto efficitur, ut ante acceptum qui-
„dem iudicium restituta re actio euanescat,
„post acceptum uero iudicium nihilominus
„pœna duret. Sed tamen absoluendus est
„etiam, qui post acceptum iudicium resti-
„tuere paratus est.“

§ 5.

Durch alle die bisher entwickelten Gründe (1) und
noch mehrere, die sich aus der Darstellung der materiellen Wirkungen der L. C. von selbst ergeben werden (2), ist nun, wie ich glaube, die der unsrigen

(1) Noch mehrere andere, theils schwächere, theils ganz nichtige Argumente, finden sich bey *Winckler* l. c. § 3.

(2) Ich präoccupire hier von den Gründen dieser Art einen einzigen, der mir ganz beson-ders stark scheint. Nähmlich es wird sich unten zeigen, daß nach Römischer Ansicht durch die L. C. eine neue Obli-gation, nahmentlich ein *Con-demnari oportere* entsteht. Be-kanntlich ist aber das Resultat des ganzen Verfahrens in Jure die Conception und Erlassung der Formula, deren Zweck und Inhalt wesentlich darauf hin-aus läuft, zu bestimmen, in welcher Art und unter welchen Bedingungen condemnirt werden solle. Nun frage ich: Ist es nicht unendlich na-türlicher anzunehmen, daß eben aus dieser Erlassung der For-mula das Condemnari oportere entsteht; als den Ursprung die-ser Obligation aus einer fac-tischen Erklärung vor dem Ju-dex abzuleiten? Ich glaube, daß das erstere eine wahre in-nere Nothwendigkeit für sich

entgegen geſetzte Anſicht, nach welcher die L. C. dem Verfahren in Judicio angehören ſoll, vollſtändig wiederlegt, und es bleibt jetzt nur noch übrig, die Stelle, welche als die hauptſächliche oder eigentlich als die einzige bedeutende Stütze dieſer Anſicht geltend gemacht wird, näher zu betrachten. Es iſt dieß nähmlich die ſchon oben in einer andern Beziehung angeführte L. un. C. De Litiscontestatione.

> *Impp. Seuerus et Antoninus AA.* Valenti. —
> „Res in iudicium deducta non uidetur, si
> „tantum postulatio simplex celebrata sit uel
> „actionis species ante iudicium reo cognita.
> „Inter litem enim contestatam et editam ac-
> „tionem permultum interest. *Lis enim tunc*
> „*contestata uidetur, cum iudex per nar-*
> „*rationem negotii causam audire cœpe-*
> „*rit.*" Dat. Cal. Septembr. Seuero III. et
> Antonino AA. Conss. (3).

hat. So theilen ſich die beyden durch den Proceß entſtehenden Obligationen, das Condemnari oportere und das Iudicatum facere oportere ihrem Urſprunge nach zwiſchen die beyden Hälften des Proceſſes, indem jene aus dem Verfahren in Jure, dieſe aus dem Judicium als Reſultat hervorgeht.

(3) Es wird allgemein bemerkt, und iſt allerdings wahrſcheinlich, daß dieß Fragment in ſeiner urſprünglichen Geſtalt mit L. 3. C. De edendo Ein Reſcript ausmachte: wenigſtens kann dagegen die kleine Ab-

Auf den erſten Anblick ſcheint allerdings dieſe Conſtitution für die ganze Unterſuchung die Hauptſtelle
zu ſeyn. Denn ihrer Inſcription nach gehört ſie in
die claſſiſche Zeit, ſie iſt ferner aus unſerm ganzen
Quellenvorrath die einzige Stelle, die ex professo beſtimmt, in welchem Augenblick Lis contestata vorhanden ſey; und in der Faſſung ihrer einzelnen Ausdrücke
endlich iſt nichts, was eine Interpolation verriethe (4).
Ihr Inhalt aber iſt entſchieden für die von uns verworfene Meinung, denn es heißt darin ganz deutlich,
Lis contestata ſey dann eingetreten, wenn der Juder
durch Erzählung des Geſchäftes die Sache zu hören

weichung in der Angabe des
Tages bey der großen Unſicher-
heit der Subſcriptionen nichts
ausmachen. In welcher Ordnung übrigens die beyden Theile
urſprünglich geſtanden haben,
iſt ſtreitig, und intereſſirt uns
hier nicht. Vgl. G o l d ſ c h m i d t
a. a. O. S. 14. f., *Winckler*,
§ 4., und H e f f t e r S. 285.

(4) Zwar könnte man es
verdächtig finden, daß die Stelle
den Umſtand als bloß zufällig
und möglich zu betrachten
ſcheint, daß der Beklagte von
der Art der Klage ante indi-

cium Kenntniß erhalte, da doch
das ganze Verfahren in Iure
gerade in einer Verhandlung
über die Art der Klage beſteht.
Allein es iſt wohl nicht zu
läugnen, daß auch ſchon in
der claſſiſchen Zeit der Ausdruck
Iudicium in einem weitern
Sinne gebraucht wird, in welchem er den ganzen Proceß,
alſo das Verfahren in iure und
in iudicio zuſammen bezeichnet.
Die Belege dafür ſollen bey
einer andern Gelegenheit gegeben werden. S. unten Note 10.

angefangen habe. Zwar ſind die Vertheidiger unſerer Anſicht ſogleich bereit mit der Einwendung, *Iudex* bezeichne hier den *Magiſtratus* (5). Allein ſie bemer⸗ ken nicht, daß, ſelbſt abgeſehen von der Willkührlich⸗ keit dieſer Ausflucht, damit nicht ein Mahl etwas geholfen iſt, indem dadurch ein wahrer innerer Wi⸗ derſpruch in unſere Stelle hinein interpretirt wird. Während im Anfang derſelben beſtimmt geläugnet wird, daß ſchon das Edere und Poſtulare actionem die L. C. ausmache, ſo ſollte nun am Ende geſagt werden, daß ſogar ſchon die erſte Erzählung der Sache vor dem Prätor, alſo gewiß dasjenige, womit das ganze Verfahren anfing, die L. C. involvire (6)? Dieſen Ausweg müſſen wir alſo ſogleich aufgeben und zuge⸗

(5) So z. B. *Noodt* De Iurisdictione Lib. 1. c. 15. *Winckler* l. c. § 4. *Vossler* l. c. p. 8. Glück, Pand. Comm. Bd. 5. Tit. 1. § 499. (Bd. 6. S. 166.) Dagegen Heffter a. a. O. hat das Nichtige dieſer Behauptung eingeſehen.

(6) Gegen dieſe Einwendung ſichert ſich *Winckler* l. c. § 6. durch eine ganz ſpectaculöſe Interpretation der hieher ge⸗ hörigen Worte. Aus Quinti⸗ lian, Hermagoras, Cicero, Iſocrates und Apollodor ſollen wir nähmlich erfahren, was die guten Kaiſer ſich unter — *ne-gotium* und *causa* dachten. Hie⸗ nach bedeute causa: „*id de* „*quo principaliter quæritur in* „*lite, et quod caput est totius* „*controuersiæ*“; was man vor Altem im engern Sinne *lis* genannt habe. Negotium aber ſoll gar eine „*Congregatio per-* „*sonarum, locorum, temporum*“ ſeyn; kurz: „*Negotium* est id,

stehen, daß, sobald an den Gegensatz zwischen Prätor
und Juder wirklich zu denken ist, der Ausdruck Iudex
nur seine gewöhnliche Bedeutung haben könne.

Nimmt man also an, daß unsere Stelle eine echte
und unverfälschte Constitution der Kaiser sey, deren
Nahmen die Inscription angibt, so ist dieselbe allerdings ein unumstößliches Argument für die von uns
verworfene Meinung. Allein zugleich ist wohl zu bemerken, daß dadurch von allen den zahlreichen Gründen, die wir für unsere Ansicht angeführt haben, kein
einziger widerlegt, oder auch nur im geringsten ge-
schwächt wird. Die Entscheidung unserer Streitfrage
wird also ganz unmöglich, wenn wir nicht folgenden,
wie ich glaube, einzig übrig bleibenden Ausweg (7)
einschlagen wollen.

„quod actioni intendendæ et
„liti instituendæ occasionem
„dedit, *causa* uero id, quod
„quæritur in lite decidenda,
„seu id, quod, quando con-
„stat, litem dirimit, et alias
„a rhetoribus κϱινόμενον uoca-
„tur.“ Alles dieses, um das
Unbegreifliche begreiflich zu
machen, daß die Narratio negotii und das Audire causam
erst fast ganz am Ende des
Verfahrens in Jure vorgekom-

men sey. S. oben S. 18.
Note 6.

(7) Heffter (a. a. O.
S. 285. ff.), welcher ebenfalls
von der Ansicht ausgeht, daß
die L. C. auch noch zur Zeit
des Paulus und Ulpian
dem Verfahren in Jure angehört habe, ist in Beziehung
auf unsere L. un. auf ein anderes Auskunftsmittel verfallen, das sich aber, wie mich
dünkt, weder durch quellenmä-

Nach jeder Anſicht über den Zeitpunkt der L. C.
liegt dieſelbe an der Grenze zwiſchen dem Ve.fahren
in Jure und dem in Judicio, und es iſt nur beſtrit=
ten, auf welche Seite ſie hinüber falle. Eben deß=
wegen müſſen wir denn auch von jeder Stelle aus
der claſſiſchen Zeit, welche den Zeitpunkt der L. C.
er profeſſo beſtimmen ſoll, erwarten, daß darin die=
ſer Gegenſatz zwiſchen dem Verfahren in Jure und in
Judicio beſonders hervor gehoben ſey. Allein gerade
dieſer Gegenſatz hatte zu Juſtinians Zeit längſt zu
exiſtiren aufgehört. Gehen wir vollends von unſerm
Standpunkte aus, und nehmen an, daß die Const.
urſprünglich die L. C. auf eine damit überein ſtim=
mende Weiſe erklärte, ſo war ſehr wahrſcheinlich darin
auch von der Abfaſſung und Ertheilung der Formula
die Rede, und dieß iſt wieder ein ſo rein alterthüm=
licher Gegenſtand, daß die Compilatoren jede Erwäh=

ßige Begründung noch durch
innere Wahrſcheinlichkeit em=
pfiehlt. Er nimmt nähmlich
für die Zeit der Kaiſer Seve=
rus und Antoninus einen vor=
über gehenden Zuſtand an,
nach welchem die L. C. in iu=
dicio geſchehen wäre, indem
es den Gerichtsvorſtänden we=
gen der immer wachſenden Zahl
der Extraordinariæ cognitio=
nes unmöglich geworden ſey,
den causis ordinariis, wie frü=
her, ihre beſondere Aufmerk=
ſamkeit zu wiedmen: ſie hätten
daher die Verhandlungen in
Jure ſo viel wie möglich ab=
zukürzen und die Sache ſo bald
wie möglich an einen Judex
zu verweiſen geſucht.

nung derselben, wo sie sich fand, gestrichen haben.
Ueberhaupt hatte die L. C. zu Justinians Zeit ihr
früheres Wesen, die Bedeutung, welche sie noch unter den classischen Juristen gehabt hatte, längst verloren: dennoch war sie nicht untergegangen, indem
die materiellen Wirkungen, welche von jeher damit
verbunden gewesen waren, wenigstens zum Theil auch
jetzt noch an einen bestimmten Punkt des Processes
geknüpft seyn sollten. So dauerte der Begriff der
L. C. als praktisch wichtig fort, aber die Bedeutung
derselben, die Handlung, welche diesen Nahmen trug,
war jetzt eine ganz andere geworden (8). Es ist daher höchst unwahrscheinlich, daß die Compilatoren,
wo sie ex professo die Bedeutung und die Bedingungen der L. C. bestimmen wollten, dazu eine Stelle
aus der classischen Zeit gewählt, dieselbe unverändert
aufgenommen, und somit ihren Inhalt als praktisches

---

(8) Unter *Litis contestatio*
verstand man jetzt, so viel wir
aus den ziemlich undeutlichen
und meist nur beyläufigen Erwähnungen der spätern Quellen
schließen können, den ersten
Vortrag der Parteyen vor Gericht; sie macht vorzüglich den
Gegensatz von der bloßen Eingabe des Klag = Libells aus,
welcher sie nach einer bestimmten Frist nachzufolgen pflegte.
S. L. 14. § 1. C. De iudiciis
(vgl. L. 2. pr. C. De iureiur.
propt. calum.) Nov. 53. c. 3.
Nov. 82. c. 10. in fi. Nov. 96.
c. 1. Vgl. auch Heffter a. a.
O. S. 294. und Schweppe,
Rechtsgeschichte § 580.

Recht ihrer Zeit aufgeſtellt haben ſollten. Nimmt man
endlich noch dazu, daß die Beſtimmung des Zeitpunk=
tes der L. C., wie ſie unſere Stelle enthält, recht
gut auf die L. C. des Juſtinianeiſchen Rechtes paßt,
ſo ſcheint nach allem dieſem die Vermuthung nicht zu
gewagt, daß dieſe Stelle nur dem Schein nach der
claſſiſchen Zeit angehöre, in der That aber ihre ge=
genwärtige Geſtalt durch Veränderungen, welche die
Compilatoren damit vornahmen, erhalten habe, wo=
bey es denn auch nicht ſtören darf, daß die der claſ=
ſiſchen Zeit angehörigen Ausdrücke „*Actionem edere*
und *postulare*“ beybehalten ſind, indem dieſe ſich ſehr
leicht auf die moderne Eröffnung des Proceſſes durch
Eingabe des Klag=Libells übertragen ließen.

　　Endlich muß bemerkt werden, daß aus der ſchein=
bar ſehr bedeutenden L. 10. § 2. Si quis cautionibus (9)

---

(9) *Paulus* lib. 1. ad Plau-
tium. — „Qui iniuriarum
„acturus est, stipulatus erat
„*ante litem contestatam*, ut
„aduersarius suus *iudicio si-*
„*stat;* commissa stipulatione
„mortuus est: non competere
„heredi eius ex stipulatu ac-
„tionem placuit . . . Idem
„dicendum esse, et si is, cum
„quo iniuriarum agere uole-
„bam, stipulatione tali com-
„missa decesserit; nam non
„competit mihi aduersus he-
„redem ex stipulatu actio: et
„hoc Iulianus scribit . . .
„Idem Pomponius: si non post
„longum tempus decesserit,
„quia *si ad iudicium uenisset,*
„*litem cum eo contestari actor*
„*potuisset.* “

gegen unsere Meinung gar nichts abgeleitet werden kann. Dieselbe handelt nähmlich vom Vadimonium, und wir müssen entweder annehmen, daß „*Iudicio sisti*" schon in der claſſiſchen Zeit auch für „*in iure sisti*" gebraucht (10), oder daß jener Ausdruck von den Compilatoren anſtatt einer Erwähnung des Vadimonium interpolirt worden ſey (11), ſo wie wir denn gerade dieſelbe Wahl auch in L. 5. § 1. Qui

(10) Von einer ſolchen weitern Bedeutung des Wortes *iudicium*, in welcher es auch das Verfahren in iure in ſich begreift, alſo den ganzen Proceß bezeichnet, finden ſich allerdings Spuren in den Pandekten. So z. B. in L. 1. pr., vgl. mit §§ 1. 2. ib. De feriis. L. 28. § ult. De iureiur. L. 4. § 2. Fin. regund. L. 1. §§ 3. 4. De admin. et per. tutor. L. 28. pr. L. 2. § 8. De iudiciis. Siehe auch *Winckler* l. c. § 4. in fi.

(11) Es iſt nähmlich zu bemerken, daß wir viele Stellen in den Pandekten antreffen, die in ihrem urſprünglichen Zuſammenhang von dem Vadimonium gehandelt zu haben ſcheinen, daß aber das Wort *Vadimonium* nirgends vorkommt, und daher ſehr oft mehr oder weniger dringender Verdacht von Interpolation vorhanden iſt. Ueberhaupt hat die Lehre von dem Vadimonium durch die Nachrichten von Gajus viel gewonnen, und beſonders die Vergleichung dieſes letztern mit mehrern Titeln des zweyten Buches der Pandekten iſt ſehr lehrreich, indem, wie ich glaube, manche Stelle, welche von dem *Iudicio sisti* handelt, ganz beſtimmt auf das Vadimonium bezogen werden muß. Es kann hier jedoch natürlich nicht der Ort ſeyn, dieſen Gegenſtand des Nähern zu erörtern. Man ſehe F. X. Zenger über das Vadimonium der Römer.

satisdare cogantur (12) und in andern Stellen (13) unzweifelhaft haben.

§ 6.

Zum Schluſſe der einleitenden Abhandlung über das Weſen und die Bedeutung der L. C. haben wir über den in dieſer Lehre gangbaren Sprachgebrauch noch kürzlich folgendes zu erinnern.

Es iſt längſt allgemein bemerkt worden, daß der Ausdruck *Litem contestari* regelmäßig auf den Klä=ger bezogen wird, und zwar iſt es die gewöhnliche Phraſe: „*Actor litem contestatur cum reo*" (1). Auch kommen die Ausdrücke *Actionem* contestari und *Iudicium* contestari vor (2).

Parallel gehen auf Seite des Beklagten: *Iudicium*

Landshut 1826. 8., § 10., und Glück, Pandekten Bd. 3. § 252.

(12) *Gaius* lib. 1. ad Ed. prov. — „Qui pro rei qua-„litate euidentissime locuple-„tem, uel, si dubitetur, ad-„probatum fideiussorem *iudi-„cio sistendi causa* non acce-„perit, iniuriarum actio ad-„uersus eum esse potest, quia „sane non quælibet iniuria „est, *duci in ius* eum, qui „satis idoneum fideiussorem „det. rel.“ Vgl. L. 2. § 2. eod.

(13) Vgl. z. B. Tit. Dig. De eo per quem factum erit, und darin beſonders L. 3. pr.

(1) Man ſehe beſonders L. 11. De iudiciis, und viele Stellen bey *Brissonius*, s. v. *Litiscon-testatio;* dazu *A. G. Cramer* Supplementi ad Brissonii opus de uerborum significatione Spec. 1., Kiliæ 1813. 4.; s. v. *Accipere.*

(2) § 1. in fi. I. De perpet. et tempor.; L. 19. Sol. matrim. L. 7. § 1. De hered. pet,

accipere (3) *suscipere* (4) ober *Actionem accipere* (5),
excipere (6), suscipere (7), auch Litem suscipere (8) u. f. f.

(3) Doch wird in einer Stelle diese Phrase auch auf den Klä= ger oder doch auf beyde Par= teyen gemeinsam bezogen. L. 39. § 3. De noxal. act., wo von „*iudicium acceptum cum do- mino (r o)*" die Rede ift. — Vgl. L. 5. Quod falso tut. L. 21. § 2. De ædil ed und als Parallel=Stelle zu d. L. 21. im Allgemeinen: L. 30. pr. eod. — Endlich ift von *Iudi- cium accipere* überhaupt zu unterscheiden der Ausdruck *Iu- dicem accipere*, welcher regel= mäßig auf den Kläger bezogen wird. S. L. 58. § 1. De ad= min. tut. L. 6. De fidei. et nomin. tut. L. 9. § 4. De tutelæ et rat. L. 11. § 3. De aqua et aquæ. L. 2. C. De iudiciis.

(4) L. 17. § 2. De procura- toribus. L. 1. § 2. De admin. tut. L. 6. § 1. De fidei. tut.

(5) L. 6. Si ususfr. pet. L. 52. De R. I.

(6) L. 22. De iudiciis, de= ren Worte auch in einer an= dern Beziehung nicht unint_er= effant find. Sie lauten fo:

„Qui non cogitur in aliquo „loco iudicium pati, si ipse „ibi agat, cogitur *excipere* „actiones et ad eundem iudicem „mitti." Ich habe diese Stelle im vorigen § zur Unter= ftützung unserer Ansicht nicht angeführt, weil man dem Aus= druck *Actionem excipere* allen= falls eine weniger beftimmte und allgemeinere Bedeutung zuschreiben könnte, ungefähr wie sie das *Litem suscipere* in L. 8. § 3. De procuratoribus zu haben scheint. Vgl. auch L. 36. § 1. De iudiciis. — Schon bedeutender ift dagegen in dieser Beziehung L. 6. § pen. Ad SC. Vellei., wo Pompo= nius fagt: „Si mulier pro „eo, pro quo intercesserit, „*iudicium parata sit accipere*, „ut non in ueterem debitorem „actio detur, quoniam Sena- „tusconsulti exceptionem op- „ponere potest, cauere debe- „bit, exceptione se non usu- „ram, *et sic ad iudicem ire.*"

(7) L. 52. pr. De iu liciis.
(8) L. 1. § 3. De administr. tut.

Daß übrigens die Römer ſich das *Litem conte-stari* als eine einſeitige Handlung des Klägers ge-dacht hätten, folgt aus jener Phraſe „*Actor litem "contestatur cum reo"* nicht nothwendig, und wird wenigſtens für die ältere Zeit durch die mehrerwähnte Stelle des Feſtus beſtimmt widerlegt. Auch pflegt es überſehen zu werden, daß jene Regel des Sprachge-brauchs nicht ohne Ausnahme iſt. Als ſolche kann zwar nicht angeführt werden, daß es bey Feſtus s. v. Reus heißt: „Reus est, qui cum altero litem „contestatam habet, siue is egit, siue cum eo actum „est": — allein Ein Mahl wenigſtens wird *Litem contestari* geradezu von dem Beklagten gebraucht, nähmlich bey *Cicero* ad Att. XVI. 15., woraus die betreffenden Wörte unten mitgetheilt und erklärt wer-den ſollen. Ein ähnliches Beyſpiel findet ſich in den juriſtiſchen Quellen der claſſiſchen Zeit bloß etwa in L. 32. § 9. De receptis qui arb. — Auf beyde Parteyen gleichmäßig wird der Ausdruck Litem con-testari in der Hauptſtelle von Feſtus s. v. Contestari bezogen.

Ferner iſt zu bemerken, daß nicht ſelten das *Tempus quo agitur* oder *quo petitur* als identiſch mit dem der L. C. erwähnt wird (9), und dieſer bey den

(9) Man ſehe L. 47. pr. § 1. bus. L. 2. L. 10. De usuris. L. 57. pr. § 1. De solutioni- L. 40. De hered. pet. L. 30.

claſſiſchen Juriſten recht gangbare Sprachgebrauch muß wohl aus der älteſten Bedeutung von *Agere*, d. i. *lege agere* erklärt werden, indem von jeher die Vollziehung der Legis Actio dem Verfahren in Jure angehört zu haben ſcheint (10).

Endlich kommen auch die Ausdrücke *Lis inchoata, cœpta, Iudicium contestatum, inchoatum* als gleichbedeutend mit Lis contestata vor (11)

pr. L. 43. De peculio. L. 16. De duobus reis. L. 42. L. 51. De R. V. L. 22. De R. C. L. 9. § ult. De pign. act. L. 1. § 21. L. 12. § 3. L. 14. § 1. Depositi, u. a. m. — Dieſen Sprachgebrauch macht Winckler a. a. O. § 3. als einen Hauptgrund für den Satz gelten, daß die L. C. dem Verfahren in Jure angehöre, und derſelbe erſcheint, wenn unſere Erklärung richtig iſt, in der That als ſehr bedeutend, obgleich jener viel zu weit geht, wenn er die Behauptung, daß die Petitio actoris vor dem Prätor geſchehen ſey, auf die Bemerkung gründet: „Apud „iudicem enim petitor nihil „agebat, quam ut *id factum* „*testibus et documentis* com„probaret, propter quod „actionem a prætore petierat „impetraueratque.“

(10) Vgl. *Cic.* de Orat. I. 36. und *Gaii* Comm. IV. § 31.

(11) So z. B. in L. 26. De O. et A. L. 18. pr. De usuris. L. 12. Ex quib. cau. ma. L. fi. § 4. Quæ in fraud. cred. L. 19. Sol. matrim. L. 1. C. De hered. tut. — Vat. Frgm. § 17.

Zweytes Buch.

Von den Wirkungen der Litis Contestatio und des Urtheils.

———

Einleitung.

---

§ 7.

Der Umstand, daß ein Rechtsverhältniß zweifelhaft und streitig und deßwegen Gegenstand eines unter Mitwirkung des Staates zu vollführenden Rechtsstreites, einer richterlichen Untersuchung und zuletzt eines Urtheiles wird, hat an sich keinen Einfluß auf das innere Wesen, auf den innern Werth oder Unwerth desselben. Denn der Beruf des Richters im Allgemeinen ist nicht der, Rechte zu geben und zu nehmen, zu schaffen, zu zerstören oder zu verändern, sondern er soll bloß theils die unabhängig von ihm bestehenden Rechte untersuchen, erkennen, aussprechen und schützen, theils fälschlich behauptete Rechte in ihr Nichts verschwinden machen, und die darauf gegründeten Ansprüche zurückweisen.

Wenden wir nun diesen Satz an auf die Handlung, welche den Schluß und das Product eines jeden Processes ausmacht, und zu deren Vorbereitung

alle übrigen Theile deſſelben beſtimmt ſind, nähmlich
auf das Urtheil, ſo müſſen wir conſequenter Weiſe
ſagen, daß die Güte oder Schlechtigkeit jedes Urtheils
einzig davon abhängt, ob das unabhängig vom Rich=
ter beſtehende Rechtsverhältniß wirklich von ihm er=
kannt und richtig durch daſſelbe ausgeſprochen iſt
oder nicht.

Halten wir nun aber mit dieſem Maßſtab des
innern Werthes zuſammen den **praktiſchen Zweck,
die natürliche äußere Beſtimmung** jedes
Endurtheils, den Streit zu beendigen und als Re=
ſultat deſſelben eine feſte Norm des ſtreitig geweſenen
Rechtsverhältniſſes aufzuſtellen; ſo iſt es einleuchtend,
daß jener innere Werth nicht Maßſtab der äußern
Geltung des Urtheils ſeyn kann, ſondern daß dem=
ſelben eine unbedingte formelle Gültigkeit zugeſchrie=
ben, mit andern Worten, daß es fortan als einzige
Norm des fraglichen Rechtsverhältniſſes, in ſo fern
es ſich um deſſen äußere Geltung und den Schutz,
den ihm der Staat angedeihen laſſen ſoll, handelt, —
betrachtet werden muß (1). Freylich kann man, ſtreng

(1) Daß auch die Römer
allenthalben von dieſer Anſicht
ausgehen, dafür wird die ganze
folgende Darſtellung von ſelbſt
den Beweis liefern: nur fol=
gende Stellen mögen hier ih=
rer allgemeinen Faſſung wegen
heraus gehoben werden. L. 6.
De exc. rei iud. (*Paulus*)
„Singulis controuersiis singu-

genommen, hier noch immer die eigentliche Substanz des Rechtsverhältnisses von dessen äußerer Geltung und Wirksamkeit im Staate unterscheiden und den Einfluß des Urtheils nur in der letztern Beziehung anerkennen; allein diese macht denn doch bey jedem Rechtsverhältniß am Ende so entschieden die Hauptsache aus, daß es sehr begreiflich ist, wenn diese Unterscheidung nicht immer festgehalten, und die Wirksamkeit des Urtheils auch geradezu auf die Substanz des Rechtsverhältnisses bezogen wird. So werden wir denn bald sehen, daß nahmentlich bey den Römern beydes sich findet, indem sie nach einer bestimmten Gränzscheidung den Einfluß des Urtheils

„las actiones unumque iudicati finem sufficere, probabili ratione placuit; ne aliter modus litium multiplicatus summam atque inexplicabilem faciat difficultatem, maxime si diuersa pronunciarentur: parere ergo exceptionem rei iudicatae frequens est." Hieher gehört auch das *Res iudicata pro ueritate accipitur* " in L. 207. De R. I. L. 25. De statu hominum. Ebenso L. 65. § 2. Ad SC. Trebell., wo *Maecianus* sagt: „Cum praetor cognita causa *per errorem uel etiam ambitiose iuberet,* hereditatem ex fideicommisso restitui; *etiam publice interest restitui, propter rerum iudicatarum auctoritatem.*" L. 12. § 3. De bonis libertorum. (*Ulp.*) „Si quis, cum esset exheredatus, pronunciatus *uel perperam* sit, exheredatus non esse, non repellitur: *rebus enim iudicatis standum est.*"

bald auf die Subſtanz des Rechtsverhältniſſes, bald
nur auf deſſen äußere Geltung bezogen.

Auffallender möchte es ſcheinen, daß neben dem
Endurtheil auch der Litis Conteſtatio, einer zum An-
fange des Proceſſes gehörigen Handlung, materielle
Wirkungen auf das vorliegende Rechtsverhältniß,
und zwar von gleicher Art und Stärke, wie jenem,
zugeſchrieben werden.

Wenn man dieſe Wirkungen (2), wie ſie im Folgenden dargeſtellt werden ſollen, und die Art und
Form, wie die Römer ſie dachten und ausdrückten,
näher betrachtet, ſo ſpringt es in die Augen, daß
wir es hier mit etwas zu thun haben, was ganz auf
die Eigenthümlichkeit des ältern Römiſchen Rechtes
gegründet und nur aus dieſer zu erklären iſt. Denkt
man ſich die L. C. in ihrer modernen Bedeutung als
Einlaſſung des Beklagten auf die Klage,
insbeſondere als Erklärung desſelben über die
der Klage zum Grunde liegenden Thatſachen; oder denkt man ſie ſich auch nur im Sinne des
Juſtinianeiſchen Rechtes als erſten gegenſeitigen

(2) Man denke hier vor allem an die Hauptwirkung,
welche recht eigentlich das im
Proceſſe liegende Rechtsverhältniß im Ganzen afficiet, und
die daher auch in jeder Darſtellung an die Spitze geſtellt
werden muß; nähmlich die
Conſumtion und Nova-
tion.

Vortrag der Parteyen vor Gericht, und
vergleicht man damit die Gesammtheit der Wirkungen,
welche die Römischen Juristen, und nahmentlich Gajus
der L. C. zuschreiben, so halte ich es für ganz unmöglich, den Causal-Zusammenhang zwischen beyden
auf deutliche und befriedigende Art herzustellen und
zu begreifen. Freylich muß dasselbe auch von dem
Standpunkt der ältesten und eigentlichen Bedeutung
der L. C. aus gesagt werden, sobald jene Wirkungen
auf sie, als einzelne Handlung für sich betrachtet, bezogen werden: denn warum eine Zeugenaufrufung z. B. eine Novation der in Frage stehenden Obligation zur Folge habe, läßt sich wohl
auch nicht nachweisen. Dennoch erklärt sich die Sache
für die ganze ältere Zeit der Legis Actiones und Formulá vollständig, sobald wir nur die L. C. in ihrem
processualischen Zusammenhang auffassen, und
dabey den Grundsatz der Trennung von Jus
und Judicium, welcher den Grund-Charakter der
gesammten Civil-Justiz dieser Zeit ausmacht, und
insbesondere die Bedeutung des Verfahrens
in Jure gehörig berücksichtigen.

Durch das Verfahren in Jure wird nähmlich das
streitige Rechtsverhältniß, welches den Gegenstand des
Processes ausmacht, und das von vorne herein als
ein rechtlich unbestimmtes erscheint, zum Theil bestimmt,

es wird der Rechtsbegriff ausgemittelt, unter den es falle, und dessen Theorie daher im vorliegenden Fall zur Anwendung kommen solle; es wird die Art und Größe der Condemnation, auf welche ja nach Römischer Ansicht der formelle Zweck jedes Processes hinaus läuft, mit größerer oder geringerer Bestimmtheit festgesetzt und die factischen und rechtlichen Bedingungen, unter denen sie wirklich erfolgen solle, ausgesprochen. Der Streit wird also durch das Verfahren in Jure in bestimmte, engere Gränzen eingeschlossen und durch ein bedingtes Urtheil des Magistrats wirklich zum Theil entschieden.

So kommt die Sache an den Juder, nicht mehr als ein Rechtsstreit in seiner ersten rohen Gestalt, als ein gänzlich Unbestimmtes und Schwankendes, sondern zu einem bedeutenden Theile bereits normirt, mit einer bestimmten Richtung versehen, und so, daß dem Juder das Feld seiner Thätigkeit genau vorgezeichnet ist. Dieser nähmlich hat nun die factischen und rechtlichen Punkte, auf die es laut dem Urtheil des Magistrats ankommt, zu untersuchen, die Realität der von diesem festgestellten Bedingungen der Condemnation zu prüfen, und je nach dem Resultat dieser Prüfung gleichsam ein purificirtes Urtheil, d. h. unbedingte und genau bestimmte Condemnation oder Absolution auszusprechen.

Dieß Verhältniß zwischen dem Verfahren in Jure und in Judicio, das wir so eben seinem innern Wesen nach betrachtet haben, ist uns nun für die Zeit der Formula auch in formeller Beziehung ziemlich genau bekannt, denn gerade die Formula selbst, von deren Wesen und möglichem Inhalt wir durch Gajus eine recht klare und detaillirte Kenntniß gewonnen haben, machen ganz eigentlich das Organ des beschriebenen Verhältnisses zwischen Prätor und Juder aus; und diese formelle Kenntniß verbreitet natürlich auch über das innere Wesen desselben ein helles Licht, und gibt unserer Vorstellung davon einen hohen Grad von Klarheit und Anschaulichkeit. Diesen Vortheil entbehren wir hingegen für die Zeit der Legis Actiones ganz, und es ist mir daher auch nicht möglich, hier eine völlig deutliche und detaillirte Einsicht in die Natur des Verhältnisses zwischen dem Verfahren in Jure und in Judicio zu gewinnen. Dennoch bin ich fest überzeugt, daß bey allen formellen Verschiedenheiten doch das innere Wesen jenes Verhältnisses der Sache nach im Großen und Ganzen auch in dieser frühern Zeit dasselbe war, und daß also die von uns im Vorigen aufgestellten Grundzüge in der Hauptsache für die Zeit der Legis Actiones wie für die der Formula als richtig angenommen werden dürfen.

So erscheint also das Verfahren in Jure als eine in sich abgeschlossene Untersuchung, sein Resultat zwar nicht als Final=Sentenz, aber doch der Sache nach als ein eigentliches Urtheil von nicht geringerer Wich= tigkeit (3), und es hat daher gar nichts auffallendes, wenn dem vollendeten Verfahren in Jure Wirkungen auf das vorliegende Rechtsverhältniß zugeschrieben werden, welche in Art und Stärke denen des vom Judex auszufällenden Endurtheils gleich stehen.

Es bleibt uns jetzt also nur noch zu zeigen übrig, wie es komme, daß diese Wirkungen des gesammten Verfahrens in Jure der Litis Contestatio zuge= schrieben zu werden pflegen: — eine Aufgabe, deren Lösung durch den Inhalt unsers ersten Buches voll= ständig vorbereitet ist.

Betrachten wir nähmlich die L. C. in der oben entwickelten eigentlichen und engern Bedeutung, so erscheint sie ursprünglich als wirkliche, in einer Zeu= genaufrufung bestehende Schlußhandlung des Verfah= rens in Jure, nachher wenigstens als ideeller End= punkt desselben. Auf jeden Fall also trifft sie der Zeit nach zusammen mit der Vollendung des Verfah=

(3) Es erscheint dasselbe in der zweyten Periode des alten Ordo Judiciorum bekanntlich in Form einer Ernennung und Instruction des Judex von Seite des Magistrats, und macht den Inhalt der von die= sem zu erlassenden Formula aus.

rens in Jure, und der Zeitpunkt der L. C. ist mithin identisch mit demjenigen, in welchem die mit dieser Vollendung verbundenen Wirkungen eintreten. So ist es ganz richtig, diese Folgen des Verfahrens in Jure von der L. C. zu datiren, und den Zeitpunkt der L. C. als den zu bezeichnen, welcher diese Folgen zunächst und unmittelbar herbey führt, und so ist es denn auch sehr begreiflich, und es liegt darin höchstens eine ganz leichte und alltägliche Ungenauigkeit des Sprachgebrauchs, wenn man sich nun auch gewöhnte, die Wirkungen des vollendeten Verfahrens in Jure geradezu der L. C. als ihrer Ursache zuzuschreiben.

Endlich versteht es sich ganz von selbst, daß diese ganze Deduction, wie die Folgen des Verfahrens in Jure auf die L. C. bezogen werden können, überflüssig wird, sobald jene weitere Bedeutung des Wortes L. C., welche wir oben als möglich und nicht unwahrscheinlich dargestellt haben, wirklich Realität hat.

So viel als allgemeine Begründung und Erklärung der Idee eines materiellen Einflusses der L. C. und des Urtheils auf streitige Rechtsverhältnisse. Wir wenden uns jetzt an die wirkliche Erörterung der Natur dieses Einflusses und der Art und Form, unter welcher die Römer denselben sich dachten, und ihm äußere Geltung verschafften.

———

Erſter Abſchnitt.

Von den Wirkungen der Litis Conteſtatio.

---

§ 8.

Die weſentliche und allgemeine Wirkung der L. C. läßt ſich ſo ausdrücken:

„Es wird dadurch die Actio *in iudicium* debu-
„cirt und conſumirt, d. h. eine Actio, welche
„ein Mahl bis zur L. C. verfolgt iſt, kann nachher
„nicht wieder mit Erfolg angeſtellt werden."

Urſprünglich, und zwar in der alten Zeit der Legis Actiones, galt dieſes ganz direct und in allen Fällen gleichmäßig, ſo daß jede Actio durch einmahlige Anſtellung *ipso iure* zu exiſtiren aufhörte. Später zur Zeit der Formulā, und nahmentlich der claſſiſchen Juriſten, war dieſe directe Wirkung nicht mehr allgemein, ſondern ſie fand bloß in dem Falle eines *Legitimum iudicium* Statt, und auch hier nur, wenn daſſelbe eine *Actio in personam*, die *in ius concepta* war, betraf. In allen übrigen Fällen trat dieſe Aufhebung der angeſtellten Actio nur auf indirecte Weiſe ein, ſo daß es einer *Exceptio* bedurfte, um dieſelbe gerichtlich gelten zu machen.

Ueber diese zwiefache Wirkung der L. C. find wir erst durch Gajus genauer unterrichtet worden. Er spricht davon an zwey Stellen seiner Institutionen, ein Mahl unter den Aufhebungsarten der Obligationen, dann wieder bey der Erklärung der processualischen Eintheilung in *Legitima iudicia* und *Iudicia quæ imperio continentur*. Da nun diese beyden Stellen einer jeden Darstellung dieser Materie zur Hauptgrundlage dienen müssen, so sollen dieselben auch von uns an die Spitze gestellt und vor allem näher betrachtet werden. Sie lauten wörtlich so:

Comm. III. §§ 180. 181.

„Tollitur adhuc obligatio litis contestatione, „si modo legitimo iudicio fuerit actum. Nam „tunc obligatio quidem principalis dissoluitur, „incipit autem teneri reus litis contestatione; „sed si condemnatus sit, sublata litis conte- „statione incipit ex causa iudicati teneri, „Et hoc est, quod apud ueteres scriptum „est, ante litem contestatam dare debitorem „oportere, post litem contestatam condem- „nari oportere, post condemnationem iudi- „catum facere oportere. — Unde fit, ut si „legitimo iudicio debitum petiero, postea de „eo ipso iure agere non possim, quia inuti- „liter intendo, *dari mihi oportere;* quia

„litis contestatione dari oportere desiit: ali-
„ter atque si imperio continenti iudicio ege-
„rim; tunc enim nihilominus obligatio durat,
„et ideo ipso iure postea agere possum, sed
„debeo per exceptionem rei iudicatæ uel in
„iudicium deductæ summoueri. "

Comm. IV. §§ 106. — 108.

„Et si quidem imperio continenti iudicio ac-
„tum fuerit, siue in rem, siue in personam,
„siue ea formula, quæ in factum concepta
„est, siue ea, quæ in ius habet intentionem,
„postea nihilominus ipso iure de eadem re
„agi potest, et ideo necessaria est exceptio
„rei iudicatæ uel in iudicium deductæ. —
„At uero si legitimo iudicio in personam
„actum sit ea formula, quæ iuris ciuilis ha-
„bet intentionem, postea ipso iure de eadem
„re agi non potest, et ob id exceptio su-
„peruacua est: si uero uel in rem uel in
„factum actum fuerit, ipso iure nihilominus
„postea agi potest, et ob id exceptio neces-
„saria est rei iudicatæ uel in iudicium de-
„ductæ. — Alia causa fuit olim legis actio-
„num, nam qua de re actum semel erat, de
„ea postea ipso iure agi non poterat . . ."

Wir haben nun mit Rücksicht auf diese Stellen theils die Natur dieser zwey verschiedenen Wirkungen der L. C., theils die äußere Abgränzung zwischen denselben zu untersuchen.

Fragen wir also vorerst in der letztern Beziehung, welches die Fälle sind, in denen die L. C. die angegebene directe Wirkung hat, so setzt dafür Gajus in der zweyten Stelle auf's deutlichste drey Bedingungen fest: Erstens: *Legitimum iudicium.* Zweytens: *Actio in personam.* Drittens: *Formula in ius concepta.* Dagegen könnte es auf den ersten Anblick auffallen, daß in der erstern (d. § 180. f.) von diesen drey Bedingungen nur die erste genannt ist. Allein man hätte völlig Unrecht, wenn man hierin einen Widerspruch zwischen den beyden Stellen oder auch nur eine Unvollständigkeit oder Ungenauigkeit des Ausdruckes in der einen derselben finden wollte. Daß nähmlich Gajus auch in d. § 180. *Actiones in personam* voraussetzt, versteht sich von selbst, weil er dort von der L. C. ja nur mit Beziehung auf Obligationen spricht, indem er zeigen will, in wie fern diese durch L. C. zerstört werden können. Aus demselben Grunde war es aber auch ganz unnöthig, das Requisit der *Formula in ius concepta* besonders nahmhaft zu machen. Denn nur in dieser ist von einer *Obligatio,* einem *Debitum,* einem *Dare*

facere oportere die Rede, nur bey dieser kann man
daher von dem Untergange einer Obligatio,
welcher durch L. C. bewirkt werden soll, überhaupt
sprechen. Es ist auf der andern Seite gerade das
Charakteristische der *Formulæ in factum conceptæ*,
daß man sich hier weder eine *Obligatio*, noch überall ein Rechtsverhältniß als Grundlage denkt,
sondern daß ein bloß factisches Verhältniß
als Fundament der Klage und Bedingung der Condemnation erscheint. Eine Obligation, ein *dare facere oportere* wird also hier gar nicht voraus gesetzt,
und kommt nicht in Frage; es kann daher auch vom
Untergang einer Obligatio, welcher durch L. C. über
eine *Actio in factum concepta* bewirkt wurde, keine
Rede seyn, und somit versteht es sich ganz von selbst,
daß, wo man von Zerstörung der Obligationen durch
L. C. spricht, immer *Actiones in ius conceptæ* nothwendig voraus gesetzt seyn müssen.

So findet zwischen den beyden Stellen des Gajus
durchaus kein innerer Unterschied in den darin enthaltenen Bestimmungen Statt, sondern bloß ein äußerer im Umfang der in jeder derselben bestimmten
Fälle; indem die erstere von der Wirkung der L. C.
bloß mit Beziehung auf den Fall spricht, wo eine
Obligatio die Grundlage und den Bestand der
Actio ausmacht, die letztere dagegen die Wirkung der

L. C. auf die vorliegende Actio für alle möglichen
Fälle zu bestimmen die Absicht hat, und deßwegen
auch diejenigen Actiones, deren Grundlage in etwas
anderm als in einer Obligation besteht, berücksichtigt.

So viel von der Art, wie sich Gajus über das
Gebieth der zwey verschiedenen Wirkungen der L. C.
ausdrückt. Die Gründe dieser Abtheilung können erst
nach vorher gegangener Darstellung der innern Natur
jener Wirkungen selbst nachgewiesen werden, und diese
ist es daher, welche wir jetzt zunächst zu untersuchen
haben.

§ 9.

Ueber die erstere, d i r e c t e Wirkung lernen wir
aus den angeführten Stellen folgendes:

In den Fällen, wo dieselbe eintritt, wird das
Rechtsverhältniß, welches die Grundlage der Actio
ausmacht, und das nach dem Obigen hier immer in
einer Obligatio besteht, durch die L. C. in seiner
bisherigen Form und Gestalt g e r a d e z u und v o l l-
s t ä n d i g zerstört. Aber in dem gleichen Augenblick
entsteht eine neue Obligation, welche an die Stelle
der zerstörten tritt, und ihren Stoff der Hauptsache
nach in sich enthält, sich aber dadurch von derselben
unterscheidet, daß sie nicht mehr auf ein *dare facere
oportere*, sondern auf ein quantitativ gleiches *conde-*

mnari oportere gerichtet ist. So z. B. wenn *Seius*
dem *Titius* aus einem Darlehen 100 schuldig ist,
und dieser die Summe vom Debitor mit der Condictio certi einfordert, so wird durch die L. C. das
Seium Titio centum dare oportere aufgehoben und
in ein *Seium Titio centum condemnari oportere*
verwandelt.

Die so eben angegebene Art und Weise nun, wie
das im Proceß liegende Rechtsverhältniß durch die
L. C. modificirt wird, zusammen genommen mit einer
parallel gehenden, ähnlichen Einwirkung des Urtheils,
wurde, wie uns Gajus erzählt, durch ein altes Rechts-
sprichwort so ausgedrückt: „*Ante litem contestatam*
„*dare debitorem oportere, post litem contestatam*
„*condemnari oportere, post condemnationem iu-*
„*dicatum facere oportere.*" Und diese Regel (deren
letzter Theil uns jedoch hier noch nicht angeht) enthält recht eigentlich das Princip der vielbesprochenen
Lehre von der *Nouatio necessaria*, von der wir
auch in unsern Justinianeischen Quellen bedeutende
Spuren finden.

Allerdings liegt nähmlich in dieser Wirkung der
L. C. eine wahre Novation. Dieß geht, wie ich
glaube, unwidersprechlich hervor aus der Art, wie
sie uns Gajus in § 180. cit. beschreibt, verglichen

mit der Definition von *Nouatio*, welche Ulpian (1) aufstellt, und die völlig darauf paßt (2). Eben dahin deuten überdieß noch mehrere andere Spuren, nahmentlich der Gegensatz der *Nouatio uoluntaria* in L. 29. De nouationibus (3), ferner der Umstand,

(1) L. 1. pr. De nouationibus. — „Nouatio est prioris „debiti in aliam obligationem „uel ciuilem uel naturalem „transfusio atque translatio; „hoc est, cum ex præcedenti „causa ita noua constituatur, „ut prior perimatur. *Nouatio* „enim a *nouo* nomen accepit „et a *noua obligatione.*"

(2) Wenn Hasse in seiner Dissertatio inauguralis, disquirens, *an nouatio uoluntaria esse possit citra stipulationem,* Kiloniæ 1811. 4. diese auf dem Titel stehende Frage verneint, so ist dieß für jene Zeit sehr begreiflich, und man konnte mit Festhaltung des richtigen Begriffs der Nouatio, d. i. Uebertragung des Stoffs einer Obligation in eine neue Form, damahls kaum auf ein anderes Resultat kommen. Daß aber Hasse gegenwärtig, da wir durch Gajus die *Litte-*

rarum obligatio und die Wirkung der L. C. kennen gelernt haben, auch diese als mögliche Ursachen einer Novation anerkennt, daran darf niemand zweifeln, zumahl wenn man bemerkt, was er in § 10. über jene äußert, und wie er, nach der ausdrücklichen Beschränkung seines Satzes zu schließen, für die letztere schon dazumahl das Richtige geahnet zu haben scheint. Es möchte daher wohl ein Mißverständniß seyn, wenn Mackeldey noch in der neuesten Ausgabe seines Lehrbuches (§ 496.) unbedingt den Satz aufstellt, es könne nach älterm Römischen Recht eine Novation nur durch Stipulation geschehen; und für diese Behauptung die Schrift von Hasse als Autorität anführt.

(3) „Aliam causam esse „nouationis uoluntariæ, aliam

daß bey Gajus dieſer Gegenſtand unmittelbar mit
der Lehre von der gewöhnlichen Novation zuſammen geſtellt iſt, und endlich auch L. 11. § 1. De
Nouationibus (4), wo es geradezu heißt, durch L. C.
könne eine *Delegatio* geſchehen (5): daß aber in jeder

„iudicii accepti, multa exem-
„pla ostendunt.", rel.   Die
ganze Stelle ſ. unten § 10.
Note 1.

(4) *Ulp.* „Fit autem dele-
„gatio uel per stipulationem
„uel per litiscontestationem."
— Was dieſe Beſtimmung an
ſich betrifft, ſo iſt wohl zu bemerken, daß auch noch auf eine
dritte Art, nahmentlich durch
Litteral = Contract eine
Delegatio geſchehen kann, wie
wir aus *Gaii* Comm. III. § 130.
des beſtimmteſten wiſſen. Die
Angabe unſerer Stelle iſt alſo
auf jeden Fall nicht erſchöpfend.
Ob dieß aber einer Ungenauigkeit Ulpians oder einer abſicht-
lichen Auslaſſung der Compilatoren zuzuſchreiben ſey, mag
ich nicht entſcheiden.

(5) Dieſer Satz an ſich kann
nach dem, was wir aus Gajus
gelernt haben, keine Schwie-

rigkeit machen.   Bleiben wir
nähmlich ſtrenge bey der Definition von *Delegatio*, welche
im princ. d. L. 11. enthalten
iſt, und ſetzen den Fall, daß
Seius dem Titius und ebenſo
Mæuius dem Seius 100 ſchul-
dig iſt: läßt hier S, um ſich
von T zu befreyen, dieſen die
100 von M. ſtipuliren, ſo iſt
dieß eine gewöhnliche delegatio
per stipulationem. Statt deſſen kann aber auch S den M
um ſeine 100 belangen und
für dieſen Proceß den T zum
cognitor in rem suam geben.
Nach Gajus, Comm. IV.
§ 86. mußte jetzt die Formula
ſo componirt werden: „Si pa-
„ret Mæuium *Seio* centum dare
„oportere, Mæuium *Titio*
„centum condemna, s. n. p. a."
Voraus geſetzt alſo ein legitimum iudicium; ſo wurde nach
der obigen Regel in dieſem

eigentlichen *Delegatio* eine Novation liege, darf, wie ich glaube, nicht bezweifelt werden (6).

Fall offenbar durch die L. C. das „Mævium *Seio* centum „*dare* oportere" geradezu zerstört und in „Mævium *Titio* „centum *condemnari* oportere" verwandelt, also eine wahre Delegatio bewirkt, indem nun T den M statt des S zum Debitor erhielt. (Vgl. Müh´enbruch, Cession § 4. S. 29.) Dasselbe kann auch noch auf andere Weise erreicht werden, nähmlich so, daß T von Anfang an den S belangt, dieser aber den M zum Cognitor bestellt, wo denn durch die L. C. das „*Seium* Titio centum dare „oportere" in „*Mævium* Titio „centum *condemnari* oportere" verwandelt wird. — Vgl. im Allgemeinen auch L. 2. C. De O. et A.

(6) Es ist dieß auch von jeher anerkannt worden, und auf allen Fall dürfen Aeußerungen wie die von Ulpian in L. 17. De nouationibus (wo es heißt: „Delegare scriptura uel nutu, „ubi fari non potest, debi-

„torem suum quis potest") nicht irre machen. Jede eigentliche Delegation besteht nähmlich theils in einer förmlichen Handlung zwischen dem Delegirten und dem Delegatar, theils in der an keine Form gebundenen Autorisation von Seite des Delegans. Da nun diese die einzige dabey vorkommende persönliche Handlung des letztern ist, so hat es gar nichts auffallendes, daß in einem etwas uneigentlichen Sinne der Ausdruck *delegare* allein auf diese bezogen wird. Auf der andern Seite ist folgendes nicht zu übersehen: Setzt man in den beyden unter Note 5. specificirten Fällen statt des *legitimum* iudicium ein *imperio continens*, so geschieht anerkannt keine Nouatio, denn es wird weder M von S im ersten, noch S von T im zweyten Falle, *ipso iure* frey. Dennoch ließe es sich denken, daß auch hier die Römer eine *delegatio* angenommen hätten,

Eine ganz andere Frage ist es nun aber freylich, ob im Sprachgebrauch der Römischen Juristen die beschriebene Wirkung der L. C. auch wirklich *Nouatio* geheißen habe, oder ob dieser Ausdruck aus mehr zufälligen Gründen bloß zur Bezeichnung der contractlichen Novation gebraucht worden sey. Diese Frage aber, auf welche sich gegenwärtig der ganze bisher geführte Streit, ob es eine *Nouatio necessaria* gebe oder nicht, reduciren muß, läßt sich wohl nach dem Stande unserer Quellen kaum mit völliger Bestimmtheit beantworten, sie scheint auch nicht so wichtig, daß sie eine ausführlichere Erörterung verdiente; ja es ist überhaupt auch gar nicht undenkbar, daß hier der Sprachgebrauch der einzelnen Juristen verschieden (7), ja sogar, daß er von einem und demselben Juristen nicht immer gleich-

weil doch T einen neuen Debitor erhält, und S wenigstens per *exceptionem* von ihm frey wird. Es wäre dieß nun allerdings eine *delegatio*, in welcher keine *nouatio* läge, und dann hätten wir freylich den aus d. L 11. §. 1. geschöpften Grund, aber auch weiter nichts verloren. — Vgl. Mühlenbruch Cession, § 4. Note 52., wo *delegare* in d. L. 11. ge-

radezu in einer allgemeinern Bedeutung verstanden wird.

(7) So verhält es sich ja gerade auch mit dem Ausdruck *delegare* und *delegatio*, unter welchem Ulpian in d. L. 11. De nouationibus die Wirkung der L. C. mit begreift, während Papinian (s. die folgende Note) sie davon unterscheidet.

mäßig beobachtet worden wäre. Es sind in dieser
Beziehung folgende Punkte zu beachten:

1°. Der Ausdruck *Nouatio* kommt in den Stellen,
welche uns über diese Materie aus der claſſiſchen
Zeit erhalten sind, als eigentliche Bezeichnung der
beſchriebenen Wirkung der L. C. oder der ihr parallel
gehenden des Urtheils allerdings nur ein einziges
Mahl vor (8). Allein da jene Stellen überhaupt
nicht gar zahlreich ſind, und meiſtens nur beyläufige
Erwähnungen enthalten, ſo kann dieſer Umſtand ſehr
wohl bloß zufällig ſeyn. Ueberdieß ſcheint es auch
nicht ganz unbedeutend, daß Juſtinian in L. fi.
pr. C. De usuris rei iudicatæ (9) den Ausdruck
nouare in dieſer Beziehung braucht, indem es mir
weit wahrſcheinlicher iſt, daß Juſtinian denſelben in
den claſſiſchen Schriften vorfand, und als eine darin
gangbare Bezeichnung ſich aneignete, als daß er ſie
neu erfunden haben ſollte.

(8) *Vat. Frgm.* §263. (*Papinianus* „Eam, quæ bona
„sua filiis per epistulam citra
„stipulationem donauit, si ne-
„que possessionem rerum sin-
„gularum tradidit, neque per
„mancipationem prædiorum
„dominium transtulit, nec in-
„terpositis delegationibus aut
„*inchoatis litibus actiones no-*

„*uauit,* nihil egisse placuit.“

(9) „Sancimus, sortis tan-
„tummodo usuras . . . ex iu-
„dicati actione profligari, non
„autem usurarum quantascun-
„que usuras. Si enim *nouatur*
„*iudicati actione prior con-*
„*tractus,* necesse est, usura-
„rum quidem . . . cursum post
„sententiam inhiberi.“

2°. Gajus a. a. O. stellt zwar die L. E. als Auf-
hebungsart der Obligationen mit der contractlichen
Novation unmittelbar zusammen, aber allerdings so,
daß er dieselben im Ausdrucke unterscheidet, und den
Nahmen *Nouatio* auf die letztere zu beschränken
scheint (10).

3°. Was die schon erwähnte L. 29. De novationi-
bus betrifft, so sind die Anfangsworte derselben (11)
von jeher als Hauptgrund für die Meinung, daß
durch die L. E. eine *Nouatio* geschehe, gebraucht
worden (12), und auch wir haben dieselben als eine

(10) In Comm. III. § 176.
heißt es: „*Præterea nouatione*
„*tollitur obligatio*“ u. s. w.;
hierauf folgt bis § 179. incl.
die Abhandlung der contractlichen Nouatio. Dann fährt er
in § 180. fort: „Tollitur ad-
„huc obligatio litis conte-
„statione“ . . . — Uebrigens
ist es nicht zu übersehen, daß
in den citirten §§ 176 — 179
einzig von der Nouatio *per
stipulationem* die Rede ist, des
Litteral-Contractes dagegen,
durch welchen doch ohne Zweifel auch eine Novation geschieht,
(s. ib. §§ 128 — 134.) gar nicht
gedacht wird.

(11) S. oben Note 3.
(12) So sagt *Donellus* in
Comm. de I. C. Lib. XVI.
c. 20. § 36.: „Certe ali-
„quam nouationem necessa-
„riam esse, et eam, quæ fiat
„iudicio accepto, non obscure
„significat Paulus h. l. . . . Pri-
„mam hic nominat nouatio-
„nem uoluntariam. Ex quo
„iutelligitur, aliquam esse
„non uoluntariam. Nam si
„nulla est, nisi uoluntaria,
„stulte adiicitur uoluntaria
„discernendæ speciei causa,
„ubi omnes nouationis spe-
„cies sunt unius huius generis.
„Deinde nouationem uolun-

etwelcher Maßen unterſtützende Andeutung für jenen
durch andere Gründe feſtgeſtellten Satz angeführt.
Daß nun aber die Römer auch wirklich von einer
Nouatio necessaria geſprochen, oder überhaupt die
fragliche Wirkung der L. C. *Nouatio* genannt hätten, möchte ich aus jenen Worten nicht ableiten.
Vielmehr wird unten *nouari* geradezu in Gegenſatz
mit der Wirkung der L. C. geſtellt, und was den
Gegenſatz zwiſchen *Nouatio uoluntaria* und *iudicium acceptum* ſelbſt betrifft, ſo bin ich mit Ribbentrop (13) völlig einverſtanden, daß daraus
allein nicht alles zu ſchließen iſt (14), indem, wie

„tariam opponit iudicio ac-
„cepto. Quo declarat, et in
„iudicio accepto nouationem
„esse, sed non uoluntariam, . . .
„Nam si in iudicio accepto
„nulla nouatio est, ne neces-
„saria quidem, ita scribere
„debuit : Aliam caussam esse
„nouationis, aliam iudicii ac-
„cepti.“ Vgl. auch ebendaſ. § 5.

(13) *De necessaria, quam
uocant, nouatione Commentatio.*
Gottingæ 1822. 4. Es iſt
dieß bloß der Anfang einer
ausführlichen Schrift über die
Nouatio necessaria, deren Aus-
arbeitung Ribbentrop unter-

nommen hatte. Der vorläufige
Abdruck der erſten Bogen hatte
eine zufällige Veranlaſſung,
und leider ſcheint der gelehrte
Verfaſſer ſeither die Fortſetzung
aufgegeben zu haben. Doch
macht auch ſchon das unter
jenem Titel gedruckte in ſo-
fern ein Ganzes aus, als
darin die Litterär - Geſchichte
unſerer Lehre vollſtändig enthalten, und mit einer kurzen
Würdigung der Beſtrebungen,
welche der Entdeckung des
Gajus vorher gingen, beglei-
tet iſt.

(14) Ich gebe dieß auch

von ihm richtig bemerkt, und sehr scharfsinnig und ausführlich nachgewiesen wird (15), der Beysatz *voluntariæ* eben so wohl erklärend als unterscheidend gemeint seyn könnte.

4°. Es finden sich mehrere Stellen (16), wo *in iudicium deducere* und *nouare* neben einander gestellt, jenes also unter diesem offenbar nicht begriffen wird. Da nun aber das erstere, die Consumtion der Actio durch L. C. und Urtheil anerkannter Maßen von viel weiterm Umfange ist als die s. g. *Nouatio necessaria*, mit andern Worten, da es sehr viele Fälle gibt, wo eine Actio in Judicium deducirt und consumirt wird, ohne daß von einer Novation die Rede seyn kann; so ist aus diesem Umstand für unsere Frage wohl auch nichts zu schließen.

Nach allem diesem halte ich es für nicht ganz unwahrscheinlich, daß die Ausdrücke *nouare* und *nouatio* im gewöhnlichern Sprachgebrauch auf die contractliche Novation beschränkt waren, daneben

rücksichtlich der Frage zu, ob durch die L. C. der Sache nach eine Nouatio bewirkt werden könne; und glaube daher, daß Donell, welcher auf diese Stelle hauptsächlich abstellt, in älterer und neu-

erer Zeit mit Recht getadelt worden ist, so natürlich es auch auf den ersten Anblick scheinen mag, was er daraus mit großer Zuversicht ableitet.

(15) a. a. O. S. 17. f.

(16) Man sehe: L. 22. De

aber in einer weitern Bedeutung auch zuweilen von der beschriebenen Wirkung der L. C. und des Urtheils gebraucht worden seyn mögen (17).

§ 10.

Ob ich es nun gleich im Allgemeinen für ausge= macht halte, daß der Sache nach in der beschrie= benen directen Wirkung der L. C. eine wahre No= vation liegt, so ist dennoch wohl zu bemerken, daß in den Folgen dieser s. g. Nouatio necessaria ein bedeutender Unterschied von der gewöhnlichen Nouatio Statt findet, und es ist die sehr interessante L. 29. De nouationibus (1), welche diesen Unterschied ex

administr. tutor. (*Paulus*) „Tutor . . . et nouare et rem „in iudicium deducere potest" rel. — L. 2. § 8. De hered. v. act. ueud. (*Ulp.*) „Vendi- „tor si nouanerit uel in iu- „dicium deduxerit actionem" rel. Vergl. auch L. 26. § 2. De iureiurando.

(17) Davon bin ich auf allen Fall völlig überzeugt, daß die Römer von einer ausdrückli= chen technischen Eintheilung der *Nouatio* in *uoluntaria* und *necessaria* nichts wußten. Den= noch wird im Verlauf der ge=

genwärtigen Abhandlung be= sonders der letztere Ausdruck seiner Kürze und Deutlichkeit wegen oft vorkommen, und ich hoffe durch die so eben ge= gebene Erklärung sowohl Miß= verständniß als anderweitigen Anstoß vermieden zu haben.

(1) *Paulus* lib. 24. Quæstio- num. — „Aliam causam esse „nouationis uoluntariæ, aliam „iudicii accepti, multa exem- „pla ostendunt. Perit priui- „legium dotis et tutelæ, si „post diuortium dos in sti- „pulationem deducatur, uel

professo erörtert, so wie auch mehrere andere Stellen näher oder entfernter darauf anzuspielen scheinen.

Bey der gewöhnlichen Novatio nähmlich ist es Regel, daß dadurch alle Accessorien der vorigen Obligatio untergehen; so nahmentlich Pfandrechte und Zinsverpflichtungen (2), ebenso Privilegien (3). — Ganz begreiflich, denn die alte Obligation geht durch die Novation völlig unter und somit natürlich auch die Accessorien, welche ja regelmäßig das Schicksal der Haupt-Obligation theilen müssen. Daß aber der Stoff der letztern in die durch die Novation entstandene neue Obligation übergeht, kann daran nichts ändern, weil solche äußere Accessorien nicht zum materiellen Bestand einer Obligation gerechnet werden können. Diese Regel hat überdieß auch praktisch gar nichts drückendes, denn die gewöhnliche Novatio kommt immer durch einen Vertrag, mithin durch

„post pubertatem tutelæ actio „nouetur, si id specialiter „actum est; quod nemo dixit „lite contestata: neque enim „deteriorem causam nostram „facimus actionem exercentes, „sed meliorem, ut solet dici „in his actionibus, quæ tempore uel morte finiri possunt.“

(2) L. 18. De nouationibus.

(Paulus) „Nouatione legitime „facta liberantur hypothecæ „et pignus, usuræ non currunt.“

(3) d. L. 29. — Die Interpolation der Worte: „si id specialiter actum est“ aus L. fi. C. De nouationibus ist übrigens wohl eine der handgreiflichsten, die sich im ganzen Corpus Juris finden.

den freyen Willen der Parteyen zu Stande, und zudem bedarf es einer bloßen Nebenverabredung, um wenigstens einen Theil jener Folgen auszuschließen (4).

Alles dieses nun verhält sich bey der *Nouatio necessaria* gerade umgekehrt. Die Novation entsteht durch die L. C. unabhängig von der Willkühr der Parteyen, und eine solche unvermeidliche Zerstörung der bestärkenden und sichernden Accessorien wäre daher nicht nur höchst drückend, sondern auch ganz widersprechend der Idee der gerichtlichen Rechtsverfolgung, wodurch gerade der endliche Effect der Rechte vollständig gesichert werden soll. Daher war es denn auch im Römischen Recht, gewiß von jeher, anerkannter Grundsatz, daß bey der *Nouatio necessaria* alle jene Wirkungen, welche die *Nouatio uoluntaria* auf die Accessorien der Obligation zu haben pflegt, wegfallen, vielmehr diese unversehrt stehen bleiben, und gerade ebenso zum Schutze der neuen Obligation dienen sollen, wie sie die ursprüngliche gesichert hatten (5). Dieß sagt ausdrücklich unsere L. 29,

(4) L. 11. § 1. De pigner. act. (*Ulp.*) „Nouata autem „debiti obligato pignus peri„mit, nisi conuenit, ut pig„nus repetatur.“ Vgl. L. 3. pr. L. 12. § 5. L. 6. pr. Qui potiores. L. un. C. Etiam ob chirograph.

(5) Den oben genannten Accessorien steht jedoch die

cit., fo wie auch L. 22. De tutelæ et ration.
distrah. (6), und angefpielt wird auf diefe Regel
offenbar auch in L. 11. pr. De pign. act. (7) L. 13.
§ 4. De pignoribus (8) L. 8. C. eod. L. un. C.
Etiam ob chirograph.; vielleicht auch in L. 86. L. 87.
De R. I., wo gerade, wie am Ende der L. 29. cit.
der Satz heraus gehoben wird, daß durch die L. C.

Bürgfchaft nicht gleich, wie
dieß unten des Nähern gezeigt
werden wird.

(6) *Paulus* lib. 13. Quæstionum. — „Defensor tutoris
„condemnatus non auferet
„priuilegium pupilli, neque
„enim sponte cum eo pupil-
„lus contraxit.“ Daß in diefer
und mehrern andern hier zu citi-
renden Stellen von der Wirkung
des Urtheils, nicht der L. C.
die Rede ift, fchwächt ihre
Autorität nicht, denn wir werden unten fehen, daß in allen
Fällen, wo durch die L. C.
eine Novation gefchieht, diefer
eine zweyte, durch das Urtheil
bewirkt, parallel geht. Daher
muß allenthalben, wo es fich
fragt, ob Acceſſorien durch die
zweyte Novation untergehen,
nothwendig voraus gefetzt feyn,

daß nicht fchon die erfte fie
zerftört habe.

(7) *Ulp.* lib. 8. ad Edictum. — „Solutum non uide-
„tur, si lis contestata cum de-
„bitore sit, uel si fideiussor
„conuentus fuerit.“

(8) „Etiam si creditor iu-
„dicatum debitorem fecerit,
„hypotheca manet obligata,
„quia suas condiciones habet
„hypothecaria actio, id est,
„si soluta est pecunia aut
„satisfactum est; {quibus ces-
„santibus tenet. Et si cum
„defensore in personam egero,
„licet is mihi satisdederit
„et damnatus sit, æque hypo-
„theca manet obligata. Neo
„per hoc uidetur satisfactum
„creditori, quod habet iudi-
„cati actionem.“

die Condicio actoris nicht verschlimmert, sondern vortheilhafter zu werden pflege (9). Nicht unwahr‑ scheinlich ist es mir endlich, daß auch Papinian in L. 27. De nouationibus (10) diesen Gegensaz der *Nouatio uoluntaria* und *necessaria* vor Augen hatte, und es läge dann in dieser Stelle recht fein angedeutet, wie dieselben Worte eine ganz andere Wirkung auf das vorliegende Rechtsverhältniß haben können, je nachdem sie den Inhalt einer Sti‑ pulation oder die Intentio einer Formula ausmachen.

Noch besteht endlich ein nicht unbedeutender Ge‑ gensaz zwischen der Nouatio uoluntaria und necessaria darin, daß, während jene bekanntlich die ganze bis‑ her bestandene Obligation von Grund aus zerstört, bey der leztern dagegen die *naturalis obligatio* stehen bleibt, so daß auch nach der L. C. eine gül‑

(9) Man muß sich übrigens wohl hüthen, aus dieser allge‑ meinen Regel allzuleicht und ohne anderweitiges specielles Fundament Folgerungen zie‑ hen zu wollen. Wie grund‑ falsch es z. B. ist, wenn Do‑ nellus und Andere nach ihm aus jener Regel gefolgert ha‑ ben, daß die Nouatio neces‑ saria nur dann eintrete, wenn sie dem Kläger vortheilhaft sey, dieß wird gegenwärtig wohl jeder‑ mann einsehen.

(10) „Emptor cum dele‑ „gante uenditore pecuniam „ita promittit, *Quicquid es* „*uendito dare facere oportet*, „nouatione secuta, usuras „neutri post insecuti tempo‑ „ris debet.“

tige und unwiederrufliche Zahlung geleistet (11), ein Bürge (12) oder Pfand bestellt und die Forderung zur Compensation gebracht (13) werden kann.

So viel für Ein Mahl von der durch die L. C. entstehenden Novation (14).

(11) L. 60. pr. De condict. indeb. (*Paulus*) „Iulianus „uerum debitorem post litem „contestatam manente adhuc „iudicio, negabat soluentem „repetere posse, quia nec abso- „lutus nec condemnatus repe- „tere posset. Licet enim abso- „lutus sit, natura tamen debi- „tor permanet.“ Vgl. L. 28. eod. — Das Gegentheil findet beym Eide Statt. L. 43. eod.

(12) L. 50. § 2. De peculio. (*Papin.*) „Etiam postquam „dominus de peculio conuen- „tus est, fideiussor pro seruo „accipi potest; et ideo qua „ratione, si post actionem „dictatam seruus pecuniam „exsoluerit, non magis repe- „tere potest, quam si iudi- „cium dictatum non fuisset, „eadem ratione fideiussor quo- „que utiliter acceptus uide- „bitur; quia *naturalis obli-*

„gatio, quam etiam seruus „suscipere uidetur, *in litem „translata non est.“* Vgl. L. 8. § 3. De fideiussoribus. (*Ulp*) „Et post litem con- „testatam fideiussor accipi „potest, quia et ciuilis et „naturalis subest obligatio.“ u. f. w. — Ueber das Ver- hältniß der Obligation des Sclaven u. dgl. zu der actio de peculio gegen den Herrn f. unten § 50.

(13) L. 8. De compensatio- nibus. (*Gaius*) „In compen- „sationem etiam id deduci- „tur, quo homine cum actore „lis contestata est, ne dili- „gentior quisque deterioris „condicionis habeatur, si com- „pensatio ei denegetur.“ — Vgl. L. 6. L. 18. pr. eod.

(14) Es wäre hier eigent- lich der Ort, eine Uebersicht der Litteratur der Lehre von

§ 11.

Die im vorher gehenden § erörterte vollstän=
dige und directe Wirkung hatte nun aber die L.

der Nouatio necessaria zu
geben. Da ich dieß unterlasse,
so scheint es nicht unnöthig,
über die Gründe, warum ich
von der in unserer Zeit allge=
mein beobachteten Sitte ab=
weiche, Rechenschaft zu geben.
Die Lehre von der Nouatio
necessaria gehört unter dieje=
nigen, in welchen man vor
der Entdeckung des Gajus
durchaus nur im Finstern
tappte. Die Mangelhaftigkeit
der Quellen machte es un=
möglich, auch nur über die
ersten Grundzüge zu einem
festen und bedeutenden Resul=
tate zu gelangen. Durch Ga=
jus ist hier die Möglichkeit
einer sichern Erkenntniß zuerst
begründet. In einer solchen
Lehre aber, wo aus den an=
gegebenen Gründen es sich
nicht darum handeln kann,
schon gewonnene Resultate zu
benutzen und dieselben durch
eigene Forschung theilweise zu
berichtigen und zu vermehren,

kurz sich an dieselben anzuschlie=
ßen und auf demselben Wege
weiter zu gehen; sondern wo
der neue Bearbeiter von vorn
anfangen und die Lehre von
Grund aus neu construiren
muß: — in einer solchen
Lehre ist es für die Sache
selbst weder erfreulich noch
belehrend, die frühern Bearbei=
tungen in ihrem Zusammen=
hange zu durchgehen. Zwar
hat es auch unter diesen Um=
ständen immer ein bedeuten=
des litterär=historisches
Interesse, zu erfahren, was
man eigentlich von dem vor=
liegenden Rechts=Institut in
der frühern Zeit — ohne
Gajus — gedacht und ge=
schrieben, gewußt und nicht
gewußt habe, so wie auch was
man hätte wissen können.
Allein da eine Erörterung die=
ser Art aus den angegebenen
Gründen für unsern Zweck
wenigstens nicht nothwendig
ist, so verzeihe man mir die

C., wie schon oben gesagt worden ist, nur in den angegebenen beschränkten Fällen: in allen übrigen, nahmentlich also bey den *iudiciis imperio continentibus* ganz allgemein, und bey *legitimis iudiciis*, wenn sie eine *Actio in factum concepta* oder *in rem* betrafen, fand eine mehr i n d i r e c t e, obgleich am Ende auf das gleiche Resultat führende Wirkung der L. C. Statt. Während nähmlich in den Fällen der ersten Classe das der Klage zum Grunde liegende Rechtsverhältniß g e r a d e z u (*ipso iure*) zerstört wurde (1), die darauf gegründete Actio also für alle Zukunft schon nach i h r e r w ö r t l i c h e n Fassung als eine nichtige und erfolglose erschien; so wird dagegen in den Fällen der zweyten Classe durch die L. C. die Grundlage der Actio selbst nicht zerstört. Da nun aber dem endlichen Erfolg nach doch auch hier die angestellte Actio für die Zukunft u n w i r k s a m werden soll, so wird dieß, wie in unzäh=

Erklärung, daß ich die aus= führliche und vortreffliche kri= tische Dogmen = Geschichte, welche Ribbentrop in der angeführten Schrift (s. oben Seite 95. Note 13.) geliefert hat, weder abschreiben, noch übersetzen, noch excerpiren mag.

(1) Es hört auf, w a h r zu seyn, *debitorem dare facere oportere* (*Gai* Comm. III. § 181.), es ist also von jetzt an jede Actio ohne Erfolg (d. h. zu einer Absolution füh= rend), worin die Instruction zu condemniren an jenes *Dare facere oportere* als an ihre Bedingung geknüpft ist.

ligen andern Fällen, durch eine Exceptio bewerkstelligt, indem der Prätor, wenn dieselbe Klage später wieder gefordert wird, durch eine ausdrückliche
Clausel, die er in der Formel anbringt, den Juder
instruirt, selbst dann, wenn er den in der Actio benannten Klagegrund richtig finden sollte, ausnahmsweise doch nicht zu condemniren, wenn es sich zeige,
daß über dieselbe Actio schon früher ein Mahl ein
Proceß bis zur L. C. geführt worden sey.

Die ordentliche Exceptio nun, welche der Prätor
zu diesem Zweck im Edict proponirte, und im einzelnen Falle zu ertheilen pflegte, ist wohl ohne allen
Zweifel die *Exceptio rei in iudicium deductæ*,
die uns von Gajus in den beyden angeführten
Hauptstellen (2) genannt wird.

Daß nun gerade dieß die Function und Bedeutung der *Exceptio rei in iudicium deductæ* sey,
ist uns zwar nirgends ausdrücklich gesagt, wird aber,
wie ich glaube, durch folgende Gründe vollständig
erwiesen (3):

(2) Comm. III. § 180. f.
Comm. IV. §§ 106 — 108. —
f. oben S. 83. f.

(3) Ich war von der ange-
gebenen Bedeutung der *exceptio rei in iudicium deductæ*
aus den im Folgenden ent-

haltenen Gründen von jeher
so überzeugt, und kann mir
noch diesen Augenblick so durchaus keine andere, auch nur
einiger Maßen plausible Vorstellung davon machen, daß ich
meine Ansicht, vielleicht etwas

1°. Durch den ganzen Zusammenhang der beyden Stellen von Gajus, besonders der erstern. Hier ist nähmlich ein offenbarer Parallelismus zwischen den beyden zerstörenden Wirkungen, welche die L. C. und das Urtheil in der einen Classe von Fällen auf directe Weise haben, auf der einen Seite, und den beyden *Exceptiones rei in iudicium deductæ* und *iudicatæ*, als Organen einer der Grund-Idee nach gleichen indirecten Wirkung, die in der zweyten Classe von Fällen eintritt, auf der andern Seite.

voreilig, für allgemein aner kannt gehalten, und daher die Begründung derselben ganz unterlassen hätte, wenn ich nicht von der Möglichkeit an derer Meinungen dadurch über zeugt worden wäre, daß die einzige mir bekannte schrift stellerische Aeußerung über die Bedeutung der Exceptio rei in iudicium deductæ wirk'ich von einer ganz verschiedenen Ansicht ausgeht. Sie findet sich in *E. Dupont* Disquisitiones in Commentarium IV. Institutionum Gaji. Lugduni Bat. 1822. 8. — p. 146. Hie nach soll eine ganz andere Rechtsregel, nähmlich die, daß alle *iudicia imperio continentia* durch den Ablauf der Amtszeit des Magi stratus untergehen, durch die *exceptio rei in iudicium deductæ* realisirt worden seyn; — eine Behauptung, deren Verkehrtheit wohl keinem Zweifel unterliegt, wie sich unten (§ 15.) bey Gelegenheit dieser Regel von selbst ergeben wird. Nur beyläufig wird die Bedeutung der Exc. r. in iud. d. von *Ribbentrop* Comm. ad L. 16. § 5. De pignoribus etc. pag. 69. berührt. (betreffend diese Dissertation überhaupt s. unten § 27. Note 6.)

Daß nun die *exceptio rei iudicatæ* parallel geht
jener Wirkung des Urtheils, leidet wohl schon an
sich keinen Zweifel, und wird sich aus dem folgenden Abschnitt noch des Nähern vollständig ergeben.
Es bleibt daher nichts anderes übrig, als denselben
Parallelismus auch zwischen der directen Wirkung
der L. C. und der Exceptio rei in iudicium deductæ
anzunehmen. Und diese Annahme wird denn auch
dadurch nicht wenig bestärkt, daß wir ohne dieselbe
weder für die Wirkung der L. C. in der zweyten
Classe von Fällen ein Rechtsmittel, noch für
die *exceptio rei in iudicium deductæ* eine Anwendung nachweisen könnten.

2°. Der Nahme der exceptio rei in iudicium
deductæ und seine wörtliche Bedeutung. *Rem
in iudicium deducere* heißt buchstäblich: die Sache
zum Gegenstand eines *iudicium* machen, vor
den *iudex* bringen, und dieß bedeutet es in der
That ursprünglich im Sprachgebrauch der Römer (4).
Mag man nun unter L. C. die Vollziehung des ganzen Verfahrens in Jure oder nur den Endpunkt desselben verstehen, immer wird man zugeben müssen,

---

(4) In diesem Sinne kommt
der Ausdruck sehr häufig und
ohne alle Nebenbedeutung vor.
Man sehe z. B. L. 30. De
receptis qui arb. L. 14. §. 1.
L. 30. Fam. herc. L. 18.
Comm. diu. L. 1. De in
lit. iur.

daß durch die L. C. recht eigentlich die Sache vor den Juder gebracht, also in Judicium deducirt wird, so wie man denn auch nicht zweifeln darf, daß die Römer sich die Sache wirklich so dachten (5). Nun wissen wir aber auf der einen Seite, daß durch die L. C. eine Consumtion der angestellten Actio geschah (6), auf der andern Seite aber wird der Ausdruck *in iudicium deducere* sehr oft von den Römern auf eine Art gebraucht, daß darin auf die Consumtion als Folge deutlich angespielt, ja sogar diese geradezu in den Begriff des in iudicium dedu-cere aufgenommen wird (7). Und so ist doch wohl

---

(5) Man sehe z. B. L. 56. De iudiciis. (*Ulp.*) „Licet „uerum procuratorem in iu-„dicio rem deducere uerissi-„mum sit, tamen et si quis, „cum procurator non esset, „litem sit contestatus, deinde „ratum dominus habuerit, „uidetur retro res in iudicium „recte deducta." Vgl. L. 37. De nox. act.

(6) Statt vieler andern Ci-tate dürfen wir hier bloß auf die beyden mehrerwähnten Hauptstellen bey Gajus ver-weisen.

(7) Wenn z. B. in manchen

Stellen davon die Rede ist, ob der cognitor, der procura-tor in Judicium deducire oder nicht, so heißt dieß nichts anderes als, ob durch die Pro-ceß = Führung eines solchen Stellvertreters die Actio eben so consumirt werde, wie wenn der *dominus* selbst aufgetreten wäre. Man sehe z. B. L. 56. cit. (Note 5.) L. 11. § 7. De exc. rei iud., vgl. mit *Gaii* Comm. IV. § 98., und viele andere Stellen, wovon unten (§ 39.) des Nähern die Rede seyn wird.

nichts natürlicher als anzunehmen, daß die *exceptio rei in iudicium deductæ* das Rechtsmittel sey, wodurch die Consumtion, welche durch das in iudicium deducere, oder, was gleich viel ist, durch die L. C. bewirkt wird, geltend gemacht werden kann.

Der Nahme der *exceptio rei in iudicium deductæ* selbst findet sich übrigens in allen unsern Quellen, außer den angeführten Stellen bey Gajus, nirgends erwähnt; wohl theils darum, weil dieselbe seit Aufhebung des alten Ordo Judiciorum keine rechte Bedeutung, und daher zu Justinian's Zeit auch kein Interesse mehr hatte; theils weil sie selbst in der classischen Zeit von keinem sehr ausgedehnten praktischen Gebrauche gewesen seyn mag, denn dieser mußte sich lediglich auf die Fälle beschränken, wo eine Actio, über welche schon Lis contestirt, aber noch nicht judicirt war, von neuem in Jure gefordert wurde, sey es, daß der frühere Proceß liegen geblieben war, oder noch vor dem Juder schwebte. War es ein Mahl bis zum Urtheil des Juder gekommen, so stand zwar dem Beklagten ohne Zweifel die *exceptio rei in iudicium deductæ* noch immer zu, aber sie wurde im Gebrauche durch die *exceptio rei iudicatæ* verdrängt, wie dieß im folgenden Abschnitt (§ 26. z. E. und § 27.) des Nähern nachzuweisen seyn wird.

Dennoch glaube ich, daß sich wenigstens Ein Mahl in den Pandekten, nähmlich in L. 5. De except. rei iud. (8) eine Spur der exceptio rei in iudicium deductæ vorfindet, und wenn wir diese Stelle in ihrem ursprünglichen Bestand und Zusammenhang besäßen, so würde auch der Nahme vielleicht nicht fehlen. Ulpian spricht nähmlich offenbar von dem Fall, wo der Kläger nach der L. C., aber vor angefangenem Judicium dieselbe Rechtssache, nur mit einer andern Klage, von vorne an wieder einleiten will, und die ganze Bestimmung des Begriffs *de eadem re agere* geschieht wohl einzig mit Rücksicht auf die Frage, ob dem Beklagten entweder ipso iure oder per exceptionem rei in iudicium deductæ die Consumtion durch L. C. entgegen stehe.

(8) *Ulp.* lib. 74. ad Ed. — „De eadem re agere uidetur „et qui non eadem actione „agat, qua ab initio agebat, „sed etiam si alia experiatur, „de eadem tamen re. Utputa „si quis mandati acturus, „*cum ei aduersarius iudicio* „*sistendi causa promisisset,* „propter eandem rem agat „negotiorum gestorum uel „condicat, de eadem re agit. „Recteque ita definietur, eum „demum de eadem re non „agere, qui prorsus rem ipsam „non persequitur: cæterum „cum quis *actionem mutat* et „experitur, dummodo de ea- „dem re experiatur, esti diuerso „genere actionis, quam in- „stituit, uidetur de eadem „re agere.“ — Wir werden auf diese auch in anderer Beziehung wichtige Stelle unten (§ 33.) zurück kommen.

§ 12.

Es ist in den vorher gehenden §§ gezeigt worden, daß eine jede Actio durch die L. C. confumirt, d. h. jede künftige Anstellung derselben wirkungslos gemacht wurde, daß aber diese Regel sich nach einer bestimmten Abgränzung auf verschiedene Weise realisirte, nähmlich theils d i r e c t (*ipso iure*), theils i n d i r e c t (*ope exceptionis*), je nachdem die drey Bedingungen, *legitimum iudicium, actio in personam* und *formula in ius concepta,* vereinigt vorhanden waren oder nicht.

Es fragt sich nun: Welches waren die Gründe dieser Abtheilung? mit andern Worten: warum knüpfte das Römische Recht jene directe Wirkung gerade an die angegebenen Bedingungen, und realisirte dieselbe Grund-Idee in allen übrigen Fällen nur auf indirecte Weise?

Ueber diesen Punkt geben uns zwar unsere Quellen keinen speciellen Aufschluß: dennoch halte ich die Beantwortung jener Frage nicht für unmöglich, sobald man jene drey Bedingungen genauer betrachtet.

Gehen wir nähmlich vor allem zurück auf die Bedeutung des Gegensatzes der *Legitima iudicia* und der *iudicia imperio continentia* im Allgemeinen, so

erklärt sich, wie ich glaube, die erste der drey Be-
bingungen so:

Das Jus civile setzt bey einem vollgültigen
Judicium gewisse formelle Requisite voraus: nur
ein solches Judicium, wo diese vorhanden sind, ist
ein wahres civiles Judicium, nur einem solchen
können also die Wirkungen, welche das Jus civile
mit einem echten Judicium verbindet, zugeschrieben werden. Ein solches in formeller Beziehung
echtes, civiles Judicium ist es eben, was *legitimum iudicium* genannt wird (1).

Sehen wir nun, worin jene Requisite eigentlich
bestehen, so sind dieselben offenbar von der Art, daß
sie als Ueberreste der allerältesten Gestalt der Judicia
erscheinen (2). Es wird nähmlich zum Wesen des
legitimum iudicium erfordert (3): a) *Unus iudex,*

(1) Es wird mir niemand
vorwerfen, daß ich durch diese
Erklärung in das Mißverständniß verfalle, vor welchem uns
Gajus (Comm. IV. § 109.)
so bestimmt und deutlich warnt.
Denn auch nach unserer Erklärung ist der Gegensatz der
iudicia legitima und *imperio
continentia* wesentlich verschieden von dem zwischen civilen

und prätorischen Klagen.
Diesem liegt eine materielle
Eintheilung der Klagerechte
(*actiones*), jenem eine for-
melle der Processe zum
Grunde.

(2) Man vergleiche im Allgemeinen auch *Gaii* Comm. I.
§ 184.

(3) *Gaii* Comm. IV. § 104.

b) Civität des Juder und der Parteyen, und
c) daß das Judicium in Rom oder innerhalb
des ersten Milliarum constituirt sey, —
welcher Raum wohl das engste und älteste Stadtge-
bieth Roms repräsentirt.

Allein schon sehr frühe mußte das Bedürfniß die
Anordnung von Iudiciis, die jene Eigenschaften nicht
in sich vereinigten, veranlassen: man bedenke nur,
wie frühe schon die Einsetzung einer eigenen Magistratur für die Rechtsstreitigkeiten von Peregrinen
unter einander und mit Römischen Bürgern nothwendig wurde, und wie lange vorher es schon solche
Processe gegeben haben muß. In solchen Fällen nun,
welche das Ius civile nicht berücksichtigte, blieb
denn nichts anderes übrig, als daß der rechtsprechende
Magistrat kraft seines Amtes Iudicia anordnete, und
dieses ihres Ursprunges wegen (4) hießen dieselben
recht eigentlich *Iudicia quæ imperio continentur* (5).

(4) Nicht sehr bedeutend,
doch immer bemerkenswerth ist
es, daß Gajus (Comm. IV.
§ 105.) den Nahmen der *iudicia quæ imperio continentur*
bloß aus der Art, wie die
Dauer derselben beschränkt
ist, erklärt, das *imperio contineri* nur auf diese beschränkte
Dauer bezieht. Er läßt sich
übrigens auf eine Nachweisung
der dem ganzen Gegensatze zum
Grunde liegenden Idee nicht
ein, sondern begnügt sich mit
Erklärung desselben als eines
ein Mahl gegebenen Factum.

(5) Im Ganzen überein stim=
mend erklärt *Dupont* (in d.

8

Gerade aus diesem Grunde nun, weil, wie gesagt, solche Judicia dem Jus civile unbekannt und ein bloßer Ausfluß der Jurisdictions-Gewalt des Magistratus waren, liegt es auch ganz in den allgemeinen Römischen Begriffen, daß die materiellen Wirkungen, welche die in formeller Beziehung vom Jus civile anerkannten Judicia auf das Rechtsverhältniß, das ihren Gegenstand ausmacht, nach den Grundsätzen des Jus civile äußern, dieser zweyten Art von Iudiciis nicht zugeschrieben werden können. So kann hier von einer Novatio, also directer Zerstörung einer bestehenden Obligation nicht die Rede seyn, denn es ist ein Grundsatz, der sich durch das ganze Römische Recht hindurch zieht, daß der rechtsprechende Magistrat ein civiles Rechtsverhältniß irgend welcher Art, nahmentlich z. B. ein *dare facere oportere*, d. h. eine civile Obligation d i r e c t weder zu schaffen noch zu zerstören im Stande ist, und diese Wirkung kann daher auch einem bloß auf seiner Anordnung beruhenden Judicium nicht zugeschrieben werden.

Comm. in Gaii Inst. Lib. IV., p. 145.) diese Eintheilung so: „Legitimo iure iudicia erant „ea, quæ omnimodo secun-„dum strictas legibus præ-„scriptas condiciones ordinata „fuerant: imperio uero con-„tinebantur ea, quæ secun-„dum has composita non erant, „ideoque non ualebant, nisi „imperio prætoris, qui ea „obseruari præscribebat.“

Eine sehr merkwürdige Analogie finden wir hiezu in einer Stelle der **Vaticanischen Fragmente** (6),

(6) Vat. Frgm. § 47. — Die Stelle ist von Paulus, und muß wohl ohne Zweifel so gelesen werden: „Per mancipationem deduci ususfructus potest, non etiam transferri. „Per *do lego* legatum et per in iure cessionem et deduci et dari potest. Item potest constitui familiæ heroiscundæ uel communi dividundo iudicio *legitimo*" rel. — Es war bisher die allgemeine Ansicht, daß durch Adjudication in den *iudiciis divisoriis* Eigenthum und Servituten auf vollgültige Weise constituirt wurden. Daß der Gegensatz der *iudicia legitima* und *imperio continentia* hier zu berücksichtigen sey, daran dachte selbst nach der Entdeckung des Gajus, wodurch uns derselbe überhaupt erst bekannt wurde, niemand, und es findet sich allerdings darin auch keine specielle Veranlassung zu einer solchen Vermuthung. Ein ganz neues Licht ist uns nun aber durch die obige Stelle aufgegangen. Zwar ist darin ausdrücklich nur so viel angedeutet, daß Adjudication bloß in einem *legitimum iudicium* echten *usufructus* schaffen könne: allein es ist wohl nicht zu viel gewagt, wenn wir daraus geradezu den Satz ableiten, daß die Adjudication nur im *legitimum iudicium* die Kraft hatte, echtes Eigenthum (*ex iure Quiritium*) und civile Servituten zu errichten, daß dagegen in den *iudiciis imperio continentibus* durch dieselbe höchstens ein *in bonis* und nur Servituten, die auf der *tuitio prætoris* beruhen, entstanden. — Werfen wir nun noch einen Blick auf unsere Justinianeischen Quellen, so findet sich zwar bekanntlich darin keine Erwähnung des Gegensatzes der *iudicia legitima* und *imperio continentia*, und die Stellen, welche uns über das Wesen der Adjudication berichten, sind überhaupt nicht

woraus wir lernen, daß auch da, wo das Jus civile dem Judicium eine schaffende oder zerstörende Wirkung auf dingliche Rechtsverhältnisse zuschreibt, diese direct nur beym *legitimum iudicium* eintritt.

Uebrigens versteht es sich nach der allgemeinen Natur der prätorischen Institute, daß auch bey den *iudiciis quæ imperio continentur* der Sache nach derselbe Zweck, nur auf indirectem Wege, den=

sehr zahlreich. Wir dürfen daher eine directe Bestätigung der von uns aufgestellten Regel durchaus nicht erwarten: ja es wäre schon interessant genug, wenn sich auch nur hier und da eine Stelle fände, von der es sich unter Voraussetzung von Interpolation wahrscheinlich machen ließe, daß sie in ihrer ursprünglichen Gestalt in dem angegebenen Sinne gelautet habe. Aber auch hier ist die Ausbeute nicht groß. Es sind mir nähmlich zwey einzige Stellen bekannt, die hieher gezogen werden könnten, und zwar L. 6. § 1. De usufructu, und L. 44. § 1. Famil. hercisc. — Die erstere (aus *Gaii* lib. 7. *ad Ed. prouinc.*) lautet so: „Constituitur adhuc „ususfructus et in iudicio fa„miliæ herciscundæ et com„muni diuidundo, si iudex „alii proprietatem adiudica„uerit, alii usumfructum." — Allein ich gestehe, daß ich hier eine Interpolation zwar nicht unmöglich, aber auch nicht wahrscheinlich finde. — Wenn es dagegen in der andern Stelle (d. L. 44. aus *Paulus* lib. 6. ad Sabinum) heißt: „Si fa„miliæ herciscundæ uel com„muni diuidundo actum sit, „*adiudicationes Prætor tuetur* „*exceptiones aut actiones* „*dando*", so kommt es mir allerdings ziemlich wahrscheinlich vor, daß diese Worte ursprünglich mit näherer Beziehung auf *iudicia imperio continentia* geschrieben seyn möchten.

noch erreicht wurde, wie wir dieß für unsern Fall im vorher gehenden § (in der Darstellung der *exceptio rei in iudicium deductæ*) gezeigt haben.

Es bleiben jetzt noch die beyden andern Bedingungungen, an welche das Eintreten der *directen* Wirkung der L. C. geknüpft ist, zu erklären, mit andern Worten die Frage, warum bey actionibus *in factum conceptis* und *in rem*, selbst unter Voraussetzung eines *legitimum iudicium* die Regel der Consumtion nicht *ipso iure*, sondern nur *per exceptionem* realisirt werden könne, zu beantworten übrig. Hierüber ist folgendes zu bemerken:

Es ist bekannt, daß nur eine Obligation Gegenstand einer Novation seyn kann. Eine solche ist bey den *actionibus in personam in ius conceptis* wirklich die materielle Grundlage der Actio, eine solche macht den Inhalt der Intentio aus. Dagegen bey den *actionibus in rem* macht ein dingliches Recht (7), bey ten *actionibus in factum* aber gar

---

(7) Es ist mir nicht unbekannt, daß das hier gesagte nur auf die Eigenthumsklage, die ihr formell ganz angehörige *hereditatis petitio* und die Servituten=Klagen paßt, nicht aber auf die *præiudiciales actiones*, bey denen allerdings von einem zum Grunde liegenden dinglichen Rechte nicht die Rede seyn kann, und die doch ausdrücklich den *in rem action s* beygezählt werden. § 13. I. De actionibus. Allein die Ungenauigkeit ist darum nicht bedeutend und

kein Rechtsverhältniß, sondern bloß eine Thatsache den materiellen Grund und den formellen Bestand der Actio aus, die Intentio enthält ein bloßes Factum. Daß aber beydes, ein dingliches Recht sowohl, als eine bloße Thatsache, nicht novirt werden können, versteht sich von selbst. Aber wenn wir auch ganz von der Idee der Novatio abstrahiren, so erscheint es doch nicht weniger natürlich, daß im Fall einer *actio in factum concepta* oder *in rem* die Peremtion nicht *ipso iure* geschehen kann. Denn sonst müßte man annehmen, daß durch die L. C. in dem einen Falle das dingliche Recht unterginge, im andern das Factum, welches die Grundlage der Actio ausmacht, unwahr würde (8).

---

auf allen Fall ganz ungefährlich, weil die actiones præiudiciales hier gar nicht zur Berücksichtigung kommen können. Es ist nähmlich bey denselben niemahls um eine Condemnation zu thun, sondern ihre Formula besteht, wie wir aus *Gaii* Comm. IV. § 44. wissen, immer aus einer bloßen Intentio, und daher kann denn auch hier von der directen Wirkung der L. C., der Verwandlung des ihnen zum Grunde

liegenden Rechtsverhältnisses in ein *condemnari oportere* schon ihrer allgemeinen Natur wegen niemahls die Rede seyn.

(8) Man setze z. B. den Fall: Jemand hat die actio depositi mit der Formula in factum concepta angestellt und bis zur L. C. durchgeführt; nachher will er dieselbe Actio wieder gebrauchen. Dieselbe lautet, wie wir aus *Gaii* Comm. IV. § 47. wissen, wörtlich so: „*T.* „*iudex esto. Si paret, Aulum*

Da nun aber dieſes eine völlig unſinnige, jenes wenigſtens eine ganz unpraktiſche und dem eigentlichen Zweck jeder *actio in rem*, wie er unten nachgewieſen werden ſoll, ganz zuwider laufende Idee (9)

„*Agerium apud Numerium Negidium mensam argenteam deposuisse, eamque dolo malo Numerii Negidii Aulo Agerio redditam non esse, quanti ea res erit, tantam pecuniam iudex Numerium Negidium Aulo Agerio condemnato; si non paret, absoluito.*" Wollte man nun behaupten, daß die durch die erſtere L. C. geſchehene Conſumtion der Klage dem Kläger in dem zweyten Proceß *ipso iure* entgegen ſtände, d. h. daß er ſchon in Folge der einfachen Conception der Formula vom Judex abgewieſen werden müßte; ſo wäre damit offenbar nichts anderes geſagt, als daß durch jene Conſumtion die beyden Facta, das *deposuisse* und das *non redditum esse*, welche ja die einzigen Bedingungen der Inſtruction zu condemniren ausmachen, unwahr gewor-

ben, und ſomit die Bedingung der Abſolution eingetreten wäre.

(9) Wenn wir aus *Gaii* Comm. IV. § 108. erfahren, daß zur Zeit der Legis Actiones die Conſumtion durch Proceß allgemein *ipso iure* geſchehen ſey, ſo dürfen wir daraus gewiß nicht folgern, daß man in jener Zeit z. B. durch Anſtellung der *Rei uindicatio* nicht nur das perſönliche Eigenthumsklagerecht, ſondern auch das Eigenthum ſelbſt verloren habe; ſondern es iſt dieſer Unterſchied ohne Zweifel ſeiner Bedeutung nach ein rein formeller, ſo wie er denn auch bloß aus formellen Gründen zu erklären iſt, die wir aber aus Mangel an Kenntniß des älteſten Formenweſens, nahmentlich der Art, wie die Inſtruction des Judex durch den Prätor geſchah, nicht genau nachzuweiſen vermögen.

wäre, so ist es klar, daß die Wirkung der Consumtion der Klage in beyden Fällen nur realisirt werden
kann durch eine besondere der Formula angehängte
Clausel, wodurch der Juder angewiesen wird, auch
bey richtig befundenen ordentlichen Bedingungen der
Actio doch ausnahmsweise nicht zu condemniren, wenn
er finden sollte, daß über diese Actio schon ein Mahl
Lis contestirt, dieselbe also in iudicium deducirt sey;
mit andern Worten: es muß hier die *exceptio rei
in iudicium deductæ* der Formula besonders
angehängt werden.

§ 13.

Die Lehre von der Consumtion der Klage als allgemeiner Wirkung der L. C. und die beyden verschiedenen Arten, wie diese Idee realisirt wurde, sind ihren
allgemeinen Grundzügen nach in den vorher gehenden
§§ dargestellt. Bis hieher haben wir alles ganz neu
aus den Institutionen des Gajus gelernt, aus dieser
neuen Quelle both sich uns fast von selbst dar, was
ohne dieselbe auch dem schärfsten Auge völlig verbor-
gen bleiben mußte. Aber sobald wir ein Mahl die
neuen Aufschlüsse besitzen, und sie mit unserm ältern
Quellenvorrath zusammen halten können, so ist auch
dieser nichts weniger als uninteressant oder unfrucht-
bar. Ein Mahl finden wir darin von unserer ganzen

Lehre im Allgemeinen sowohl als im Einzelnen so zahlreiche Spuren, daß die nähere Betrachtung der hier einschlagenden Stellen schon deßwegen als nützlich und erfreulich erscheint, weil daraus die Wichtigkeit dieser Lehre für die Interpretation unserer übrigen classischen Quellen überhaupt erhellt. Aber noch mehr. Sobald wir über die allgemeinen Fundamente unserer Lehre im Reinen sind, und uns an das Detail und die historische Ausbildung derselben wenden, so reichen wir mit Gajus allein gar nicht mehr aus: dagegen finden wir gerade hiefür in den übrigen Quellen die wichtigsten Nachrichten und Andeutungen; so daß also die sorgfältige Combination des alten und neuen Quellenvorrathes als wesentliche Bedingung einer umfassenden Darstellung unsers Gegenstandes selbst erscheint.

Wenn wir daher gegenwärtig unsere Untersuchungen betreffend die Consumtion der Klagen durch L. C. ganz abbrechen, so geschieht dieß weder aus Mangel an Stoff noch an weitern quellenmäßigen Nachrichten; vielmehr sind folgendes die Gründe, die uns vermögen, hier einstweilen eine Lücke zurück zu lassen.

Der Punkt, welcher uns nach der natürlichen Ordnung jetzt zunächst beschäftigen sollte, ist die objective und subjective Beziehung der

Conſumtion durch L. C.; d. h. es wären folgende zwey Fragen zu beantworten:

Erſtens: „Wie muß ſich eine Actio zu einer
„früher angeſtellten Actio verhalten, damit ſie um
„der über dieſe geſchehenen L. C. willen *ipso-iure*
„oder *per exceptionem rei in iudicium deductæ*
„abgewieſen werden könne?" mit Einem Worte: „Was
wird *in iudicium* deducirt?"

Zweytens: „Wie müſſen ſich die in einem Pro-
„ceſſe auftretenden Perſonen zu den Parteyen eines
„frühern Proceſſes verhalten, damit in Folge der
„frühern L. C. der Beklagte im zweyten Proceß ent-
„weder *ipso iure* oder *per exceptionem rei in iu-*
„*dicium deductæ* liberirt werde?" mit andern Worten: „Wer deducirt *in iudicium* und gegen
„wen wird *in iudicium* deducirt?"

Nun iſt es aber bekannt, und wir werden es unten des Nähern erfahren, daß die Conſumtion der
Klage auch als Wirkung des Urtheils zur
Sprache kommt, indem gleich der L. C. auch ein ausgefälltes Urtheil ſchon an ſich, ganz abgeſehen von
ſeinem poſitiven Inhalt, eine ſpäter angeſtellte Klage
erfolglos machen kann. Auch dort äußert ſich dieſe
Wirkung entweder *ipso iure* oder *per exceptionem*,
und zwar genau nach demſelben Theilungsgrunde wie
bey der L. C., ſo daß der *exceptio rei in iudicium*

deductæ in dieser Beziehung die *exceptio rei iudicatæ* völlig parallel geht.   So werden denn auch
dort die oben aufgestellten Fragen aufgeworfen, und
gezeigt werden müssen, was eigentlich durch das Urtheil consumirt werde und welche Personen diese
Consumtion berühre.   Nun kann wohl hier schon sehr
natürlich vorausgesetzt werden, was sich bey näherer
Erörterung der Sache von selbst ergeben wird, daß
die Antwort auf diese Frage bey der Consumtion
durch L. C. gerade ebenso wie bey der durch Urtheil, und in beyden Fällen bey der Consumtion *ipso
iure* völlig wie bey der *per exceptionem* ausfallen
muß; und es versteht sich daher von selbst, erstens,
daß diese Erörterung nur Ein Mahl vorgenommen
werden darf, und daß es höchst überflüssig wäre, sie
jedes Mahl, wo jene Fragen zur Sprache kommen,
besonders zu wiederhohlen; dann aber, und dieß ist
die Hauptsache, daß die hieher gehörigen Stellen unserer Rechtsbücher, die sich ihrem Ausdrucke nach bloß
auf die L. C. oder bloß auf das Urtheil beziehen,
dennoch für beyde als gemeinsame Quelle
gebraucht werden dürfen.

  Das einfachste schiene es nun freylich auf den ersten Anblick, diesen Punkt gleich hier bey der ersten
Gelegenheit, wo wir darauf geführt werden, zu er-
ledigen, so daß wir uns dann später bey der Con-

sumtion durch Urtheil bloß auf das schon gefundene
Resultat beziehen könnten. Allein diesen Plan müssen
wir durchaus aufgeben, sobald wir einen Blick auf
unsere Quellen werfen, und ihre besondere Beschaffenheit berücksichtigen. Denn hier bemerken wir, daß
eine sehr bedeutende Anzahl, und zum Theil gerade
die wichtigsten, unter den Stellen, die uns zur Grundlage dienen müssen, nicht ausdrücklich von der L. C.,
sondern vom Urtheil, insbesondere von der *exceptio rei iudicatæ* sprechen, so daß also ihre Interpretation erst dann unternommen werden kann, wenn
man wenigstens über die allgemeine Natur und Bedeutung dieser Institute im Klaren ist. Da wir
nun aber in der Ueberzeugung stehen, daß gerade hier
noch sehr vieles zu thun übrig bleibt, und daher diese
Gegenstände im folgenden Abschnitt in besondere Betrachtung ziehen werden, so sind wir auf unserm gegenwärtigen Standpunkte, wenn nicht ganz unge-
bührlich und mit Gefahr bedeutender Verwirrung den
spätern Untersuchungen vorgegriffen werden soll, noch
gar nicht im Stande, für die Beantwortung der aufgestellten Fragen den gesammten Quellenvorrath, den
wir doch so sehr zu Rathe halten müssen, vollständig
zu benutzen. Dieß ist der Grund, warum wir gegenwärtig die weitere Lösung der Aufgabe verschieben,
und die Lehre von der processualischen Consumtion

verlaſſen, bis uns der Verlauf der Abhandlung zum zweyten Mahl darauf führt. Dann wird es ſich von ſelbſt ergeben, in wie fern unſer Verfahren richtig oder unrichtig war.

§ 14.

Es ſind oben die Fälle gezeigt worden, in welchen die L. C. eine wahre Novatio bewirkt, und zugleich ergab es ſich, daß in allen übrigen Fällen, wo jene directe Wirkung nicht eintrat, die *exceptio rei in iudicium deductæ* durch die L. C. begründet wurde.

Vergleichen wir nun ein Mahl dieſe beyden mög= lichen Wirkungen der L. C. mit einander, ſo iſt es nach der oben entwickelten Bedeutung derſelben offen= bar, daß die exceptio rei in iudicium deductæ nur dem negativen Beſtandtheil jener Novatio parallel geht. Nähmlich während die Wirkung der Novatio die zwiefache iſt, daß dadurch theils die Actio zerſtört, theils eine neue Obligatio (*condemnari oportere*) an deren Stelle geſetzt wird; ſo kann da= gegen durch die *exceptio rei in iudicium deductæ* nur die erſtere dieſer beyden, die zerſtörende Wir= kung realiſirt werden. Es fragt ſich daher: Hat nicht auch bey den Iudiciis der zweyten Art die L. C. neben dieſer negativen noch eine poſitive Wirkung, welche der so eben angeführten der Novatio parallel ginge?

Diese Frage nun wird wohl im Allgemeinen zu bejahen seyn, und wir müssen sagen: auch bey den Iudiciis der zweyten Art entsteht durch die L. C. eine neue obligatio condemnari oportere (1), nur daß diese die alte Actio nicht verschlingt, sondern neben ihr fortbesteht. Zwar wird dieselbe nirgends nahmentlich erwähnt, aber die Analogie der *Res iudicata* führt uns nothwendig zu dieser Annahme, indem auch aus dem Urtheil in allen Arten von Fällen eine *obligatio iudicatum facere oportere* mit der *actio iudicati* entsteht, nur daß die alte Actio das eine Mahl in derselben ipso iure aufgeht, das andere Mahl fortbesteht, und erst durch die besondere *exceptio rei iudicatæ* wirkungslos wird.

Dennoch ist wohl nicht zu läugnen, daß jene aus der L. C. entspringende besondere Obligatio, so wie auch das ihr entsprechende positive Element der eigentlichen Nouatio necessaria praktisch ziemlich unbe-

---

(1) Es wäre wohl eine richtige, aber ziemlich müßige und unfruchtbare Bemerkung, daß die Entstehung eines wahren civilen *condemnari oportere* sich auf den Fall eines *legitimum iudicium* beschränke, da-gegen in jedem Falle eines *iudicium quod imperio continetur*, nur ein prätorisches Analogon, das freylich dem endlichen praktischen Resultat nach auf's gleiche hinaus läuft, entstehen könne.

deutend iſt (2), und man muß ſich gewiß wohl in Acht
nehmen, nicht ſogleich die einzelnen praktiſchen Wirkungen der L. E. aus dieſer allgemeinen Idee erklären zu wollen; denn gerade hier, und nahmentlich
bey der Novatio, iſt es wohl unzweifelhaft, daß dergleichen allgemeine Ideen aus den längſt anerkannten einzelnen praktiſchen Folgen der L. E. abſtrahirt
und zur Erklärung von dieſen benutzt wurden, nicht
aber dieſe durch theoretiſche Ableitung aus jenen ihren
Urſprung erhalten haben.

Inzwiſchen darf es doch kaum bezweifelt werden,
daß ſich die Römiſchen Juriſten wirklich die L. E. in
allen Arten von Iudiciis als Urſprung einer neuen
Obligation ungefähr auf die angegebene Weiſe dachten, und darauf iſt es wohl nahmentlich zu beziehen,
wenn wir mehrmahls den Satz antreffen, daß d u r c h
d i e L. E. c o n t r a h i r t w e r d e (3). Daß die L.E.

(2) Man wird mich wohl
nicht dahin mißverſtehen, als
halte ich es für bedeutungslos
oder zweifelhaft, daß mit der
L. E. obligatoriſche Verhältniſſe
i r g e n d w e l c h e r Art entſtehen; denn allerdings laſſen
ſich mehrere der wichtigſten einzelnen Folgen der L. E., wie
z. B. die Präſtation der Culpa

nach derſelben, u. dgl., nur
aus einem ſolchen erklären.
Allein es iſt jetzt einzig davon
die Rede, in wie fern ſich die
Römer das allgemeine Weſen
dieſer Obligation wirklich unter der Form eines con-
demnari oportere gedacht haben.

(3) So in l. 3. § 11. De
peculio (Ulp.) „. . . . sicut

ein wahrer Vertrag sey, ist gewiß die Meinung
nicht (4), darauf deutet schon der Ausdruck der L. 22.
cit. (5), sondern die Idee des Vertrages wird hier,
wie sonst oft (6), nur gebraucht, um daraus die unzweifelhafte Entstehung eines obligatorischen Verhält-

„stipulatione contrahitur cum
„filio, ita iudicio contrahi.“
L. 22. De tutelæ et ration.
(*Paulus*) „Defensor tutoris
„condemnatus non auferet
„priuilegium pupilli: *neque*
„*enim sponte cum eo pupillus*
„contraxit.“

(4) Zwar behauptet dieß
Donellus, Comm. De I. C.
Lib. XII. c. 14. §§ 6—9., wo
er mit großem Aufwand von
Scharffinn die Meinung zu
widerlegen sucht, daß in der
L. C. nur ein Quasi-Contract
liege.

(5) Vgl. auch L. 83. § 1.
De V. O. (*Paulus*) „Si Sti-
„chum stipulatus de alio sen-
„tiam, tu de alio, nihil actum
„erit; quod et in iudiciis
„Aristo existimauit. Sed hic
„magis est, ut is petitus ui-
„deatur, de quo actor sensit,
„*nam stipulatio ex utriusque*

„*consensu ualet, iudicium au-*
„*tem etiam in inuitum reddi-*
„*tur*, rel.“

(6) Man sehe z. B. pr.
§§ 1—6. I. De obl. quæ quasi
ex contr. — Eine gar zu starke
Aeußerung dürfte es scheinen,
wenn Paulus in L. 1. § 3.
De pactis sagt: „Adeo autem
„conuentionis nomen generale
„est, ut eleganter dicat Pe-
„dius, nullum esse contra-
„ctum, *nullam obligationem,*
„quæ non habeat in se con-
„uentionem:“ — doch ist wohl
durch den Zusammenhang für
die Verhütung von Mißver-
ständnissen hinreichend gesorgt.
Vgl. auch L. 20. De iudiciis.
L. 1. De religiosis. L. 3. § 3.
L. 4. Quib. ex cau. in poss.
— Ganz irrig endlich wird
hieher gezogen L. 11. § 9. De
interrog. in iure, wie dieß schon
die Basiliken richtig andeuten.

nisses zu erklären; die Meinung ist demnach die: es entsteht durch die L. C. eine Obligatio, ähnlich wie aus einem Vertrag, *quasi ex contractu*, wie es anderswo oft heißt (7). Und dieß ist allerdings ein sehr natürlicher Gedanke, denn das ganze Verfahren in Jure ist ja eine Verhandlung zwischen den Parteyen und dem Prätor über die Abfassung der Formula, durch diese aber wird die Richtung und Bedeutung des bevorstehenden Judicium normirt, d. h. die Bedingungen, unter welchen condemnirt oder absolvirt werden soll, festgesetzt. Das Ganze hat daher allerdings eine gewisse Aehnlichkeit mit einem Vertrag, und zwar gerade über ein *condemnari oportere*, über eine künftige Condemnation, welche unter gewissen Bedingungen erfolgen solle (8).

So viel über die Art und Form, unter welcher sich die Römer die allgemeine Gesammtwirkung der L. C. dachten. Es bleibt jetzt noch übrig, die einzelnen praktischen Folgen der L. C., die verschiedenen

(7) Conf. §§ I. not. 6. citt. L. 5. § 1. De O. et A. u. f. w.

(8) In dieser Vorstellung der Römer scheint mir auch ein bedeutendes Argument für die oben (§ 3.) vertheidigte Ansicht über die processualische Bedeutung der L. C., und insbesondere für den Satz zu liegen, daß dieselbe dem Verfahren in Jure angehöre. Denn wie könnte die erste factische Erklärung der Parteyen vor dem Juder mit einem Contract verglichen werden?

Beziehungen, in welchen dieselbe einen materiellen Einfluß auf das streitige Rechtsverhältniß äußert, der Reihe nach zu durchgehen.

§ 15.

I. Es ist einer der bekanntesten Sätze des Römischen Rechtes, daß durch die L. C. die Klagenverjährung unterbrochen, und, wie man es auszudrücken pflegt, die Klage perpetuirt wird (1); — eine Regel, die um so natürlicher erscheint, wenn man bedenkt, daß bey den prätorischen Temporal-Klagen, wo das ganze Institut der Klagenverjährung seinen eigentlichen Ursprung hatte, schon den Worten des Edictes nach immer das *dare actionem*, nicht aber ein späterer, nach der L. C. fallender Act des Processes es war, was an die in Frage stehende Frist gebunden seyn sollte.

Diese Wirkung der L. C. dachte man sich früher so, als wäre dadurch eine Temporal-Klage, gerade wie dieß bey den actiones perpetuæ schon vor der L. C. der Fall war, von allem Zeitverlauf völlig unabhängig geworden, so daß der Kläger, welcher seine Klage ein Mahl bis zur L. C. verfolgt hätte,

(1) L. 29. De nouationibus (f. oben S. 97. Note 1.). L. 6. § 1. De fideiuss. tut. L. 9. § 3. De iureiur. L. 139. pr. De R. I.

den Proceß nun, so lange er wollte, liegen lassen, und dann in jeder beliebigen spätern Zeit ganz ungehindert wieder aufnehmen und fortführen könnte (2).

Allein so wenig auch die Unterbrechung der Klagenverjährung durch die L. C. bezweifelt werden kann (3), so ist doch jene Vorstellung von der Sache nach dem, was wir dießfalls durch Gajus erfahren haben, nichts weniger als richtig. Wir wissen nähmlich jetzt, daß wenigstens im Zeitalter des Gajus jede *Lis*, d. h. jeder contestirte Proceß (4), als solcher und ohne Rücksicht auf die materielle Beschaffenheit der zum Grunde liegenden K l a g e , nahmentlich auf ihre Qua-

(2) *Winckler* l. c. Sect. 2. § 4. pag. 329.

(3) Ganz dasselbe galt nahmentlich auch bey der *longi temporis præscriptio*, s. L. 26. C. De R. V. L. 10. C. De præscr. lo. te. — Dagegen wird nach Römischer Ansicht die U f u c a p i o n durch L. C. über die Eigenthumsklage durchaus nicht unterbrochen (s. L. 2. § 21. Pro emptore. L. 2. Pro donato. L. 17. § 1. L. 18. L. 20. De R. V. Vgl. Vatic. Fragm. § 12.); und es ist bloß aus der früher allgemeinen

Mißkennung der wesentlichen und totalen Verschiedenheit der Ufucapion und der Klagenverjährung zu erklären, daß man an dieser einzelnen Abweichung Anstoß nehmen und über die Gründe derselben zweifelhaft seyn konnte. Vgl. *Winckler* l. c. p. 329. sq. — Der Ufucapion steht in dieser Beziehung auch der Untergang der Servituten durch *non usus* gleich. L. 8. § 4. Si servit. pet.

(4) S. *Brisson.* s. v. *Lis.* Vgl. *Gaii* Comm. IV. § 104.

lität als actio *perpetua* oder *temporalis*, einer kurzen Verjährung unterworfen war, mit andern Worten, daß jede von einem rechtsprechenden Magistrat
ertheilte Formula durch den bloßen Ablauf einer gewissen Zeit ungültig wurde. Auch hier trat der Unterschied zwischen *legitimis iudiciis* und *imperio continentibus* hervor. Bey den letztern wurde nähmlich
von jeher in Folge ihres allgemeinen Charakters, wie
wir ihn im Vorhergehenden (5) beschrieben haben,
angenommen, daß die Formula, wodurch ein solches
Judicium angeordnet war, und welche, ohne civilen
Bestand, einzig auf der Machtvollkommenheit des
Magistrates, der sie erlassen hatte, beruhte, auch
nur so lange gültig und wirksam seyn könne, als
jener Magistrat sein Amt bekleidete, und sich dadurch
als ihre Autorität darstellte. War also das Urtheil
vom Juder noch nicht gesprochen, wenn jener von
der Magistratur abtrat, so konnte es auch überall
nie gesprochen werden, weil es von diesem Augenblick
an dem Juder an einer gültigen Formula, somit an
seiner Vollmacht gebrach; und die Sache war jetzt
für den Kläger Ein für alle Mahl verloren, denn
der schwebende Proceß konnte aus den angeführten Gründen nicht zu Ende gebracht werden, und

(5) Man sehe § 12., besonders S. 113.

wenn er zu seiner ursprünglichen Klage zurück
kehren, und sich von dem neuen Magistrat eine neue
Formula ertheilen lassen wollte, so war ihm auf dieser
Seite durch die Consumtion, die ja schon im Au-
genblick der L. C. seine Klage betroffen hatte, aller
Erfolg abgeschnitten.

Was dann die *legitima iudicia* betrifft, so war
bey diesen, als den in formeller Beziehung echten,
civilen Iudiciis, ursprünglich von einer solchen Frist,
an welche der Bestand des Processes, oder, was gleich
viel heißt, die Gültigkeit der Formula, gebunden
seyn sollte, eben so wenig die Rede, als man für die
materiellen *actiones ciuiles* (6) eine Verjährung
kannte. Erst die *Lex Iulia iudiciaria* traf die Bestimmung, daß fortan die legitima iudicia durch den
Ablauf einer fixen Frist von anderthalb Jahren ebenso
untergehen sollten, wie dieß, freylich nach anderer
Berechnung, bey den iudiciis, quæ imperio continentur, immer geschehen war. Und diese neue Regel
ging denn bald in das Sprichwort über: „*e lege
„Iulia litem anno et sex mensibus mori.*"

Man sehe über alles dieses als Hauptstelle:
Gaii Comm. IV. §§ 104. 105.

„Legitima sunt iudicia, quæ in urbe Roma

„uel intra primum urbis Romæ miliarium

(6) s. oben S. 112. Note 1.

„inter omnes ciues Romanos sub uno iudice
„accipiuntur: eaque lege Iulia iudiciaria,
„nisi in anno et sex mensibus iudicata fue-
„rint, expirant. Et hoc est, quod uulgo
„dicitur, e lege Iulia litem anno et sex men-
„sibus mori. — Imperio uero continentur
„recuperatoria et quæ sub uno iudice acci-
„piuntur interueniente peregrini persona
„iudicis aut litigatoris; in eadem causa sunt,
„quæcumque extra primum urbis Romæ mi-
„liarium tam inter ciues Romanos quam inter
„peregrinos accipiuntur. Ideo autem impe-
„rio contineri dicuntur, quia tamdiu ualent,
„quamdiu is, qui ea præcepit, imperium ha-
„bebit.“

Durch diese Stelle haben wir nun freylich die
erste Kunde von dem früher ganz unbekannten Institut des *Expirare* oder *Mori* der *Iudicia*, oder,
wenn wir es so nennen dürfen, der Verjährung
der Processe erhalten. Allein es geht hier, wie
bey so mancher andern Lehre, welche erst durch die
neu entdeckten Quellen gleichsam eröffnet worden ist.
War ein Mahl der Ton angegeben, so fanden sich
nun auch hin und wieder Anklänge in dem längst
vorhandenen Stoffe, Stellen juristischer und nicht
juristischer Schriften, die jetzt auf Ein Mahl theils

selbst erst ihre richtige Bedeutung erhalten, theils hinwieder neues und mehreres Licht über die neu angeregte Lehre verbreiten.

Ehe wir dieß durch die Anführung einzelner Stellen bewahrheiten, mag folgende Bemerkung voran gehen:

Vergleicht man die beyden angegebenen Bestimmungen für die *legitima iudicia* auf der einen, und für die *imperio continentia* auf der andern Seite, so hat die Regel, daß jene durch den Ablauf von anderthalb Jahren untergehen sollen, an sich eben nichts auffallendes: es ist eine genau bestimmte und für alle Fälle jener Gattung durchaus gleichmäßige Frist, innerhalb welcher jeder Kläger nach dem gewöhnlichen Gang der Dinge seine Sache gar wohl bis zum Urtheil durchzufechten im Stande war. Anders verhält sich dieß bey den *iudiciis quæ imperio continentur.* Hier ist die mögliche Dauer des Judicium nicht, wie dort, Ein für alle Mahl durch ein gleichförmiges und bestimmtes Zeitmaß begränzt, sondern die Frist, im günstigsten Falle e i n Jahr, kann länger oder kürzer ausfallen, je nachdem der Magistrat in einem frühern oder spätern Zeitpunkt seiner Amtsdauer die Formula ertheilt hatte. Wollte daher der Kläger sich vor Nachtheil wahren, so mußte er sich wohl hüthen, den Proceß zu einer Zeit vor dem

Magistrat einzuleiten, wo dieser seinem Abgang nahe, und es deßwegen ungewiß oder ganz unmöglich war, daß die Sache noch vorher bey dem Juder zu Ende gebracht werden könnte: vielmehr mußte es hier im Interesse des Klägers liegen, den Antritt des neuen Magistrats abzuwarten, und dann so schnell als möglich von diesem die Formula sich ertheilen zu lassen, damit ihm nun wenigstens die längste Frist, d. i. die Zeit einer ganzen Magistratur, zur Durchführung seines Processes zu gute komme. Und so ließe es sich freylich nicht anders denken, als daß jedes Mahl zu Anfang des Jahres bey den rechtsprechenden Magistraten ein großer Zudrang von Litiganten gewesen wäre, so wie denn auch dem Kläger alles daran liegen mußte, daß der ein Mahl ernannte Juder sein Endurtheil zu rechter Zeit ausfälle.

Jetzt vergleiche man:

Iuuenalis Sat. XVI. vs. 35. sqq.

„Praemia nunc alia atque alia emolumenta
notemus

„Sacramentorum (7). Conuallem ruris auiti

(7) Die ganze Satire ist dazu bestimmt, die Vortheile des Kriegsdienstes heraus zu streichen:

„Quis numerare queat felicis praemia, Galle,
„Militiæ?"

„Improbus, aut campum mihi si uicinus ad-
emit,

„Et sacrum effodit medio de limite saxum,

„Quod mea cum patulo coluit puls annua
libo;

„Debitor aut sumtos pergit non reddere
nummos,

„Vana superuacui dicens chirographa ligni:

„*Exspectandus erit*, *qui lites inchoet*,
annus

„*Totius populi:* sed tunc quoque mille fe-
renda

„Tædia, mille moræ, . . .‟

Mit dieser Stelle steht in merkwürdigem Zusammenhang:

Seruius ad Virgil. Aen. II. 102.

„Uno ordine. (8)] Uno reatu. Et est de
„antiqua tractum scientia; quia in ordinem
„dicebantur causæ, propter multitudinem
„uel tumultum festinantium, *cum erat an-*

(8) Die Stelle von Virgil   der sich in seiner Erzählung
selbst thut nichts zur Sache;   mit dem Ausrufe unterbricht:
es sind die Worte Sinon's,

„Sed quid ego hæc autem nequidquam ingrata reuoluo?
„Quidue moror? si omnes *uno ordine* habetis Achiuos,
„Idque audire sat est, iamdudum sumite pœnas!‟

„*nus litium. Iuuenalis:* Exspectandus erit,
„qui lites inchoet, annus."

Diese beyden Stellen nun sind begreiflicher Weise
bis auf die neueste Zeit theils nicht beachtet, theils
gar nicht verstanden worden, wie denn besonders die
Ausleger Juvenal's (9) sich um den Vorzug der
richtigen Erklärung vergeblich gestritten haben. Jetzt
ist so viel wohl außer Zweifel, daß Juvenal wie
Servius unsere Proceß-Verjährung im Sinne hat,
und wenn auch im Einzelnen, besonders in der Stelle
des letztern, noch gar nicht alles klar ist; so läßt sich
doch nicht verkennen, daß gerade die drey von uns
heraus gehobenen Punkte, nähmlich die Jahresfrist
in dem angegebenen Sinne, das Abwarten des Jah-
resanfangs von Seite des Klägers, und der Zudrang
vieler eiliger Litiganten in denselben ausdrücklich berührt werden.

(9) Man sehe die Erklärungen von *Grangæus, Britanni-*
cus, Rigaltius, Calderinus und
vieler Anderer, in der Ausgabe
von *Mer. Casaubonus* Lugduni
Bat. 1695. 4.; theils unter dem
Text, theils pp. 676. 708. 752.
895.; ferner *P. Pithœi* Sub-
seciuorum lib. 2. c. 20. — Zu
bedauern ist es endlich, daß
der alte Scholiast weder
in der angeführten Ausgabe
des Juvenal, noch in der besondern und vermehrten Ausgabe von *Cramer* (In D. Iunii
Iuuenalis Satiras commentarii
uetusti, cur. D. A. G. Cramer.
Hamburgi 1823. 8.) irgend eine
Bemerkung zu unserer Stelle
von sich gibt.

§ 16.

Außer diesen beyden Stellen unjuristischer Schriftsteller besitzen wir auch in den Pandekten mehrere
Fragmente, die sich in ihrem ursprünglichen Zusammenhang auf unsere Proceß-Verjährung bezogen, und
daher größten Theils erst jetzt, nachdem wir über
diese Lehre neue Aufschlüsse erhalten haben, richtig
verstanden werden können. Es lohnt sich der Mühe
sie einzeln zu durchgehen (1).

Man bemerke zuerst:

L. 32. De iudiciis. — *Ulpianus* lib. 1. De
officio Consulis (2).

„Si iudex, cui certa tempora præstituta (3)
„erant, decesserit, et alius in locum eius
„datus fuerit; tanta ex integro tempora in
„persona eius præstituta (3) intelligemus,

---

(1) Dieselben sind alle auch
schon von F r a n c k e (Civilistische
Abhandlungen, Göttingen
1826. 8. SS. 74—79.) an-
gegeben worden.

(2) al. *proconsulis*.

(3) Die Handschriften varii-
ren beyde Mahle zwischen *præ-
stita* und *præstituta*. Die
Flor. hat erst jenes, dann dieses, das doch wohl überall das

richtige ist. *Bynkershoek* Obss.
lib. 3. c. 1. gibt sich große
Mühe, die erstere Leseart zu
rechtfertigen, indem er jenes
Wort als bloße Abkürzung von
diesem zu erklären sucht, und
dafür ähnliche Beyspiele aus
Festus (s. v. *Incita* und *Canta*)
Gellius VI. 2. u. a. anführt.
Ebenso will er auch in L. 101.
§ 2. De V. S. *luxus* (für *luxatus*)

„quamuis magistratus nominatim hoc in se-
„quentis datione non expresserit: ita tamen,
„ut *legitimum tempus* non excedat."

Es scheint etwas sehr gewöhnliches gewesen zu
seyn, daß der rechtsprechende Magistrat bey Ernennung des Juder zum voraus eine Frist bestimmte,
binnen welcher das Endurtheil ausgefällt seyn sollte (4).
Wie nun, wenn dieser Juder vor Vollendung seines
Geschäftes starb, und jetzt ein neuer ohne ausdrückliche Anberaumung einer solchen Frist substituirt wurde?
In diesem Falle, sagt Ulpian, soll es als Wille des
Magistrats supponirt werden, daß dem neuen Juder
von seiner Ernennung an dieselbe Frist zu laufen an-
fange, welche dem ersten vorgeschrieben gewesen war.
Allein dabey darf eine Rücksicht nicht vergessen werden. Durch den Tod oder sonstigen Abgang des Juder geht nach entschiedener Ansicht der Römer das
angeordnete Judicium nicht unter, so daß nun die
ganze Formula ungültig würde, und der Kläger etwa
jetzt, um einen neuen Juder zu erhalten, und überhaupt weiterhin etwas auszuwirken, den ganzen
Proceß wieder von vorne anfangen, das Verfahren
in Jure auf's neue einleiten, und sich eine ganz neue

an die Stelle von *luscus* emendiren.

L. 13. § 1. De Iurisdictione.
(s. unten § 19.)

(4) L. 2. § 2. De iudiciis.

Formula ertheilen laſſen müßte; ſondern es wird ganz
einfach und ohne alle anderweitige Veränderung in
dem ein Mahl angeordneten Judicium ein neuer Juder beſtellt, der nun ohne weiteres in das ſchon beſtehende Judicium eintritt. Es iſt Ein und daſſelbe
Judicium, deſſen Anfang ſomit nach wie vor von der
ein Mahl vollendeten Litis Conteſtatio datirt
werden muß (5). Daraus folgt denn aber von ſelbſt,
daß auch die Proceß-Verjährung (nahmentlich die
anderthalb Jahre der Lex Julia) durch die Erneue-
rung des Juder nicht unterbrochen wird, ſondern
ungeſtört fortläuft, ſomit nach wie vor von dem
Zeitpunkt der L. C. an berechnet werden muß.

So kann es alſo kommen, daß der Magiſtrat dem

---

(5) Man ſehe über dieſe ganze
Anſicht L. 76. De iudiciis. —
Alfenus lib. 6. Digestorum. —
„Proponebatur, ex his iudi-
„cibus, qui in eandem rem
„dati essent, nonnullos causa
„audita excusatos esse, inque
„eorum locum alios esse sum-
„ptos; et quærebatur, singu-
„lorum iudicum mutatio ean-
„dem rem, an aliud iudicium
„fecisset? Respondi, non
„modo si unus aut alter, sed
„et si omnes iudices mutati

essent, tamen et rem eandem
„et iudicium idem, quod an-
„tea fuisset, permanere. Ne-
„que in hoc solum euenire,
„ut partibus commutatis ea-
„dem res esse existimaretur,
„sed et in multis cæteris re-
„bus: nam et legionem ean-
„dem haberi, ex qua multi
„decessissent, quorum in lo-
„cum alii sublecti essent,“
u. ſ. f. — Vgl. auch L. 60.
L. 17. L. 18. pr. L. 46. eod.
L. 13. § 3. De vacatione.

zweyten Juder sogar ausdrücklich keine so lange
Frist hätte ertheilen dürfen, als der erste erhalten
hatte, und in diesem Falle soll denn natürlich auch
nicht präsumirt werden, daß jener stillschweigend eine
solche Verfügung habe treffen und der Bestimmung
des Gesetzes zuwider handeln wollen; sondern der
Juder soll dann an die gesetzliche Frist gebunden seyn (6).

Dieß ist es eben, worauf die Endworte der L. 32.,
für uns wohl unzweydeutig, hinweisen.

Nicht uninteressant ist übrigens die Art, wie diese
Stelle von den ältern Interpreten behandelt wurde.
Ich finde bey denselben drey verschiedene Hauptan-
sichten.

Nach der ersten Meinung, welche schon in der
Glosse enthalten ist, und die seither die meisten An-
hänger gefunden hat (7), wäre der ganze Endsatz

---

(6) Gesetzt z. B. der erste
Juder wird angewiesen, binnen Jahresfrist zu urtheilen; nach acht Monathen
stirbt er: jetzt kann der zweyte
Juder nicht mehr ein Jahr,
sondern höchstens zehn Mo-
nathe bekommen.

(7) Dahin gehören: *Ant.
Faber,* Rational. ad Pand. sub
h. L. — *Giphanius* in Expla-
natione difficiliorum et cele-
briorum legum Codicis; ad
L. 13. § 8. C. De iudiciis. —
Wissenbach, Emblemata Tri-
boniani, cap. 2. pag. 25. —
Huber, Eunomia Romana
pag. 234. — *Noodt* De iurisdictione et imperio, lib. 1.
cap. 13. — *Schulting,* Notæ
ad Digesta ed. *Smallenburg,*
ad h. L. — *Pothier,* Pand.
Iustin. in not. ad h. L.

der L. 32. von den Compilatoren angeflickt, und zwar aus L. 13. § 1. C. De iudiciis, worin bekanntlich Justinian allen Richterbehörden zur Pflicht macht, Civil-Processe jeder Art auf's höchste in drey Jahren, von der L. C. an gerechnet, zu beendigen.

Eine zweyte eigenthümliche Ansicht ist die, welche Bynkershoek (8) aufgestellt hat. Er bezieht, mit gänzlicher Verwerfung aller Interpolation, das *legitimum tempus* auf die gesetzliche Amtsdauer des Magistrates, welcher den Juder ernannte, indem er aus L. 13. § 1. De iurisdictione (9) und L. 15. pr. De re iudicata sehr gründlich ableitet, daß der Magistrat auf eine längere Zeit, als er selbst im Amt sey, einen Juder nicht habe bestellen können. Man muß gestehen, daß diese Interpretation für jene Zeit aller Ehren werth ist.

Die dritte Classe sodann geht in diesem oder jenem Sinne von der Annahme aus, es sey schon vor Justinian eine gewisse Frist für Civil-Processe vorgeschrieben gewesen. Dieß will Rávardus (10) aus

---

(8) Obss. VII. 23. — Ihm folgt auch *Wybo,* Diss. de Triboniano ab emblematibus Wissenbachii liberato, cap. 2. § 2. (ed. Heineccii Halæ 1736. 8. pag. 252. sqq.), nachdem er

vorher eine ganz absurde eigene Ansicht aufgestellt hatte.

(9) Die Worte dieser Stelle s. unten § 19.

(10) Variorum IV. 14.

einer Stelle bey Sidonius Apollinaris (11)
ableiten. Allein es ist längst zur Genüge nachgewiesen worden (12), daß hier bloß in Folge einer cor-
rumpirten Leseart von einem *triennium* die Rede
ist (es soll *tricennii* nicht *triennii* heißen), und daß
das Ganze sich auf die dreyßigjährige Klagenverjährung der *Nouella Theodosii et Valentiniani De
triginta annorum præscriptione* beziehe, folglich
gar nicht hieher gehöre. So hat denn Cujacius,
der übrigens in seiner Ansicht über unsere L. 32. geschwankt zu haben scheint, jene Annahme anders gestaltet, und sich mehr und weniger bestimmt dahin
ausgesprochen, daß in der ältern Zeit Ein Jahr
als allgemeine Frist für die Civil-Processe gegolten
habe (13).

(11) Lib. 8. „Per ipsum
„fere tempus, ut decemuira-
„liter loquar, lex de præ-
„scriptione *triennii* fuerat pro-
„quiritata, cuius peremptoriis
„abolita rubricis lis omnis
„in sextum tracla quinquen-
„nium terminabatur.“

(12) Man sehe z. B. *Cuiac.*
ad princ. Inst. De perpet. et
tempor. act. (in Opp. Ed.
Venet. Tom. I. pag. 238.)
Obss. IX. 24. und Comm. ad

Tit. Cod. De iudiciis (in Opp.
Tom. IX. p. 130.) *Wissenbach*
a. a. O.

(13) Obss. XVII. 23. und
Recit. in cap. pen. X. De iudiciis. (in Opp. Tom. VI.
p. 772.) In der letztern Stelle
spricht er ganz bestimmt, und
zwar mit Berufung auf die
oben angeführte Stelle bey
Servius. Dagegen an ei-
nem dritten Orte (not. ad h.
L. 32. in Opp. Tom. X. p. 377.)

Endlich gehört hieher auch die Erklärung von
Briffonius (14), welche zwar wenig beachtet
wurde, und schlechtes Glück machte. Dennoch ist er
der Einzige, der entschieden das Wahre divinirt hat.
Folgendes ist seine kurze Note.

> „Legitimum tempus in L. 32. De iudiciis,
> „ad iudicandum lege, credo (15) Iulia iudi-
> „ciaria, præstitutum."

§ 17.

Eine zweyte Stelle, die eine nähere Betrachtung
verdient, ist L. 18. § 4. De dolo malo. (*Paulus* lib.
11. ad Edictum.)

> „Dolo cuius (1) effectum est, ut lis tempori-
> „bus legitimis transactis pereat. Treba-
> „tius ait, de dolo (2) dandum iudicium, non
> „ut arbitrio iudicis res (3) restituatur, sed

erklärt er sich für jene erste Meinung, und nimmt eine Interpolation an. Vgl. auch Comm.
ad Tit. De iudiciis (in Opp.
Tom. VII. p. 129.)

(14) De Verb. Signif. voc.
Legitimus, a, um. § 15.

(15) „Sed ego non credo,
fährt ihn Bynkershoek a.
a. O. an, nisi testem, quem

> „non habet, adferat ido-
> „neum."

(1) al. Si dolo cuius. —
Hal. Si cuius dolo.

(2) Hal. *aduersus eum* de
dolo. Meine Handschrift hat
de dolo *malo.*

(3) *Res* fehlt bey Haloander,
und hierin stimmen mit ihm
überein: Dig. uet. ap. Hugon.

„ut tantum actor consequatur, quanti eius
„interfuerit, id non esse factum: ne aliter
„obseruantibus lex circumscribatur.“

Die *actio de dolo* hat bekanntlich den Zweck, die nachtheiligen Folgen des *dolus* für den arglistig Behandelten aufzuheben. Am besten wird dieß erreicht, wenn dieser die ihm durch den *dolus* verloren gegangene Sache in Natura zurück erhält; wo aber eine solche Restitution nicht möglich ist, da muß Prästation des Interesse an die Stelle treten. So kommt es, daß die *actio de dolo*, wie viele andere Klagen, in der Regel mit der Clausel „*nisi arbitrio iudicis restituat*“ versehen wurde, in Folge welcher dann der Juder nach Untersuchung der Sache erst einen Befehl an den Beklagten erließ, die quästionirliche Sache in Natura zu restituiren, und nur wenn weder dieser Folge leistete, noch der Kläger, wie er ohne Zweifel konnte, Execution begehrte, zur Ausmit-

a Porta, Lugduni 1548. und Ed. (Vintimillii) Parisiis apud Carolam Guillard 1550. Dagegen findet sich die von uns gegebene Florentinische Leseart in folgenden Ausgaben: Dig. uet. s. l. et a. (f. Schrader civ. Abhandl. S. 367. Nro. 14.) Edd. Venetiis ex offic. Iacobi Galici Rubeorum familia 1477. Venetiis imp. Ioh. Herbort de Siligenstat 1482. Nurenberge ap. Ant. Koburger 1482. Venetiis per B. de Tortis 1492. Lugduni per Franc. Fradin. 1510. Parisiis ex offic. Rob. Stephani 1527. Ibid. ex offic. Claud. Cheuallonii 1527. Lug-

telung des Interesse und sodann zur Condemnation schritt (4).

Setzen wir also z. B. den Fall, B hätte den A durch Betrug vermocht, ihm oder einem Dritten durch Mancipation einer res mancipi oder Tradition einer res nec. mancipi volles Eigenthum an derselben zu übertragen (5); und A gebraucht nun die *actio de dolo*. Erkennt der Juder diesen Sachverhalt, so wird er dem B Restitution der Sache befehlen, und entweder diesen Befehl erequiren oder in das Interesse condemniren. Geschieht das erstere, oder leistet B freywillig jenem Befehle Gehorsam, so hat nun A mit der *actio de dolo* gerade das erreicht, wozu ihm, wenn gar keine Eigenthumsübertragung gesche-

duni per Dion. Harsyum 1541. Ebenso bey Charondas (1575) und Pacius (1580). — In meiner Handschrift endlich lautet der ganze Passus so: *... iudicis restituat res,* sed ut tantum *actorem sequatur* u. s. w.

(4) Conf. pr. d. L. 18. „Arbitrio iudicis in hac quo-„que actione restitutio com-„prehenditur, et nisi fiat re-„stitutio, sequitur condemna-„tio quanti ea res est. Ideo „autem et hic et in metus „causa actione certa quanti-„tas non adiicitur, ut possit „per contumaciam suam tanti „reus condemnari, quanti „actor in litem iurauerit: sed „officio iudicis debet in utra-„que actione taxatione ius-„iurandum refrenari.“

(5) Von einem Fall der er-stern Art spricht wahrscheinlich Paulus in § 1. h. L. 18. S. unten Note 8.

hen und die Sache auf irgend eine andere Art bloß
factisch in die Hände des B gekommen wäre, seine
Eigenthumsklage verholfen haben würde (6): es ist
also klar, daß durch die actio de dolo alle rechtliche
Wirkung jener Tradition oder Mancipation aufgehoben worden ist.

Vergleichen wir damit einen andern Fall: Gesetzt
A belangt wegen eines ihm eigenthümlichen Pferdes,
das irgendwie zufällig in die Hände des B gekommen ist, diesen mit der *Rei uindicatio.* Nachdem
bereits das Verfahren in Jure beendigt, die Formula ertheilt, und somit die Sache an den Juder
gewiesen ist, weiß B durch allerhand unredliche Mittel es dahin zu bringen, daß der Proceß hängen
bleibt, bis die gesetzlichen anderthalb Jahre von der
L. C. an verstrichen sind. Jetzt ist, wie wir wissen,
auf der einen Seite das angefangene Judicium er-
loschen, die Formula kraftlos, und der Juder kann
nichts weiter thun: auf der andern Seite kann A
auch nicht von neuem seine Eigenthumsklage erheben, und sich dafür eine neue Formula mit Erfolg
ertheilen lassen, denn dieselbe ist durch die erste L. C.
consumirt. Er muß sich daher mit der *actio de dolo*
helfen. Wollten wir nun völlig in der Analogie

(6) Ueber die Natur der Eigenthumsklage s. unten § 27.

des vorigen Falles bleiben, und dem Kläger eine ganz
gleichartige Formula ertheilen laſſen, ſo müßte der
Juder in Folge derſelben dem B Reſtitution des
Pferdes anbefehlen, und erſt dann allfällig zu einer
Condemnation ſchreiten. Auf dieſe Weiſe würde auch
hier der Kläger in die Lage verſetzt, wie wenn er
ſein erſtes Judicium gar nicht verloren hätte; mit
andern Worten, die rechtliche Wirkung der *Lex Iulia iudiciaria* würde gerade eben ſo durch das Mittel der *actio de dolo* im Reſultat gänzlich aufgehoben, wie in dem vorher angeführten Falle die Mancipation oder Tradition auf demſelben Wege ihren
rechtlichen Erfolg verloren hatte.

Allein dieſe Gleichheit iſt es gerade, was durch
unſere Stelle ausgeſchloſſen und verworfen wird. Ein
Privat-Rechtsgeſchäft wie jene Mancipation
oder Tradition, kann wohl auf die angegebene Weiſe
in ſeinen rechtlichen Folgen aufgehoben werden, aber,
meint Paulus, die Wirkung der Ler, wenn ſie auch,
wie jener Eigenthumsübergang, zunächſt bloß durch
den *dolus* der einen Partey herbey geführt worden
iſt, ſoll Ein für alle Mahl Anerkennung finden, und
zwar nicht bloß dem Buchſtaben nach, ſondern ernſthaft
und merklich; nicht daß die Beſtimmung der Ler auf
indirecte Weiſe durch die actio de dolo gleichſam um-

gangen (7) werde, was offenbar der Fall wäre, wenn man dem Kläger durch dieselbe die Möglichkeit eröffnete, nach freyer Wahl Restitution in Natura oder Schadensersatz zu erzwingen.

Indessen soll natürlich weder B den Nutzen, noch A den Schaden von dem *dolus* haben, und so bleibt nichts anderes übrig, als daß der Prätor aus der actio de dolo das *nisi . . . restituat* wegläßt, dadurch dem Juder das arbitrium de restituenda re entzieht, und ihn anweis't, je nach Maßgabe seiner Untersuchung sogleich zur Ausmittelung des Interesse und zur Condemnation des Beklagten zu schreiten (8). Und dieß ist es eben, was unsere Stelle mit klaren Worten verordnet (9).

Jetzt kann wohl auch rücksichtlich der variirenden Leseart kein bedeutender Zweifel mehr obwalten, daß

(7) Man beachte den Ausdruck *circumscribatur*.

(8) Dieß soll auch in einem andern Fall aus anderm Grunde geschehen. Vgl. § 1. h. L. 18. „Non tamen semper in hoc „iudicio arbitrio iudicis dan„dum est: quid enim, si ma„nifestum sit, restitui non „posse, ueluti si seruus dolo „malo traditus (*mancipatus?*) „defunctus sit, ideoque pro-

„tinus condemnari debeat in „id quod intersit actoris." Ueber die vermuthliche Interpolation vgl. L. 1. § 4. L. 25. eod.

(9) Was wir hier an einem einzelnen Beyspiele gezeigt haben, gilt natürlich für alle Fälle, wo schon das erste Judicium ein arbitrium de restituenda re enthielt.

nicht die Florentina die einzig richtige sey. Fällt *res*
weg, so lassen sich die Worte auf gedoppelte Weise
erklären: entweder so, daß *restituatur* impersonell
genommen wird, was im Resultat auf dasselbe hinaus läuft, wie wenn man dabey *res* subintelligiren
würde.   Dann ist die Abweichung ohne alle Bedeutung, und verdient bloß deßwegen verworfen zu werden, weil auf diese Weise eine harte und anstößige
Construction in die Stelle käme.   Oder man müßte
als Subject zu *restituatur* aus dem Vorhergehenden *lis* subintelligiren (10), und dann würde allerdings das ganze Fragment einen wesentlich verschie-
benen Gedanken ausdrücken. Paulus würde sagen:
„In dem angegebenen Falle soll die actio de dolo
„Statt finden, aber nicht in der Meinung, nicht zu
„dem Zwecke, daß nach dem Ermessen des Judex das
„frühere, durch den Zeitablauf untergegangene Ju-
„dicium restituirt, in's Leben zurück gerufen und
„von neuem aufgenommen werde: dieß geht nicht
„an, weil sonst die Lex umgangen würde."

Nun ließe es sich freylich im Allgemeinen wohl
begreifen, wenn der Prätor ein abgelaufenes Judicium wieder herstellte, und so die Verordnung der Lex

---

(10) Gerade in diesem Sinne
hat, wie wir bald sehen werden, diese zweyte Leseart mehrere nicht unbedeutende Vertheidiger gefunden.

für einen einzelnen Fall durch eine *Restitutio in integrum* aufhöbe (11); allein wie sollte ein Römischer Jurist es sich auch nur von ferne als möglich denken, daß dieß *arbitrio iudicis* geschehen könnte? Und wäre es nicht ein wahrer processualischer Unsinn, der einem Römischen Juristen niemahls, weder zur Billigung noch zur Verwerfung in den Sinn kommen konnte, — zu sagen, der Prätor erlasse die Formel der *actio de dolo*, damit in Folge derselben der Juder ein anderes Judicium in integrum restituire (12), d. h. eine andere, ungültig gewordene Formula wieder gültig mache, und nun nach

---

(11) Vergleicht man die Aeußerungen der Römer über die Anwendung der *actio de dolo* mit einander, so dürfte es gar nicht befremden, wenn gerade für unsern Fall dieser oder jener Jurist wirklich die *Restitutio in integrum* der *actio de dolo* vorgezogen hätte. Und so ist es allerdings, wenn auch nichts weniger als sicher, doch immer möglich, daß L. 7. §. 1. De in integ. restit. in ihrer ursprünglichen Gestalt hieher gehörte, und daß sich darin Marcellus über einen Fall der Proceß=Verjährung in die-

sem Sinne ausgesprochen hätte. Die hieher gehörigen Worte, die jedoch einer Vergleichung mit dem vorher gehenden princ. d. L. bedürfen, sind folgende: „ . . . deceptis sine culpa sua, „maxime si fraus ab aduer- „sario interuenerit, succurri „oportebit: cum etiam *de dolo* „*malo* actio competere soleat: „et boni prætoris est, potius „*restituere litem*, ut et ratio „et æquitas postulabit. quam „actionem famosam consti- „tuere.“

(12) Zum Ueberfluß sehe man auch L. 1. § 6. De dolo.

dieser urtheile? — Nicht zu gedenken, daß der Ausdruck *circumscribere*, der zu der andern Leseart so
gut paßt, bey einer *Restitutio in integrum*, wodurch die Wirkung der Ler geradezu aufgehoben
würde, sehr übel gewählt wäre.

So ist es wohl nicht zu viel gesagt, wenn wir
die zweyte Leseart in dieser Bedeutung, worin sie
allein der Rede werth ist, für etwas ganz unmögliches und in sich verwerfliches (13) erklären.

Was endlich die frühern Auslegungen unserer
Stelle betrifft, so sind dieselben zwar eben so verschieden, aber in mehrfacher Beziehung nicht so interessant wie bey der obigen L. 32. ausgefallen.

Die Glosse bezieht die *tempora legitima* ohne
historische Rücksicht auf die bekannten Bestimmungen
der L. 13. C. De iudiciis (14).

Cujacius äußert sich auch hier, so wie bey d.
L. 32., ungleich: das eine Mahl (15) citirt er unsere
Stelle für die Vermuthung, daß schon in der ältern
Zeit eine Frist für Processe vorgeschrieben gewesen
sey; an einem andern Orte (16) bezieht er alles auf

(13) Die äußern Gründe
f. oben Note 3. Auch gedenke
man der Gemination.

(14) f. oben S. 143.

(15) Obss. VII. 23. Vgl.

oben S. 144. und daselbst
Note 13.

(16) Comm. ad h. § 4. in
Opp. Tom. I. p. 855.

die Verjährung und Restitution der Klage, indem
er als Beyspiele von Temporal=Klagen die
actiones redhibitoria und *quanti minoris* anführt.

Ant. Faber (17) entwickelt bey Gelegenheit un=
sers § 4. recht klar und bestimmt den Unterschied
zwischen Klagenverjährung und Proceß=Ver=
jährung, und behauptet mit Berufung auf L. 2.
Iudicatum solui, daß es auch schon im classischen
Recht eine Frist für Processe gegeben haben müsse,
welche dann freylich durch d. L. 13. C. De iudiciis
anders normirt worden sey.

Bynkershoek (18) glaubt, daß in unserm § 4.
so wie in L. 2. De diu. tempor. von der Usucapion
die Rede sey, und Pothier (19) deutet alles auf
Klagenverjährung und *restitutio actionis*.

§ 18.

Noch bleiben uns folgende Pandekten=Stellen,
die sich entschieden auf die Proceß=Verjährung
beziehen, kurz zu durchgehen übrig:

(17) Rationalia ad Pande-
ctas, sub h. Spho. Vgl. oben
S. 142. Note 7.

(18) f. oben S. 143. Note 8.
Er will von einer ältern Pro=
ceß=Verjährung überall nichts
wissen.

(19) Pand. Iustin. in not.
ad h. L.

L. 2. De diu. temp. præscr. — *Marcellus*
    lib. 6. Digestorum.

„In tempore constituto iudicatis , an inter-
„calaris dies proficere iudicato necne debeat,
„quæritur : item de tempore quo lis perit ?
„Sic sine dubio existimandum est , ut au-
„ctum litis tempus intercalari die existime-
„tur, ueluti si de usucapione sit quæstio,
„quæ tempore constituto expleri solet , aut
„de actionibus , quæ certo tempore finiun-
„tur , ut ædilitiæ pleræque actiones. Et si
„quis fundum ea lege uendiderit , ut , nisi
„in diebus triginta pretium esset solutum,
„inemptus esset fundus , dies intercalaris
„proficiet tempori: mihi contra uidetur.“

Dieß Fragment hat durch seine Endworte und
damit zusammen hängende kritische Fragen eine gewisse Celebrität erhalten. In dieser Beziehung sind
wir mit der ziemlich allgemein gebilligten Verwandlung des *Et si* in *Sed si* und des Kolon nach *tempori* in einen Fragepunkt ganz einverstanden, und
laffen die beftrittene Frage, ob ftatt *tempori* nothwendig *emptori* gelefen werden müffe (1), dahin ge-

---

(1) Alle diefe Emendationen lichern f. bey *Bynkershoek*,
nebft einer andern, viel bedenf- Obss. IV. 8.

stellt. Uns interessirt der Anfang der Stelle. Da
führt Marcellus für die in Frage stehende Zählung des
Schalttages vier ganz verschiedene und von einander
unabhängige Anwendungen auf, nähmlich die Fristen
der *iudicati*, der Proceſſe, der Uſucapion
und der Temporal-Klagen; und es wird jetzt
wohl niemand mehr zweifeln, daß unter der zweyten
dieſer Friſten keine andere als die anderthalbjährige
der *Lex Iulia iudiciaria* verſtanden iſt. So müſſen
wir denn freylich auf der einen Seite die gewöhnliche Meinung, nach welcher gar nicht vier getrennte
Fälle gemeint, ſondern die Uſucapion und die Klagenverjährung bloß als einzelne Beyſpiele von Fällen, wo *lis tempore perit*, zu betrachten wären (2),
des beſtimmteſten verwerfen; auf der andern Seite
aber müſſen wir dann auch geſtehen, daß auf dieſe Weiſe
die ganze Conſtruction, nahmentlich die Verbindung

---

(2) Man ſehe *Cuiacii* de diuersis temporum præscriptionibus, cap. 3. Comm. ad L. 98.
De V. S. (in Opp. T. I. p. 466.
und T. VIII. p. 529.) *Bynkershoek* Note 1. cit. — Ebenſo
werden auch in den Baſil-
ken vorerſt nur drey Fälle
aufgezählt. Hier lautet die
ganze L. 2. ſo: „Ἡ τοῦ βιεξ-
„του ἡμέρα προςτίθεται τοῖς
„κεκριμένοις καὶ τοῖς διὰ χρήσεως
„δεσπόζουσι, καὶ τῷ χρόνῳ τῶν
„προςκαίρων ἢ ἐμπροθέσμων
„ἀγωγῶν· οὐ προςτίθεται δὲ τῷ
„ἀγωραστῇ, ἡνίκα συμφωνηθῇ,
„ὥςτε τὸ πραθὲν, ἔλσω τριά-
„κοντα ἡμερῶν μὴ δεδομένου
„τοῦ τιμήματος, ἀναγόραστον
„εἶναι.“ — Meerman Thes.
Tom. V. pag. 86.

durch *ueluti* ganz unbegreiflich wird; denn dieses, wie die Glosse thut, durch *sicut* zu erklären, kann doch wohl unmöglich angehen. Geben wir aber zu, daß Marcellus nicht so, wie die Periode jetzt lautet, geschrieben haben könne, so scheint dadurch nur die ohnehin wahrscheinliche Vermuthung, es haben die Compilatoren durch ihre Redaction, nahmentlich durch rücksichtlose Weglassungen zwischen *perit* und *ueluti* den erwähnten Uebelstand verschuldet, noch mehr bestärkt zu werden.

Ohne besondere Erklärung darf ferner angeführt werden

> L. 3. § 1. Quæ in fraud. cred. — *Ulpianus* lib. 66. ad Edictum.
>
> „Gesta fraudationis causa accipere debemus „non solum ea, quæ contrahens gesserit „aliquis, uerum etiam si forte data opera „ad iudicium non adfuit, uel *litem mori* „*patiatur*, uel a debitore non petit, ut „tempore liberetur, aut usumfructum uel „servitutem amittit (3).

(3) Sonderbar, daß diese Stelle zur Vertheidigung der Ansicht, es habe schon im ältern Recht eine Frist für Processe gegeben, nicht benutzt worden ist. Daß wenigstens dieß Mahl *litem mori* unmöglich auf die Klagenverjährung bezogen werden kann, hat schon Accursius

Ebenſo L. 30. § 1. Ad legem Aquiliam. — *Paulus* lib. 22, ad Edictum.

> „Pígnori datus seruus si occisus sit, debi-
> „tori actio competit. Sed an et creditori
> „danda sit utilis, quia potest interesse eius,
> „quod debitor soluendo non sit, aut *quod*
> „*litem tempore amisit*, quæritur. Sed
> „hic iniquum est (4), et domino et credi-
> „tori eum teneri; nisi si quis putauerit,
> „nullam in ea re debitorem iniuriam passu-
> „rum, cum prosit ei ad debiti quantitatem,
> „et, quod sit amplius, consecuturus sit ab
> „eo; uel ab initio in id, quod amplius sit
> „quam in debito, debitori dandam actionem.
> „Et ideo in his casibus, in quibus credi-
> „tori danda est actio propter inopiam debi-
> „toris, *uel quod litem amisit*, creditor
> „quidem usque ad modum debiti habebit
> „Aquiliæ actionem, ut prosit hoc debitori;
> „ipsi autem debitori in id, quod debitum
> „excedit, competit Aquiliæ actio (5).

gezeigt. Sonſt ſcheint dieſe Stelle überhaupt von den Jn= terpreten ganz vergeſſen wor= den zu ſeyn.

(4) al. *Sed iniquum fuerit.*

(5) Daß *tempore litem amit- tere* wird hier ganz allgemein, von den Baſiliken und der Gloſſe bis auf Glück, auf die Klagenverjährung bezogen.

Endlich ist wohl ohne Bedenken auch L. 8. § 1. Ratam rem haberi hieher zu ziehen.

> *Venuleius* lib. 15. Stipulationum. — „Si
> „procurator a debitore pecuniam exegerit
> „et satisdederit, dominum ratam rem habere,
> „mox dominus de eadem pecunia egerit et
> „*litem amiserit:* committi stipulationem,
> „et si procurator eandem pecuniam domino
> „sine iudice soluerit, condicturum. Sed
> „cum debitor ex stipulatu agere cœperit,
> „potest dici dominum, si defensionem pro-
> „curatoris suscipiat, non inutiliter doli mali
> „exceptione aduersus debitorem uti, quia
> „naturale debitum manet."

Müßte das *litem amittere*, wie man früher that, von dem Verluste des Proceſſes durch ein abweiſendes Urtheil verſtanden werden, ſo wäre es wohl keinem Römiſchen Juriſten je eingefallen, gegen die Klage aus der cautio de rato die exceptio doli zu geſtatten (6).

Man ſehe die zahlreichen Citate bey Hommel und Schulting. Dazu auch Pothier in der Note zu d. § 1.

(6) ſ. Francke Civil. Abhandlungen S. 76. ſ. — Mit d.

L. 8. vergleiche man auch L. 22. § 5. eod. „*Marcellus:* Si do-„minus ratam rem non ha-„buerit, sed lite mota rem „amiserit, nihil præter im-„pendia in stipulatione Ra-

Zum Schluſſe müſſen wir noch einige Stellen an=
führen, welche zwar in keiner Beziehung zu unſerm
Inſtitut der Proceß=Verjährung ſtehen, in denen
aber dennoch von einem *expirare* und *mori* mit
Beziehung auf *iudicia* die Rede iſt, ſo daß wir dar=
aus wenigſtens ſo viel lernen, daß dieſe Ausdrücke
nicht in einem nothwendigen Zuſammenhang mit je=
ner Lehre ſtehen, ſondern ihre natürliche weitere
Bedeutung beybehalten haben, und auch für ander=
weitigen Untergang eines Judicium gebraucht zu wer=
den pflegten (7).

Man ſehe L. 19. Sol. matrim. — *Ulpianus* lib.
36. ad Sabinum.

> „Si mulier diuerterit, et iudicio de dote
> „contestato reuersa fuerit in matrimonium,
> „redintegrato matrimonio *exspirat iudi-*
> „*cium* (8), et omnia in statu pristino ma-
> „nent.

„*tam rem* deducitur.“ Die
Ausdrücke ſind ganz ähnlich,
aber es fehlen hier die ent=
ſcheidenden ſachlichen Gründe,
um die Stelle mit Sicherheit
hieher zu ziehen.

(7) So kommt auch der Aus=
druck *perdere litem* in L. 19.
Si seru. uind. in einer Bedeu=

tung vor, welche die Proceß=
Verjährung nebſt vielem an=
dern zu umfaſſen ſcheint. Ebenſo
lis perit in L. 8. pr. De legatis 3^{io}.

(8) Vgl. L. fi. De act. rer.
amot. — (*Papin.*) „Cum so-
„luto matrimonio rerum amo-
„tarum iudicium contra mu-

L. 24. § 7. eod. — *Ulp.* lib. 33. ad Edictum.

„Si bona mulieris pro parte sint publicata,
„superest mulieri reliquæ partis dotis ex-
„actio: plus puto, et si post litem conte-
„statam publicata sit pro parte dos, suffi-
„ciet arbitrium iudicis ad partis condemna-
„tionem faciendam. Quod si tota dos publi-
„cata sit, exspirat iudicium.

L. 2. Iudicatum solui. — *Paulus* lib. 71. ad
Edictum.

„Cum lite mortua nulla res sit, ideo con-
„stat fideiussores ex stipulatu iudicatum
„solui non teneri.“ (g)

§ 19.

Faſſen wir jetzt noch ein Mahl das ganze Inſtitut der Proceß-Verjährung, wie uns Gajus daſſelbe als praktiſches Recht ſeiner Zeit darſtellt, in's

lierem instituitur, redinte-
grato rursus matrimonio soluitur iudicium.

(g) Es iſt ſonderbar, daß
ſich *Ant. Faber.* ad L. 18. § 4.
De dolo (ſ. oben S. 154.
und daſelbſt Note 17.) für
ſeine Vermuthung, daß es
ſchon in der ältern Zeit eine

Friſt für Proceſſe gegeben habe,
gerade nur auf dieſe L. 2. beruft. Unmöglich iſt es freylich nicht, daß dieſelbe in ihrem urſprünglichen Zuſammenhang dieſe beſondere Beziehung
hatte, aber ihr Inhalt berechtigt wenigſtens nicht zu dieſer
Annahme.

11

Auge, und fragen nach den Schicksalen, welche dasselbe nach dieser Zeit gehabt haben möchte; so ist aus den angeführten Stellen wenigstens so viel gewiß, daß auch in der spätern Zeit der classischen Juristen die Bestimmung der *Lex Iulia* unverändert fortbestand. Ebenso finden wir in den Pandekten wenigstens Eine Stelle, welche ein gleiches Fortdauern der alten Regel über den Ablauf der *iudicia imperio continentia* anzudeuten scheint.

> L. 13. § 1. De iurisdictione. — *Ulp.* lib. 51. ad Sabinum.
>
> „Magistratus autem, uel is, qui in pote-
> „state aliqua sit, utputa proconsul uel præ-
> „tor (1) uel alii, qui prouincias regunt, iu-
> „dicare iubere eo die, quo priuati futuri
> „essent, non possunt. "

Allein dieß Fragment ist denn doch nicht so entscheidend, daß nicht bedeutende Zweifel aufsteigen sollten, wenn man hinwieder folgende Stelle betrachtet:

(1) Diese Leseart der Handschriften ist mehrfach angegriffen worden, indem Einige *prætor* in *proprætor*, Andere *proconsul* in *consul* verwandeln wollten. Ueber diesen Streit, der für uns kein Interesse hat, sehe man die bey Hommel und Schulting angeführten Schriftsteller.

L. 49. § 1. De iudiciis. — *Callistratus* lib. 3. Responsorum.

„Iudices a præside dati solent etiam in tem-
„pus successorum eius durare et cogi pro-
„nunciare, easque sententias seruari. In
„eundem sensum etiam Scæuola respondit.«

Das Verhältniß zwischen diesen- beyden Stellen ist schon lange vielfältig besprochen und sehr verschieden beurtheilt worden (2), und ich gestehe, daß ich für unsere Frage daraus ein sicheres Resultat abzuleiten mir nicht getraue. Wir begnügen uns daher, folgendes zu bemerken:

Nicht ganz ohne Grund scheint Bynkershoek (3) in Beziehung auf die angeführten Stellen zu unterscheiden, ob der Magistrat ganz allgemein und ohne eine Frist zu bestimmen, den Juder ernannt und instruirt habe, oder ob dieß bestimmt und ausdrücklich auf eine Zeit hinaus geschehen sey, wo er selbst nicht mehr in seinem Amte seyn wird. In dem erstern Falle soll nach d. L. 49. das Abtreten des Magistrates keine Wirkung haben, auf den zweyten hingegen die Bestimmung der L. 13. cit. zu beziehen seyn.

(2) Man sehe die zahlreichen Interpreten, welche bey Hommel und Schulting zu beyden Fragmenten angegeben sind.

(3) Obss. VII. 23.

Nun ist es freylich von selbst klar, daß diese Ansicht über den Ablauf der iudicia imperio continentia mit dem, was uns Gajus (4) berichtet, in völligem Widerspruch steht, folglich in ihrer Allgemeinheit nur für die spätere Zeit und unter der Voraussetzung, daß sich zwischen Gajus und Callistratus etwas geändert habe, als richtig angenommen werden könnte. Allein diese Voraussetzung, so wenig sie auch an sich etwas unmögliches enthält, scheint doch nicht gerade nothwendig zu seyn.

Die ganze Regel über die Dauer der iudicia imperio continentia steht im innigsten Zusammenhang mit dem alt-Römischen regelmäßigen Wechsel der Magistrate. Dieser fand in Rom sowohl als in den Italischen Colonien und Municipien noch in der ganzen Zeit der classischen Juristen Statt, und so dürfte uns hier das Fortbestehen jener alten Regel nicht wundern. Dagegen für die Provincial-Magistrate, nahmentlich die kaiserlichen Præsides prouinciarum, wurde jene Uebung schon im Anfang der Kaiserregierung gebrochen (5), und wenn dabey auch vieles der Persönlichkeit des Tiberius zugerechnet werden mag, so scheint doch überhaupt der Wechsel der Pro-

(4) d. § 105. — s. oben S. 134.

(5) Man sehe *Taciti* Annal. I. 80. „Id quoque morum

vincial-Beamten immer mehr als etwas zufälliges und von der Willkühr des Kaisers abhängendes betrachtet worden zu seyn. Nun wäre es aber doch fast unbegreiflich, daß auch da die Iudicia mit dem Abgang des Magistratus hätten untergehen sollen, wo dieser Abgang jeden Augenblick eintreten und sehr oft gar nicht vorher gesehen werden konnte. Daher möchte die Vermuthung nicht ganz grundlos erscheinen, es habe in dem ganzen Zeitalter der classischen Juristen diese Regel für die Præsides prouinciarum und die von ihnen angeordneten Iudicia gar nicht gegolten; und dann könnte allerdings die von Bynkershoek aufgestellte Unterscheidung in Beziehung auf Provincial-Magistrate, gutgeheißen und zur Erklärung des Verhältnisses zwischen unsern beyden Stellen benutzt werden.

Wie und wann endlich das ganze Institut der Proceß-Verjährung in der Zeit nach unsern classischen Juristen verschwunden sey, darüber sind wir nicht unterrichtet.

„Tiberii fuit, continuare „imperia, ac plerosque ad „finem uitæ in iisdem exer- „citibus aut iurisdictioni- „bus habere." Conf. ibid. IV. 6. und Sueton. in Tiberio, cap. 41.

§ 20.

Es war die erste der von uns aufzuzählenden einzelnen Wirkungen der L. C., nähmlich die Perpetua-
tion der Temporal-Klagen, welche uns auf die Erörterung der Dauer der Iudicia geführt hat. Indem
wir nunmehr in jener Aufzählung fortfahren, treffen
wir zunächst auf eine zweyte, eben so bekannte Wirkung, die von den Römern sowohl als von den Neuern mit und neben der ersten aufgeführt zu werden
pflegt.

Durch die L. C. wird nähmlich

II. allen den Klagen, welche gar nicht oder
nur in beschränktem Maße auf die Erben übergehen,
der vollständige active und passive Uebergang gesichert (1), mit andern Worten, die Bestimmungen
und Beschränkungen der Transmission der *Actiones*
(Klagerechte) gelten nicht auch für die *Iudicia*,
d. h. für diejenigen Klagen, welche schon durch das
ganze Verfahren in Jure hindurch geführt, und da-

(1) L. 58. L. 26. L. 33.
De O et A. § 1. I. De perpet.
et tempor. L. fi. § 1. De fideiuss. tutor. L. 28. De iniuriis. L. 10. § 2. Si quis cautionibus. d. L. 29. De nouationibus. L. 12. pr. De V.
S. L. 87. L. 139. pr. De R.
I. L. un. C. Ex delictis de-
functorum. L. 4. C. De in
litem iurando. Vgl. *Winckler* l. c. Sect. 2. § 5. pag.
331. ff.

durch zu organifirten Proceſſen geworden ſind.
So wie wir oben (2) geſehen haben, daß durch Abgang des ernannten Juder das geordnete Judicium
nicht untergeht, ſondern, einzig mit Einſchiebung eines neuen Juder, auf dem Punkte, wo es ſtehen geblieben war, aufgenommen und fortgeſetzt wird; gerade ebenſo hat auch der Tod einer Partey nicht
die Wirkung, daß nun ein neuer Proceß anfangen
müßte, ſondern der Erbe tritt ganz einfach an die
Stelle ſeines Erblaſſers, und führt die Sache da fort,
wo dieſer ſie verlaſſen hatte; wie denn dieſes Fortdauern des angeordneten Judicium wahrſcheinlich auch
in der Art, wie die Formula von der Perſon des
Verſtorbenen auf den Erben umgeſtellt wurde, ſicht-
bar hervor trat (3).

(2) S. 140. f.

(3) Es unterliegt keinem
Zweifel, daß, wenn eine actio
hereditaria von dem Erben
oder gegen ihn von Anfang
an erhoben wird, die ganze
Formula, ſomit auch das
Hauptſtück derſelben, die Intentio (inſofern darin nähmlich von Rechtsverhältniſſen
die Rede iſt) auf ſeine Perſon bezogen wurde. *Gaii* Comm.
IV. § 34. L. 93. pr. De solutionibus, und ganz beſonders
L. 74. § 2. De iudiciis. Dagegen für den Fall, wo ſchon
der Erblaſſer den Proceß bis
zur L. C. geführt hatte, iſt es
mir ſehr wahrſcheinlich, daß
der Kern der Formula, die
Intentio, ganz unverändert auf
die Perſon des Erblaſſers geſtellt blieb, und nur die *Condemnatio* und was damit unmittelbar zuſammen hing, auf
den Nahmen des Erben um-

Uebrigens darf man bey dieser Transmiſſion durch L. C. nicht bloß an diejenigen Klagen denken, bey denen ſonſt durch directe Beſtimmungen des Jus civile oder des Edicts der Uebergang auf die Erben ausgeſchloſſen iſt, ſondern es iſt dieſelbe Wirkung der L. C. auch da wahrzunehmen, wo aus andern Gründen, nahmentlich wegen factiſcher Requiſite, welche die Klage in der Perſon des Klägers oder des Beklagten voraus ſetzt, die Transmiſſion der noch nicht

geſetzt wurde. Darauf deutet Ein Mahl der Umſtand, daß wenigſtens in allen Fällen, wo durch die L. C. eine wahre Novation geſchehen war, ein *dare facere oportere* in activer oder paſſiver Beziehung auf den Erben in keinem Augenblick exiſtirte; und zweytens iſt uns unter den zahlreichen Fällen einer *translatio iudicii* überhaupt keiner bekannt, in welchem ſo tief in den Beſtand der *actio* eingegriffen würde, daß die *intentio* ſich veränderte; wohl aber mehrere, in welchen dieſelbe ganz entſchieden nur durch Umſetzung der *condemnatio* geſchah. Man ſehe L. 17. pr. L. 25. L. 27. pr. §. 1. L. 42.

§ ult. L. 46. pr. L. 64. De procuratoribus. L. 7. §. 9. De dolo. L. 45. §. 1. Mandati. L. 1. §. 2. Quib. mod. pign. L. 24. §. 4. De liberali causa. L. 17. §. 14. De iniuriis. L. 6. §. 1. De fideiuss. tutor. L. 22. §. 3. De inoff. test. L. 29. De operis libertorum, und vorzüglich L. 15. De noxal. act. — L. 57. De iudiciis. L. 14. De his qui not. infa. (ſ. oben S. 52.) L. 4. C. De in lit. iur. — Endlich ließe ſich für das Formelle bey der Transmiſſion der *Iudicia* überhaupt auch aus L. 48. Fam. hercisc. etwas ableiten, wenn uns nur die Formulæ der Theilungsklagen genauer bekannt wären.

erhobenen Actio auf die Erben nicht Statt finden
kann. Dahin gehört z. B. die Eigenthumsklage, die
Actio ad exhibendum u. dgl. (4).

§ 21.

III. Es ist allgemeine Regel, daß, wenn die
Klage vom Richter als begründet erfunden wird, der
Kläger als Resultat des Processes alles das erhalten
soll, was er hätte, wenn er schon zur Zeit der L. C.
befriedigt worden wäre. So muß bey einer Rei
uindicatio, wenn der Juder das Eigenthum des Klägers anerkannt und ausgesprochen, und in Folge
dessen dem Beklagten die Restitution anbefohlen hat,
dieser, wenn er sich durch eine solche Restitution der
endlichen Condemnation (1) entziehen will, nicht nur

(4) Man sehe hierüber im
Allgemeinen L. 12. § ult. L.
8. Ad exhibendum. Vgl. auch
L. 1. § ult. Si quadrupes paup.
f. d. L. pen. § 2. De noxal.
act. — *Paulli* R. S. lib. I.
tit. XIII.ᵗ B. § 4. — Sodann
insbesondere über den Unterschied zwischen dem Falle, in
welchem ein Judicium dieser
Art nach der L. C. auf den
Erben transmittirt, und demjenigen, wo dasselbe gegen

diesen von Anfang an und *ex
sua persona* erhoben wird, vergleiche man z. B. L. 55. De
R. V. mit L. 2. § 2. De sti-
pul. prætor. — s. auch L. 42.
L. 51. De R. V. u. a. m.

(1) Betreffend diese Unterscheidung des *arbitrium* über
das in Frage stehende Rechtsverhältniß von dem endlichen
condemnatorischen oder absolutorischen Urtheil s. unten
§ 27.

die vindicirte Hauptsache, und zwar in dem factischen und rechtlichen Zustand, in welchem sie sich zur
Zeit der L. C. befunden hatte; sondern auch alle vom
Augenblick der L. C. an gezogenen Früchte (2), allen Erwerb des vindicirten Sclaven, den partus der
Sclavinn u. s. f., kurz *omnem causam* (3) erstat-
ten, und alles mangelnde wird in der Condemnation
angeschlagen. Ist die Restitution ganz oder theilweise
unmöglich geworden, so treten die gewöhnlichen
Grundsätze von *dolus*, *culpa* und *casus* ein (4),

(2) Schon hier, besonders
aber für die spätern Fälle, ist
zu bemerken, daß bey fungi-
beln Sachen Zinsen die Stelle
der Früchte vertreten. L. 51.
§ 1. De hered. pet. L. 1. L. 2.
L. 6. C. De usur. et fruct.
legat.

(3) L. 17. § 1. L. 20.
L. 35. § 1. De R. V. L. 22.
C. eod. L. 10. L. 15. De
usuris. L. 35. De V. S., vgl.
L. 75. L. 6. § 1. eod. § 2. I.
De officio iudicis. — Vat.
Fragm. § 17.

(4) L. 16. pr. L. 15. § 3.
L. 21. L. 33. L. 36. § 1. L. 45.
L. 51. L. 63. De R. V. L. 21.
§ 3. De euictionibus. Im

Einzelnen freylich waren die
Römischen Juristen hier nicht
Einer Meinung: so war es
z. B. ein eigentlicher Streitpunkt zwischen den beyden
Schulen (sowohl in Beziehung
auf die Rei uindicatio, als
auf andere Klagen), ob der
Beklagte von der L. C. an
unbedingt auch den casus tragen müsse. Dieß behaupteten die
Proculianer, während von
den Sabinianern die mil-
dere Ansicht vertheidigt wurde.
Man sehe die in dieser und den
folgenden Noten angeführten
Stellen, besonders L. 40. pr.
De hered. pet. L. 16. pr. De
R. V. L. 12. § 3. L. 14. § 1.

denn der Beklagte wird von der L. C. an als per-
sönlich obligirt betrachtet, sich auf diese Restitution
vorzusehen. Wie bey der Eigenthumsklage, verhält sich die Sache auch bey der *Hereditatis petitio* (5)
und den übrigen *in rem actiones*, bey denen es
sich um eine Restitution handelt (6). Dasselbe
gilt ferner auch bey allen den *actiones in personam*, welche ein *arbitrium de restituendo* enthalten (7), wie z. B. die *actio de dolo*, vermuthlich
auch die *actiones depositi* und *commodati*, wenn
letztere *in factum* concipirt sind (8), u. a. m.

Ganz parallel dem *restituere* bey den einen
Klagen geht endlich in dieser Beziehung das *exhibere*
bey andern: so wird für die actio ad exhibendum
bey welcher sich bekanntlich der Beklagte durch Er-

Depositi. L. 8. De re iudicata. L. 5. De confessis. —
Hiemit mögen auch die Streit-
fragen, von denen im folgenden § die Rede seyn wird, in
einem gewissen Zusammenhange
stehen.

(5) L. 40. L. 56. De hered.
pet. vgl. L. 31. § 3. L. 25.
§ 7. eod. L. 1. § 1. L. 2. C.
eod. d. § 2. I. De off. iud.

(6) L. 16. § 4. De pigno-
ribus. L. 19. § 1. De usuris.

vgl. L. 8. § 4. Si seru. uind.
L. 5. § 4. L. 5. Si ususfr.
pet.

(7) L. 2. De usuris. L. 12.
§ 3. L. 14. § 1. Depositi. L.
10. § 20. L. fi. § 4. Quæ in
fraud. cred. L. 1. § 28. Si
quid in fraud. patro. vgl. L.
5. § 1. L. 1. § 26. eod.

(8) Conf. *Gaii.* Comm. IV.
§ 47. und dazu L. 1. § 16.
Depositi.

füllung des Exhibitions = Befehles vor der Condemnation schützen kann, bestimmt, daß die fragliche
Sache in dem Zustand exhibirt werden müsse, worin
sie sich zur Zeit der L. C. befunden hatte (9).

Und da endlich die gleiche Hauptregel sich auch
für alle übrigen actiones in personam, wo der Juder
geradezu und ohne vorgängiges arbitrium auf eine
Condemnation angewiesen ist, nahmentlich unter andern
auch für alle *stricti iuris iudicia* ausdrücklich ausgesprochen findet (10), so ist hiemit der ganze Kreis
derjenigen actiones, welche überhaupt auf eine Leistung des Beklagten abzwecken, geschlossen, und somit
das Prädicat der Allgemeinheit, das wir unserm
Satze von vorne herein beygelegt haben, gerechtfertigt.

§ 22.

IV. Ein mit dem Gegenstand des vorher gehenden § in naher Berührung stehender, von demselben aber im Begriffe durchaus verschiedener Punkt
ist folgender:

---

(9) L. 9. §§ 5 — 8. L. 10.
L. 11. pr. § 1. Ad exhiben-
dum. § 3. I. De off. iud.
Ueber den Exhibitions = Befehl
im Allgemeinen s. L. 3. § 13.
Ad exhibendum.

(10) L. 3. § 1. De usuris.

L. 34. L. 35. L. 36. L. 38.
§§ 7. — 15. eod. L. 31. pr.
De R. C. L. 91. § alt. De
legatis 1mo. L. 8. De re indicata. L. 1. L. 2. L. fi. C. De
usur. et fruct. legat. L. 51.
pr. Fam. herciac.

Wenn es sich fragt, ob und in welchem Maße eine vorliegende Klage begründet sey, und was daher im wesentlichen ihr Ausgang seyn solle; — auf welchen Zeitpunkt muß hiebey gesehen werden, und in wiefern ist der Moment der L. C. der entscheidende?

Eine ganz einfache und gleichförmige Antwort kann auf diese Frage im Sinne des classischen Römischen Rechtes nicht gegeben werden, sondern es ist hier auf mehrfache Weise zu unterscheiden.

Bey der Eigenthumsklage und andern in rem actiones ist es allervorderst außer Zweifel, daß das der Klage zum Grunde liegende Recht einzig nach der Zeit der L. C. beurtheilt wurde. Hievon liegt die deutlichste Anwendung in dem bekannten Satze, nach welchem die vom Beklagten nach der L. C. vollendete Usucapion dem vindicirenden Kläger durchaus nicht schadet. Findet der Juder, daß dieser im Augenblick der L. C. wirklich Eigenthümer gewesen sey, so erfolgt hienach das Urtheil und der Restitutions-Befehl, und nur wenn der Beklagte demselben gehorcht, wozu in diesem Falle für *res mancipi* wahrscheinlich sogar eine der solennen Uebertragungsformen gehörte, so kann die Absolution erfolgen, sonst muß er, wie gewöhnlich, condemnirt werden. Ebenso verhält es sich bey Servituten-

Klagen, wenn nach der L. C die Zeit des *non usus* abgelaufen ist.

Man sehe hierüber:

L. 18. De R. V. — *Gaius* lib. 7. ad Ed. prouinc.

  „Si post acceptum iudicium possessor usu
  „hominem cepit, debet eum *tradere* eoque
  „nomine de dolo cauere; periculum est enim,
  „ne eum uel pignerauerit uel manumiserit. „

L. 20. eod. — Id. ibid.

  „Præterea restituere debet possessor et quæ
  „post acceptum iudicium per eum . . . ad-
  „quisiuit, nec enim sufficit, corpus ipsum
  „restitui, sed opus est, ut et causa rei re-
  „stituatur . . . Itaque partus ancillæ restitui
  „debet, quamuis postea editus sit, quam
  „matrem eius, post acceptum scilicet iudi-
  „cium, possessor usuceperit. Quo casu
  „etiam de partu, sicut de matre, et *tradi-
  „tio* et cautio de dolo necessaria est.„

L. 8. § 4. Si seruit. uindic. — *Ulp.* lib. 17.
  ad Edictum.

  „Et si quidem is obtinuerit, qui seruitutem
  „sibi defendit, non debet ei seruitus *cedi*,
  „siue recte pronunciatum est, quia habet;
  „siue perperam, quia per sententiam non

„debet seruitus constitui, sed quæ est de-
„clarari. Plane si non utendo amisit dolo
„malo domini ædium *post litem contestatam,*
„ *restitui* ei oportet, quemadmodum placet (1)
„in dominio (2) ædium. "

Aus der letztern Stelle insbesondere ergibt es sich,
daß, wenn die mit der actio confessoria geltend gemachte
Servitut nach dem Befinden der Juder zur Zeit der
L. C. existirt hatte, aber nachher durch non usus verloren gegangen war, dieselbe, wenn nicht eine Con-

---

(1) al. *patet.*

(2) Die Florentinische Leseart ist *domino,* und dieß hat auch
meine Handschrift. Ferner Edd.
Dig. Vet. s. l. et a. (f. S ch r a-
d e r, civ. Abhandl. S. 367.
Nro. 14.) Dig. uet. Venetiis
ex offic. Iacobi Galici Rubeorum familia 1477. und ibid.
imp. Ioh. Herbort de Siligenstat 1482. Ebenso in den Ausgaben von C h a r o n d a s und
P a c i u s. — Dagegen lesen
mit H a l o a n d e r *dominio:*
Dig. uet. Nurenbergæ ap. Ant.
Koburger 1482. Venetiis per
B. de Tortis 1492. Lugduni per
Franc. Fradin. 1510. Edd.
Parisiis ex offic. Rob. Stephani 1527. Ibid. ex offic.
Claud. Chevallonii 1527. Lugduni ap. Hugon. a Porta 1548.
und Parisiis apud Carolam
Guillard 1550. — Da sich bey
der Florentina kaum ein or-
dentlicher Sinn heraus bringen
läßt, und überdieß das *domino
ædium* bey gedankenlosem Abschreiben sehr leicht durch das
vorher gehende *domini ædium*
veranlaßt werden konnte; so
darf man bey dieser Beschaffenheit der kritischen Autoritäten der Leseart *dominio* wohl
unbedenklich den Vorzug geben. Vgl. auch Ant. Faber,
Ration. ad Pand., sub h. § 4.

demnation erfolgen sollte, förmlich restituirt, d. h. durch *in iure cessio* auf's neue errichtet werden mußte (3), und daß hierin auch das Eigenthum auf gleiche Weise behandelt wurde. Dieses letztere nun kann wohl kaum einen andern Sinn haben als den, es müsse, wenn bey einer Eigenthumsklage dieselben Umstände eintreten, das durch Usucapion auf den Beklagten übergegangene Eigenthum von diesem ebenfalls förmlich und vollständig, d. h. bey *res mancipi* durch *mancipatio* oder *in iure cessio*, bey *res nec mancipi* durch Tradition auf den Kläger zurück übertragen und so für ihn wieder hergestellt werden. Ist aber dieses der Sinn des § 4., und vergleicht man in dieser letztern Beziehung damit die beyden andern Stellen, insbesondere das *tradere* in d. LL. 18. und 20. mit dem *cedi* und *restitui* in d. § 4.;

(3) Conf. L. 5. § 5. Si ususfr. pet. — „Sed et si forte „tempore ususfructus amissus „est, alio quidem possidente, „alio autem liti se offerente, „non sufficit eum usumfru- „ctum iterum *renouare*, uerum „cauere quoque eum de tui- „otione ususfructus oportet. „Quid enim si seruum aut „fundum is, qui possidebat, „pignori dedit, isque ab eo, „qui pignori accepit, iure „uti prohibetur? debebit ita- „que habere cautum." — Daß aber in dieser Stelle von einem amittere *post litem contestatam* die Rede sey, zeigt zum Ueberfluß auch ihr Zusammenhang mit dem vorhergehenden § 4. h. L.

so wird es mehr als wahrscheinlich, daß Gajus beyde Mahle von einer solennen Uebertragungs- form gesprochen, die Compilatoren aber nach ihrer Gewohnheit *tradere* für *mancipare* interpolirt haben möchten (4).

Endlich enthält auch die berühmte und vielfach bestrittene L. 10. De usufructu accrescendo (5) eine Anwendung unserer obigen Regel, daß die Servituten nach dem Moment der L. C. beurtheilt werden.

Ulp. lib. 17. ad Edictum. — „Interdum pars
„ususfructus et non habenti partem suam
„sed amittenti accrescit: nam si ususfructus
„duobus fuerit legatus, et alter lite conte-
„stata amiserit usumfructum, mox et colle-
„gatarius, qui litem contestatus non erat,
„usumfructum amisit, partem dimidiam dun-

(4) Man führe gegen diese Ansicht nicht an: L. 21. De R. V. Zwar ist allerdings auch hier von einem Fall die Rede, wo der mit der R. V. Belangte zwischen der L. C. und dem Urtheil die Usucapion vollen- dete, und doch legt ihm Pau- lus gar nicht Mancipation, sondern bloß die Verpflich- tung auf, dem Kläger seine *actiones* zu cediren.

Allein es ist wohl zu bemerken, daß nach den ausdrücklichen Worten der Stelle als Gegen- stand des Processes ein flüch- tig gewordener Sclave erscheint, mithin eine Manci- pation desselben, als einer ab- wesenden beweglichen Sache, ganz unmöglich ist.

(5) f. *Hommel* und *Schul- ting* ad h. L.

„taxat, quam amisit, qui litem contestatus
„est aduersus eum, qui se liti obtulit, a
„possessore consequitur: pars enim collega-
„tarii ipsi accrescit, non domino proprieta-
„tis; ususfructus enim personæ accrescit,
„etsi fuerit amissus."

Die einzige Schwierigkeit dieser Stelle besteht in der Bestimmung des Falles, welchen der Jurist behandelt, und dieß ist, wie ich glaube, folgender:

Zwey Personen A und B hatten zusammen einen Ususfructus legirt erhalten. Der eine von ihnen A sieht sich veranlaßt, die actio confessoria zum Schutze dieses seines Rechtes gegen einen Dritten Z anzustellen, und dieser, ob er gleich nicht Besitzer der Sache ist, führt gegen ihn den Proceß, als ob er der wahre Beklagte wäre (*liti* se *offert*). Nach der L. C. verliert A seinen Theil des Ususfructus durch *non usus* (6), bald darauf auch B den seinigen. Jetzt fragt es sich: was soll der Juder in der Condemnation des Z (7) begreifen? und Ulpian antwortet: nur

(6) Daß Ulpian nur den *non usus* im Auge haben könne, hat *Henr. a Suerin*, de usufructu accrescendo (in *Otton.* Thes. T. IV. p. 119.) mit Berufung auf L. 5. §§ 4. 5. Si ususfr. pet. genügend nachgewiesen.

(7) Daß der Untergang des Ususfructus nach der L. C. die Condemnation selbst keineswegs hindere, wird gar nicht

den ursprünglichen Theil des A, denn nur dieser ist ihm verloren gegangen (8). Dagegen der Theil des B kann in der Condemnation darum nicht angeschlagen werden, weil A, wenn schon seines ursprünglichen Theiles verlustig, jenen dennoch *iure accrescendi* wirklich erworben, also in dieser Beziehung weder durch Z noch sonst irgend einen Schaden erlitten hat.

Von der eigenthümlichen Regel, welche sich für das *ius accrescendi* beym Ususfructus aufgestellt und auf den vorliegenden Fall angewandt findet, wird später bey Gelegenheit einer andern Stelle noch etwas näher die Rede seyn.

So viel über die Beurtheilung des bey *in rem actionibus* zum Grunde liegenden und bekanntlich in der Intentio derselben comparirenden Rechtes, und

besonders gesagt, sondern als sich von selbst verstehend voraus gesetzt. Ueber die Behandlung dessen, *qui liti se obtulit*, bey der Vindication des Ususfructus s. im Allgemeinen L. si. Si ususfr. pet.

(8) Die Worte „*partem di-* „*midiam . . . consequitur*" wären demnach so zu übersetzen: „Der, welcher gegen den liti „se offerens Litem contestirt, „bekommt nur den Theil, wel-

„chen er verloren hat, vom „Beklagten (d. h. eben von „diesem Beklagten) ersetzt." Die Worte *qui liti se obtulit* und *possessor* (Beklagter) müssen nach dieser Erklärung auf dieselbe Person bezogen werden. Gerade dieß haben aber die meisten Ausleger übersehen. Uebrigens bemerke man, daß die Basiliken (Tom. II. p 271.) mit unserer Erklärung völlig überein stimmen.

aber die Art, wie dabey der Zeitpunkt der L. C. berücksichtigt wurde.

Werfen wir nun dieselbe Frage auch für die *actiones in personam* auf, so fällt sie hier ungefähr zusammen mit einer andern, die dann aber für die *in
rem actiones* wieder ihr besonderes Interesse hat,
und die wir daher zunächst in ihrer ganzen Allgemeinheit auffassen wollen. Es ist diese:

Muß in allen Fällen, wo eine Condemnation erfolgt seyn würde, wenn das Endurtheil schon zur
Zeit der L. C. gefällt worden wäre, dieselbe nun
auch unter allen Umständen erfolgen, und umgekehrt? —
mit andern Worten: dürfen die n a c h d e r L. C. ein-
tretenden Thatsachen auf die Beschaffenheit des Endurtheils einen wesentlichen Einfluß haben oder nicht?

Hierüber muß vor allem eine Stelle von Gajus,
die selbst in ihrer lückenhaften Gestalt sehr wichtig
und entscheidend zu seyn scheint, berücksichtigt werden.
In Comm. IV. § 114. heißt es:

„Superest ut dispiciamus, si ante rem iudi-
„catam is, cum quo agitur, post acceptum
„iudicium satisfaciat actori, quid officio iu-
„dicis conueniat: utrum absoluere, an ideo
„potius damnare, quia iudicii accipiendi tem-
„pore in ea causa fuit, ut damnari debeat.
„Nostri præceptores absoluere eum debere

„existimant, nec interesse, cuius generis
„fuerit iudicium: et hoc est, quod uolgo
„dicitur, Sabino et Cassio placere, omnia
„iudicia esse absolutoria . . . .
„. . idem sentiunt . . in . . . . . . iudiciis
„liberum est officium iudicis . tantundem —
„— — rem actionibus placuit“ — u. f. f. (9)

Gajus wirft die Frage auf, ob der Beklagte
dadurch, daß er nach der L. C. den Kläger befriedigt, die Condemnation vermeiden, und sich die Absolution sichern könne. Als Zweifelsgrund wird angeführt: „quia iudicii accipiendi tempore in ea
causa fuit, ut damnari debeat.“

Bleiben wir hiebey einen Augenblick stehen, so
findet sich vorerst die Frage freylich viel enger gestellt, als wir dieselbe aufgeworfen haben, denn Gajus
spricht bloß von Befriedigung des Klägers,
während von uns nach dem möglichen Einfluß aller

(9) Der ganze Rest des §
ist so verstümmelt, daß ich damit nichts anzufangen weiß.
Der entsprechende § der Institutionen Justinian's (§ 2.
De perpet. et temp.), welcher
unmittelbar aus dieser Stelle
des Gajus geschöpft ist, lautet
so: „Superest ut admoneamus,

„quod si ante rem iudicatam
„is, cum quo actum est, sa-
„tisfaciat actori, officio iudi-
„cis conuenit eum absoluere,
„licet in ea causa fuisset iu-
„dicii accipiendi tempore, ut
„damnari deberet: et hoc est,
„quod uulgo dicebatur, om-
„nia iudicia absolutoria esse.“

denkbaren Thatſachen, die ſich nach der L. C.
ereignen möchten, gefragt wurde. Allein es kann
nicht entgehen, und liegt gewiß ſchon in dem natürlichen Gefühle von jedermann, daß gerade dieſes von
Gajus heraus gehobene Ereigniß, wenn irgend eines, die Kraft haben muß, eine bevorſtehende Condemnation in ein abſolutoriſches Urtheil zu verwandeln; und gerade ſchon der Umſtand, daß ſogar über
dieſen Punkt Zweifel walteten, macht es höchſt
wahrſcheinlich, daß wenigſtens in gewiſſem Umfange
der Satz überhaupt anerkannt worden ſey, es müſſe
nach dem Zeitpunkt der L. C. beurtheilt werden, ob
Condemnation oder Abſolution eintreten ſolle.

Wir kehren zu unſerer Stelle zurück. Da erfahren wir nun weiter, daß die von Anfang an erho-
bene Frage einen eigentlichen Streitpunkt zwiſchen
den beyden Schulen ausmachte. Die Sabinianer
erklären ſich unbedingt für die Abſolution, und daraus ſey das Sprichwort entſtanden, nach Sabinus
und Caſſius ſeyen alle Judicia abſoluto-
riſch (10). Die Proculianer dagegen ließen dieß

(10) Aus L. 33. § 1. De   hatte. Hier heißt es nähmlich
solutionibus ſcheint ſich durch   aus deſſen lib. 52. Digestorum:
ein nothwendiges argumentum   „... Item qui hominem dari
a contrario zu ergeben, daß   „promisit, et uulneratum a se
auch Julian dieſe Anſicht   „offert, non liberatur. *Iudicio*

nicht allgemein gelten, sondern sie machten eine Distinction, welche uns zwar in den Worten des § wegen Unlesbarkeit der Handschrift großen Theils verloren ist, die aber nach dem ganzen Zusammenhang und allen Anzeigen wohl keine andere gewesen seyn kann, als die zwischen *bonæ fidei iudiciis* und *in rem actionibus* (11) auf der einen, und *stricti iuris iudiciis* auf der andern Seite; so daß sie bey jenen mit den Sabinianern einverstanden waren, bey diesen hingegen in strenger Festhaltung des von Gajus als Zweifelsgrund angeführten Satzes behaupteten, es könne der Beklagte nach der L. C. selbst durch Befriedigung des Klägers der Condemnation nicht entgehen (12): — wobey es übrigens mehr als

„*quoque accepto*, si hominem „is, cum quo agetur, uulne„ratum a se offert, conde„mnari debebit. Sed et ab „alio uulneratum si det, con„demnandus erit, cum possit „alium dare." — Dagegen gehört nicht hieher L. 71. § 3. eod. Denn es bleibt nach dem § 2. ib. kein Zweifel, daß die vor der L. C. an den Procurator geschehene Zahlung durch die nach der L. C. erfolgte Ratihabition rückwärts convalescirt, somit als eine vor der L. C. gültig geschehene Zahlung angesehen werden muß.

(11) Es ist wohl möglich, daß die *arbitrariæ actiones* überhaupt in der Lücke ausdrücklich genannt, und in dieser Beziehung den *bonæ fidei actionibus* gleichgestellt waren; wie dieß denn in der Sache selbst gar keinen Zweifel haben kann.

(12) Die einzige andere Distinction, welche möglicher

wahrscheinlich ist, daß auch sie dem Beklagten ein Mittel eröffneten, durch welches er sich vor der Unbilligkeit, zwey Mahl bezahlen zu müssen, schützen konnte.

Betrachten wir jetzt noch die drey benannten Theilungsglieder etwas näher, so ist es allervorderst bey den *in rem actionibus*, so wie überhaupt bey allen Klagen, die ein *arbitrium de restituendo* oder *de exhibendo* enthielten, gar nicht anders möglich, als daß hier, wie denn auch beyde Schulen darüber einig waren, die vor dem Endurtheil erfolgende Befriedigung des Klägers die Absolution des Beklagten nach sich ziehen mußte; denn diese Befriedigung bestand ja ganz regelmäßig in dem *restituere* u. dgl.,

Weise die Proculianer könnten aufgestellt haben, wäre die zwischen *legitimis iudiciis*, wenn sie eine *actio in personam in ius concepta* betreffen, auf der einen, und allen übrigen *iudiciis* auf der andern Seite; also je nachdem durch die L. C. eine Novation geschähe oder nicht. Allein einen rechten innern Grund für eine solche Vermuthung kann ich nicht finden, und die Worte „*in* „... *iudiciis liberum est offi-*

„*cium iudicis*“ deuten zu stark auf die *bonæ fidei iudicia*. Auch der Herausgeber des Gajus geht daher von unserer Meinung aus, so wie Dirksen, Beyträge zur Kunde des R. R. Leipzig 1825. 8. Cap. 1. § 1. S. 90. ff. — Die andere stieg ein Mahl in einem meiner Altersgenossen auf, von dem ich in dieser Materie nicht gern eine Idee ganz unberücksichtigt lasse.

an deſſen Unterbleiben die Condemnation ſchon nach den Worten der Formula ausdrücklich als an ihre Bedingung gebunden war (13).

Daß ferner auch bey den *bonæ fidei iudiciis* die beyden Schulen in demſelben Sinne einverſtanden waren, hat wohl einen allgemeinern Grund, und zwar den, weil bey denſelben der eigentliche Beſtand der Klage, der Inhalt der Intentio, gar nicht ſtricte nach dem Augenblick der L. C. beurtheilt wurde, ſondern der Juder, nach ſeinem ausgedehntern Officium, Befugniß und Pflicht hatte, auch auf die nach der L. C. eingetretenen Thatſachen Rückſicht zu nehmen, und dieſelben bey der Beurtheilung des ſtreitigen Rechtsverhältniſſes in Anſchlag zu bringen; — wie wir denn hievon auch andere unzweydeutige Beyſpiele und Anwendungen (14) finden.

Gerade die entgegen geſetzte allgemeine Anſicht endlich ſcheint es bey den *stricti iuris actio-*

(13) Einiges nähere über die Formel der Eigenthumsklage und anderer in rem actiones werden wir ſpäter beyzubringen die Gelegenheit haben; ſ. unten § 27. — Im Uebrigen vgl. z. B. L. 5. pr. De publicanis. L. 42. § 1. De re iudicata. L. fi. De fideiussoribus.

(14) Man ſehe z. B. L. 17. Mandati. (*Paulus*) „Si man-„dauero tibi, ut a Titio de-„cem exigeres, et ante exacta „ea mandati tecum egero, „si ante rem iudicatam exe-„geris, condemnandum te esse „constat.“ Vgl. L. 37. § 6. De operis libertorum.

nibus zweifelhaft gemacht zu haben, ob die Befriedigung des Klägers die Absolution des Beklagten
nach sich ziehen könne. Hier nähmlich war, wie ich
glaube, noch zur Zeit der classischen Juristen die ur-
alte Regel, daß die ganze Klage einzig nach dem
Zeitpunkt der L. C. beurtheilt werden müsse, allgemein anerkannt (15), und der Streit zwischen den
Schulen betraf bloß die Frage, ob aus jenem besondern Grunde eine einzelne Ausnahme statuirt werden
dürfe (16).

(15) Sehr merkwürdig ist in
dieser Beziehung L. 3. § 2.
Commodati, obgleich dieselbe
zunächst nur von Schätzung
spricht. Sie ist aus *Ulp.* lib. 28.
ad Ed., und lautet so: „In
„hac actione sicut in ceteris
„bonæ fidei iudiciis similiter
„in litem iurabitur, et rei
„iudicatæ tempus, quanti res
„sit, obseruatur, quamuis in
„stricti litis contestatæ tem-
„pus spectetur." Vgl. auch
L. 37. Mandati.

(16) Es ist mir übrigens
nicht unwahrscheinlich, daß zur
Zeit der spätern Classiker, wie
Ulpian u. dgl., die Meinung
der Sabinianer schon all=

gemein angenommen war. Auf
jeden Fall darf dagegen nicht
angeführt werden L. 73. De
procuratoribus. Hier ist davon
die Rede, in wie fern der Beklagte in dem Fall, wo der
Kläger durch einen *procurator
præsentis* oder *cognitor* (denn
daß Paulus in der gewiß in-
terpolirten Stelle von dem
einen oder andern sprach, zeigen die Worte *qui præsente
domino* u. s. f.) processirt, vor
oder nach der L. C. bezahlen
könne. Schwierigkeit macht
nähmlich hier nicht die Frage,
ob der Beklagte im Allgemei=
nen bezahlen dürfe, sondern
bloß der Umstand, daß ein *co-*

Von der Regel selbst und ihrer Fortdauer haben wir mehrere Spuren, und wenn die Stellen, worin sie enthalten sind (17), bisher zum Theil vielfachen Anstoß gaben, und mit andern (wie z. B. mit der angeführten L. 17. Mandati) in directem Widerspruch zu stehen schienen, so lag der Grund dieser Schwierigkeiten wohl nicht so fast in verschiedenen Ansichten der Römischen Juristen, als vielmehr darin, daß

gnitor oder *procurator ad agendum* als solcher nicht auch zur Zahlungsannahme befugt ist (L. 13. pr. De pactis. L. 86. De solutionibus), der Beklagte also, wenn er unter diesen Umständen Zahlung anbiethet, einer *calumnia* verdächtig werden kann.

(17) Hieher gehört wahrscheinlich die freylich etwas abgerissene und unbestimmte L. 23. De iudiciis. (*Paulus*) „Non potest uideri in iudi-„cium uenisse id, quod post „iudicium acceptum accidis-„set: ideoque alia interpella-„tione opus est.“ Ganz besonders bemerke man L. 35. eod. (*Iauolenus*) „Non quem-„admodum fideiussoris obli-„gatio in pendenti potest esse

„uel in futurum concipi, ita „iudicium in pendenti potest „esse, uel de his rebus, quæ „postea in obligationem ad-„uenturæ sunt: nam neminem „puto dubitaturum, quin fide-„iussor ante obligationem rei „accipi possit, iudicium uero, „antequam aliquid debeatur, „non posse.“ — Man sehe über diese beyden Stellen die bey Hommel und Schulting angeführten Schriftsteller, die sich freylich zum Theil mehr mit den ziemlich unbedeutenden Varianten als mit dem Inhalt derselben beschäftigen. Ueber die Sache selbst vgl. auch L. 37. L. 38. pr. De noxal. act. Ueber L. 16. pr. De hered. pet. s. unten Note 25.

man den von ihnen anerkannten Unterschied zwischen *bonæ fidei* und *stricti iuris iudiciis*, der freylich in den Fragmenten der Justinianeischen Compilation sich nicht immer ausdrücklich hervor gehoben findet, nicht gehörig beachtete.

Wie es nun aber gekommen sey, daß jene allgemeine Regel noch in der ganzen classischen Zeit für die *stricti iuris iudicia* anerkannt wurde, darüber möchte folgende Bemerkung einigen Aufschluß geben.

Der Begriff der *stricti iuris iudicia*, wie wir ihn bey den classischen Juristen antreffen, ist wohl ohne Zweifel nichts anderes als ein Ueberrest des ältesten Charakters aller eigentlichen Iudicia über Actiones in personam (18). In dieser alten Zeit war bekanntlich die Legis actio *per sacramentum* die gemeine, regelmäßige Proceß-Form (19). Bey dieser aber erscheint als Resultat des Verfahrens vor dem Magistrat die Deposition, später die bloße Promission (20) der Summa sacramenti, welche von beyden Theilen geschah, in der Meinung, daß der am Ende unterliegende Theil die seinige zu Handen des

---

(18) Man denke an den Gegensatz der *arbitria*, wie davon z. B. bey *Cicero* pro Rosc. Com. c. 4. die Rede ist, und aus welchen ohne Zweifel der spätere Begriff der *bonæ fidei iudicia* entstanden ist.

(19) *Gaii* Comm. IV. § 13.

(20) *Gai.* d. § 13. und die

Staates verlieren sollte. Dürfte man nun annehmen, es habe dieses *sacramentum* formell den
eigentlichen Gegenstand des ganzen folgenden Verfahrens ausgemacht, so daß auch das Urtheil sich zunächst nicht auf das streitige Rechtsverhältniß selbst
bezogen, sondern bloß ausgesprochen hätte, welcher
die Sacraments-Summe zurück nehmen, und welcher sie dagegen verlieren sollte: — so müßte es doch
gewiß als höchst natürlich erscheinen, daß diese Frage
und somit nothwendig auch das im Streite liegende
Rechtsverhältniß selbst, von welchem sie abhängt,
nach dem Zeitpunkt der Vollziehung des Sacramentum, oder, was gleich viel ist, der L. C. beurtheilt
worden wäre.

Für jene Annahme sprechen aber folgende Gründe:

1°. Die Analogie der noch später gebräuchlichen
Sponsiones præiudiciales, die, wo sie gebraucht wurden, dem ganzen Proceß und Urtheil seine Form
gaben, und das eigentlich im Streite liegende Rechtsverhältniß formell völlig in den Hintergrund
stellten (21).

2°. Die große formelle Bedeutung des *Sacramen-*

daselbst angeführten Stellen
von *Varro* und *Festus*.

(21) So wurde die Eigen-
thumsklage durch die sponsio

præiudicialis formell zu einer
Schuldklage um 25 oder 125
Sesterzen. *Gaii* Comm. IV.
§§ 91. 93. 94.

tum, welche darin deutlich hervor tritt, daß daſſelbe der ganzen Proceß-Form den Nahmen gab.

3°. Eine Stelle von Cicero (22), durch die ſehr ſtark angedeutet zu werden ſcheint, daß — in vollkommener Uebereinſtimmung mit unſerer Suppoſition — bey der sacramenti actio das Urtheil ſich zunächſt wörtlich darauf gerichtet habe, *utrius sacramentum iustum sit.*

Zur vollſtändigen Beantwortung der im Anfang dieſes § aufgeſtellten Frage bleiben uns jetzt noch folgende Bemerkungen übrig.

Es iſt bekannt, daß bey manchen Klagen neben dem weſentlich zum Grunde liegenden Rechte noch gewiſſe anderweitige Verhältniſſe vorausgeſetzt werden, damit der Proceß für den Kläger günſtig ausfallen könne. So erfordert z. B. die Eigenthumsklage außer dem Eigenthum des Klägers, auch Beſitz in der Perſon des Beklagten (23), und wenn wir

(22) pro Cæcina c. 33. „Quum Arretinæ mulieris li-„bertatem defenderem, et „Cotta decemuiris religionem „iniecisset, non posse *sacra-„mentum nostrum iustum iu-„dicari,* quod Arretinis ad-„empta ciuitas esset, et ego „uehementius contendissem,

„ciuitatem adimi non potu-„isse: decemuiri prima actione „non iudicauerunt; postea, „re quæsita et deliberata, „*sacramentum nostrum iustum* „*iudicauerunt.*“

(23) ſ. z. B. L. 9. L. 36. pr. De R. V.

oben gefunden haben, daß jenes strenge nach dem Zeitpunkt der L. C. beurtheilt werde, so fragt es sich nun erst noch besonders, auf welchen Moment bey diesem gesehen worden sey.

Darüber geht die Entscheidung unserer Quellen, sowohl für die Rei uindicatio als für mehrere ähnliche Fälle, z. B. die Hereditatis petitio und Actio ad exhibendum, ganz einstimmig dahin, es sey der Besitz nicht nach der Zeit der L. C., sondern nach der des Urtheils zu berücksichtigen.

Eine Hauptstelle ist L. 27. § 1. De R. V. (*Paulus*)

„Possidere autem aliquis debet utique et li-
„tis contestatæ tempore et quo res iudica-
„tur. Quod si litis contestationis tempore
„possedit, cum autem res iudicatur, sine
„dolo malo amisit possessionem, absoluen-
„dus est possessor. Item si litis contestatæ
„tempore non possedit, quo autem iudica-
„tur, possedit, probanda est Proculi sen-
„tentia, ut omnimodo condemnetur. Ergo
„et fructuum nomine, ex quo cœpit possi-
„dere, damnabitur" (24).

(24) Etwas auffallend ist es, daß die letzte Bestimmung dieses Fragments dem im Anfang desselben aufgestellten Satze, wenn man ihn genau nimmt, geradezu widerspricht, und doch wie eine bloße Folgerung daraus hingestellt ist.

Ganz in demselben Sinne äußern sich **Paulus**, **Ulpianus** und **Gajus** sowohl mit Beziehung auf die Rei uindicatio, als auch auf die Hereditatis petitio, die Actiones depositi und ad exhibendum, in L. 42. De R. V. L. 4. L. 18. § 1. L. 41. pr. De hered. pet. (25) L. 1. § 21. Depositi (26) L. 30. pr. De peculio. L. 7. §§ 4 — 6. L. 8. L. 11. § 2. Ad exhibendum.

Will man diesen Umstand nicht einer bloßen Ungenauigkeit im Ausdruck zuschreiben, so ließe sich folgendes zur Erklärung desselben wenigstens als möglich anführen. Die ganze an der Spitze stehende Regel oder doch der zuletzt angeführte Fall könnte entweder zwischen den beyden Schulen oder unter einzelnen Juristen bestritten gewesen seyn, und dieser Streit wäre von Paulus ausführlich erzählt worden; wogegen die Compilatoren sich mit den praktischen Resultaten begnügt, und nahmentlich jene Erzählung weggeschnitten hätten, — ein Verfahren, wovon wir auch sonst Beyspiele kennen, und welchem dann das Sonderbare in der Fassung der Stelle zuzuschreiben wäre. So vergleiche man *Vat. Fragm.* § 74. mit L. 1. § 2. De usufr. accresc., und *Gaii* Comm. IV. § 114. mit § 2. I. De perpet. et temp. act. — Nicht ganz unbedeutend ist es auch, daß unsere L. 27. § 1. sowohl, als die sogleich anzuführende L. 30 pr. De peculio sich auf Autoritäten, und nahmentlich beyde auf **Proculus** berufen.

(25) Hieher gehört auch L. 16. pr. De hered. pet., welche wohl verstanden von einem Falle spricht, wo der Betrag einer Obligation mit der hereditatis petitio, nicht aber mit der Contract-Klage verfolgt wird.

(26) (*Ulp.*) „Inde scribit „Neratius, si res deposita „sine dolo malo amissa sit,

Was wir nun bey den angeführten Klagen über das Requifit des Befitzes erfahren, daſſelbe gilt bey der *Actio de peculio* rückſichtlich des für die enbliche Condemnation weſentlichen Umſtandes, ob und wie viel *in peculio* ſey. Auch dabey ſoll einzig auf die Zeit des auszufällenden Urtheils geſehen werden, wie dieß deutlich enthalten iſt in L. 7. § 15. Quib. ex causis in po. d. L. 30. pr. De peculio (27) L. 5. § 2. De liberat. leg. l. 35. De fideïussoribus.

Der Grund übrigens, warum in dieſem ſowohl als in den vorher gehenden Fällen, der obigen Hauptregel zuwider, nicht auf den Zeitpunkt der L. C., ſondern des Endurtheils geſehen werden ſollte, iſt beſonders in d. L. 30. pr. klar angedeutet, und beſteht darin, daß der Befitz des Beklagten auf der ei-

„et post iudicium acceptum „recuperaretur, nihilominus „ad restitutionem reum com„pelli, nec debere absolui, „nisi restituat. Idem Nera„tius ait, quamuis nunc te„cum depositi actum sit, cum „restituendi facultatem non „habeas, horreis forte clusis, „tamen si ante condemnatio„nem restituendi facultatem „habeas, condemnandum te, „nisi restituas; quia res apud

„te est: tunc enim quæren„dum, an dolo malo feceris, „cum rem non habes.“ — Dieſer und der folgende § 22. ſind genau zuſammen zu halten mit dem, was *Gaius* Comm. IV. § 47. über die *Formula depositi in factum concepta* berichtet.

(27) Die Worte dieſer beyden Stellen ſ. unten § 50. Note 8. — Vgl. L. 43. L. pen. pr. eod.

nen, und der Inhalt des Peculium auf der andern Seite, nicht zu dem innern rechtlichen Grund und Bestand der betreffenden Klagen gehören, sondern bloße factische Bedingungen der Condemnation ausmachten, so wie sie denn auch in der Intentio gar nicht erwähnt wurden (28).

Eben deßwegen wird auch bey andern Moderationen der Condemnatio, wie z. B. bey derjenigen *in quantum reus facere potest*, eben auf die Zeit der Condemnation selbst gesehen (29).

§ 23.

So viel über die Hauptwirkungen der L. C. — Daneben finden sich nun freylich noch eine Menge einzelne Bestimmungen, die in einem gewissen Zusammenhang mit der L. C. stehen, und mehr oder weniger besondere Wirkungen derselben zu enthalten scheinen.

So entsteht in den Fällen, wo durch Stellvertreter litigirt wird, durch die L. C. für diese das

(28) Ueber die *Formula de peculio* s. unten § 50.

(29) L. 15. pr. L. 53. Sol. matrim. L. 63. § 6. Pro socio. — Ueber die Fälle, wo diese Moderation überhaupt vorkam, s. LL. 16. — 25. De re indicata. L. 7. De castren. pec. L. 28. De R. I. vgl. L. 49. De pactis.

f. g. *dominium litis* mit seinen Folgen (1), ferner beginnt mit dem Augenblick der L. C. das Verboth der *alienatio rei litigiosæ* seine Wirksamkeit (2), bey manchen Schätzungen kommt der Moment der L. C. in diesem oder jenem Gegensatz als Normal-Zeitpunkt zur Sprache (3); bey den Rechtsgeschäften, die wegen einer pupillaris ætas oder aus andern Gründen keine vollgültige Rechtsübertragung, Obligation oder Liberation bewirken konnten, wird das Maß der Bereicherung nach dem Augenblick der L. C. beurtheilt (4); bey gewissen alternativen Forderungen hört mit der L. C. die freye Wahl auf (5);

(1) f. L. 11. De dol. exc. L. 4. § 5. De appellationibus u. f. w.

(2) L. 1. § 1. De litigiosis. Auch für diese Lehre, die uns aber hier in ihrem Detail nicht interessiren kann, ist durch die neu entdeckten Quellen ein Licht aufgegangen. Man sehe *Gaii* Comm. IV. § 117. und Fragm. De iure fisci § 8. — Uebrigens sind bekanntlich auch bey den Theilungsklagen von der L. C. an alle Veräußerungen untersagt. L. 13. Fam. hercisc. L. 1. C. Comm. diuid.

(3) L. 22. De R. C. L. f.

De condict. tritic. (vgl. L. 3. eod. L. 11. De re iudicata) L. 3. § 3. L. 21. § 3. De A. E. V. L. 37. Mandati u. a. m.

(4) L. 7. pr. De donat. int. V. et V. L. 37. pr. De negot. gest. L. 34. pr. De minoribus. L. 47. pr. De solutionibus. L. 20. Quod met. ca. L. 4. De exceptionibus.

(5) L. 9. De V. O. L. 57. § 1. De solutionibus. L. 16. De duobus reis. L. 1. De penu legata. (vgl. L. 84. De V. O.) L. 112. pr. eod. L. 16. pr. De fideiussoribus.

die Frage nach der Solvenz mehrerer Fideiussores in
Beziehung auf das Beneficium diuisionis wird nach
dem Zeitpunkt der L. C. beantwortet (6) u. f. w.

Allein ich halte eine ausführliche Erörterung dieser und anderer Bestimmungen (7) an dieser Stelle
für überflüssig. Die einen sind überhaupt oder doch
für unsern Zweck unbedeutend und für das eigentliche
Wesen der L. C. wenig belehrend; andere erscheinen
mehr und weniger als bloß zufällige positive Einzelnheiten, und wieder andere ergeben sich aus den von
uns festgestellten allgemeinen Grundsätzen von selbst,
oder sind schon in andern Schriften bey dieser oder
jener Gelegenheit umständlich und genügend abgehandelt worden. Das letztere gilt nahmentlich von dem
Punkte des s. g. *Dominium litis* (8), der sonst allerdings noch eine genauere Betrachtung verdienen
würde.

(6) § 4. I. De fideiussoribus
(vgl. *Gaii* Comm. III. § 121.)
L. 51. §§ 1. 4. eod.

(7) Wahres und Falsches

dieser Art s. bey **Winckler**
a. a. O. Sect. 2. §§ 6—10.

(8) s. **Mühlenbruch**,
Cession der Forderungsrechte.
§§ 6—8.

Zweyter Abschnitt.

Von dem Urtheil und dessen Wirkungen im Allgemeinen.

----

§ 24.

Die wichtigste Handlung im Proceß und der eigentliche Zweck desselben ist das Urtheil (1). Dadurch wird bey einer ganz einfachen Proceß-Einrichtung der Streit Ein für alle Mahl beendigt und definitiv entschieden; es ist jetzt *res iudicata* vorhanden. Dieß war die Regel zur Zeit der Römischen Republik (2). Unter der Kaiserregierung bildete sich dagegen nach und nach ein System von Instanzen und somit der Unterschied zwischen Urtheil und rechtskräftigem

----

(1) Eine Schrift, welche ihrem Titel nach hieher zu gehören scheint, die aber für unsern Zweck gar nichts enthält, ist die Dissertation von *E. Burnouf* De re iudicata et de rei iudiciariæ apud Romanos disciplina. Lutetiæ Parisiorum 1824. 8.

(2) Zwar finden wir schon in dieser Zeit ein *Appellare Tribunos, Consules, Prætores;* aber es ist dieß durchaus nicht als ordentliches, regelmäßiges, sondern nur als außerordentliches Rechtsmittel zu betrachten, wenn schon darin zum Theil der Keim des spätern Instanzen-Zuges liegen mochte.

Urtheil. Es versteht sich aber von selbst, daß wir es hier weder mit diesem Unterschied im Allgemeinen, noch mit der speciellen Frage, wie ein Urtheil Rechtskraft erhalte, noch mit der Eintheilung in Zwischenurtheile und Endurtheile, noch mit der Execution des Urtheils, noch mit irgend etwas anderm, was zum processualischen Wesen und Wirken des Urtheils gehört, zu thun haben können. Wir verstehen hier unter Urtheil immer das rechtskräftige Urtheil, und betrachten dasselbe einzig aus dem Gesichtspunkt des materiellen Actionen-Rechtes; so daß unsere Aufgabe einfach dahin gefaßt werden kann:

„Welches ist der materielle Einfluß,
„den das Urtheil auf das streitige
„Rechtsverhältniß und die daraus
„entstandene Klage äußert, unter
„welcher Form dachten sich die Römer
„diesen Einfluß, und welche Rechts-
„mittel wurden von ihnen zur Reali-
„sirung desselben aufgestellt?“

Was vorerst die Idee des Urtheils im Allgemeinen, in ihrem Zusammenhang mit der abstracten Bedeutung des Richteramtes, was ferner den äußern, praktischen Zweck jedes Urtheils betrifft, so wird es zwar für den Fortgang unserer Untersuchungen wich-

tig ſeyn, daß dieſe beyden Punkte und beſonders der
letztere, beſtändig in deutlichem Bewußtſeyn vorſchwe-
ben, allein eine beſondere weitere Erörterung derſelben halte ich hier nicht für nothwendig, und glaube,
in dieſer Beziehung füglich auf das Wenige verweiſen zu können, was oben in der Einleitung zum
zweyten Buche (S. 73. ff.) dießfalls angedeutet worden iſt.

Wir wenden uns daher ſofort an die Beantwortung der aufgeſtellten Fragen aus dem Geſichtspunkt
des claſſiſchen Römiſchen Rechtes.

Hier iſt vor allen Dingen bekannt:

1°. Daß jedes Urtheil eine zweyte Conſumtion
der Klage bewirkt, oder, genauer ausgedrückt, ein
zweytes Rechtsmittel erzeugt, wodurch jede ſpätere
Anſtellung derſelben Klage erfolglos gemacht werden
kann.

2°. Daß daneben durch jedes condemnatoriſche
Urtheil eine neue ſelbſtändige Obligation entſteht,
kraft welcher der condemnirte Beklagte dem Kläger
zu der Leiſtung verpflichtet iſt, die ihm durch das
Urtheil aufgelegt wird. Die *Actio iudicati* iſt bekanntlich das Rechtsmittel, wodurch der Kläger dieſe
Forderung einklagen kann (3).

(3) Ueber dieſe aus jedem   Unterſchied entſtehende Obliga-
condemnatoriſchen Urtheil ohne   tio ſ. z. B. L. 35. De nox.

Was nun aber die besondere Art und Form betrifft, in welcher die Römer diese beyden Wirkungen sich denken und sie realisiren, nahmentlich auch das äußere formelle Verhältniß, in das sie dieselben zu einander setzen, so finden wir hier gerade dieselbe Verschiedenheit und dieselbe Eintheilung wie bey der L. C. Auch hier geht das Directe und das Indirecte, und zwar nach denselben Theilungsgründen sich parallel, und so wie dort unter den Wirkungen der L. C. die *Nouatio necessaria* obenan stand, so treffen wir auch hier wieder vor allem auf diesen Begriff, welcher ganz eigentlich an dieser Stelle seine zwehte Anwendung findet.

§ 25.

Hauptquelle sind hier wieder die oben schon angeführten und benutzten Stellen des Gajus (1). Daraus ergibt sich unmittelbar, daß genau in denselben Fällen, wo durch die L. C. die Actio novirt wird (2), durch das darauf folgende condemnato-

act. L. 2. §§ 7. 8. De hered. uend. L. 13. § 4. L. 16. § 6. De pignoribus. L. 36. Fam. hercisc. L. 8. § 3. De nouationibus. L. 3. § 11. De peculio. L. 9. § ult. eod. L. 29. § 5. L. 59. § 3. Mandati. L. 37. § 6. De opeiis libertorum. L. 4. § 7. De re iudicata. L. 29. De O. et A. L. 7. De solutionibus.

(1) Comm. III. § 180. f. und Comm. IV. §§ 106—108. Die Worte derselben f. oben S. 83. f.

(2) Es geschieht dieß bekannt-

rische Urtheil eine zweyte Novatio geschieht, durch
welche das aus dem *dare facere oportere* entstandene
condemnari oportere wieder zerstört und in ein entspre‑
chendes *iudicatum facere oportere* verwandelt wird.

Die Natur dieser zweyten Novatio nun, sowohl
im Allgemeinen, als besonders auch in ihrer Aehn‑
lichkeit und Verschiedenheit von der contractlichen
Novatio, ist ganz dieselbe wie die der ersten durch die
L. C. entstehenden (3), auf deren Darstellung (4)
wir also hier bloß verweisen dürfen.

lich immer, wo eine *Actio in
personam in ius concepta* den
Gegenstand eines *legitimum
iudicium* ausmacht.

(3) Ich würde etwas ganz
überflüssiges zu thun glauben,
wenn ich eine besondere De‑
monstration dieser Behauptung
unternähme. Es kann nähm‑
lich an ihrer Wahrheit kaum
gezweifelt werden, wenn man
theils die oben angeführten
Stellen, von denen die einen
von der L. C., die andern vom
Urtheil reden, insbesondere die
L. 29. De nouationibus. L. 22.
De tutelæ et rationibus. L. 11.
pr. De pigner. act. L. 13.
§ 4. De pignoribus mit einan‑

der vergleicht, und die Gleich‑
artigkeit ihres Inhalts berück‑
sichtigt; theils wenn man be‑
denkt, Ein Mahl, daß die
Eigenthümlichkeiten, welche die
Novatio durch L. C. von
der contractlichen Novatio
unterscheiden, praktisch ganz
bedeutungslos würden, wenn
sie nicht auch der Novatio
durch Urtheil zuzuschreiben
wären; und zweytens, daß die
Gründe derselben in dem einen
Fall ganz ebenso wie in dem
andern vorhanden sind. — Für
die angeführten Stellen vgl.
übrigens § 10. Note 1. u. 6—8.

(4) f. oben §§. 82 — 102.

Vergleichen wir die gedoppelte Wirkung dieser zweyten Novatio, nähmlich Aufhebung der bisher bestehenden Obligatio *condemnari oportere*, und Entstehung der neuen Obligatio *iudicatum facere oportere*, mit dem natürlichen Zweck jedes Endurtheils, der in Beendigung des Streites und Sicherung seines Resultates für die Parteyen besteht; so ist es klar, daß dieser Zweck auf jene Weise durchweg vollständig erreicht wird. Der Kläger, welcher seine Klage so bis zur Condemnation durchgeführt hat, ist in Zukunft nie mehr im Fall, dieselbe Klage noch ein Mahl anstellen und sich auf die Einwendungen des Beklagten einlassen zu müssen, denn sein bisher streitiges Klagerecht ist jetzt in eine einfache, unbedingte Klage auf Execution verwandelt, deren einziges und völlig festes Fundament das richterliche Urtheil ist. Zugleich hat aber auch der Beklagte den unter Umständen (5) sehr wichtigen Vortheil erlangt, seine ganze Verpflichtung in eine bestimmte Summe gefaßt zu sehen, und nun vor allen weitern Ansprüchen aus demselben Rechtsgrund, ja sogar, wo nicht besondere Vorsichtsmaßregeln des Klägers die Consumtion der ganzen Actio hinderten,

(5) Man denke besonders an die zahlreichen *actiones in personam*, welche Formula mit *incerta intentio* haben.

aus dem ganzen, oft noch viel mehr umfaſſenden Rechtsverhältniſſe geſichert zu ſeyn.

So verhielt ſich die Sache in dem Falle eines condemnatoriſchen Urtheils. Dagegen wo eine Abſolution erfolgt war, da konnte von einer ſolchen Novatio keine Rede ſeyn, denn wenn kein *dare oportere* exiſtirt, ſo kann es auch nicht durch Novation in ein *condemnari oportere* verwandelt werden; und wo eine Abſolution geſchieht, da kann natürlich kein *iudicatum facere oportere* begründet werden. Dennoch leidet es wohl keinen Zweifel, daß der Beklagte in dieſem Fall durch das Urtheil direct und völlig gegen jeden künftigen An- ſpruch geſichert war. Er darf ja die mit der zuerſt angeſtellten identiſche Klage nur als an ſich begrün- det voraus ſetzen, um dieſelbe als conſumirt ſo- gleich abzuweiſen, und überhaupt verſteht es ſich doch gewiß von ſelbſt, daß, wo ſelbſt ein gegründetes Kla- gerecht durch die bloße gerichtliche Verfolgung *ipso iure* zerſtört wird, da gewiß ein bloßer unge- gründeter Scheinanspruch (denn als ſolcher wird eine Klage eigentlich durch die Abſolution dar- geſtellt) durch das abſolutoriſche Urtheil ebenfalls vollſtändig und geradezu vernichtet werden muß.

Man darf ſich die Sache auch nur, wie ſie ſich

p r o c e f f u a l i f ch geftaltete, vergegenwärtigen, fo
wird jeder Zweifel an dem Gefagten verfchwinden.

Gefeßt, jemand ftellt eine Actio commodati an,
führt den Proceß bis zum Urtheil durch, und wird
abgewiefen. Nachher tritt er mit derfelben Klage
wieder auf. — Ift es hier fchon vor dem Prätor
klar und unbeftritten, daß die Forderung, über welche
früher ein abfolutorifches Urtheil ausgefprochen worden war, diefelbe fey, die der Kläger jetzt wieder
verfolgt, fo beendigt fchon der Prätor die Sache,
indem er gar keine Klage ertheilt. In diefem Falle
tritt alfo der Gegenfatz zwifchen *ipso iure* und *per
exceptionem* gar nicht hervor (6). Wird dagegen
diefer Sachverhalt in Jure nicht geltend gemacht,
oder ift er doch nicht unbeftritten, fo ertheilt der
Prätor die einfache Formula der Actio commodati.
Eine befondere Claufel, wodurch der Juder erft noch
angewiefen würde, auf das frühere Urtheil Rück-
ficht zu nehmen, und wenn es fich damit auf die angegebene Weife verhielte, ausnahmsweife nicht zu
condemniren, wäre ganz überflüffig, denn die e i n -
f a ch e F o r m u l a bevollmächtigt ihn fchon dazu. Sie
lautet nähmlich fo: „*Quod u. f. w. Quicquid ob
„eam rem N. N. A. A. dare facere oportet, con-*

(6) Man vergleiche über diefe formelle Bemerkung L. 9. pr.
De iureiurando.

„*demna.*" Sobald nun dem Juder das angegebene Verhältniß des gegenwärtigen Processes zu dem frühern vorgebracht wird, so muß er dasselbe untersuchen, weil es für die ihm zugewiesene Frage, *quid reum dare facere oporteat*, von entscheidender Wichtigkeit ist; denn *quicquid ob eam rem dari fieri oportuit* ist durch den ersten Proceß consumirt, und hat aufgehört *dari fieri debere*. Er muß daher schon in Folge der einfachen Formula absolviren, und einer besondern Exceptio bedarf es gar nicht, um ihn auf diesen Grund der Absolution hinzuweisen.

So scheint die Behauptung, daß das absolutorische Urtheil in der ersten Classe von Fällen, mit welcher wir es hier zu thun haben, gerade so, wie das condemnatorische, *ipso iure* und nicht bloß *ope exceptionis* wirke, aus innern Gründen von der materiellen sowohl als der formellen Seite vollständig gerechtfertigt, so daß wir der besondern Autorität der Quellen gar nicht bedürfen. Allein ich glaube, daß uns auch diese durchaus nicht abgeht. Fassen wir nähmlich unsere beyden Hauptstellen bey Gajus (7) in's Auge, so spricht zwar allerdings die erste derselben bloß vom condemnatorischen Urtheil, aber wenn wir nur den Zusammenhang berück-

(7) Comm. III. 180. f. Comm. IV. §§ 106 — 108. allegg.

sichtigen, so hat dieß gar nichts auffallendes. Gajus erwähnt hier die L. C. und das Urtheil bloß als Gründe der Aufhebung von Obligationen; er setzt also eine wirklich bestehende Obligatio voraus, und es ist ganz natürlich, daß ihm der regelmäßige Fall, nähmlich daß der Juder dieselbe auch wirklich erkennt und schützt, also den Schuldigen condemnirt, vor Augen schwebte. Er hatte somit an dieser Stelle gar keine Veranlassung, auch von der Wirkung des absolutorischen Urtheils zu reden. Anders verhält sich dieß an der zweyten Stelle, wo von der Wirkung der Proceß-Führung um ihrer selbst willen die Rede ist. Da mußte er nothwendig an das absolutorische Urtheil eben so gut wie an das condemnatorische denken, und da er hier nun gerade ganz allgemein sagt, daß in unserer Classe von Fällen das Urtheil *ipso iure* wirke, so sind wir gewiß auch vollkommen berechtigt, diesen Satz sowohl auf das absolutorische als auf das condemnatorische Urtheil zu beziehen.

§. 26.

So viel für Ein Mahl von der directen Wirkung des Urtheils.

Wir kommen jetzt an die Frage, wie in denjenigen Fällen, wo die Römer eine solche directe Wir-

kung nicht annahmen (1), der Erfolg des Urtheils
gedacht und realifirt worden fey.

Auch hier erscheint diese Wirkung als eine dop=
pelte:

1°. Aus jeder Condemnation entsteht eine
neue Obligatio, deren Inhalt ebenfalls ist, *iudicatum facere oportere*, und welche durch die
actio iudicati verfolgt wird (2).

2°. In jedem Fall Zerstörung der alten Ac=
tio (3), jedoch nicht *ipso iure*, wie im vorigen Fall,
wo der Untergang der bisherigen Obligation dem Be=
griff der Novation zufolge mit der Entstehung der
neuen in Eins zusammen fiel; sondern bloß auf dem
indirecten Wege der *Exceptio rei iudicatæ*, welche
also in dieser Beziehung dem zerstörenden Ele=

(1) Dahin gehören bekannt=
lich alle Fälle eines *iudicium
quod imperio continetur*, einer
actio in rem und einer *actio
in factum concepta. Gai.* II. cc.

(2) f. oben § 24. Note 3.

(3) Man könnte etwas sinn=
loses und lächerliches darin
finden, daß die Actio, welche
durch die L. C. bereits zerstört
ist, nun durch das Urtheil noch
ein Mahl zerstört werden sollte.
Allein die Meinung ist nur

die: es entstehe durch die bloße
Existenz des Urtheils ein neuer
Grund und ein neues Rechts=
mittel, worauf gestützt der
Beklagte dieselbe Klage in Zu=
kunft abweisen kann. Was
aber diese Mehrheit von Rechts=
mitteln zur Erreichung des
nähmlichen Zweckes für eine
praktische Bedeutung habe,
davon wird weiterhin die Rede
seyn.

ment der Nouatio necessaria parallel geht (4). Ueber die Bedeutung dieses Parallelismus ist folgendes zu bemerken:

Durch die vorhin entwickelte zweyte Novatio wird, wie sich von selbst versteht, nicht die ursprüngliche Obligatio, sondern die durch die L. C. an deren Stelle getretene, also das *Condemnari oportere* zerstört. Ebenso, könnte man denken, würde sich nun in den Fällen der zweyten Art die zerstörende Wirkung, welche durch die Exc. rei iudicatæ realisirt werden soll, auch nicht auf die ursprüngliche Actio, sondern bloß auf das neue, durch die L. C. entstandene Rechtsverhältniß beziehen. Allein wie unrichtig diese Ansicht wäre, ist schon daraus klar, daß auf diese Weise die Exc. rei iudicatæ ein ganz sinnloses Institut würde; denn was auch immer die Bedeutung der durch die L. C. entstehenden Obligatio sey, so entsteht doch daraus auf jeden Fall niemahls eine Actio, — eine Exceptio aber ohne Beziehung auf eine Actio ist Unsinn. Zudem muß man bedenken, daß der einzige Grund, warum sich die zerstörende Wirkung der zweyten Novatio auf die durch die erste entstandene Obligation bezieht, der ist, weil diese den ganzen

(4) s. *Gaii* Comm. III. § 181. Comm. IV. §§ 106. 107. citt.

Stoff der ursprünglichen Obligation in sich aufgenommen hat, so daß also am Ende doch der materielle Inhalt der ersten Obligatio, nicht aber die durch die L. C. hinzu gekommene sehr unbedeutende und bloß formelle Zuthat den Hauptgegenstand der zerstörenden Wirkung der zweyten Novatio ausmacht. Daher ist es denn ganz natürlich, daß in den Fällen unserer zweyten Art, wo ipso iure die ursprüngliche Actio stehen bleibt, die indirecte zerstörende Wirkung des Urtheils und ihr Organ, die Exc. rei iudicatæ sich eben auf dieses ursprüngliche Rechtsverhältniß bezieht, folglich mit der Consumtion durch L. C. und der Exc. rei in iudicium deductæ Einen und denselben Gegenstand hat.

So müssen wir also sagen: die Regel der Consumtion durch Proceß kann realisirt werden von dem Augenblick der L. C. bis zu dem des Urtheils einzig durch die Exc. rei in iudicium deductæ, nachher aber theils weiterhin durch diese, theils durch die Exc. rei iudicatæ; und beyde kann nach freyer Wahl der Beklagte der Wiederhohlung der Actio entgegen setzen.

Wie es nun aber komme, daß wir in unsern Quellen die Exc. rei iudicatæ zwar sehr oft, die Exc. rei in iudicium deductæ aber niemahls in dieser Anwendung antreffen, davon ist zum Theil schon

14

oben bey den Wirkungen der L. C. einiger Maßen die Rede gewesen (5), und die folgenden Beobachtungen sollten noch mehr zur Beantwortung dieser Frage beytragen.

§ 27.

Sehen wir jetzt auch bey dieser zweyten Art von Iudiciis, wo keine Novation geschieht, danach, wie durch die so eben aus einander gesetzten Folgen der Res iudicata der eigentliche Zweck jedes Urtheils, d. h. Beendigung des Streites und Sicherung des gewonnenen Rechtssatzes für die Partey, welche dabey interessirt ist, erreicht werde; und fragen wir nahmentlich, ob dafür dem Beklagten die Regel der Consumtion in der rechtlichen Form der Exc. rei iudicatæ, dem Kläger die Actio iudicati genüge, so ist dieß für die Actiones in personam auch hier wieder im Ganzen zu bejahen, und zwar aus denselben Gründen, die oben, wo dieselbe Frage bey der Nouatio necessaria entstand, dargelegt worden sind (1).

(5) f. S. 109.

(1) Die Actiones in personam, mit denen wir es hier zu thun haben, sind ihrem Material nach mit denjenigen, bey welchen die Novatio Statt fand, theils identisch, theils gleichartig, und es ist bloß die formelle Beschaffenheit des Judicium, dessen Gegenstand sie ausmachen (wenn dieses ein *imperio continens* ist), oder ihrer selbst (wenn sie *in factum conceptæ* sind), welche sie von

Dagegen bey den Actiones in rem verhält es sich etwas verschieden, und da müssen wir zuerst den Punkt erörtern, was bey diesen eigentlich der als Resultat des ganzen Processes für die eine oder die andere Partey gewonnene und nun für die Zukunft zu sichernde Rechtssatz seyn könne.

Bey den *Actiones in personam* braucht diese Frage im Allgemeinen gar nicht aufgeworfen zu werden, denn hier ist das streitige Rechtsverhältniß in der Regel völlig gleichartig mit dem möglichen Resultat des Urtheils, d. h. mit der Condemnation, mit andern Worten: Intentio und Condemnatio sind gleichnahmig (2): was der Beklagte dem

der ersten Classe ausschließen, und in diese zweyte bringen. Diese bloß formelle Verschiedenheit soll aber ja eben im Effect des Processes keinen fachlichen, sondern bloß einen formellen Unterschied hervor bringen. Es ist daher gewiß keine willkührliche Annahme, daß in unserer zweyten Classe der eigentliche praktische Zweck des Urtheils dem endlichen Effect nach ganz ebenso wie durch die Novatio erreicht wird.

(2) Etwas anders verhält es sich freylich bey den eben nicht seltenen persönlichen Actiones in factum conceptæ, aber diese kommen doch mit den hier beschriebenen Klagen großen Theils darin überein, daß auch bey ihnen die Condemnation einziger Zweck ist, und daß das in der Intentio stehende, also ihre Bedingung und den Gegenstand der Untersuchung ausmachende Factum nicht das mindeste Interesse mehr hat, sobald die Condemnation erfolgt

Kläger schuldig ist, dazu soll der Juder ihn verur-
theilen; das Object der Intentio und somit der
richterlichen Untersuchung fällt mit dem der
Condemnatio in Eins zusammen, und nur die
unwesentliche Verschiedenheit bleibt möglich, daß in
der Intentio eine Sachschuld, in der Condemnatio dagegen ihr Geldwerth erscheint. So
wird also hier durch die Condemnation und die daraus folgende *Actio iudicati* das Recht des Klägers
geradezu und unmittelbar realisirt, und es kann daher hier nach dem Urtheil kein Interesse mehr haben,
von der Frage „Wozu ist condemnirt?" ab-
gesondert noch die Frage aufzustellen: „Was ist
über das streitige Rechtsverhältniß vom
Juder geurtheilt?"

Ganz anders verhält sich alles dieses bey den
Actiones in rem. Hier ist das streitige Rechtsverhältniß und der Inhalt der Condemnation völlig

ist. Nicht zu vergessen ist
aber die beträchtliche Anzahl
von Actiones in personam
(und zwar sowohl *in ius* als
als auch *in factum conceptæ*),
welche ein *Arbitrium de restituendo* oder *de exhibendo* enthalten. Auf diese paßt allerdings wenigstens zum Theil

dasjenige ebenfalls, was im
Folgenden in Beziehung auf
die *in rem actiones* entwickelt
wird, nur daß bey jenen denn
doch in der Regel der Inhalt
der Intentio nicht ein so blei-
bendes Interesse wie bey diesen
haben kann.

ungleichartig. Die Intentio spricht von einem ding=
lichen Recht, — Eigenthum, Erbrecht u. dgl., wel=
ches den Gegenstand der Untersuchung ausmachen
soll; die Condemnatio dagegen von einer persönlichen
Geld=Prästation, und zwar das letztere gar nicht
darum, weil man voraus setzen kann, daß der Klä=
ger sein dingliches Recht nur darum zur Untersu=
chung bringe, damit er zu dieser Condemnation ge=
lange, sondern bloß, weil es ein Mahl Proceß=Re=
gel ist, daß die Instruction des Juder immer auf
eine Condemnation in Geld gerichtet seyn
müsse (2). So brachte es denn das praktische Be=
dürfniß mit sich, und es war dieß schon in der For=
mula angedeutet (3), daß hier gar nicht sogleich zur

(2) *Gaii* Comm. IV. § 48.

(3) Durch die Worte „*nisi
restituat*“ u. dgl. Man sehe
Cic. in Verrem lib. II. c. 12.
„Dubium nemini est, quin
„omnes omnium pecuniæ po=
„sitæ sint in eorum potestate,
„qui iudicia dant, et eorum
„qui iudicant; quin nemo
„nostrum possit ædes suas,
„nemo fundum, nemo bona
„patria obtinere, si, cum hoc
„a quopiam uestrum petita
„sint, prætor improbus, cui

„nemo intercedere possit, det
„quem uelit iudicem, iudex
„nequam et leuis, quod præ=
„tor iusserit, iudicet. Si uero
„illud quoque accedet, ut in
„ea uerba prætor iudicium
„det, ut uel L. Octauius Bal=
„bus iudex, homo et iuris et
„officii peritissimus, non pos=
„sit aliter iudicare; si iudi=
„cium sit eiusmodi: „*L. Octa=
„„uius iudex esto. Si paret
„„fundum Capenatem, quo de
„„agitur, ex iure Quiritium*

Condemnation geschritten wurde, wenn sich die Intentio gegründet fand, sondern in diesem Falle wurde

„„*P. Seruilii esse, neque is
„„fundus Q. Catulo restitue-
„„tur*“: — non necesse erit
„L. Octauio iudici cogere
„P. Seruilium Q. Catulo fun-
„dum restituere, aut conde-
„mnare eum, quem non opor-
„teat?“ rel. — Wenn man
nun die in dem vorliegenden
Beyspiele in des Prätors Nahmen absichtlich hinein gebrach-
ten Fehler wegräumt, so ergibt
sich aus dieser Stelle, daß die
Formula petitoria so lautete:
„ . . . Si paret fundum . . .
„*ex I. Q. Auli Agerii esse,
„neque is fundus Aulo Age-
„rio restituetur,* . . . conde-
„mna.“ — Ganz ebenso ver-
hielt es sich bey der Erbschafts-
klage, welche wenigstens zur
Zeit der classischen Juristen die
formula petitoria mit der Eigenthumsklage so ganz gemein
gehabt zu haben scheint, daß
eine Erbschaft bloß als einzelnes Object Einer und derselben Actio betrachtet wurde.
Auch die *actio hypothecaria*

scheint nach L. 31. § 3. De
pignoribus das *Nisi restituat*
enthalten zu haben. Ferner
verhielt es sich wohl auch bey
den Servituten = Klagen auf
ähnliche Weise, nach L. 7. Si
seruit. uindic., wo Paulus
sagt: „Harum actionum euen-
„tus hic est, ut uictori officio
„iudicis aut res præstetur aut
„cautio. *Res ipsa* hæc est,
„ ut iubeat aduersarium iudex
„emendare uitium parietis et
„idoneum præstare. *Cautio*
„hæc, ut eum iubeat de re-
„ficiendo pariete cauere, ne-
„que se neque successores
„suos prohibituros altius tol-
„lere sublatumque habere:
„et, si cauerit, absoluetur;
„*si uero neque rem præstat,*
„*neque cautionem, tanti con-*
„*demnet, quanti actor in litem*
„*iurauerit.*“ — Ueber den
Anfang der Formula petitoria s. übrigens *Gai.* Comm. IV.
§§ 41. 45. 91. 92. vgl. §§ 34.
36. Betreffend ihre Condemnatio s. ib. §§ 51. 43. —

vielmehr der Satz der Intentio als ein wahres vorläufiges Urtheil förmlich ausgesprochen, in Folge
desselben dem Beklagten die Restitution der Sache
selbst anbefohlen (4), und dieser Befehl nöthigen Falls
richterlich exequirt (5).   Nur wo der Kläger dieß

Für die formelle Identität der
Eigenthumsklage und der Hereditatis petitio f. mit Beziehung auf die Zeit der Legis
Actiones: *Gaii* Comm. IV.
§ 17., rücksichtlich der Formula
petitoria in der classischen Zeit:
L. 3. L. 10. De hered. pet.

(4) f. L. 35. § 1. De R. V.
(*Paulus*) „Ubi alienum fun-
„dum petii, et *iudex sententia*
„*declarauit meum esse,* debet
„etiam de fructibus possesso-
„rem condemnare . . .; alio-
„quin *neo rem arbitrabitur*
„*iudex mihi restitui,* et quare
„habeat, quod non esset ha-
„biturus, possessor, si statim
„possessionem restituisset?"
Conf. L. 9. eod. L. 3. § 1. in
fi. De Public. act. L. 13. § 9.
De acquir. poss. L. 4. § 1.
De re iudicata. L. fi. De fideiussoribus. L. 6. § 2. De confessis. L. 9 § 1. De furtis.

(5) f. L. 58. De R. V. und
ganz besonders L. 68. eod.,
deren Worte (aus *Ulp.* lib. 51.
ad Ed.) so lauten : „*Qui re-*
„*stituere iussus iudici non pa-*
„*ret,* contendens non posse
„restituere; *si quidem habeat*
„*rem, manu militari officio*
„*iudicis ab eo possessio trans-*
„*fertur,* et fructuum duntaxat
„omnisque causae nomine con-
„demnatio fit.   Si uero non
„potest restituere, si quidem
„dolo fecit, quominus possit,
„is, quantum aduersarius in
„litem sine ulla taxatione in
„infinitum iurauerit, damnan-
„dus est.   Si uero nec potest
„restituere, nec dolo fecit,
„ quominus possit, non pluris
„quam quanti res est, i. e.
„quanti aduersarii interfuit,
„condemnandus est.   Haec
„sententia generalis est, et
„ad omnia siue interdicta siue

nicht verlangte (6), oder wo die Restitution in Natura unmöglich war, erfolgte dann Schätzung und Con=demnation in Geld. Kurz es ist klar, daß, wo es

„actiones in rem, siue in „personam sunt, ex quibus „arbitratu iudicis quid resti=„tuitur, locum habet." — Eine ausführliche Interpreta=tion dieser in mehrfacher Be=ziehung sehr wichtigen Stelle wäre hier nicht an ihrem Platze; nur so viel ist zu bemerken: Es ist besonders aus den End=worten derselben offenbar, daß diese Idee eines vom Iudex nach Untersuchung der Haupt=sache auszufällenden vorläufi=gen *arbitrium* und dessen all=fälliger Execution, — eine Idee, wodurch der Römische Grund=satz, daß jede wahre Conde=mnation auf Geld lauten müsse, mit dem praktischen Gefühle erst versöhnt werden kann — ihrer Anwendung nach viel weiter greift, als wir hier davon zu reden veranlaßt sind, und daß sie nahmentlich gar nicht bloß die in rem actiones, die wir hier recht eigentlich im Auge haben, berührt. Welches

nun aber die Arten von Kla=gen gewesen seyen, die dieses Verfahren im Allgemeinen zu=ließen, und unter welchen Be=dingungen insbesondere die Execution eines arbitrii im einzelnen Fall wirklich einge=treten sey; sind zwey Fragen von dem höchsten Interesse, die bis jetzt noch wenig Bearbeiter gefunden haben, und auf deren Beantwortung wir uns natür=lich hier nicht einlassen können. Die ersten gründlichen Unter=suchungen über diesen Punkt finden wir in einer — sonder=barer Weise und gewiß ohne ihre Schuld — wenig bekann=ten Schrift von *G. I. Ribben=trop*, Commentatio ad L. 16. § 5. De pignoribus et L. 9. § 1. De exceptione rei iudi=catæ. Gottingæ 1824. 4. (§§ 2—4.), eine Abhandlung, die wir weiterhin noch oft dankbar benutzen werden.

(6) s. *Ribbentrop* l. l. p. 8. und Glück Pandekten Bd. 8.

sich um die Bestimmung des Resultats eines Processes über eine *Actio in rem* handelt, zweyerley
zu betrachten ist; Ein Mahl das Urtheil über
das dingliche Recht selbst, also über den
Inhalt der Intentio (7), und dann das
eigentliche Endurtheil (8), die Condemna-

S. 227. f. — Man vergleiche
jedoch auch L. 3. § 2. De reb.
eor. qui sub tut.

(7) In dieser ganzen Lehre
steht die *Actio hypothecaria*
der Sache nach den civi-
len Actiones in rem ganz
gleich, wenn sie schon ohne
Zweifel *in factum concepta*
war, in der Intentio also nur
von der Verpfändung,
nicht von dem Pfandrechte
die Rede seyn konnte. Denn
dieß hatte seinen Grund bloß
in dem prätorischen Ur-
sprung der Klage; dem
Wesen nach hatte dieselbe
ganz die Natur der civilen
Actiones in rem. Ueber die
Formula der Actio hypothecaria f. L. 1. C. Si pign.
conuent. L. pen. § 1. in fi.
De exc. rei iudic. L. 13. § 1.
Ad SC. Vellei. L. 13. § 4.

De pignoribus. L. 19. C. De
usuris. — Vgl. *Ribbentrop* a.
a. O. § 4. S. 41. ff. *Francke*
civil. Abhandl. S. 117.

(8) Recht deutlich sind diese
beyden Punkte aus einander
gehalten in L. pen. De hered.
pet. (*Neratius*) „Cum idem
„eandem hereditatem aduer-
„uersus duos defendit, et *se-
„cundum alterum ex his iudi-
„catum est*; quæri solet, utrum
„perinde ei hereditatem *resti-
„tui oporteat*, atque oporteret,
„si aduersus alium defensa
„non esset; ut scilicet, si
„mox et *secundum alium fue-
„rit iudicatum, absoluatur* is
„cum quo actum est, quia
„neque possideret neque dolo
„malo fecerit, quominus pos-
„sideret, quod *iudicio uictus
„restituerit*; an quia possit et
„*secundum alium iudicari*, non

tio (9) oder Absolutio. Eben so gewiß ist es aber, daß nur aus einer wahren Condemnatio die

„aliter *restituere debeat,* quam „si cautum ei fuerit, quod „aduersus alium eandem he„reditatem defendit. Sed me„lius est, officio indicis cau„tione uel satisdatione uicto „mederi, cum et res salua „sit ei, *qui in executione tar„dior uenit, aduersus priorem „uictorem.*" — Für die Ser= vituten=Klagen vgl. L. 4. §§ 3. 4. Si seruit. uindic. Uebri= gens ist es wohl unwidersprech= lich, wenn *Ribbentrop* l. c. pag. 40. in not. sagt: „Illud „probe tenendum est, senten„tia illa, de qua agimus (d. i. „das vorhergehende arbitrium), „nunquam iudicium finiri „potuisse, sed semper aut „pecuniariam condemnatio„nem, aut, si reus plene „paruisset, absolutionem sub„secutam esse." Auch die Gründe für diesen Satz wer= den a. a. O. völlig genügend nachgewiesen.

(9) Es ist offenbar in einem allgemeinern, uneigentlichen

Sinne, wenn in L. 58. De R. V. der Ausdruck *condemnari* auf das e r s t e Urtheil bezogen wird. Hier sagt nähmlich P a u= l u s: „A quo seruus peteba„tur, et eiusdem serui nomine „cum eo furti agebatur, quæ„rebat, si utroque iudicio „*condemnatus esset,* quid se „facere oporteret, si prius „seruus ab eo euictus esset. „Respondit, non oportere iu„dicem cogere, ut eum tra„deret, nisi ei satisdatum „esset (quod pro eo homine „iudicium accepisset), si quid „ob eam rem datum esset, „id recte præstari. Sed si „prius de furto *iudicium fa„ctum esset,* et hominem noxæ „dedisset, deinde de ipso ho„mine *secundum petitorem iu„dicium factum esset,* non de„bere ob eam rem iudicem, „quod hominem non traderet, „litem æstimare . . ." — f. *Ribbentrop* l. c. pag. 39. not. 39.

Actio iudicati entſtehen kann (10). Gäbe es alſo außer
der Actio iudicati nichts, wodurch der Kläger ſich das
Reſultat des Proceſſes ſichern könnte, ſo wäre das
in der That allerwichtigſte Urtheil über das dingliche Recht ſelbſt, welches den Inhalt der Intentio
ausmacht, für die Zukunft ganz nutzlos, weil es
an einem Rechtsmittel, wodurch daſſelbe geltend gemacht werden könnte, völlig fehlen würde. Und
dieſer Mangel muß ſogleich um ſo unerträglicher erſcheinen, wenn man bedenkt, daß ſogar unter den
Fällen, wo der Kläger gewinnt, es nach der Art,
wie ſich höchſt wahrſcheinlich die Sache praktiſch im
täglichen Leben geſtaltete, wohl der gewöhnliche war,
daß die Actio iudicati gar nicht entſtand, indem der
Beklagte dem Reſtitutions-Befehl des Judex (11)
gehorchte, und ſomit wenigſtens in der Hauptſache

(10) Man ſehe z. B. L. 28.
§ 8. De iureiurando. Dieſer
Satz wird auch von *Ribbentrop*
a. a. O. S. 7. f. ſtillſchweigend
voraus geſetzt, wenn er die
ganz richtige Behauptung auf=
ſtellt, daß eine Geldſumme
das einzig mögliche Object der
Actio iudicati ſey.

(11) Es verſteht ſich, daß
wir hiebey von der Ueberzeu=
gung ausgehen, daß dieſer

Befehl erſt nach vollendeter
Unterſuchung und Beurtheilung
des in Frage ſtehenden Rechts=
verhältniſſes erlaſſen wurde,
und recht eigentlich als deren
Product zu betrachten iſt; nicht
aber in dem Sinne als ein
vorläufiger Befehl be=
trachtet werden darf, als wäre
damit das Verfahren vor dem
Judex gleichſam eröffnet
worden.

absolvirt wurde. Zudem ist mit der Actio iudicati auch in allen denjenigen Fällen nicht zu helfen, wo der in dem beendigten Proceß siegreiche Kläger nachher in die Lage kommt, als Beklagter von dem über sein dingliches Recht gefällten Urtheil Gebrauch zu machen (12).

So kann es also schon von vorne herein keinen Zweifel haben, daß sich im Römischen Recht Mittel finden mußten, wodurch in allen diesen Fällen das positive Resultat des Processes, d. i. das Urtheil über das dingliche Recht selbst, für die Zukunft den Parteyen gesichert wurde. Auch lassen uns hierüber unsere Quellen keineswegs im Dunkeln.

(12) Dieser Fall kann bey den Klagen über dingliche Rechte darum besonders leicht vorkommen, weil hier das streitige Recht gar keine persönliche Beziehung, wie die zwischen Creditor und Debitor, hat, sondern auf einem directen Verhältniß zu einer Sache beruht. Dieses aber kann natürlich auf vielerley Art zur richterlichen Entscheidung kommen, es ist sehr leicht denkbar, daß A heute von B, morgen B von A dieselbe Sache vindicire, und ein Wechseln der Rollen des Klägers und des Beklagten hat hier gar nichts auffallendes. Möglich ist dieses letztere allerdings auch bey persönlichen Klagen, nahmentlich bey denjenigen, welche gegenseitige Ansprüche betreffen können. Beyspiele sehe man in L. 8. § 2. De negot. gest. L. 7. § 1. De compensationibus. L. 1. § 4. De contrar. tut.

§ 28.

Setzen wir zuerst den Fall, daß der Kläger, welcher eine dingliche Klage mit Erfolg durchgeführt hat, nachher in den Fall kommt, als Beklagter das über sein Recht gewonnene Urtheil gelten zu machen (1): z. B. A stellt gegen B die Rei uindicatio an: der Judex spricht aus, der Kläger sey Eigenthümer, und befiehlt dem B zu restituiren; dieser gehorcht, und wird absolvirt oder doch bloß der Nebensachen wegen condemnirt. Darauf tritt aber B gegen den nunmehrigen Besitzer A mit der Rei uindicatio auf. Offenbar wird dadurch der für A durch das vorher gefällte Urtheil gewonnene Rechtssatz angegriffen, denn Eigenthum in der Person des A involvirt Nichteigenthum des B. Hier standen daher auch die Römischen Juristen nicht an, dem A zur Geltendmachung des frühern Urtheils ein Rechtsmittel zu geben, und es war dieß, wie aus der Entscheidung gerade des angeführten Falles durch P a u l u s (2)

---

(1) Die andern Fälle, wo er als Kläger in diese Lage kommt, werden erst unten bey den praktischen Nachtheilen des Consumtions = Principes und den Mitteln dagegen abgehandelt werden. -

(2) L. pen. § 1. in med. De exc. rei iud. „. . . si de „proprietate fundi litigatur, „et secundum actorem pro- „nunciatum fuisset, dicere- „mus, petenti ei, qui in „priore iudicio uictus est,

und Ulpian (3) erhellt, kein anderes als die *Exceptio rei iudicatæ.* Diese erscheint uns also hier in einer neuen, zweyten Function, nähmlich als Rechtsmittel zur Geltendmachung des positiven Resultates eines frühern Rechts= streites; während wir sie bisher bloß als Organ der rein negativen, zerstörenden Wirkung des durchgeführten Processes, d. h. der Consumtion der Actio kennen lernten.

Diese gedoppelte Function der Exceptio rei iu= dicatæ nun ist nicht allein im Begriffe zu trennen, sondern sie läßt sich auch in der Anwendung in man= chen Fällen deutlich unterscheiden. So z. B. erscheint

„obstaturam rei iudicatæ ex-
„ceptionem, quoniam de eius
„quoque iure quæsitum uide-
„tur, cum actor petitionem
„implet . . .“

(3) L. 40. § 2. De procu-
ratoribus. — „Sed et is, qui
„quasi defensor in rem actione
„conuenitur, præter solitam
„satisdationem iudicatum sol-
„ui etiam de rato debet ca-
„uere. Quid enim si in hoc
„iudicio *rem meam esse pro-*
„*nuncietur,* reuersus ille, cuius

„defensor extiterat, uelit fun-
„dum uindicare; nonne ra-
„túm non uidebitur habere,
„quod iudicatum est? deni-
„que si uerus procurator ex-
„titisset, uel ipse præsens
„causam suam egisset, et ui-
„ctus esset, si a me uindicaret,
„*exceptione* rei iudicatæ sum-
„moueretur, et ita Iulianus
„lib. 50. Digestorum scribit.
„*nam cum iudicatur rem meam*
„*esse, simul iudicatur illius*
„*non esse.*“

dieselbe unzweydeutig in der positiven Function (4), so oft
sie dem ehemaligen Kläger zugeschrieben wird, denn der
ehemahlige Beklagte hat ja keine Klage in Judicium deducirt, es kann daher auch keine Consumtion seiner von
ihm jetzt angestellten Klage eingewendet werden.

(4) Die Ausdrücke posi-
tive und negative Fun-
ction der Exc. rei iudicatæ
werden weiterhin noch sehr oft
gebraucht werden, und da ich
wohl einsehe, daß gegen die
Schicklichkeit dieser Benennung,
vielleicht nicht ganz ohne Grund,
Einwendungen gemacht werden
könnten, so soll ihnen wenigstens an Deutlichkeit nichts
abgehen, damit sie sich dann
um so eher mit ihrer Kürze
und Bequemlichkeit entschuldi-
gen mögen. Man bemerke also:
Wenn wir von verschiede-
nen Functionen der Exc.
rei iudicatæ sprechen, so kann
dieß natürlich nicht in Beziehung auf die endliche Wirkung, den Erfolg derselben
gemeint seyn, denn dieser ist
bey allen Exceptionen immer
derselbe, nähmlich Abweisung
der Klage: wohl aber kann

eine bestimmte Exceptio bald
aus diesem bald aus je-
nem Grunde ertheilt
werden, mit andern Worten,
die rechtliche Idee, welche durch
eine gewisse Exceptio und die
daraus folgende Abweisung der
Klage realisirt werden soll,
kann in verschiedenen Fällen
eine verschiedene seyn; und so
verhält es sich gerade bey der
Exc. rei iudicatæ, indem dadurch bald die rein negative,
zerstörende Wirkung des
Urtheils, die Consum-
tion, welche seine bloße Existenz ohne Rücksicht auf seinen
Inhalt zur Folge hat; bald
dagegen der positive Inhalt
desselben gelten gemacht werden soll. Und so reden wir
denn auch, freylich etwas uneigentlich, von negativer
oder positiver Function
der Exc. rei iudicatæ, je nach-

Beyspiele dieser Art sind in unsern Quellen nicht wenige enthalten, uud es mögen hier außer dem schon angeführten noch einige nachgewiesen werden.

Man sehe L. 15. De exc. rei iud. aus *Gaii* lib. 30. ad Ed. prou. —

„Si inter me et te controuersia de heredi-
„tate sit, et quasdam res ex eadem tu pos-
„sides, quasdam ego; nihil uetat, et me a
„te et inuicem te a me hereditatem petere.
„Quod si post rem iudicatam a me petere
„cœperis, interest, utrum *meam esse here-*
„*ditatem* pronunciatum sit an contra: si
„*meam esse*, nocebit tibi rei iudicatæ ex-
„ceptio, quia eo ipso, quod *meam esse*
„pronunciatum est, ex diuerso pronuncia-
„tum uidetur *tuam non esse*: si uero
„*meam non esse*, nihil de tuo iure iudica-
„tum intelligitur, quia potest nec mea he-
„reditas esse nec tua.‟

Gajus legt den Fall (5) vor, daß von zwey Erbansprechern jeder Erbschaftssachen besitzt. Der eine (A) stellt daher gegen den andern (B) die Here-

dem sie aus dem einen oder andern dieser Gründe der Klage entgegen gesetzt wird.

(5) Der erste Fall der Stelle,

wo beyde zugleich gegen einander die Hereditatis petitio anstellen, interessirt uns hier nicht.

ditatis petitio an , und der Judex declarirt ihn als
Erben mit Ausschluß des B. Hierauf tritt B ebenfalls mit der Hereditatis petitio gegen A auf. Und
nun wird dem A unbedenklich die Exc. rei iudicatæ
gestattet, weil der durch das erste Urtheil gewonnene
Satz, daß A Erbe sey, zugleich involvirt, daß B
nicht Erbe sey, die Klage des B also dem gefällten
Urtheil widerspricht. Ist dagegen A im ersten Proceß
abgewiesen worden, weil der Judex urtheilte, er sey
nicht Erbe, so kann dieser Spruch auf den zweyten
Proceß keinen Einfluß haben, denn der Satz, daß
A nicht Erbe sey, enthält über das Erbrecht des B
nicht die mindeste Bestimmung.

Ein anderes Beyspiel dieser Art ist in L. 19. eod.
enthalten. — *Marcellus* lib. 19. Digestorum. —

„Duobus diuersis temporibus eandem rem
„pignori dedit: egit posterior cum priore
„pignoratitia et obtinuit: mox ille agere
„simili actione instituit. Quæsitum est, an
„exceptio rei iudicatæ obstaret. Si oppo-
„suerat exceptionem rei sibi antea pigno-
„ratæ, et nihil aliud nouum et ualidum ad-
„iecerit, sine dubio obstabit; eandem enim
„quæstionem reuocat in iudicium.“

A hat eine Sache zuerst an B, dann an C verpfändet. C stellt gegen B die Actio hypothecaria

15

an, und gewinnt, obgleich B die Exceptio rei sibi antea pignoratæ vorgeschützt hatte. Will nun nach, her B ohne neue Gründe von neuem sein Pfandrecht mit der Actio hypothecaria gegen C gelten machen, so steht ihm die Exc. rei iudicatæ entgegen, denn durch das Urtheil hat C den Satz gewonnen, daß er ein Pfandrecht habe, und daß das Pfandrecht des B nicht, als ein älteres, den Vorzug verdiene.

Ebenso kommt auch in L. pen. §. 1. eod. die Exc. rei iudicatæ in dieser positiven Function zur Sprache, und es lohnt sich wohl der Mühe, auch diese in mehr als Einer Beziehung recht merkwürdige Stelle, auf die wir noch hie und da zu verweisen Gelegenheit haben werden, vollständig herzusetzen:

Paulus lib. 14. Quæstionum. — „Latinus Lar-
„gus: Cum de hereditate inter Mæuium,
„ad quem pertinebat, et Titium, qui con-
„trouersiam mouerat, transigeretur, tradi-
„tio rerum hereditariarum Mæuio heredi a
„Titio facta est, in qua traditione etiam
„fundum ei suum proprium, quem ante
„multos annos auo eiusdem Mæuii heredis
„obligauerat, quemque alii postea in obli-
„gationem deduxerat, ex causa pacti tradi-
„dit. His gestis posterior Titii creditor
„ius suum persecutus est et obtinuit. Post

„hoc iudicium Mæuius heres reperit in re-
„bus auitis chirographum eiusdem Titii ante
„multos annos conscriptum, per quod ap-
„paruit, eum fundum, qui in causam trans-
„actionis uenerat, etiam auo suo ab eodem
„Titio fuisse obligatum: cum ergo constet,
„prius auo Mæuii heredis in obligationem eun-
„dem fundum datum, de quo Mæuius su-
„peratus est, quæro: an ius aui sui, quod
„tunc, cum de eodem fundo ageretur, igno-
„rabat, nulla exceptione opposita exequi
„possit? (6) Respondi: Si de proprietate
„fundi litigatur, et secundum actorem pro-
„nunciatum fuisset, diceremus, petenti ei,
„qui in priore iudicio uictus est, obstatu-
„ram rei iudicatæ exceptionem, quoniam de
„eius quoque iure quæsitum uidetur, cum
„actor petitionem implet. Quod si possessor
„absolutus (7) amissa possessione eundem
„ab eodem, qui prius non obtinuit, pete-
„ret, non obesset ei exceptio, nihil enim
„in suo iudicio de iure eius statutum uide-
„retur. Cum autem pignoratitia actum est

(6) d. h. ob *Mæuius* das Pfandrecht seines Erblassers gelten machen könne, ohne daß ihm dabey eine Exceptio ent= gegen stände.

(7) Und zwar, wie der Zu=

„aduersus priorem creditorem , potest fieri,
„ut de iure possessoris non sit quæsitum,
„quia non , ut in proprietatis quæstione
„quod meum est alterius non est, ita in
„obligatione utique consequens est, ut non
„sit alii obligatum , quod hic probauit sibi
„teneri; et probabilius dicitur, non obstare
„exceptionem , quoniam de iure possessoris
„quæsitum non est , sed de sola obligatione.
„In proposita quæstione magis me illud mo-
„uet , numquid pignoris ius exstinctum sit
„dominio adquisito : neque enim potest pi-
„gnus perseuerare domino constituto credi-
„tore; actio tamen pignoratitia competit;
„uerum est enim, et pignori datum et satis-
„factum non esse (8). Quare puto non ob-
„stare rei iudicatæ exceptionem. "

sammenhang zeigt, wegen Nichteigenthumes des Petitor.

(8) Die Art, wie Paulus hier die mögliche und allerdings sehr nahe liegende Einwendung der Confusion (die uns übrigens gegenwärtig gar nichts angeht) beseitigt, enthält eines der nicht seltenen Beyspiele, daß die Römischen Juristen oft eine der strengen theoretischen Consequenz zuwider laufende Forderung der Aequitas gerade durch das *strictissimum ius*, nähmlich durch strenge Folgerungen aus der Conception der Formeln aufrecht zu halten suchen. — Ueber die Formula der Actio hypothecaria s. S. 217. Note 7. — Von der

Der Fall ist zum Theil dem der L. 19. cit. sehr ähnlich. A hat seine Sache zuerst dem Erblasser des B, dann dem C verpfändet. Hierauf erwirbt B Eigenthum an derselben. Nun stellt C die Actio hypothecaria gegen B an, und gewinnt, indem dieser sein älteres Pfandrecht nicht weiß, und daher die Exceptio rei sibi ante pignoratæ nicht gebraucht. Nachher erfährt er dieses, und klagt nun hinwieder gegen C mit der Actio hypothecaria. Es fragt sich: Kann ihm C die *Exc. rei iudicatæ* entgegen setzen? Paulus verneint dieß, jedoch nur aus dem Grunde, weil es sich in dem ersten Processe allein fragte, ob C ein Pfandrecht habe, durch die in dem Urtheil ausgesprochene Bejahung dieser Frage aber ein Pfandrecht des B nicht ausgeschlossen, und nahmentlich über das Verhältniß zwischen den beyden Pfandrechten nichts bestimmt ist (9).

§ 29.

Durch die angeführten Beyspiele ist wohl die Existenz der zweyten Function der Exc. rei iudicatæ,

Stelle überhaupt und ihrer Bedeutung für das Pfandrecht handelt Francke civ. Abhandl. S. 112. ff.

(9) Auf diesen Satz deutet auch Marcellus in d. L. 19.

sehr bestimmt, indem er den Umstand, daß B im ersten Proceß die Exc. rei sibi ante pignoratæ wirklich gebraucht habe, ausdrücklich bey seiner Entscheidung voraus setzt.

in welcher ſie dazu dient, den poſitiven Inhalt eines
Urtheils gegen eine neue, demſelben widerſprechende
Klage gelten zu machen, hinreichend nachgewieſen.
An dieſer Bedeutung der Exc. rei iudicatæ hat auch,
ſo viel ich weiß, noch niemand gezweifelt, ja man
hat wohl vor der Entdeckung des G a j u s kaum von
einer andern geſprochen; und da wir die erſtere,
n e g a t i v e Function der Exc. r. iud. bis jetzt einzig aus
den angeführten Stellen des G a j u s abgeleitet haben, ſo könnten vielleicht noch eher gegen dieſe überhaupt oder doch gegen das gleichzeitige Beſtehen der
gedoppelten Bedeutung Zweifel angeregt werden.
Zwar nennt G a j u s ll. cc. (1) die Exc. r. i. ſo beſtimmt als Organ der Conſumtion, daß hier wohl
nicht leicht jemand eine Irrung oder Ungenauigkeit
von ſeiner Seite vermuthen, und aus d i e ſ e m Grunde
die Autorität jener Stellen bezweifeln wird: wohl
aber könnte man auf den Gedanken verfallen, daß
ſich in dieſer Sache von der Zeit des G a j u s bis
auf die ſp ä t e r n c l a ſ ſ i ſ c h e n J u r i ſ t e n etwas geändert habe, ſo daß etwa früher die n e g a t i v e
Function die e i n z i g e g e w e ſ e n (2), ſpäter aber
die p o ſ i t i v e an ihre Stelle getreten wäre,

---

(1) Comm. III. § 180. f.   des G a j u s finden wir aller-
Comm. IV. §§ 106—108.   dings nur dieſe erwähnt.
   (2) In den Inſtitutionen

oder doch, daß die beyden Functionen wohl in der
ältern Zeit neben einander bestanden hätten, später aber diejenige Bedeutung der Exc. r. i.
in welcher sie den positiven Inhalt des Urtheils gegen eine spätere Klage geltend macht, einzig übrig
geblieben wäre.

Allein das erstere muß sogleich aufgegeben werden, wenn man sich erinnert, daß gerade von den
Stellen, die wir als Beyspiele, in denen die positive Function der Exc. r. i. recht deutlich hervor
tritt, angeführt haben, eine (3) von Gajus selbst
herrührt, in einer andern (4) aber Julian gerade
für eine solche Anwendung der Exc. r. i. als Autorität citirt wird.

Um aber auch die zweyte Möglichkeit auszuschließen, und somit die Behauptung zu rechtfertigen, daß
in der ganzen Zeit der classischen Juristen die Exc.
r. i. gleichmäßig jene gedoppelte Bedeutung gehabt
habe, sollen nun auch noch aus unsern spätern Quellen einige Fälle nachgewiesen werden, in denen die
Exc. r. i. ebenso entschieden, wie in der allgemeinen Regel bey Gajus (§§ citt.) in ihrer rein negativen Function erscheint.

(3) L. 15. De exc. rei iud.   (4) L. 40. § 2. De procu-
Deren Worte f. oben S. 224.   ratoribus. f. S. 222. Note 3.

Vor allem ist dieß dann immer der Fall, wenr diese Exceptio einem Beklagten, der als solcher in einem frühern Proceß ein ungünstiges Urtheil erhalten hatte, zugeschrieben wird. Davon finden wir mehrere Beyspiele. So gehören hieher L. 9. § 1. De exc. rei iud. (5) L. 16. § 5. De pignoribus (6), wo durch die Exc. r. i. durchaus bloß die Consumtion einer Rei uindicatio und einer Actio hypothecaria geltend gemacht wird; — welche Stellen aber erst unten vollständig erörtert werden können.

Eben so deutlich erscheint. die Exc. r. i. in ihrer rein negativen Function bey solchen Actionibus in personam, die zugleich mehrere Forderungen aus Einem allgemeinen Rechtsverhältniß, aber auf verschiedene factische Gründe gestützt, begreifen können (7). Ist bey einer solchen Actio im frühern Proceß bloß

---

(5) *Ulp.* lib. 75. ad Edictum. — „Si quis fundum, „quem putabat se possidere, „defenderit, mox emerit, re „*secundum petitorem iudicata,* „an restituere cogatur? Et „ait Neratius, *si actori iterum* „*petenti obiiciatur exceptio rei* „*iudicatæ,* replicare eum „oportere . . .

(6) *Marcianus* lib sing. ad formulam hypothecariam. —

„Creditor hypothecam *sibi* „*per sententiam adiudicatam* „quemadmodum habiturus sit, „quæritur: nam dominium „eius uindicare non potest. „Sed hypothecaria agere pot-„est, et *si exceptio obiicietur* „*a possessore rei iudicatæ,* „replicet . . .“

(7) Dieselben sind an der *incerta intentio (Quicquid . . . dare facere oportet)* zu erkennen.

von einer einzelnen dieser Forderungen die Rede gewesen, und wird nun mit derselben Actio eine andere eingeflagt, so ist es klar, daß, wenn dieser
zweyten Forderung die Exc. r. i. entgegen steht, der
Grund derselben nicht in dem positiven Inhalt des
ersten Urtheils, sondern bloß in der Regel liegt, daß
durch einmahliges *deducere in iudicium* die ganze
Actio consumirt wird (8).   Einen Fall dieser Art
enthält L. 2. C. De iudiciis (9), wo es sich um eine
Actio tutelæ handelt, und von welcher Stelle ebenfalls noch unten die Rede seyn wird.

Endlich erscheint auch in allgemeinen Erwähnungen die Exc. r. i. entschieden in ihrer rein negativen Function, wo sie geradezu als Organ der Consumtion erwähnt, und nahmentlich wo die Consumtion, welche *ipso iure* geschieht, mit der *per exceptionem rei iudicatæ* in Gegensatz gestellt wird.
So z. B. in L. 22. § 8. Rat. rem hab. L. 23. De
tutelæ et rat. (10) d. L. 2. C. De iudiciis.

(8) Diese Regel wird unten
§ 33. genauer begründet und
entwickelt werden.

(9) Sie enthält ein Rescript
der Kaiser Severus und
Antoninus v. J. Chr. 211.
Die Worte derselben s. § 61.

(10) *Paulus* lib. 9. Resp. —
„Conuento herede tutoris iu-
„dicio tutelæ curatorem eius-
„dem neque ipso iure libe-
„ratum uideri, neque exce-
„ptionem rei iudicatæ ei dan-
„dam" . . .

§ 30.

Die zwiefache Bedeutung der Exc. r. i. ist nun sowohl ihrem Begriffe nach im Allgemeinen, als auch in einzelnen Anwendungen zur Genüge nachgewiesen worden, und es hat wohl auch der Umstand, daß diese Unterscheidung in unsern Quellen nirgends in theoretischer Allgemeinheit aufgestellt wird, weder an sich etwas befremdendes, noch kann derselbe nach dem Gesagten einen gegründeten Zweifel gegen die Existenz jener gedoppelten Function der Exc. r. i. erregen.

Dahingegen darf nun auch nicht übersehen werden, daß allerdings die Exc. r. i. in sehr vielen Fällen vorkommt, wo es unmöglich ist, ihre positive oder negative Function bestimmt zu unterscheiden. So nahmentlich, wo sie einem Beklagten, welcher als solcher in dem frühern Proceß ein günstiges Urtheil erhalten hat, zugeschrieben wird; und eben so wenig ist diese Unterscheidung möglich in allen den Stellen unserer Rechtsquellen, welche den Inhalt des ersten Urtheils unbestimmt lassen. So finden sich wirklich sehr viele Stellen, welche uns auf die angegebene Unterscheidung gar nicht führen würden, und wo dieselbe, da sie im vorliegenden Fall kein praktisches Interesse hatte, den Verfassern nicht ein Mahl bestimmt vorgeschwebt haben mag. Und gerade dieser Umstand ist es, welcher vielleicht zur Erklärung des seltenern Gebrauchs der *Exceptio rei in iudicium deductæ* etwas beytragen möchte. Diese konnte nähmlich auf allen Fall bloß zur Geltend- machung der negativen, zerstörenden Wirkung des Processes gebraucht werden; man hätte also hier jedes Mahl genau untersuchen müssen, ob nur diese und nicht etwa der positive Inhalt des Ur- theils in Frage komme. Dagegen die *Exceptio rei iudicatæ* paßt auf beydes ohne Unterschied, und so ist es sehr begreiflich, daß sie als das sicherere und allgemeinere Rechtsmittel die viel beschränktere Exc. rei in iudicium deductæ, so weit beyde con- currirten, d. h. für die ganze Zeit nach dem Ur- theil, im praktischen Gebrauche verdrängte, und daß die letztere nur in den ihrer Natur nach seltenern Fällen gebraucht zu werden pflegte, wo die zerstö- rende Wirkung der L. C. vor ausgefälltem Ur- theil geltend gemacht werden sollte.

§ 31.

Es sind im Bisherigen die verschiedenen Wir- kungen des Urtheils nach ihrem einfachen Begriff und ihrer praktischen Bedeutung im Allgemeinen an- gegeben und nachgewiesen worden, und wir stehen jetzt in Beziehung auf das Urtheil gerade auf demselben Punkte, auf welchem wir oben die Lehre von der Consumtion durch L. C. abgebrochen und verlaſſen haben.

Wir wiſſen jetzt, daß das Urtheil theils durch seinen poſitiven Inhalt, theils durch seine bloße Exiſtenz Wirkungen äußert: jenes, indem daraus bald die Actio iudicati, bald die Exceptio rei iudicatæ in ihrer zweyten Function, entſteht; dieſes dagegen durch den Grundſatz der Consumtion, welcher das eine Mahl ipso iure, das andere durch die Exceptio rei iudicatæ in ihrer erſten Function, realiſirt wird.

Indem wir nunmehr in das Detail dieſer bisher bloß in ihren allgemeinen Grundzügen entworfenen Lehre eintreten, haben wir vor allem die beyden zuletzt genannten Wirkungen des Urtheils, nähmlich sowohl die Consumtion mit ihren beyden Organen, der *Nouatio necessaria* und der *Exceptio rei iudicatæ*, als auch die eben genannte Exceptio, so weit sie sich auf den poſitiven Inhalt des Urtheils gründet, in ihrer objectiven und subjectiven Beziehung genauer zu erörtern.

Unsere gegenwärtige Aufgabe besteht daher in der Beantwortung folgender zwey Fragen:

A) In welchem Verhältniß muß die vorliegende Klage zu der in dem frühern Proceſſe verhandelten stehen, damit sie um des damahls ausgefällten Urtheils willen als eine solche erscheine, welche entweder ipso iure nicht Statt findet, oder per exceptionem rei iudicatæ abgewiesen werden kann?

B) Wie müssen sich die im gegenwärtigen Proceß auftretenden Personen zu denen, welche im ersten als Parteyen auftraten, verhalten, damit jenen um des ausgefällten Urtheils willen entweder die Behauptung, daß die Klage ipso iure nicht Statt finde, oder die Exc. rei iudicatæ, zustehe oder entgegen gesetzt werden könne?

Dabey müssen wir uns freylich auch noch erinnern, daß, so weit diese beyden Fragen die Consumtion betreffen, sie gerade wie hier beym Urtheil, so auch oben bey der L. C. zur Sprache kamen, und daß wir die in dieser Beziehung zu gebende Antwort hieher verspart haben. Allein dadurch wird unsere Arbeit nicht verwickelter, denn es ist theils schon gezeigt worden, theils versteht es sich von selbst, daß diese beyden Fragen sich für die Consumtion durch L. C. und durch Urtheil ganz auf gleiche Weise beantworten; und daher wird es auch nicht auffallen, wenn wir im Folgenden einerseits der L. C. gar nicht besonders erwähnen, und anderseits die Stellen, welche von der Consumtion durch L. C. sprechen, geradezu für die Consumtion durch Urtheil benutzen, und nur die Bemerlung voraus schicken, daß alles, was den Worten nach bloß von dem Urtheil gesagt werden wird, unbedingt auch von der L. C. verstanden werden soll.

Aber die Sache läßt sich im Ausdruck sogar noch mehr vereinfachen. Es sind nähmlich allerdings die beyden aufgestellten Fragen, wie dieß schon ihre Abfassung zeigt, sowohl für die Consumtion, die *ipso iure* geschieht, als für die, welche *per exceptionem rei iudicatæ* realisirt wird, zu beantworten. Nun ist es aber augenfällig, daß diese Antwort bey beyden ganz gleich ausfallen muß; denn die Exc. r. i. ist ja nur das Mittel, wodurch in den einen Fällen die Consumtion auf indirectem Wege ganz mit demselben praktischen Erfolg in's Werk gesetzt wird, wie sie in den andern nach der Regel des Jus civile direct eintritt. Es hat daher auch hier wieder nicht das mindeste Bedenken, der Kürze zu liebe bloß von der *Exc. r. i.*, als dem einen Organ der Consumtion zu sprechen, und alles stillschweigend auch auf die Consumtion durch Novatio zu beziehen.

So dürfen wir also, ohne in der Sache die mindeste Unvollständigkeit zu gefahren, jene Frage bloß in Beziehung auf die indirecte Consumtion und auf den positiven Inhalt des Urtheils beantworten, und da das Organ von beyden die *Exc.*

r. i. in ihren verschiedenen Functionen ist, so reducirt sich unsere Aufgabe dahin:

> „Welches ist die objective und subjec-
> „tive Beziehung der *Exceptio rei iudi-*
> „*catæ?* «

Dritter Abschnitt.

Von der objectiven Beziehung der *Exceptio
rei iudicatæ.*

---

§ 32.

Es war wohl leicht voraus zu sehen, daß so einfach, wie unsere Frage am Ende des vorher gehenden § sich stellte, die Antwort unmöglich gegeben
werden kann, und daß diese vielmehr gleich von Anfang an in zwey Haupttheile zerfallen muß.

Gerade hier ist es nähmlich, wo die Unterscheidung
zwischen dem Effect, den das Urtheil durch seine
bloße Existenz nach der Regel der Consumtion
hat, und dem, welchen es erst nach Maßgabe
seines materiellen Inhaltes äußert, und die
damit parallel gehende Unterscheidung der beyden Functionen der Exc. r. i. rechteigentlich und vorzüglich ent-

scheidend hervor tritt, und ihre praktische Wichtigkeit be-
währt, obgleich sich denn gerade hier allerdings nicht nur
die oben gemachte Bemerkung bestätigt, daß diese
beyden Functionen in der Anwendung häufig zusammen fallen, sondern dieselben neben andern Gründen
auch darum in manchen Stellen nicht scharf aus einander gehalten werden können, weil die Römischen
Juristen selbst sich dieser Dualität nicht immer deutlich bewußt waren, und sich daher bey ihren Bestimmungen über die Anwendung der Exc. r. i. bisweis-
len ein wahres Schwanken nach der einen oder andern Seite hin, und eine Verwischung des Unterschiedes findet, wie sich dieß aus der genauern Durch-
gehung der hier einschlagenden Stellen deutlicher ergeben wird.

Was nun A) die positive Function der
Exc. r. i. betrifft, so dürfen wir uns einstweilen
begnügen, folgende wohl allgemein anerkannte Regel aufzustellen:

> „In ihrer positiven Function steht die Exc.
> „r. i. jeder Actio entgegen, welche dem als
> „Resultat des frühern Processes erscheinenden
> „factischen oder rechtlichen Satze widerspricht;
> „mit andern Worten, — welche ungegründet
> „seyn muß, wenn dieser Satz als wahr an-
> „genommen wird. "

Mit dieser Regel glaubte man bisher die objective Sphäre der Exc. r. i. erschöpfend zu bestimmen, und ihre Richtigkeit an sich leidet wohl auch jetzt keinen Zweifel. Um so eher dürfen wir daher ihre nähere Begründung und Zurückführung auf die Quellen so lange verschieben, bis wir erst auch die andere Seite der Exc. r. i. betrachtet haben.

§ 33.

B) In der negativen Function ist die Anwendung der Exc. r. i. im Allgemeinen so zu bestimmen:

Die angestellte Actio ist es, welche in Judicium deducirt und consumirt wird. Damit also auf dieser Seite die Exc. r. i. Statt finde, ist erforderlich, daß die jetzige Klage mit der frühern identisch sey. Allein hiebey ist *actio* nicht in dem gewöhnlichen formellen Sinne, sondern materiell für Klagerecht zu verstehen. Der Gegenstand der Consumtion ist also nicht die formelle Klage, sondern das zum Grunde liegende materielle Rechtsverhältniß in seiner modificirten Natur eines Klagerechts (1).

Beyspiele zu dieser Regel finden sich in L. 5. De

(1) Der in diesen letzten Worten enthaltene Beysatz ist, wie sich bald näher ergeben wird, vorzüglich bey den in rem actionibus von Interesse.

except. r. iud. (2)   L. 38. § 1.   Pro socio (3).
L. 28. § 4. De iureiurando (4).

(2) Die Worte dieser Stelle
s. oben S. 110. Note 8.

(3) *Paulus* lib. 6. ad Sabinum. „Si tecum societas
„mihi sit et res ex societate
„communes, quam impensam
„in eas fecero, quosue fructus
„ex his rebus ceperis, *uel*
„*pro socio uel communi diui-*
„*dundo* me consecuturum, et
„*altera actione alteram tolli*
„Proculus ait." — Man wird
dagegen nicht anführen L. 43.
eod., wo Ulpian sagt: „Si
„actum sit communi diui-
„dundo, non tollitur pro
„socio actio, quoniam pro
„socio et nominum rationem
„habet, et adiudicationem
„non admittit: sed si postea
„pro socio agatur, hoc minus
„ex ea actione consequitur,
„quam ex prima actione con-
„secutus est." — Es wird
nähmlich niemand übersehen,
daß die zweyte Stelle den
u zweifelhaften allgemeinen
Satz aufstellt und begründet,
es seyen die beyden Klagen

ihrer materiellen Grundlage
nach nicht immer und
nothwendig identisch, es
könne daher auch nicht unbe=
dingt Consumtion der einen
durch die andere behauptet
werden: wogegen Paulus
in d. L. 38. gerade sehr be=
stimmt einen Fall vor Augen
hat, in welchem jene Identität
allerdings Statt findet, und
wo die von Ulpian als mög=
lich bezeichneten Verschieden=
heiten gar nicht zur Sprache
kommen.

(4) *Paulus* lib. 18. ad Edictum. — „Exceptio iurisiu-
„randi non tantum si ea
„actione quis utatur, cuius
„nomine exegit iusiurandum,
„opponi debet, sed etiam si
„alia, si modo eadem quæstio
„in hoc iudicium deducatur:
„forte si ob actionem *mandati,*
„*negotiorum gestorum, socie-*
„*tatis,* ceterasque similes ius-
„iurandum exactum sit, de-
„inde ex iisdem causis *cer-*
„*tum condicatur: quia per al-*

So wird nach d. L. 5. durch Anstellung der Actio
mandati die aus der fraglichen Geschäftsführung ent-
sprungene Obligation in Judicium deducirt und consumirt, und es steht daher von der L. C. an die
Exc. rei in iudicium deductæ, nach dem Urtheil aber
die Exc. rei iudicatæ auch dann entgegen, wenn der
Kläger seine Forderung aus dieser Geschäftsführung
nicht wieder mit der Actio mandati, sondern mit der
Actio negotiorum gestorum verfolgen will (5). Daß
aber in dieser Stelle gerade von der Consumtion
als Wirkung des Processes die Rede ist, leidet darum keinen Zweifel, weil Ulpian hier offenbar die
Exc. rei in iudicium deductæ im Auge hatte (6),
diese aber nicht, wie die Exc. r. i., eine gedoppelte, sondern bloß die negative Function hat.

Es mag nun zur genauern Begründung und Auf-
klärung des über den eigentlichen Gegenstand der

„*teram actionem altera quoque*
„*consumitur.*"

(5) Von einer ähnlichen
Concurrenz einer Actio locati
und communi diuidundo ist
auch in L. 35. § 1. Locati die
Rede. Dennoch darf diese Stelle
darum wohl nicht unmittelbar
hieher gezogen werden, weil
der Jurist zunächst nicht die

Consumtion durch Pro-
ceß, sondern die durch Zahlung im Auge hat. Es scheinen dieß die Worte „Seruii
„sententiam ueram esse puto
„… ut cum alterutra actione
„*rem seruauerim*, altera peri-
„matur," ziemlich bestimmt
anzudeuten.

(6) s. oben S. 110.

Consumtion so eben aufgestellten allgemeinen Grundsatzes nicht undienlich seyn, wenn wir uns daneben
auch sogleich nach einem äußern, formellen
Kennzeichen umsehen, woran man in jedem einzelnen Falle gleichsam sinnlich wahrnehmen könnte,
was nun gerade in Judicium deducirt und consumirt
werde. Hier sind wir denn durch alles auf die Composition der Klageformeln und die Bedeutung
ihrer einzelnen Theile hingewiesen, und es fehlt dießfalls
in den Quellen nicht an mittelbaren und unmittelbaren
Andeutungen. So lehrt uns Gajus (7) schon in seiner
allgemeinen Erklärung der Intentio, und besonders
durch die dabey angeführten Beyspiele, daß gerade
die Intentio derjenige Theil der Formula ist, in
welchem das Rechtsverhältniß, um dessen Geltendmachung es sich bey dem ganzen Processe handelt,
angegeben und zur Untersuchung des Juder gestellt
wird.　Ganz dasselbe aber, was wir hier als Inhalt der Intentio kennen lernen, wurde von

---

(7) Comm. IV. § 41. —
„Intentio est ea pars formulæ,
„qua actor desiderium suum
„concludit: uelut hæc pars
„formulæ: Si paret, N. N.
„A°. A°. sestertiûm X. millia
„dare oportere. Item hæc:
„Quicquid paret N. N. A°. A°.

„dare facere oportere. Item
„hæc: Si paret, hominem ex
„iure Quiritium Aⁱ. Aⁱ. esse."
Conf. ibid. § 53. in fi. „. . .
„sicut *ipsa stipulatio* conce-
„pta est, ita et *intentio for-*
„*mulæ* concipi debet."

uns vorhin als Gegenstand der proceffualifchen Confumtion angegeben, und fo kann uns
fchon diefe Uebereinftimmung zu der Frage veranlaffen,
ob nicht eben in der Intentio jenes äußere
Kennzeichen liege, fo daß wir vielleicht das Object der Confumtion formell fo beftimmen könnten:
Confumirt werde jedes Mahl das, was
den Inhalt der Intentio ausmacht?

Auf diefe Vermuthung führen aber auch noch
viel nähere und beftimmtere Spuren, indem in mehrern Stellen theils die Intentio in directe Verbindung mit der Confumtion gefetzt, theils wenigftens
gezeigt wird, daß kein anderer Theil der Formula
in diefem Verhältniß zu derfelben ftehe. Man bemerke in diefer Beziehung:

Gaii Comm. IV. § 131. (8)

„. . . Totius illius iuris (b. i. emptionis)
„obligatio, ita concepta actione, Quicquid
„ob eam rem N. N. A°. A°. dare facere
„oportet, *per intentionem consumitur,*
„ut postea nobis agere uolentibus . . .
„nulla supersit actio.“

Ulpianus in L. 32. pr. De peculio.

„. . . licet hoc iure contingat (nähmlich die
„Confumtion durch Proceß,) tamen æqui-

(8) Den vollftändigen Inhalt diefer Stelle f. unten § 58.

„tas dictat, iudicium in eos dari, qui oc-
„casione iuris liberantur, ut magis eos per-
„ceptio *quam intentio liberet* . . .“

Gaii Comm. IV. § 57.

„Si (*in condemnatione*) minus positum
„fuerit quam oportet, hoc solum actor
„consequitur quod posuit, *nam tota qui-*
„*dem res in iudicium* deducitur“ rel. —
Conf. § 58. „Si *in demonstratione* plus
„aut minus positum sit, *nihil in iudicium*
„*deducitur*, et ideo res in integro manet“
rel. — Conf. §§ 60. 53 — 56., befonders
„§ 55. „Item palam est, si quis aliud pro
„alio intenderit, nihil eum periclitari, eum-
„que ex integro agere posse, quia . . .“ (9).

Nach allem dem kann es wohl nicht weit gefehlt
feyn, wenn ich in meiner Inaugural-Differtation
(p. 61.) geradezu von der Anficht ausging, daß
durch die Intentio der Gegenftand der Confumtion
bezeichnet werde. Dennoch ift diefer Satz, in diefer
Allgemeinheit aufgeftellt, weder über allen Zweifel
erhaben, noch gegen Mißverftändniffe vollftändig ge-
fichert; es fcheint derfelbe vielmehr noch einiger nä-

(h) Es ift mir fehr wahr-
fcheinlich, daß in der hier folgenden Lücke die Confumtion
geradezu erwähnt war, etwa
fo: „quia nihil in iudicium
„deducitur.“

herer Bestimmungen zu bedürfen, und diese werden am besten beyzubringen seyn, wenn wir ein Mahl die wichtigsten Arten von Klagen und Klagformeln einzeln durchgehen, sie mit jener Regel zusammen halten, und diese darauf anzuwenden versuchen.

Am einfachsten verhält sich die Sache bey den sogenannten *Condictiones certi*, d. h. denjenigen Actiones in personam, welche eine Formula in ius concepta mit Intentio certa haben (10). Hier liegen der Klage immer einfache (11) und genau bestimmte Forderungen zu Grunde, und eben so bestimmt werden dieselben in der Klageformel angegeben, und machen darin genau den Inhalt der Intentio aus (12); so daß hier die obige Regel gera-

(10) Beyspiele sehe man bey Gajus Comm. IV. §§ 41. 43. 34 in fi. — Die Eintheilung dieser *Condictiones certi* in *Condictio certæ pecuniæ* und die übrigen *Condictiones certæ rei*, welche besonders auch für das Verhältniß zwischen Intentio und Condemnatio von Wichtigkeit ist, interessirt uns hier nicht.

(11) Sobald bey Stipulationibus certis m e h r e r e L e i stungen versprochen werden,

so sind die Römer auch sogleich bereit, m e h r e r e Stipulationen anzunehmen. L. 1. § 5. L. 29. pr. L. 83. § 4. L. 86. L. 134. § 3. L. 140. pr. § 1. De V. O.

(12) Es lautete z. B. eine Klage dieser Art vollständig so: „Seius iudex esto. Si pa-„ret, N. N. A°. A°. sestertiûm „X. millia (vielleicht mit dem „Beysatz *ex stipulatu, ex testa-„mento* u. dgl.) dare oportere, „N. N. A°. A°. sestertiûm X.

bezu und ohne alle weitere Erläuterung angenommen und festgehalten werden darf.

Schon nicht so ganz unbedingt möchte dieß bey den *in rem actiones* und den *actiones in factum conceptæ* der Fall zu seyn scheinen. Bey jenen ent-hält bekanntlich die Intentio das fragliche ding-liche Recht in seiner Allgemeinheit (13), bey diesen ein einfaches Factum ohne Erwähnung irgend eines daraus entstehenden Rechtsverhältnisses (14). Wollte

„millia condemna; si non pa-ret, absolue." *Gai.* §§ 41. 43. citt. § 50. ib. Conf. § 53. in f. (f. oben Note 7.). Uebri-gens ist es mir nach den in Note 10. citirten Stellen völ-lig wahrscheinlich, daß die Conditiones certi einfach aus Intentio und Condemna-tio bestanden, und daß nah-mentlich eine Demonstratio dabey gar nicht vorkam.

(13) *Gaii* Comm. IV. § 3. „In rem actio est, cum aut „corporalem rem intendimus „nostram esse, aut ius ali-„quod nobis competere, ue-„lut utendi aut utendi fruendi" u. s. f. Als einzelnes Bey-spiel ist besonders die uns ziem-

lich genau bekannte *Formula petitoria* zu berücksichtigen. f. darüber oben § 27. Note 3.

(14) *Gaii* Comm. IV. §§ 46. 47. 60. — Diese Beschaffenheit der Formulæ in factum con-ceptæ hat übrigens die Frage zur Sprache gebracht, ob die-selben wirklich eine Intentio haben, und ob darin nicht viel-mehr bloß eine Demonstra-tio der Condemnatio voran gehe: — eine Frage, von deren Beantwortung die Richtigkeit unserer Regel nicht ganz un-abhängig ist, und die daher auch hier nicht ganz unberück-sichtigt bleiben darf. Der ganze Zweifel beruht wohl auf einer doppelten denkbaren Bedeutung

man also hier bey der Regel, daß die Intentio den Gegenstand der Consumtion bezeichne, buchstäb-

der Worte *demonstratio* und *demonstrare*, — einer formellen und einer materiellen. In jener bezeichnet *demonstratio* den kurzen Satz in der Formula, welcher als Einleitung der Haupt = Instruction voran geht; — in der letztern heißt *demonstrare*, die Thatsachen, auf welche man sich beruft, angeben. Ebenso kann man sich unter *Intentio* entweder den Theil der Formula denken, welcher die Haupt-Instruction, den Punkt, auf den der Juder als den wesentlichen Gegenstand seiner Untersuchung hingewiesen wird, enthält; oder aber bloß denjenigen, worin von den rechtlichen Folgen, welche der Kläger aus seinen factischen Behauptungen zieht, die Rede ist, und dem Juder diese rechtliche Untersuchung bezeichnet wird. — Zwischen diesen beyden Bedeutungen nun scheint Gajus gewisser Maßen selbst geschwankt zu haben. Nähmlich in seiner

allgemeinen Definition der beyden Begriffe (Comm. IV. §§ 40. 41.) liegt offenbar die letztere zum Grunde. Bleiben wir strenge bey den Worten dieser §§ stehen, so müssen wir sagen: Die Formulæ in factum conceptæ haben keine Intentio, sondern eine bloße Demonstratio, welche sich nur dadurch auszeichnet, daß die Untersuchung ihres Inhalts den Hauptgegenstand der Instruction ausmacht, und daß sie daher mit *Si paret* anfängt. In diesem Theile der Formula *res designatur de qua agitur* (ib. §§ 60. et 46.), und dieß ist es ja gerade was Gajus (d. § 40.) als den Begriff der Demonstratio angibt. Dennoch scheint Gajus selbst auch der Formula in factum concepta eine Intentio zuzuschreiben, theils ausdrücklich am Ende des § 60., theils besonders auch darum, weil er sagt, wenn man in diesem Theil einer Formula in factum

lich bleiben, so käme man dahin, daß diese das
dingliche Recht oder das fragliche Factum selbst
träfe; — eine Ansicht, die wohl niemanden in den

concepta zu viel angebe, so
sey dieß eine *pluspetitio*, welche
den Proceß verlieren mache,
während er vorher (§§ 53. 58.)
behauptet, ein *plus* habe diese
Wirkung bloß, wenn es in der
Intentio, nicht aber wenn es
in der Demonstratio stehe. Endlich ist auch in L. 1. C. Si
pign. conuent. bey einer Actio
in factum concepta (f oben
§ 27. Note 7.) ausdrücklich
von einer *Intentio* die Rede. —
Sehen wir also noch ein Mahl
zurück auf jene doppelte mögliche Bedeutung der Worte
Demonstratio und *Intentio*, so
ist in der That und dem
p r a k t i s ch e n I n t e r e s s e
nach die erste die richtige,
und wir müssen sagen, daß
G a j u s bey seiner Definition
derselben bloß die e i n e Art
der Formulæ, nähmlich die *in
ius conceptæ* vor Augen hatte,
bey denen der Unterschied zwischen jenen beyden Bedeutungen gar nicht hervor tritt; die

andern, die *Formulæ in factum
conceptæ* aber für den Augenblick gar nicht berücksichtigte.
Darauf weisen auch die von
ihm gewählten Beyspiele hin,
welche sämmtlich aus *Formulis
in ius conceptis* genommen sind.
Auch darf diese Ungenauigkeit
um so weniger befremden, wenn
man annimmt (was sich ziemlich sicher nachweisen ließe,
wenn dieß uns hier nicht zu
weit führen würde), daß die
Formulæ in ius conceptæ mit
den ihnen von jeher angehörigen Begriffen von *Demonstratio* und *Intentio* ihrer Entstehung nach viel älter sind als
die Formulæ in factum conceptæ, so daß die Definitionen
jener Begriffe ursprünglich nur
auf jene berechnet seyn konnten, und längst ausgebildet
waren, als nun auch diese
zweyte Art von Formulæ hinzu
kam. Daß sie aber jetzt die
erforderliche Modification und
Erweiterung nicht erhielten,

Sinn fallen wird, und deren Abſurdität ſo in die Augen fällt, daß davor nicht gewarnt zu werden braucht (15). Will man aber auch hier eine Regel haben, durch welche eine ſolche verkehrte Anſicht ausdrücklich ausgeſchloſſen würde, ſo drücke man unſern obigen Satz nur mit der Modification aus: Der Inhalt der Intentio werde hier in ſo fern conſumirt, als er den Grund der angeſtellten Klage ausmache; alſo z. B. das Eigenthum nur als Eigenthumsklagerecht gegen dieſen Beklagten, das Factum nur in ſo fern daraus die in der Condemnatio enthaltene Präſtation von dieſem Beklagten gefordert werde.

Allein fragt man dann, was mit dieſem Zuſatze reell neues geſagt ſey, ſo iſt es nichts anderes, als daß die Exc. r. i. in Zukunft nur dem jetzigen Beklagten, nicht aber Jedem zuſtehe, gegen welchen der jetzige Kläger z. B. ſein Eigenthum geltend machen will. Dieß ſchlägt aber ſchon in die Lehre von den ſubjectiven Bedingungen der Exc. r. i. ein, welche ja unten ihren beſondern Platz finden ſollen, und mit denen wir es hier noch gar nicht zu thun haben; ſo daß alſo nach allem in jener ſcrupu-

---

ſondern unverändert ſtehen blieben, iſt bey der geringen Sorgfalt, welche die Römiſchen Juriſten auf Definitionen verwendeten, ſehr begreiflich.

(15) ſ. auch oben S. 118. ff.

losen Genauigkeit eigentlich nur ein ungebührliches Vorgreifen läge, und wir uns an dieser Stelle ohne alle reelle Gefahr mit unserer Regel in ihrer ursprünglichen Einfachheit begnügen können.

Ganz besondere Rücksicht muß endlich auf die zahlreiche Classe der *Condictiones incerti* genommen werden, d. s. diejenigen *Actiones in personam*, welche eine *Formula in ius concepta* mit *incerta intentio* haben. Dahin gehören vorzüglich alle die Actiones, welche Gajus als *bonæ fidei iudicia* aufzählt (16), u. a. m. (17). Die Rechtsverhältnisse,

(16) Comm. IV. § 62. „Sunt „autem bonæ fidei iudicia „hæc: ex empto, uendito, „locato, conducto, negotio-„rum gestorum, mandati, de-„positi, fiduciæ, pro socio, „tutelæ" . . . Vgl. §§ 28—60. I. De actionibus. *Cic.* pro Roscio Com. cap. 4. De officiis III. 17. Topic. c. 17. *Seneca* de Beneficiis III. 7.

(17) So ohne allen Zweifel z. B. auch die Actiones commodati (*Gaii* Comm. IV. §§ 47. 60.), rei uxoriæ, pignoratitia, sämmtlich ebenfalls bonæ fidei actiones, u. dgl. — Vgl. L. 2. § 3. De O. et A.;

ferner die Actio incerti ex stipulatu (*Gai.* Comm. IV. § 131. L. fi. Si quis in ius uoc. n. ierit), und ebenso die Actio præscriptis uerbis. Bey dieser letztern Klage könnte man darum zweifeln, weil sie *actio in factum* genannt wird, was man auf eine Formula in factum concepta deuten möchte. Diesen Zweifel nun will ich nicht damit widerlegen, daß jene Bezeichnung mehrmahls mit dem Beysatz *ciuilis* versehen ist, wie z. B. in L. 1. §§ 1. 2. L. 5. § 2. De præscrip. uerb. L. 33. C. De transactionibus, auch nicht worauf diese Actiones sich beziehen, haben alle das gemein, daß dieselben ihrer Natur nach nicht eine einfache, bestimmte Forderung begründen, sondern zu einer Menge verschiedener Ansprüche Veranlassung geben können, welche zwar je nach der allgemeinen Natur des zum Grunde liegenden Rechtsverhältnisses ihren Charakter im Ganzen erhalten, im Einzelnen aber von dem factischen Detail des Falles im höchsten Grade und in jeder Beziehung abhängig sind. Es war also unmöglich, zum voraus für jedes Rechtsverhältniß dieser Art eine allgemeine Formel aufzustellen, wodurch dem Juder ein einfaches und im einzelnen Fall nur etwa noch quantitativ zu bestimmendes Schuldig oder Nicht schuldig in Untersuchung gegeben würde, sondern man mußte entweder für jeden einzelnen Fall eine besondere For-

durch eine genauere Nachweisung der zwiefachen Bedeutung von *actio in factum*, die ich vielmehr auf eine andere Gelegenheit verspare: — wohl aber bemerke man, daß diese Klage *actio incerti*, *ciuilis actio incerti*, *incerti condictio praescriptis uerbis* u. dgl. genannt zu werden pflegt, und daß ihr sogar ein Mahl ausdrücklich eine *ciuilis intentio incerti* zugeschrieben wird. Man sehe L. 9. L. 8. De praescrip. uerb. L. 7. § 2. De pactis. L. 19. § 2. De precario (wo Haloander das *id est* wohl richtig weggestrichen hat), und besonders endlich L. 6. De praescr. uerb. L. 6. C. De rer. permut. L. 9. C. De donationibus.

mula mit Berückſichtigung des jedesmahligen Sach=
verhalts concipiren, oder aber zum voraus eine For=
mula aufſtellen, durch welche dem Juder eine um=
faſſende Unterſuchung aller der Natur des Geſchäftes
nach wichtigen Thatſachen und ſelbſtändige Deduction
der rechtlichen Reſultate anheim geſtellt wurde.　Man
wählte ſehr natürlich das letztere, und daher kom=
men die vielen Formulä, welche ſo componirt ſind,
daß darin zuerſt in einer Art Einleitung das zum
Grunde liegende Rechtsgeſchäft angegeben (18), dann

(18) Wenn das fragliche
Rechtsverhältniß nach Form
oder Inhalt zu denen gehört,
welche in einen beſtimm=
ten Begriff gefaßt, mit ſpe=
ciellem Nahmen und Theorie
verſehen ſind, ſo geſchieht dieß
durch eine Demonſtratio,
die einen ſtehenden Theil der
Formula ausmacht, und wo=
durch lediglich auf die Art
des Geſchäfts durch Angabe
ſeines Nahmens kurz hinge=
wieſen wird. Dagegen bey den
Klagen aus Innominat=Con=
tracten ſcheint in einer der
Intentio voran gehenden, für
jeden einzelnen Fall beſonders
abgefaßten Präſcriptio der

factiſche Beſtand des Geſchäfts
genauer angegeben worden zu
ſeyn. Aus dieſer Präſcriptio,
die ihrer Beſtimmung nach
freylich weſentlich verſchieden
iſt von den Präſcriptiones,
welche wir unten (§ 58.) ken=
nen lernen werden, iſt denn
auch ohne Zweifel der Nahme
Actio præscriptis uerbis zu er=
klären. Man ſehe: L. 6. C.
De transactionibus. Hugo
9te Rechtsgeſchichte S. 553. —
Daß übrigens ein ſolcher Ge=
brauch einer Präſcriptio im
Allgemeinen nichts gegen
ſich hat, zeigt auch *Gai.*
Comm. IV. § 134.

durch die ganz allgemeine und unbestimmte Intentio,
„Quicquid ob eam rem N. N. A°. A°. dare facere oportet„ die ganze rechtliche Würdigung des Falles
in das freye Arbitrium des Juder gestellt, und ihm
endlich in 'der Condemnatio die Ausfällung eines
Urtheils, welches das Resultat dieser Würdigung
enthalte, aufgetragen wird.

Fragen wir nun auch bey dieser Art von Klagen,
i n w i e f e r n d u r c h d i e J n t e n t i o d e r G e g e n-
stand der Consumtion bezeichnet werde, so
hat dieses allervorderst kein Bedenken in dem Fall,
wenn durch Anstellung der Klage die ganze Obligation realisirt, ihre rechtlichen Wirkungen insgesammt
Ein für alle Mahl gelten gemacht werden sollen.
Wie aber wenn dieß nicht der Fall ist? Gesetzt z. B.
eine Stipulation verpflichtet jemanden zu Termin-
Zahlungen, und der Creditor will zu einer Zeit,
w o e i n e o d e r m e h r e r e derselben, aber n i c h t a l l e,
fällig sind, die verfallenen Zahlungen mit der Actio
incerti ex stipulatu einklagen. Oder es hat jemand ein
Grundstück gekauft, mit der Bestimmung, daß dasselbe sogleich m a n c i p i r t, aber erst nach einer gewissen Zeit t r a d i r t werden solle. Vor Ablauf dieser Zeit nun will er den Verkäufer mit der Actio
empti zur Mancipation anhalten. Die Intentio,

so wie alle beständigen Theile der Formula (19),
lauten natürlich auch hier wie sonst immer. — Was
wird nun aber consumirt? Bloß die fälligen Leistungen oder mehr als diese (20)?

So viel ist gewiß, daß, wenn wir strenge und
wörtlich bey unserer obigen Regel bleiben, der Gegenstand der Consumtion seinem Umfange nach
durchaus identisch seyn muß mit demjenigen der vom
Juder instructionsgemäß auszufällenden Condemnation, denn der Juder soll nach dem Buchstaben der
Formula condemniren *Quicquid N. N. A°. A°. dare
facere oportet*, und dieß ist ja gerade der Inhalt der Intentio (21). Fragen wir also ein

---

(19) Es sollen durch diese
Bezeichnung alle bloß zufälligen Zuthaten der Formulæ,
nahmentlich *præscriptiones* u.
dgl. ausgeschlossen, und das
Gesagte auf die *demonstratio,
intentio* und *condemnatio* beschränkt werden.

(20) Es versteht sich, daß
wir diese Frage hier durchaus
nur nach den Grundsätzen der
reinen Consumtions-Lehre beantworten, ohne jetzt noch irgend welche Rücksicht auf die
Mittel und Vorsichtsmaßre-

geln, wodurch dieselben ausnahmsweise modificirt werden
konnten (wie Präscriptionen
u. dgl.), zu nehmen.

(21) Die einfache Formula
lautet nähmlich in den angeführten Fällen ohne Zweifel in
ihren Haupttheilen so: „*Quod
„A. A. a N°. N°. incertum
„stipulatus est* (im zweyten
Beyspiel: *fundum emit) Quic-
„quid ob eam rem N. N. A°.
„A°. dare facere oportet, iu-
„dex N. N. A°. A°. conde-
„mna.*"

Mahl: Worein wird der Juder condemniren? nur in das Fällige oder auch in das noch nicht Fällige? mit andern Worten: sagt man in dieser Verbindung auch von den nicht fälligen Prästationen: *dari fieri oportet?* Hierauf nun antworte ich unbedenklich: Nein: und behaupte, daß in Folge dieser Instruction der Juder nur in die wirklich fälligen Leistungen condemniren könne. Und die Wahrheit dieser Behauptung scheint mir so bis zur höchsten Evidenz dargethan werden zu können, daß ich im Vertrauen auf diese Möglichkeit kein Bedenken trage, der Ordnung in der Darstellung zu liebe diesen Beweis auf eine andere Stelle (22) zu versparen, jenen Satz also einstweilen als bloßes Postulat hinzustellen, und dennoch darauf als auf ein festes Fundament fortzubauen.

Gehen wir nun aber davon aus, daß die Condemnation nur die fälligen Prästationen begreife, so müßten wir, wenn es bey unserer Hauptregel einfach sein Bewenden haben sollte, nach dem Obigen auch behaupten, daß die Consumtion nicht weiter greife, die Actio also für die künftige Geltendmachung der jetzt noch nicht fälligen Forderungen unversehrt

(22) f. unten § 58. — Dieser Beweis wird übrigens um so nothwendiger seyn, da nicht   Dupont allein das gerade Gegentheil aufgestellt hat.

stehen bleibe. Allein hier tritt uns die Römische Vorstellung von der Einheit einer solchen mehr-gliedrigen Obligation (23) in den Weg, — die Ansicht, daß die verschiedenen einzelnen Forderungen, welche aus Einer Haupt-Obligation als aus ihrer gemeinsamen Quelle entspringen, nicht selbständige Rechtsverhältnisse mit getrennten Klagen, sondern bloße Verzweigungen von jener sind, und als solche auch nur mit der einzigen daraus entstehenden Ge-sammtklage verfolgt werden können. Diese aber be-greift die sämmtlichen rechtlichen Folgen der ganzen Obligation, und sie wird daher durch einmahlige Anstellung samt dieser ihrer Grundlage für alle Zukunft consumirt, gleich viel, wie ausgebreitet diese recht-lichen Folgen zur Zeit der Anstellung der Klage gerade gewesen, welchen Erfolg diese gehabt, zu was für einer Condemnation sie geführt habe.

Diese Ansicht liegt denn auch in den beyden Hauptstellen bey Gajus und Cicero (24), deren genauere Erörterung wir jedoch erst später unterneh-men werden (25), offenbar zum Grunde, und es findet sich darin nahmentlich mit Beziehung auf die

---

(23) Vgl. z. B. L. 15. L. 16. De negot. gest. L. 46. De hered. inst. L. 35. § 7. De mort. ca. don.

(24) *Gaii* Comm. IV. § 131. *Cic.* de Orat. I. 37.

(25) f. unten § 58.

obigen Beyspiele mit dürren Worten ausgesprochen, daß nach der einfachen Regel der Consumtion die ganze Actio mit allen fälligen und künftigen Prästationen Ein für alle Mahl consumirt werde.

So ist es also klar, daß in Fällen dieser Art die Consumtion ihrem Objecte nach mehr begreift als die Condemnation, und daß wir somit hier allerdings auf einem Punkte stehen, wo unsere Hauptregel, daß der Gegenstand der Consumtion durch die Intentio bezeichnet werde, einer etwelchen Modification bedarf.   Wir müssen nähmlich sagen: In jedem Falle einer Actio in personam mit incerta intentio wird der Inhalt der Intentio so consumirt, daß damit die ganze Actio zugleich untergeht, folglich, wenn auch nach der ursprünglichen Natur der Haupt-Obligation in Zukunft neue einzelne Forderungen entstehen würden, die Frage, *quid dari fieri oporteat* gar nicht mehr auf's neue zur Sprache gebracht werden kann (26).

(26) Man könnte die Sache auch so ausdrücken: Es werde nicht bloß *id quod dari fieri oportet,* sondern gerade die F r a g e *quid dari fieri oporteat* selbst consumirt, d. h. die Möglichkeit ihrer Aufwerfung abgeschnitten. — Doch, möchte man sagen, wozu alle diese Subtilitäten? warum nicht lieber zugestehen, daß es bey dieser Art von Fällen mit der ganzen Regel hinke, und daß sie hier geradezu eine Ausnahme leide? Die Antwort ist leicht: die Römer nehmen eben keine

Mit dieser nähern Bestimmung scheint denn unsere Regel auch in dieser Anwendung vor Mißverständniß gesichert, und es sollte nun durch das Gesagte zu-gleich erklärt seyn, wie die Römer dieselbe als allgemeine Bestimmung des Objects der Consumtion aufstellen, und nahmentlich auch bey dieser letzten Classe von Klagen darauf verweisen konnten.

§ 34.

Es sind in den beyden vorher gehenden §§ die allge-meinen Grundsätze über die objective Sphäre der Exc. r. i. in ihrer positiven und negativen Function, und zwar für die letztere in gedoppeltem, sowohl materiellem, als formellem Ausdrucke festgestellt wor-den. Dagegen fehlt dem ersten dieser Grundsätze noch die gehörige quellenmäßige Begründung, und es scheint mir daher theils zu diesem Behuf, theils auch zu größerer Deutlichkeit und Anschaulichkeit von beyden zweckmäßig, in dieser besondern Beziehung eine Anzahl der hier einschlagenden Stellen genauer zu durchgehen; wobey denn vorzüglich auch das prak-tische Verhältniß zwischen den beyden Functionen der Exc. r. i. überhaupt, d. h. die Art, wie dieselben

Ausnahme an, vielmehr stellen sie jenen Satz nicht nur allge=mein, sondern sogar mit spe=cieller Rücksicht auf diese Fälle auf (s. *Gai.* Comm. IV. § 131. cit.), und w a r u m sie dieß thaten und thun konnten, d i e ß hatten wir gerade zu erklären.

in der Anwendung in einander greifen, und sich hinwieder scheiden, berücksichtigt, und, so viel immer möglich, aufgeklärt werden soll.

Man bemerke zuerst: L. 7. De except. r. iud. aus *Ulp.* lib. 75. ad Edictum. —

Principium.

„Si quis, cum totum petisset, partem pe-
„tat, exceptio rei iudicatæ nocet, nam pars
„in toto est; eadem enim res accipitur et
„si pars petatur eius, quod totum petitum
„est. Nec interest, utrum in corpore hoc
„quæratur, an in quantitate uel in iure.
„Proinde si quis fundum petierit, deinde
„partem petat uel pro diuiso uel pro indi-
„uiso, dicendum erit exceptionem obstare.
„Proinde et si proponas mihi certum locum
„me petere ex eo fundo, quem petii, ob-
„stabit exceptio. Idem erit probandum et si
„duo corpora fuerint petita, mox alterutrum
„corpus petatur; nam nocebit exceptio.
„Item si quis fundum petierit, mox arbores
„excisas ex eo fundo petat, aut insulam
„petierit, mox aream uel tigna uel lapides
„petat. Item si nauem petiero, postea sin-
„gulas tabulas uindicem."

Die Stelle enthält theils allgemein, theils in vielen einzelnen Anwendungen den Satz: Wenn jemand eine Sache vindicirt habe, so stehe ihm die Exc. r. i. entgegen, wenn er nachher einen reellen oder ideellen Theil derselben vindicire. In dieser Bestimmung scheint die negative Function der Exc. r. i. noch recht deutlich hervor zu leuchten. Denn von dem Standpunkt der positiven Function ließe sich dieselbe wohl kaum rechtfertigen, da in dem Satze, daß der Kläger nicht Eigenthümer der ganzen Sache sey, doch noch nicht liegt, daß er auch nicht an irgend einem Theile derselben Eigenthum habe. Dagegen von der negativen Seite versteht sich jener Satz nach Römischen Begriffen von selbst. Der Kläger hat das Eigenthum an der ganzen Sache, also an allen ihren Theilen angesprochen, er hat also sein ganzes Eigenthumsklagerecht in allen seinen Theilen in Judicium deducirt, es ist dasselbe daher auch ganz, in allen seinen Theilen consumirt (1).

(1) Ganz unter dieselbe Regel gehört auch der Fall der L. 21. § 2. h. t., wo jemand erst zwey bestimmte Sclaven vindicirte, abgewiesen wurde, und dann Einen derselben vindicirt. Ebenso der eine Fall des § 1. ib., wo jemand zuerst eine Herde, dann ein einzelnes Stück derselben vindicirt. Beyden, sagt Pomponius, steht die Exc. r. i. entgegen.

Ungemein merkwürdig und ein rechter Beweis des Schwankens zwischen der positiven und negativen Function der Exc. r. i. in den Ansichten der Römischen Juristen selbst ist der unmittelbar folgende § 1. d. L. 7.

„Si ancillam prægnantem petiero, et post „litem contestatam conceperit et pepererit, „mox partum eius petam, utrum idem pe- „tere uideor an aliud, magnæ quæstionis „est. Et quidem ita definiri potest, totiens „eandem rem agi, quotiens apud iudicem „posteriorem id quæritur, quod apud prio- „rem quæsitum est. In his igitur fere om- „nibus exceptio nocet. "

Ulpian setzt folgenden Fall: Jemand vindicirte eine Sclavinn; nach der L. C. concipirt und gebiert sie. Nun stellt derselbe Kläger eine neue Vindication des Kindes an. Es fragt sich, ob ihm die Exc. r. i. entgegen stehe. Hierüber, sagt Ulpian, walte großer Zweifel (2), und dieß wird völlig begreiflich, sobald

(2) „magnæ quæstionis est,“ was ohne Zweifel auf getheilte Ansichten der Juristen deutet. Und wenn man dabey die Bey-spiele betrachtet, welche die Va-ticanischen Fragmente von der Gewohnheit der Com-pilatoren, die Relationen der verschiedenen Meinungen und ihre respectiven Gründe zu streichen, liefern (vgl. oben S. 192. Note 24.), so wird

wir die Sache von den beyden verschiedenen Seiten betrachten. Von der negativen Seite müssen wir sagen: Die Frage, was in Judicium deducirt werde, beantwortet sich zur Zeit der L. C. Zu dieser Zeit hat aber das fragliche Kind weder ein selbständiges Daseyn gehabt, noch auch nur als Theil der Mutter existirt (3); es kann also damahls auf keine Weise Gegenstand des Eigenthums, folglich auch keiner Eigenthumsklage gewesen seyn. In Judicium deducirt und consumirt ist mithin bloß die Vindication der Mutter, nicht aber die des Kindes. Die Exc. r. i. findet also nicht Statt.

Von der positiven Seite dagegen verhält sich die Sache so: Die Frage, wer Eigenthümer des Kindes sey, hängt ganz von der andern Frage ab, wer zur Zeit der Geburt Eigenthümer der Mutter gewesen sey. Gesetzt nun (was unbedenklich als Fall unserer

dadurch die Vermuthung einiger Maßen wahrscheinlich, daß eine solche Weglassung auch in unserer Stelle, und nahmentlich nach den Worten *quæstionis est* Statt gefunden habe.

(3) Wäre das Kind vor der L. C. concipirt, so würde es als Theil der Mutter, also in der Vindication begriffen, behandelt. War es vor der L. C. gebohren, so geht der Proceß über die Mutter dasselbe gar nichts an; es ist eine selbständige Sache, und muß besonders vindicirt werden, entweder allein oder neben der Mutter. L. 10. De usuris.

Stelle voraus zu setzen ist) der Kläger war mit seiner Vindication der Mutter abgewiesen worden, so
hat dadurch natürlich der Gegner den Satz gewonnen, daß jener nicht Eigenthümer der Mutter sey,
und da aus diesem Satze nothwendig folgt, daß er
auch an dem Kinde kein Eigenthum habe (4), so
steht ihm jetzt die Exc. r. i. entgegen, weil seine
zweyte Vindication dem positiven Inhalt des Urtheils
über die erste widerspricht.

Zu bemerken ist nun, daß unsere Stelle der letztern
Ansicht den Vorzug gibt (5), aus dem ganz auf
die positive Seite der Exc. r. i. deutenden Grunde,
weil es auf denselben Punkt ankomme (*idem*

(4) Natürlich abgesehen von
einer spätern Erwerbung, welche
immer die Exc. r. i. ausschließt,
wovon aber hier keine Rede ist.

(5) Ganz dasselbe Hervor-
treten der positiven Function
findet Statt in den Fällen der
L. 26. pr. und besonders § 1.
h. t., wo für die Exc. r. i.
in ihrer positiven und negativen Function gerade dasselbe
zwiefache Räsonnement, wie
hier, passen würde. Die Stelle
lautet so: (*Africanus*) „Egi
„tecum, ius mihi esse ædes
„meas usque ad decem pedes

„altius tollere; post ago, ius
„mihi esse usque ad uiginti
„pedes altius tollere: exceptio
„rei iudicatæ proculdubio
„obstabit. Sed et si rursus
„ita agam, ius mihi esse al-
„tius ad alios decem pedes
„tollere, obstabit exceptio,
„cum aliter superior pars iure
„haberi non possit, quam si
„inferior quoque iure habea-
„tur. § 1. Item si fundo
„petito postea insula, quæ
„e regione eius in flumine
„nata sit, petatur, exceptio
„obstatura est.“

quæritur) wie beym frühern Proceß, d. i. nähmlich das Eigenthum an der Mutter.

In einem sehr auffallenden Verhältniß stehen nun zu den zwey so eben besprochenen Stellen die beyden folgenden §§ derselben L. 7.

§ 2. „Sed in cæmentis et tignis diuersum est;
„nam is qui insulam petit, si cæmenta
„uel tigna uel quid aliud suum petat, in
„ea condicione est, ut uideatur aliud petere:
„etenim cuius insula est, non utique et
„cæmenta sunt. Denique ea, quæ iuncta
„sunt ædibus alienis, separata dominus uin-
„dicare potest.“

§ 3. „De fructibus eadem quæstio est (6) et
„de partu: hæc enim nondum erant in re-
„bus humanis, sed ex ea re sunt, quæ pe-
„tita est, magisque est, ut ista exceptio
„non noceat. Plane si in restitutionem uel
„fructus uel etiam partus uenerunt æstima-
„tique sunt, consequens erit dicere, exce-
„ptionem obiiciendam.“

In dem letztern § ist offenbar von dem Falle die Rede, wo eine fruchttragende Sache vindicirt wird, diese nach der L. C. Früchte producirt (7), und nun

(6) Meine Pandekten=Hand=   (7) Darauf deuten die Worte
schrift liest hier *magisque et.*   nondum erant in rebus huma-

später eine Vindication dieser Früchte angestellt wird. Auch für diesen Fall wird gefragt, ob die Exc. r. i. Statt finde, und diese Frage wird im Allgemeinen verneint, und nur ausnahmsweise für den Fall die Exceptio zugelassen, wo schon im Urtheil über die erste Vindication die Früchte berücksichtigt und in der Condemnation begriffen wurden; — was natürlich ein dem Kläger günstiges Urtheil über die Hauptsache voraus setzt. Fragen wir nun aber mit Rücksicht auf die als Regel aufgestellte entgegen gesetzte Bestimmung, welches die Fälle seyen, die sich Ulpian dabey dachte, so können es folgende zwey seyn: a) Der Kläger wurde mit der ersten Vindication abgewiesen. — b) Er gewann, allein der Juder nahm auf die Früchte keine Rücksicht.

Betrachtet man hier wieder die Exc. r. i. von Seite ihrer negativen Function, so ist es klar, daß dieselbe in beyden Fällen nicht Statt findet. Vom positiven Standpunkt aus verhält es sich hingegen nur beym letztern so, im erstern aber findet aus dem bey § 1. angegebenen Grunde die Exc. r. i. allerdings Statt. Da wir nun aber bey der allgemeinen Fassung des § 3. durchaus keinen Grund haben, die

nis, und die Entscheidung des Falles selbst. Wären nähmlich die Früchte schon zur Zeit der L. C. vorhanden gewesen, so fände die Exceptio wohl ohne alle Frage Statt.

darin enthaltene Bestimmung auf den zweyten der
genannten Fälle zu beschränken (8), so findet sich,
daß von zwey ganz unter dieselben Grundsätze gehörigen Fällen in dem einen (nähmlich dem in § 1.)
die Exc. r. i. zugelassen, in dem andern (in § 3.)
ausgeschlossen wird, so daß Ulpian in derselben
Lex sich zu widersprechen scheint. Und diese Sonder-
barkeit vermehrt sich noch, wenn man die Worte *et
de partu* in § 3. berücksichtigt, indem dadurch noch
geradezu der Fall von § 1. wiederhohlt und in der
entgegen gesetzten Entscheidung ausdrücklich begriffen
wird.

Aber noch mehr. Ein ganz gleiches und eben so
sonderbares Verhältniß, wie das zwischen den §§ 1.
und 3. nachgewiesene, besteht auch zwischen princ.
und § 2. h. L.

Im princ. nähmlich wird der Fall, wo jemand
zuerst ein Haus, dann einzelne Bau-Materialien
desselben vindicirt, unbedingt den Fällen beygezählt,
in welchen die Exc. r. i. eintrete, und so wie wir
von dem Inhalt jener Stelle allgemein bemerkt ha-

(8) Anders verhielte es sich
vielleicht, wenn es sich um die
Frage handelte, wie diese Stellen als Theile der Justinianeischen Gesetzgebung zu inter-
pretiren und zu vereinigen
seyen; — eine Frage, die uns
aber hier natürlich nicht berühren kann.

ben, daß dabey nur die Regel der Consumtion, nicht aber der positive Inhalt des Urtheils der Exc. r. i. zum Grunde liegen könne, so gilt dieß auch ganz besonders für den eben genannten einzelnen Fall, und zwar wegen des bekannten Grundsatzes, daß selbst der wahre Eigenthümer von Bau-Materialien die Vindication nicht mit Erfolg anstellen kann, so lange dieselben in einem Gebäude sich verbaut finden (9); woraus sich nothwendig ergibt, daß aus dem Urtheil über das Eigenthum an dem Gebäude nicht auf das Eigenthum an den losgetrennten Materialien geschlossen werden darf.

Und so finden wir denn in d. § 2., wo eben dieser Fall wieder, und zwar ex professo erörtert wird, gerade aus dem angeführten und offenbar ganz von der positiven Seite der Exc. r. i. hergenommenen Grunde die umgekehrte Bestimmung, es solle die Exceptio nicht Statt finden.

Das so eben entwickelte Verhältniß zwischen d. princ. und § 1. auf der einen, und §§ 2. und 3. auf der andern Seite scheint auch schon den Verfassern der Basiliken aufgefallen zu seyn, und es haben dieselben wohl aus diesem Grunde den ganzen Passus so

(9) f. z. B. L. 7. § 10. De A. R. D. § 29. I. De R. D. L. 1. pr. De tigno iuncto.

umgeſtaltet, daß nicht nur die meiſten einzelnen Fälle des princ., nahmentlich der mit § 2. gemein-ſame, wegfielen, ſondern auch der Fall des § 1. weſentlich verändert wurde (10).

Ebenſo -entgingen jene Widerſprüche auch den Gloſſatoren durchaus nicht; allein da ihre Erklä-rungen und Vereinigungsverſuche ſich einzig auf die bereits als außer unſerm Kreiſe liegend bezeichnete Frage beziehen, ſo können wir ſie hier nicht weiter berückſichtigen (11).

(10) Die L. 7. pr. §§ 1—3. lautet in den Baſiliken ſo: „Ὁ κινήσας περὶ ὁλοκλήρου πρά-γματος οὐ δύναται κινεῖν ὕστε-ρον περὶ μέρους αὐτοῦ· οὐδὲ ὁ κινήσας περὶ δύο πραγμάτων ὕστερον δύναται περὶ τοῦ ἑνὸς κινεῖν. — Ἐὰν κινήσω περὶ δούλης συγκύου, καὶ τεκοῦσα ἀποθάνῃ, δύναμαι κινεῖν ὕστε-ρον ἐπὶ τῷ τοκετῷ. — Ὁμοίως κινήσας περὶ ἀγροῦ κινῶ περὶ τῶν καρπῶν ὕστερον· καὶ ὁ περὶ οἰκίας, ὕστερον περὶ τῆς ὕλης κινεῖ, τῆς οἰκίας λυθείσης· εἰ μὴ ἄρα καὶ οἱ καρποὶ καὶ ὁ τοκετὸς εἰς τὸ πρῶτον κατη-νέχθησαν δικαστήριον.“ — ſ. *Meerman* Thes. T. V. p. 82.

(11) Nicht unintereſſant iſt es dagegen, daß in der Gloſſe zu d. § 3. eine Emendation ten-tirt wird, nach welcher *non* vor *noceat* geſtrichen würde. Allein eine ſolche Veränderung wird theils ſchon durch den Zuſam-menhang aus innern Gründen ganz verwerflich, theils wüßte ich dafür durchaus keine äußere Autorität, indem ſich wohl alle Handſchriften und Ausgaben für die hergebrachte Leſeart vereinigen. Und wenn ſchon die Gloſſe von dieſer Leſeart nur ſagt: „habent *fere* omnes „communiter,“ ſo iſt daraus für das Gegentheil kaum viel zu ſchließen. Auch bey *Iauch*

Uebrigens ist die Ursache dieser Schwierigkeit wohl nicht bey **Ulpian**, sondern in dem Verfahren der Compilatoren zu suchen. Unsere L. 7. scheint nähmlich ein kurzes Excerpt aus einem ziemlich langen Abschnitte der Ulpianischen Schrift zu seyn, und bey den bedeutenden Weglassungen mag es denn geschehen seyn, daß Bestimmungen verschiedener Fälle auf Einen und denselben bezogen, oder widersprechende Ansichten verschiedener Juristen dem einzigen **Ulpian** in den Mund gelegt wurden. Vielleicht gaben auch wirkliche materielle Aenderungen zu solchen Inconsequenzen Veranlassung.

Wir gehen weiter zu §§ 4. 5. d. L. 7.

(§ 4.) „Et generaliter (ut Iulianus definit)
„exceptio rei iudicatæ obstat, quotiens inter
„easdem personas eadem quæstio reuocatur
„uel alio genere iudicii. Et ideo si heredi-
„tate petita singulas res petat, uel singulis
„rebus petitis hereditatem petat, exceptione
„summouebitur. “

De negationibus wird diese Stelle unter den Beyspielen zweifelhafter *non* nicht erwähnt. Andere Interpretationen dieser Stellen endlich, außer der Glosse, sind mir nicht bekannt, da ich *Struv* ad Gothofredi Immo (apud Hommel ad h. L. cit.) nicht gesehen, und bey *Pacius* (Ἐναντιοφανῶν Cent. 2. qu. 3. ibid. cit.) nichts gefunden habe.

(§ 5.) „Idem erit probandum et si quis debi-
„tum petierit a debitore hereditario, deinde
„hereditatem petat: uel contra, si ante he-
„reditatem petierit, et postea debitum pe-
„tat. Nam et hic obstabit exceptio: nam
„cum hereditatem peto, et corpora et
„actiones omnes, quæ in hereditate sunt, ui-
„dentur in petitionem deduci.“

Zu Anfang des § 4. wird eine allgemeine Regel über
die Bedingungen der Exc. r. i. aufgestellt, die auch
anderswo theils mehrmahls als solche (12), theils in
vielen einzelnen Anwendungen wiederkehrt. Die
Exc. r. i., heißt es nähmlich, finde da Statt, *ubi
inter easdem personas eadem quæstio reuocatur.*
Fragen wir nun, wie sich diese Regel zu den beyden
von uns aufgestellten Grundsätzen verhalte, und ob
dadurch alle Fälle der Anwendung der Exc. r. i. in
ihrer p o s i t i v e n sowohl als n e g a t i v e n Function
erschöpft werden, so ist dieß wohl für die e r s t e r e
unbedingt zu bejahen, wenn man dabey nur den

(12) f. z. B. L. 3. h. t.
(*Ulp.*) „Iulianus . . . respon-
„dit, exceptionem rei iudi-
„catæ obstare, quotiens ea-
„dem quæstio inter easdem
„personas reuocatur. Et ideo
„et si singulis rebus petitis
„hereditatem petat uel contra,
„exceptione summouebitur.“
Vgl. auch L. 19. eod., deren
Worte f. oben S. 225.

Ausdruck *inter easdem personas* etwas uneigentlich
nimmt, wie sich unten ergeben wird. Dagegen
für die negative Function läßt sich dieß durchaus
nicht behaupten. Hier ist die Regel zu eng, und
wir müssen daher auch sie, wie so viele andere allgemeine Regeln der Römischen Juristen, durch die
ihr widersprechenden Entscheidungen specieller Fälle
berichtigen (13), und mit Zuziehung von diesen das
wahre allgemeine Princip abstrahiren. So kann man
schon in dem Falle, wo jemand aus einer Stipulation die Condictio incerti anstellt, und es rücksichtlich
der fälligen Posten zur Condemnation bringt, nicht
wohl sagen, daß dieselbe *quæstio* erneuert werde,
wenn er nun später mit derselben Klage die zur Zeit
des frühern Processes noch nicht fälligen einklagt.
Dennoch steht bekanntlich hier die Exc. r. i. entgegen (14). Ebenso wenn jemand mit der Actio empti
zuerst Mancipation, dann Tradition fordert, wo
doch gewiß nicht *eadem quæstio* ist. Deßgleichen
endlich lassen sich mit einer Actio tutelæ sehr ver-

(13) An sich wahr ist die
Regel allerdings, aber nur
nicht erschöpfend, und es steht
noch dahin, ob sie in dem ursprünglichen Zusammenhang der
sie enthaltenden Stellen in der
Art aufgestellt war, daß dadurch alle Fälle der Exc. r. i.
erschöpft werden sollten.

(14) Man f. die oben (S. 258.
Note 24.) citirten Stellen von
Gajus und Cicero.

18

ſchiedene Forderungen verfolgen: dennoch ſteht allen
die Exc. r. i. entgegen, ſobald die Actio wegen Einer gebraucht iſt (15).

Man könnte freylich ſagen: Damit *eadem quæstio*
vorhanden ſey, müſſe nicht gerade dieſelbe ſpe-
cielle Rechtsfrage den Gegenſtand des zweyten
Proceſſes ausmachen, ſondern es genüge, wenn es
ſich nur um daſſelbe allgemeine Rechtsverhältniß handle, und was dieſes ſey, zeige die
Intentio. Man könne alſo wohl ſagen, es ſey
eadem quæstio, ſobald die ſpätere Klage dieſelbe
Intentio habe. Dieß ſey aber gerade in den eben
angeführten Beyſpielen der Fall; ſo z. B. beſtehe
bey jener Actio empti in beyden Proceſſen die quæstio
darin: *quid uenditorem emptori dare facere
oporteat* u. ſ. w.

Allein dieſe Erklärung muß, abgeſehen von andern Gründen, die ihr entgegen ſtehen, ſogleich aufgegeben werden, in dem auf dieſe Weiſe die Regel auf
der poſitiven Seite der Exc. r. i. unrichtig würde,
wie das die in d. §§ 4. 5. zugegebenen Beyſpiele zeigen,
indem darin die Exc. r. i. geſtattet wird, obgleich
das zweyte Judicium eine ganz andere Intentio hat. So müſſen wir uns alſo begnügen,

(15) L. 2. C. De iudiciis.

anzunehmen, daß die Regel für die positive Function
der Exc. r. i. vollkommen erschöpfend und mit dem
von uns für diese aufgestellten Grundsatze (16) gleichbedeutend ist; und es wird um so wahrscheinlicher,
daß die Juristen nur diese vor Augen hatten, da die
folgenden Beyspiele sich sämtlich auf diese Seite
zu neigen scheinen, obgleich sich dann durch den in
§ 5. vorkommenden, ganz der negativen Seite angehörigen Ausdruck *in iudicium deducere* wieder
die Bemerkung bestätigt, daß die Römischen Juristen
selbst sich diese Unterscheidung der beyden Functionen
als einen allgemeinen Dualismus nicht deutlich ausgebildet hatten.

Die in unsern §§ 4. 5. enthaltenen Beyspiele nun
sind diese:

Jemand stellt die Hereditatis petitio an, und
nachher die Rei uindicatio auf einzelne Erbschaftssachen oder eine specielle Actio in personam gegen
einen Erbschaftsschuldner, — oder umgekehrt. In
allen diesen Fällen soll die Exc. r. i. entgegen stehen.

Auch dieses erklärt sich vollkommen, wenn wir
uns auf den positiven Standpunkt stellen. Wenn
nähmlich jemand mit der Hereditatis petitio als
Nicht-Erbe abgewiesen ist, so widerspricht diesem

(16) s. oben S. 240.

Urtheil jede Klage, womit er als Erbe eine Erbschaftssache anspricht (17), oder eine Erbschaftsfor-
derung verfolgt. Ebenso wenn jemand mit der Vindication einer Erbschaftssache oder mit der Klage
gegen einen Erbschaftsschuldner darum abgewiesen
worden ist, weil er nicht Erbe sey, so widerspricht
diesem Urtheil eine spätere Hereditatis petitio. Dagegen kann wohl in keinem von beyden Fällen von
einem wahren *in iudicium deducere*, d. h. von der
rein zerstörenden Wirkung des Processes die Rede
seyn; denn man braucht bloß den Fall so zu setzen,
daß der Kläger im ersten Proceß gewann, so wird
gewiß kein Römischer Jurist die Exc. r. i. gestatten,
z. B. wenn A gegen B die Hereditatis petitio anstellt
und gewinnt, und ihn nun nachher wegen einer strei-
tigen Erbschafts-Obligation mit der Special-Klage,
z. B. einer Actio empti belangt (18).

(17) Ganz parallel geht hier
der Exc. r. i. die Exceptio
pacti. Man sehe L. 27. § 8.
De pactis. „Item si pactus, ne
„hereditatem peterem, singu-
„las res ut heres petam, ex
„eo, quod pactum erit, pacti
„conventi exceptio aptanda
„erit‟ u. s. f.

(18) Man könnte einwenden:

das Object der hereditatis petitio sey in unserm § 5. viel
beschränkter gemeint, nahmentlich als ganz identisch mit dem
der Special-Klage, wie in
L. 13. § ult. sqq. De hered.
petit., und somit handle es sich
in beyden Processen gerade um
dieselbe Sache; es sey daher
die zweyte Klage schon in Folge

Noch bemerke man die an d. L. 7. unmittelbar sich anschließende L. 8. h. t. (*Iulianus* lib. 51. Digestorum)

> „Item parte fundi petita, si familiæ her-
> „ciscundæ uel communi diuidundo agit,
> „æque exceptione summouebitur.‟

Hier ist das Hervortreten der positiven Function der Exc. r. i. wo möglich noch deutlicher als in den vorher gehenden §§. Julian sagt, die Exc. stehe dem entgegen, der den Theil einer Sache zuerst mit der Rei uindicatio und nachher mit der Actio communi diuidundo fordert. Dabey nun ist offenbar bloß der Fall gemeint, wo der Kläger mit der Rei uindicatio abgewiesen worden war. Hat er dagegen gewonnen, und fordert nun mit der Actio communi diuidundo oder familiæ herciscundæ Theilung und Auseinandersetzung, so kann gewiß von der Exc. r. i. keine Rede seyn.

der einfachen Regel der Consumtion unstatthaft, und die Exc. r. i. finde auch in ihrer negativen Function Statt. Allein wenn auch Ulpian wirklich bloß diesen besondern Fall vor Augen hätte, worauf die Fassung der Stelle keineswegs deutet, so würde dieß an dem von uns gesagten nichts ändern, denn die Intentio der Hereditatis petitio ist ganz dieselbe, was auch der Beklagte von der Erbschaft bey Handen haben oder dem Kläger streitig machen möge, und es kann also darauf gar nichts ankommen, wenn es sich fragt, was

Nicht zu übergehen ist endlich auch noch eine andere Stelle, nähmlich L. 33. § 1. De usufructu. (*Papin.* lib. 17. Quæstionum).

> „Usumfructum in quibusdam casibus non
> „partis effectum obtinere conuenit. Unde
> „si fundi uel fructus portio petatur, et ab-
> „solutione secuta postea pars altera, quæ
> „adcreuit, uindicetur, in lite quidem pro-
> „prietatis iudicatæ rei exceptionem obstare,
> „in fructus uero non obstare, scribit Iu-
> „lianus; quoniam portio fundi uelut alluuio
> „portioni, personæ fructus accresceret (19).

Der Satz, von welchem Papinian hier ausgeht, ist, nach unserer Art zu reden, dieser:

Der Ususfructus erscheint in gewissen Beziehungen als ein Recht, das nicht nur in Grad und Umfang, sondern auch der Art nach vom Eigenthum sich unterscheidet, und wesentlich verschiedenen Bestimmungen unterliegt. Dieß ist z. B. der Fall rücksichtlich des Ius accrescendi. Da gilt bekanntlich die Regel, daß nur der, welcher zum Theil Eigenthümer ist, durch Accresciren einen andern Theil erwerben kann, wo-

durch die Hereditatis petitio   preten dieser Stelle s. bey
consumirt werde.   Hommel und Schulting.

(19) Die zahlreichen Inter-

gegen ein Theil des Ususfructus auch dem accresciren
kann, welcher seinen ursprünglichen Antheil verloren
und ganz aufgehört hat Usufructuar zu seyn (20).

Von dieser Regel wird nun in d. L. 33. folgende
Anwendung gemacht: Gesetzt A macht gegen B mit
der Rei uindicatio partielles Eigenthum an einer
Sache gelten, und wird abgewiesen.   Nachher tritt
er gegen denselben B mit der Eigenthumsklage auf,
und zwar wegen des andern Theiles, welchen er
seither iure accrescendi erworben zu haben behauptet.
Hier, sagt Papinian, steht ihm die Exc. r. i. entgegen; — natürlich nicht als Organ des Grundsatzes
der processualischen Consumtion, sondern deßwegen,
weil die gegenwärtige Klage dem positiven Inhalt
des frühern Urtheils widerspricht.   Denn wenn er,
wie dieses aussprach, nicht Eigenthümer des einen
Theiles ist, so konnte er auch den andern iure accrescendi nicht erwerben, und es ist somit im zweyten
Processe eadem quæstio wie im ersten, denn auch
jener hängt von der Frage ab, ob A Eigenthümer
des ersten Theiles sey.

Ganz anders entscheidet unsere Stelle den Fall,
wo die beyden Vindicationen nicht Theile des Eigenthums, sondern des Ususfructus betreffen. Hier

(20) Vgl. L. 1. § 3. L. 10.   diese letztere Stelle s. oben
De usufr. accresc., und über   S. 177. ff.

wird die Exc. r. i. ausgeschlossen; — sehr begreiflich, denn hier ist der zweyte Proceß von der im ersten entschiedenen Frage ganz unabhängig, und die zweyte Klage widerspricht dem Urtheil über die erste durchaus nicht, indem aus dem Satze, daß dem Kläger der eine Theil des Ususfructus nicht zustehe, gar nicht gefolgert werden darf, er habe den andern iure accrescendi nicht erwerben können (21).

Zum Schluße der in diesem § aufgezählten Beyspiele und Anwendungen der beyden Grundsätze über die objective Sphäre der Exc. r. i. bemerke man noch folgendes:

Es ist bekanntlich oft der Fall, daß aus Einer Handlung zweyerley Forderungen und Klagen, theils auf Schadensersatz theils auf Strafe entspringen; so z. B. aus einem Diebstahl *condictio furtiua* und *actio furti*. Es ist ebenfalls unbestritten, daß, um bey diesem Beyspiel zu bleiben, wenn der Bestohlne die erstere dieser Klagen angestellt, und sogar wenn er nach Maßgabe derselben seine Befriedigung gefunden hat, dennoch

---

(21) Ganz überein stimmend ist auch die Entscheidung von Paulus in L. 14. § 1. De exc. r. ind. — „Qui, cum „partem ususfructus haberet, „totum petit, si postea par „tem adcrescentem petat, non „summouetur exceptione, quia „ususfructus non portioni sed „homini adcrescit." — s. un ten § 35. Note 13.

ihm die actio furti noch immer offen steht. Es leidet
also keinen Zweifel, daß von einer gegenseitigen
proceſſualiſchen Conſumtion dieſer Klagen keine Rede
ſeyn kann, ſomit auch der einen niemahls bloß darum, weil die andere Gegenſtand eines Urtheils geworden, die Exc. r. i. (alſo in ihrer negativen Function)
entgegen ſteht. Wie nun aber? Sollte nicht hier die
Exc. r. i. dennoch, und zwar in ihrer poſitiven
Function, zur Anwendung kommen können? Geſetzt
der Kläger wird mit der Condictio furtiua darum
abgewieſen, weil der Juder erkennt, der Beklagte
habe gar nicht geſtohlen. Sollte jenem Kläger die
Exc. r. i. nicht entgegen ſtehen, wenn er nachher
denſelben mit der Actio furti belangt? Eine ausdrückliche Stelle haben wir zwar über dieſen Fall
nicht, allein wenn auch die einzige L. 13. pr. De
liberali causa (22) nicht für alle Fälle dieſer Art
ſchon entſcheidend genug wäre, ſo dürften wir dennoch keinen Augenblick anſtehen, jene Frage zu bejahen. Denn es leuchtet in die Augen, daß hier
allerdings *eadem quæstio* iſt, und daß dieſes auch

---

(22) (*Gaius*) „Illud certum
„est, damnum hoc solum in
„hac in factum actione deduci,
„quod dolo, non etiam quod
„culpa factum sit. Ideoque
„licet absolutus hoc iudicio
„fuerit, adhuc tamen postea
„cum eo poterit Lege Aquilia
„agi, cum ea lege etiam culpa
„teneatur. “

die Römische Ansicht war, unterliegt keinem Zweifel (23),
so wie wir uns denn überhaupt auf diesem Punkte von
der weit greifenden Analogie zwischen Eid und Urtheil (24) unbedenklich leiten lassen, und somit die
Stellen, welche unsere Frage mit Beziehung auf die
Exc. iurisiurandi beantworten, auch für die Exc.
rei iudicatæ benutzen dürfen (25).

(23) L. 28. § 7. De iure-
iurando. — (*Paulus*) „Quæ
„iurauit, diuortii causa rem
„se non amouisse, non debet
„defendi per exceptionem, si
„cum ea in rem agatur; et
„si contendat suam esse, alio
„iureiurando opus est. Con-
„tra si iurauerit suam esse,
„debet actione rerum amota-
„rum defendi. *Et omnino hoc*
„*obseruandum est, licet per*
„*aliam actionem eadem quæstio*
„*moueatur, ut exceptio iuris-*
„*iurandi locum habeat.*“ —
Vgl. L. 13. § 2. eod. (*Ulp.*)
„Iulianus scribit, eum, qui
„iurauit furtum se non fecisse,
„uideri de toto iurasse, atque
„ideo neque furti neque con-
„dictitia tenetur, quia con-
„dictitia, inquit, solus fur
„tenetur. Numquid ergo qui

„iurauit, se furtum non fe-
„cisse, hoc solo nomine con-
„dictitia si conueniatur, ex-
„ceptione utatur? cæterum
„si contendat, qui condicit,
„quasi cum herede se furis
„agere, non debet repelli?
„et quasi μονομερὴς, id est
„unimembris, condictio dari
„debet aduersus furis here-
„dem, nec pati eum iudex
„debet, si cœperit tentare,
„probare furem.

(24) f. z. B. L. 6. § ult. L. 26.
§ 2. L. 9. § 7. L. 10. L. 11.
pr. De iureiur. L. 8. C. De
R. C. § 11. I. De actionibus.

(25) Vgl. auch L. 28. § 6.
De iureiur. „Colonus, cum
„quo propter succisas forte
„arbores agebatur ex locato,
„si iurauerit se non succidisse,
„siue e lege XII. Tabularum

Der allgemeine Satz, dessen Rechtfertigung in dem eben gesagten enthalten seyn sollte, ist somit der: Es steht in allen solchen Fällen concurrirender Actiones ex delicto die Exc. r. i. der später ange-stellten entgegen, wenn die erste darum abgewiesen worden war, weil der Juder fand, daß das Factum, welches ihre gemeinsame Grundlage ausmacht, nicht existire.

§ 35.

Nachdem in den vorher gehenden §§ die allgemei-nen Grundsätze über die objective Beziehung der Exc. r. i. aufgestellt und auf die Quellen zurück geführt worden sind, so bleiben uns nun noch einige einzelne Folgesätze und Fragen übrig, welche eine besondere nähere Berücksichtigung zu verdienen scheinen.

So läßt sich unter anderm die Frage aufwerfen, ob es Bedingung der Exc. r. i. sey, daß das frag-liche Rechtsverhältniß in beyden Processen aus demselben Entstehungsgrunde abgeleitet werde.

Die Antwort auf diese Frage wird sich leicht er-geben, wenn wir uns nur der beyden aufgestellten Hauptgrundsätze und vor allem desjenigen erinnern,

„de arboribus succisis, siue „e lege Aquilia damni iniu-„ria, siue interdicto quod ui „aut clam postea conuenietur, „per exceptionem iurisiurandi „defendi poterit."

nach welchem das der Klage zum Grunde liegende
Rechtsverhältniß, wie es durch die Intentio der
Formel bezeichnet wird, den Gegenstand der Con-
sumtion ausmacht.

Hier ist nähmlich zu unterscheiden zwischen *Actiones in rem* und *in personam*. Bey den letztern ist
jene Frage zu bejahen, denn jedes obligatorische
Verhältniß wird durch seinen Entstehungsgrund individualisirt, mit andern Worten — dieser gehört
zu seinem eigentlichen Wesen. Daher ist auch der
Entstehungsgrund entweder in der Intentio ausdrücklich angegeben, oder es wird doch darin auf
die in einem andern Theile der Klagformel (der
Demonstratio oder Präscriptio) enthaltene Angabe
desselben verwiesen (z. B. „Quicquid *ob eam rem*
N. N. A°. A°. dare facere oportet,“ nachdem es vorher in der Demonstratio hieß „Quod A. A. a N°. N°.
hominem emit“).

So wird denn auch in mehrern Stellen von den
Römischen Juristen bey den Actiones in personam
Identität des Entstehungsgrundes bestimmt als Bedingung der Exc. r. i. gefordert. Dieß ist eben die
eadem causa petendi in L. 14. pr. und die *causa
proxima actionis* in L. 27. h. t. (1) und sehr be-

(1) (*Neratius*) „Cum de　　„ritur, hæc spectanda sunt:
„hoc, an eadem res est, quæ-　　„personæ, id ipsum, de quo

stimmt lautet hierüber L. 18. De O. et A. (*Iulianus* lib. 54. Dig.)

„Si is, qui Stichum dari stipulatus fuerat,
„heres exstiterit ei, cui ex testamento idem
„Stichus debebatur; si ex testamento Sti-
„chum petierit, non consumet stipulationem.
„Et contra si ex stipulatu Stichum petierit,
„actionem ex testamento saluam habebit;
„quia initio ita constiterint hæ duæ obliga-
„tiones, ut altera in iudicium deducta altera
„nihilominus integra maneret.“

Ferner ist dieselbe Ansicht auch voraus gesetzt in L. 93. § 1. De legatis 3⁰. und L. 28. § ult. De liberat leg. (2).

„agitur, *causa proxima actio-*
„*nis.* Nec iam interest, qua
„ratione quis eam causam
„actionis competere sibi ex-
„istimasset; perinde ac si
„quis, posteaquam contra eum
„iudicatum esset, noua in-
„strumenta causæ suæ repe-
„risset.“

(2) d. L. 93. § 1. (*Scæuola* lib. 3. Resp.) „Semproniæ
„mulieri meæ reddi iubeo ab
„heredibus meis 100 aureos,
„quos mutuos acceperam.

„Quæsitum est, si hanc pe-
„cuniam ut debitam Sempro-
„nia petens uicta sit, an fidei-
„commissum peti possit? Re-
„spondit, secundum ea, quæ
„proponerentur, posse ex
„causa fideicommissi peti,
„quod apparuisset non fuisse
„ex alia causa debitum.“ —
d. L. 28. (*Idem* lib. 16. Dig.)
§ pen. „Quidam ita legauit:
„Semproniæ uxori meæ reddi
„iubeo ab heredibus meis 50.
„ea, quæ mutuo acceperam

Und am allerdeutlichsten endlich ist sie ausgesprochen in L. 14. § 2. h. t. (*Paulus* lib. 70. ad
Edictum.)

"Actiones in personam ab actionibus in rem
"hoc differunt, quod, cum eadem res ab
"eodem mihi debeatur, singulas obligationes
"singulæ causæ sequuntur, nec ulla earum
"alterius petitione uitiatur. At cum in rem

"chirographo particulatim in
"negotia mea. Quæsitum est,
"an si uere uxoris debitor
"fuerit, fideicommissum con-
"stiterit? Respondit, si de-
"bita fuissent, nullum esse
"fideicommissum." — d. § ult.
"Idem quæsiit, an si hanc
"pecuniam ut debitam apud
"iudicem petierit et uicta
"fuerit, an fideicommissum
"peti possit? Respondit, se-
"cundum ea, quæ proponun-
"tur, posse ex causa fidei-
"commissi peti, quod appa-
"ruisset non fuisse ex alia
"causa debitum." — Ich sage
nicht, daß in diesen Stellen
unsere Regel geradezu ausgesprochen sey, aber dieselbe liegt
doch darin als sich von selbst
verstehend zum Grunde, indem

von einer solchen Entscheidung
des Juristen keine Rede seyn
könnte, wenn durch bloße Anstellung der einen Klage auch
die andere consumirt würde.
Was übrigens den Inhalt der
beyden Stellen selbst betrifft,
so ist ihr Sinn aus d. § pen.
klar genug. Scävola geht
von dem Satze aus, daß der
Debitor seinem Creditor den
bloßen Gegenstand seiner Schuld
nicht gültig durch Fideicommiß
hinterlassen kann (vgl. L. 1.
§ 10. Ad leg. Falc.). Das
abweisende Urtheil über die
Contract=Klage zeigt nun in
den vorliegenden Fällen, daß
von Seite dieses Satzes der
Gültigkeit des Fideicommisses
nichts entgegen stehe.

„ago non expressa causa, ex qua rem meam
„esse dico, omnes causæ una petitione ad-
„prehenduntur, neque enim amplius quam
„semel res mea esse potest, sæpius autem
„deberi potest.“ (3)

Umgekehrt hingegen verhält es sich, wie schon die
so eben angeführte Stelle zeigt, bey den *in rem
actiones*. Die dinglichen Rechte nähmlich werden
zwar wohl durch ihr Object, nicht aber durch ihren
Entstehungsgrund individualisirt; so z. B. ist Eigenthum an einer Sache ganz dasselbe Rechtsverhältniß,
mag es aus Mancipation, Usucapion oder Beerbung
entstanden seyn. Daher steht denn auch in der Formel
der actiones in rem in der Regel nichts von dem
Entstehungsgrunde, und es wird daher das ganze
Rechtsverhältniß in seiner Allgemeinheit in Judicium
deducirt.

Dieser Satz ist außer L. 14. §. 2. cit. auch in
folgenden Stellen des bestimmtesten enthalten.

L. 11. §. 5. h. t. (*Ulp.* lib. 75. ad Edictum.)
„Itaque adquisitum quidem postea dominium
„aliam causam facit, mutata autem opinio
„petitoris non facit. Utputa opinabatur,

(3) Diese letzte Phrase findet
sich noch mehrmahls in unsern
Quellen; f. L. 159. De R. I.,
welche, der Inscription nach
zu schließen, aus derselben
Stelle von Paulus, wie unsere

„ex causa hereditatis se dominium habere;
„mutauit opinionem, et cœpit putare ex
„causa donationis: hæc res non parit peti-
„tionem nouam, nam *qualecumque et unde-*
„*cumque dominium adquisitum habuit,*
„*uindicatione prima in iudicium deduxit.*“

§ 1. ibid. — „ . . . Celsus scribit: Si hominem
„petiero, quem ob eam rem meum esse
„existimaui, quod mihi traditus ab alio est,
„cum is ex hereditaria causa meus esset,
„rursus petenti mihi obstaturam exceptio-
„nem. “

L. 30. pr. eod. (*Paulus* lib. 14. Quæstionum)
„Ex sextante heres institutus, qui intestato
„legitimus heres esse potest, cum de iure
„testamenti faceret quæstionem, ab uno ex
„institutis dimidiam partem hereditatis petiit
„nec obtinuit. Videtur in illa petitione etiam
„partem sextantis uindicasse, et ideo si cœperit
„ab eodem ex testamento eandem portionem
„petere, obstabit ei exceptio rei iudicatæ. “

Der Sinn dieser Stelle, welche sowohl in der
Gloffe als auch in den Bafiliken (4) fonderbar

L. 14. gefchöpft fepn möchte.
Vgl. auch L. 3. § 4. De ad-
quir. pofs.

(4) f. *Meerman* Thes. T. V.
p. 85. — „Ἐάν τις γραφεὶς
„κληρονόμος εἰς δύο οὔγκίας

mißverſtanden wurde (5), iſt offenbar der: A iſt durch ein Teſtament zu einem Sechstheil zum Erben eingeſetzt. Ohne Teſtament wäre er Inteſtat-Erbe. Da ihm die Inteſtat-Erbfolge vortheilhafter iſt, ſo ſtellt er mit Anfechtung des Teſtamentes gegen einen der Teſtaments-Erben die Hereditatis petitio auf die Hälfte der Erbſchaft, als den ihm ab intestato gebührenden Theil, an, und wird abgewieſen. Damit, ſagt Paulus, hat er auch den ihm laut Teſtament zukommenden Erbtheil, der in einem Sechstel beſteht (6), conſumirt (7), und wenn er dieſen nachher von demſelben Beklagten fordert, ſo ſteht ihm die Exc. r. i. entgegen.

Obgleich es nun aber durch die angeführten Stellen (8) erwieſen iſt, daß durch Anſtellung einer Actio

„λθη ὡς ἐξ ἀδιαθέτου ποιῶν „περὶ τῆς διαθήκης κίνησιν, καὶ „παρὰ τοῦ ἑνὸς ἐκδικῶν τὸ ἥμισυ „τῆς κληρονομίας, καὶ ἡττηθεὶς „κινήσῃ περὶ τοῦ διουγκίου ἐκ „τῆς διαθήκης κατὰ τοῦ αὐτοῦ, „ἐκβάλλεται τῇ περὶ τῶν κεκρι- „μένων παραγραφῇ ἐπὶ τὸ „ἥμισυ τοῦ διουγκίου."

(5) Richtig ſcheint den Fall und den allgemeinen Sinn der Entſcheidung *Pothier* (Pand. Iustin. ad h. t.) zu verſtehen.

(6) In der Gloſſe und in den Baſiliken werden die Worte *partem sextantis* für die Hälfte des Sextans, d. i. ein Zwölftheil, verſtanden.

(7) Nach dem oben zu L. 7. pr. h. t. (S. 261. f.) entwickelten Grundſätze.

(8) Man vergleiche auch L. 11. pr. h. t., in welcher es ſich zwar nicht um verſchiedene Entſtehungsgründe handelt wie z. B. in L. 30. pr. cit., wo

19

in rem das zum Grunde liegende Recht in seiner Allgemeinheit, und nicht bloß in Beziehung auf den Entstehungsgrund, aus welchem der Kläger dasselbe ableitet, in Judicium deducirt wird, so ist doch diese Wirkung nicht eine absolut nothwendige, sondern kann von dem Kläger dadurch vermieden werden, daß er sich von Anfang an ausschließlich auf einen bestimmten Entstehungsgrund seines Rechtes beruft, und diesen in die Formel (9) aufnehmen läßt, so

der eine Inteſtat=Succeſſion, der andere eine Teſtament wár, sondern nur um verschiedene Gründe, aus welchen sich die Klägerinn Inteſtat=Erbrecht zuschrieb. Die Stelle lautet so: (*Ulp.*) „Si „mater filii impuberis defun„cti ex Senatusconsulto bona „uindicauerit idcirco, quia „putabat, rupto patris eius „testamento neminem esse „substitutum, uictaque fuerit, „quia testamentum patris ru„ptum non erat; postea autem „apertis pupillaribus tabulis „apparuerit, non esse ei sub„stitutum: si peteret rursus „hereditatem, obstaturum ex„ceptionem rei iudicatæ Ne„ratius ait. Ego exceptionem

„obesse ei rei iudicatæ non „dubito, sed ex causa suo„currendum erit ei, quæ unam „tantum causam egit rupti „testamenti." — Die Schlußworte können für uns an diesem Orte natürlich nicht in Betrachtung kommen, da hier von einer außerordentlichen Hülfe die Rede ist, welche an der Regel nichts ändert, und dieselbe vielmehr bestätigt.

(9) Ob diese Angabe des Entstehungsgrundes in einer *Demonstratio* oder *Præscriptio*, oder aber in der *Intentio* selbst zu geschehen pflegte, wage ich nicht bestimmt zu entscheiden: doch ist mir das letztere eher wahrscheinlich. Die Fähigkeit der *Intentio*, einen solchen Bey-

daß nun der Gegenstand der Untersuchung, welcher
den Inhalt der Intentio, somit gerade das ausmacht, was in Judicium deducirt wird, durch die
Formula selbst specialisirt erscheint. Dann bleibt die
Verfolgung desselben Rechtes, auf andere Gründe
gestützt, natürlich auch weiterhin offen.

Auch für diese Bestimmung haben wir ausdrückliche
Stellen, nahmentlich die schon vorhin angeführte
L. 14. § 2. h. t. (10) Ferner L. 11. § 2. eod.

> „Si quis autem petat fundum suum esse eo
> „quod Titius eum sibi tradiderit; si postea
> „alia ex causa petat, causa adiecta non de-
> „bet summoueri exceptione.“

Daß nähmlich die Worte *eo quod . . . tradiderit*
gerade die ausdrückliche Angabe des Erwerbungs-
grundes in der Formula andeuten, und nicht etwa
bloß auf die Gesinnung des Klägers, welche der
ersten Vindication zum Grunde lag, oder auf allfällige Behauptungen, die er zur Unterstützung derselben vor dem Juder gemacht hatte, zu beziehen
sey, geht theils aus der Fassung der Stelle selbst,
theils und ganz besonders aus ihrer Verbindung mit
dem vorher gehenden § 1. (11) unzweifelhaft hervor.

satz aufzunehmen, zeigt im Allgemeinen die Formula der Actio
Publiciana. *Gaii* Comm. IV.
§ 36.

(10) Die Worte derselben
s. oben S. 286.

(11) Dessen Inhalt s. oben
S. 288.

Endlich versteht es sich noch von selbst, daß die Exc. r. i. in ihrer negativen Function nie Statt findet, wenn sich der Kläger auf einen Entstehungs=grund seines Rechtes beruft, welcher in eine spätere Zeit fällt als das frühere Urtheil; mit andern Wor=ten: eine *causa superueniens* schließt die Exc. r. i. aus; denn nur das Recht kann consumirt werden, welches existirt, nicht aber ein Recht, das erst später entsteht.

Die Stellen, welche diesen Satz enthalten, sind folgende:

L. 25. pr. h. t. (*Iulianus* lib. 51. Dig.)

„Si is, qui heres non erat, hereditatem „petierit, et postea heres factus eandem „hereditatem petet, exceptione rei iudicatæ „non summouebitur. "

L. 11. § 4. eod.

„Eandem causam facit etiam origo petitio-„nis. Ceterum si forte petiero fundum uel „hominem, mox alia causa noua post peti-„tionem mihi accesserit, quæ mihi dominium „tribuat; non me repellet ista exceptio; „nisi forte intermissum medio tempore rediit „quodam postliminio. Quid enim, si homo, „quem petieram, ab hostibus fuerit captus,

„mox postliminio receptus? hic exceptione
„summouebor, quia eadem res esse intelligi-
„tur. At si ex alia causa dominium fuerim
„nactus, non nocebit exceptio. Et ideo si
„forte sub condicione res legata mihi fuerit,
„deinde medio tempore adquisito dominio
„petam, mox existente condicione legati
„rursus petam, putem exceptionem non
„obstare; alia enim causa fuit prioris do-
„minii, hæc noua nunc accessit."

L. 21. § 3. eod.

„ . . . Si usumfructum, cum meus esset,
„uindicaui, deinde proprietatem nanctus
„iterum de usufructu experiar, potest dici
„alia res esse, quoniam postquam nanctus
„sum proprietatem fundi, desinit meus esse
„prior ususfructus, et iure proprietatis
„quasi ex noua causa rursus meus esse
„incipit."

L. 43. § 9. De ædil. ed. (*Paulus* lib. 1. ad
    Edictum Aedilium curulium)

„Si sub condicione homo emptus sit, red-
„hibitoria actio ante condicionem existen-
„tem inutiliter agitur, quia nondum per-
„fecta emptio arbitrio iudicis imperfecta

„fieri non potest.   Et ideo etsi ex empto
„uel uendito uel redhibitoria ante actum
„fuerit, expleta condicione iterum agi
„poterit."

Endlich gehören hieher auch L. 11. § 5. (12) L.
14. § 1. h. t. (13) citt. L. 25. § 1. De liber. ca.
u. f. f. (14)

Daß übrigens von einer neuen Erwerbung des
fraglichen Rechtes die bloße Auffindung neuer Be-
weismittel wesentlich verschieden ist, und die
Exc. r. i. nicht ausschließt, finden wir zum Ueberfluß ebenfalls in mehrern Stellen ausdrücklich ausgesprochen. Man sehe L. 27. h. t. (15) und L. 4.
C. De re iudicata (16).

(12) f. oben S. 287.

(13) f. oben S. 280. Note 21.
Gerade unsere Regel der *causa*
superueniens ist es, welche diese
Stelle mit L. 7 pr. h. t. vereinigt, und jeden Gedanken an
einen Widerspruch ausschließt.

(14) Ueber die *noua causa* bey
der *actio ad exhibendum* f. L. 12.
§ 2. Ad exhibendum.

(15) Die Worte f. oben
S. 284. Note 1.

(16) Imp. *Gordianus A. An-*
tonino. — „Sub specie nouo-
„rum instrumentorum postea
„repertorum res iudicatas re-
„staurari, exemplo graue est."
Vgl. L. 35. De re iudicata.—
Damit steht offenbar in gar
keinem Widerspruch die in vielen Stellen enthaltene Regel,
daß, wenn falsche Urkunden
oder Zeugen ein Urtheil moti-
virt haben, die Partey, welche
den Beweis dieses Sachver-

Zuletzt ist noch zu bemerken, daß die Resultate, welche wir in diesem § mit Beziehung auf die Consumtion durch Urtheil gefunden haben, sich auch ganz gleichmäßig aus der consequenten Durchführung des über die Wirkung des Urtheils nach seinem positiven Inhalt aufgestellten Grundsatzes ergeben, die Unterscheidung zwischen den beyden Functionen der Exc. r. i. hier also keine Anwendung findet.

§ 36.

Ein anderer Punkt, der bey der Frage, was in Judicium deducirt werde, berührt werden muß, ist folgender:

Es ist bekannt, daß mehrere der wichtigsten in rem actiones in der Person des Beklagten Besitz voraus setzen, oder doch ein Surrogat des Besitzes, das *dolo desinere possidere* oder das *liti se offerre* als Bedingung erfordern. Es läßt sich also der Fall denken, daß, obgleich das in der Intentio angegebene Recht dem Kläger wirklich zuständne, dieser dennoch gänzlich abgewiesen werden müßte. Daher kann

---

halts führen will, nicht mit der Exc. r. i. ausgeschlossen, und, wenn sie wirklich beweist, gegen das Urtheil in integrum restituirt wird. s. L. 11. De

exceptionibus. L. 33. De re iudicata. LL. 1 — 4. C. Si ex falsis instrum. *Pauli* R. S. lib. V. Tit. 5. A. § 10.

es in vielen Fällen, wo jene Besitzesverhältnisse
zweifelhaft und streitig sind, rathsam werden, diese
vor allem zu untersuchen und das Recht selbst einstweilen ganz bey Seite zu lassen: ja es muß dieses
dann immer eintreten, wenn der Beklagte sich auf
das Recht selbst gar nicht einläßt, sondern sich bloß
auf die fehlenden Besitzeserfordernisse beruft.   So
kann also der Fall vorkommen, daß bey einer solchen
Klage die Absolution erfolgt, ohne daß das Recht
selbst auch nur untersucht, geschweige denn beurtheilt
worden wäre (1).   Wie nun, wenn der Beklagte
nachher den Besitz erhält, und nun der Kläger von
neuem mit derselben Klage gegen ihn auftritt; — kann
ihm der Gegner die Exc. r. i. entgegen setzen?

(1) So kam es auch vor,
daß Exceptionen vom Judex
zuerst geprüft, und wo dieselben begründet schienen, ohne
Untersuchung des der Klage
zum Grunde liegenden und in
der Intentio benannten Rechtes
der Kläger abgewiesen wurde.
s. L. 5. C. De pignoribus.
(Imp. *Antoninus* A. Domi-
tiano) „Præses prouinciæ uir
„clarissimus ius pignoris tui
„exequentem te audiet. Nec
„tibi oberit sententia aduer-
„sus debitorem tuum dicta,
„si eum collusisse cum aduer-
„sario tuo, aut, ut dicis, *non*
„*causa cognita, sed præscri-*
„*ptione superatum esse* con-
„stiterit.“ — Doch scheint
jenes nicht ein Mahl bey dila-
torischen Exceptionen das gewöhnliche gewesen zu seyn.
L. 19. C. De probationibus.
L. 2 C. De eo qui pro tutore.
vgl. L. 9. C. De præscr. lo-
te. L. 9. C. De exceptionibus.

Daß von der Exc. in ihrer positiven Function keine Rede seyn kann, versteht sich von selbst. Aber auch als Organ der Consumtion kann sie nicht Statt finden, aus dem einfachen Grunde, weil über das Recht selbst gar nicht geurtheilt, also in dieser Beziehung keine *res iudicata* vorhanden ist. Dieß sagt auch Gajus ganz deutlich in L. 17. h. t.

"Si rem meam a te petiero, tu autem ideo "fueris absolutus, quod probaueris, sine "dolo malo te desiisse possidere; deinde "postea cœperis possidere, et ego a te "petam, non nocebit mihi exceptio rei iu"dicatæ."

Deßgleichen Ulpian in L. 9. pr. eod.

"Si a te hereditatem petam, cum nihil pos"sideres, deinde, ubi cœperis aliquid possi"dere, hereditatem petam, an noceat excep"tio ista? Et putem, siue fuit iudicatum, "hereditatem meam esse, siue aduersarius, "quia nihil possidebat, absolutus est, non "nocere exceptionem."

Und ganz ebenso verhält es sich unter den gleichen Voraussetzungen auch bey den persönlichen Klagen, welche an dieselben Besitzesverhältnisse gebunden sind, wie z. B. die Actio ad exhibendum.

L. 18. h. t. (*Ulp.*)

„Si quis ad exhibendum egerit, deinde ab-
„solutus fuerit aduersarius, quia non possi-
„debat, et dominus iterum agat nancto eo
„possessionem, rei iudicatæ exceptio locum
„non habebit, quia alia res est."

L. 8. pr. Ratam rem haberi (*Venuleius*).

„Procurator ad exhibendum egit, et aduer-
„sarius absolutus est, quia non possidebat:
„at cum possessionem eiusdem rei nanctus
„esset, agit cum eo dominus ad exhiben-
„dum. Sabinus ait, fideiussores non teneri,
„quoniam hæc alia res sit: nam etsi domi-
„nus egisset, mox absoluto aduersario, quia
„non possideret, ex integro ageret, non
„obstaturam rei iudicatæ exceptionem."

Dagegen sobald über das Recht selbst geurtheilt
worden war, gleich viel ob günstig oder ungünstig
für den Kläger, so fand allerdings die Exc. r. i.
Statt, wie dieß L. 9. § 1. h. t. (2) unwidersprechlich beweist; und wir dürfen uns hierin durch das
non nocere exceptionem, welches in d. princ. h.
L. 9. auch für den Fall eines wirklichen Urtheils

(2) Die Worte dieser Stelle f. oben S. 232. Note 5. und
ihre Interpretation unten § 71.

über das Recht selbst statuirt wird, insofern dasselbe
zu Gunsten des Klägers ausfiel, nicht irre machen lassen; denn es ist allerdings wahr und mit unserm
Satze völlig verträglich, daß die Exceptio da, wo
das Recht des Klägers richterlich anerkannt worden
war, durch die in § 1. d. L. 9. erwähnte replicatio
unschädlich gemacht wurde, wie sich dieß unten
(§ 71.) des Nähern ergeben wird.

Uebrigens wird es mir aus der ganzen Haltung
der L. 9. § 1. cit. noch vollends wahrscheinlich, daß
der Beklagte, welcher sich auf Nichtbesitz berief,
regelmäßig sich auf das Recht des Klägers selbst
gar nicht einzulassen, oder, wie Ulpian sich ausdrückt, *rem* nicht zu defendiren pflegte. Es ist
nahmentlich nicht zu übersehen, daß Ulpian, indem
er den Fall voraus setzt, daß er sich wirklich einge-
lassen und der Juder über das Recht selbst geurtheilt,
dann aber wegen fehlenden Besitzes absolvirt habe,
es gleichsam für nöthig hielt, durch Angabe der nähern Umstände, welche diesen Gang der Sache ver-
anlaßten, wenigstens die Möglichkeit dieses seltenern Falles nachzuweisen.

Endlich ist zu bemerken, daß die Frage, ob nicht
in den von uns hier erörterten Fällen, in welchen
die Exc. r. i. nicht Statt fand, wenigstens die
Exc. *rei in iudicium deductæ* eintrat, und

warum dieß, nach unsern Stellen zu schließen, wohl auch nicht der Fall war, bey der Dürftigkeit der Quellen wohl nicht befriedigend zu beantworten ist (3).

(3) Es ist die Sache prak= tisch wohl zu begreifen, aber die Schwierigkeit besteht darin, das Räsonnement der Römi= schen Juristen über diesen Punkt herzustellen.

Vierter Abschnitt.

Von der subjectiven Beziehung der *Exceptio rei iudicatæ.*

---

§ 37.

Es soll uns nunmehr die Frage beschäftigen, wem eigentlich die Exc. r. i. zustehe und entgegen gesetzt werden könne.

In unsern Quellen finden wir als Antwort auf diese Frage einen sehr einfachen allgemeinen Grundsatz, nähmlich:

> „Es müssen in beyden Processen dieselben Per-
> „sonen seyn, damit die Exc. r. i. Statt finden
> „könne."

Man sehe: L. 3. L. 7. § 4. (1) L. 1. h. t. (2) L. 2. L. fi. C. Quibus res iudic. n. noc. L. 11.

---

(1) Die Worte dieser beyden Stellen s. oben S. 272. Note 12. und S. 271.

(2) „Cum res inter alios „iudicatæ nullum aliis præ- „iudicium faciant," u. s. f.

20

§ 3. L. 12. De iureiur. (3). L. 31. De iudiciis (4).
L. 2. C. De exceptionibus, u. a. m.

In den meisten Fällen versteht sich allerdings diese
Regel von selbst, und es wird wohl nicht leicht jemand
daran denken, daß z. B. in dem Fall, wo A gegen
B eine Eigenthumsklage angestellt hat, dadurch sein
Eigenthum überhaupt consumirt sey, so daß ihm nun
in einem spätern Proceß ein a n d e r e r Beklagter die
Exc. r. i. entgegen setzen könnte; oder auch nur behaupten wollen, daß, wenn A gegen B wegen nicht
erwiesenen Eigenthums abgewiesen worden, sich später C, welchen A ebenfalls mit der Eigenthumsklage
belangt, auf den Inhalt jenes Urtheils berufen und
daraus die Exc. r. i. erhalten könne.

Dennoch ist nicht zu läugnen, daß die erwähnte
Regel nicht buchstäblich festgehalten, noch ganz einfach

---

(3) d. L. 11. § 3. (*Ulp.*)
„Si cum de hereditate inter
„me et te controuersia esset,
„iurauero hereditatem meam
„esse, id consequi debeo,
„quod haberem, si secundum
„me de hereditate iudicatum
„esset . . . Plane si alius a
„me hereditatem petere cœ-
„perit, dubium non erit, ut
„et Iulianus scribit, nihil

„mihi iusiurandum prodesse.“
L. 12. (*Iul.*) „Idem est et si
„ego a quolibet alio possi-
„dente res hereditarias petere
„uelim, quia et si petissem
„a te hereditatem, et probas-
„sem meam, nihilominus ab
„altero petendo id ipsum
„probare necesse haberem.“

(4) (*Celsus*) „Si petitor plu-
„res heredes reliquerit, unus-

durchgeführt werden kann, sondern bedeutende Modificationen und Erläuterungen bedarf, mit andern
Worten, daß oft die Exc. r. i. sich auf andere Personen als die, welche den frühern Proceß geführt
hatten, beziehen kann. Es fragt sich also: In welchem Verhältniß müssen verschiedene in den beyden
Processen auftretende Personen zu einander stehen,
damit sie in dieser Beziehung als eadem persona betrachtet werden?

§ 38.

Stellen wir uns hier vorerst auf den Standpunkt
der negativen Function der Exc. r. i., wo dieselbe
also bloß als Mittel zur Geltendmachung der Regel
der Consumtion durch Urtheil erscheint, so läßt sich
die Frage weit einfacher so stellen: „Von wem und
„gegen wen wird eine Actio in Judicium
„deducirt?" d. h. von wem und gegen wen muß eine
Actio angestellt werden, damit diese Anstellung die
Consumtion der Actio bewirke, damit also der, gegen
welchen nachher diese selbige Actio angestellt würde,
sich davor mit der Exc. r. i. schützen könne?

„quæ eorum iudicio egerit,   „quisque alienam actionem
„non erit uerum, totam rem,   „in iudicium inuito coherede
„quæ in priore iudicio fuerit,   „perducere potest. "
„deductam esse; nec enim

Auf diese Weise wird die Sache auch von den Römischen Juristen gestellt, wie dieß z. B. L. 4. und L. 11. § 7. h. t. zeigen, welche Stellen später in ihrem Detail näher betrachtet werden sollen.

§ 39.

Wir fragen jetzt,

a) Wer deducirt in Judicium? also wer wird mit demjenigen, welchem die Actio eigentlich zusteht, als eadem persona betrachtet?

Die Antwort ist aus den Grundsätzen über die Repräsentation im Proceß zu schöpfen.

Halten wir uns vorerst ganz an die Nachrichten des Gajus, so müssen wir sagen: Bloß der Cognitor deducirt in Judicium, nicht aber der Procurator, die Exc. r. i. kann also nur dann Statt finden, wenn die Actio das erste Mahl vom Dominus selbst oder von einem Cognitor in seinem Nahmen angestellt wurde. Tutoren und Curatoren standen in dieser Beziehung den Procuratoren gleich.

Mit diesem Satze hängt es denn auch zusammen, daß jeder, welcher von einem Procurator belangt wird, von ihm Caution fordern kann, ratam rem dominum habiturum, d. h. dafür, daß der Dominus die Proceß-Führung des Procurator ebenso anerkennen werde, wie wenn er selbst gehandelt hätte, und

daß, wenn dieß nicht geschehe, wenn vielmehr der
Dominus sein ihm auch nachher noch zustehendes
Klagerecht wirklich gebrauchen sollte, der Procurator
dem Beklagten allen hiedurch erlittenen Schaden ersetzen werde; — eine Maßregel, von welcher bey
einem Cognitor keine Rede seyn kann, weil hier diese
Gefahr für den Beklagten gar nicht existirt.

Alles dieses lehrt uns Gajus in folgender Stelle:
Comm. IV. §§ 97 — 99.

„Ac nec si per cognitorem quidem agatur,
„ulla satisdatio uel ab ipso uel a domino
„desideratur.   Cum enim certis et quasi
„solemnibus uerbis in locum domini sub-
„stituatur cognitor, merito domini loco
„habetur. — Procurator uero si agat, sa-
„tisdare iubetur, ratam rem dominum habi-
„turum; *periculum enim est, ne iterum
„dominus de eadem re experiatur, quod
„periculum non interuenit, si per co-
„gnitorem actum fuit, quia de qua re
„quisque per cognitorem egerit, de ea
„non magis amplius actionem habet,
„quam si ipse egisset.* — Tutores et cu-
„ratores eo modo, quo et procuratores,
„satisdare debere, uerba Edicti faciunt,
„sed aliquando illis satisdatio remittitur.“

Daß nun diese Stelle ein echtes, classisches Zeugniß, und daß daraus die obigen Regeln als richtige Bestimmung des zur Zeit des Gajus geltenden Rechtes abzuleiten sind, wird wohl jedermann zugeben. Allein wir werden wohl thun, vorerst aus dieser Stelle nicht mehr abzuleiten, und nahmentlich nicht sogleich auf den Rechtszustand der classischen Zeit überhaupt zu schließen. Vielmehr wird es sich wohl der Mühe lohnen, die besondere Frage aufzuwerfen: Sind jene Sätze auch noch für die Zeit der spätern Classiker gültig, oder was hat sich in der Zwischenzeit von Gajus bis auf Ulpian, Paulus u. s. w. dießfalls geändert?

Sehen wir uns in dieser Beziehung genauer in den Quellen des spätern classischen Zeitalters um, so biethet sich als Antwort auf diese Frage folgendes dar:

In den Vaticanischen Fragmenten finden sich mehrere spätere classische Stellen, wo zwischen *procurator præsentis* und *absentis* unterschieden wird, und zwar auf eine Art, die keinen Zweifel übrig läßt, daß dieß eine ausgebildete technische Eintheilung mit bestimmter praktischer Bedeutung war (1).

(1) Nicht nur mehrere Verschiedenheiten im Erfolg der Proceß-Führung werden uns berichtet, sondern auch eine bestimmte Form der Bestellung des *procurator præsentis*. — Halten wir damit zusammen, daß Gajus, ob er gleich die

Von dem *procurator præsentis* wird allgemein gesagt, er sey *cognitoris loco*, und specielle Anwendungen dieser Regel finden sich in den beyden Sätzen, daß der procurator præsentis nicht caviren müsse ratam rem dominum habiturum; und daß causa cognita dem Dominus selbst und gegen ihn die Actio iudicati ertheilt werde.

Die hieher gehörigen Stellen sind folgende:

§ 317.   „. . . [præsentis] procuratori hæc satis-
„datio (nähmlich ràtam rem dominum habi-
„turum) remitti solet; nam *cum apud acta*
„*non nisi a præsente domino constitua-*
„*tur, cognitoris loco intellegendus est.*
„Ad defendendum cognitore constituto
„dominus, non cognitor, actori satisdare
„cogendus est; cum uero procurator defen-
„surus interuenit, non dominus sed procu-
„rator iudicatum solui satisdare compellitur.
„Quæ satisdatio adeo necessaria est, ut eam
„remitti non posse, etiamsi apud acta pro-
„curator constituatur, diuus Seuerus (2)

Lehre von der Stellvertretung im Proceß ex professo abhandelt (Comm. IV. § 82. ff.), dennoch einer solchen Unterscheidung mit keiner Sylbe erwähnt, so ist der Schluß wohl nicht zu gewagt, daß dieselbe in diesem Sinne zu seiner Zeit noch gar nicht existirt habe.

(2) Diese Erwähnung ist

„constituerit. Cognitore enim intcrueniente
„iudicati actio (3) domino uel in dominum
„datur, non alias enim cognitori experitur (?)
„uel ei actio subiicietur, quam si in rem
„suam cognitor factus sit: interueniente
„procuratore iudicati actio ex edicto per-
„petuo ipsi et in ipsum, non domino uel
„in dominum competit.“

§ 331. [*Papinianus* (4)] lib. 2. Respons. —
„Quoniam præsentis procuratorem pro co-
„gnitore placuit haberi, domino causa co-
„gnita dabitur et in eum iudicati actio.“

bey der Ungewißheit des Ver=
faſſers dieſer Stelle wenigſtens
für das Zeitalter deſſelben ent=
ſcheidend.

(3) Cod. *iudicatio*.

(4) Der Grund, warum ich
dieſe und die folgende Stelle
unbedenklich dem Papinian
zuſchreibe, iſt, außer dem Styl,
an welchem dieſer Juriſt ziem=
lich leicht zu erkennen iſt, fol=
gender: Es darf nach der In=
ſcriptionen=Ordnung der Va=
ticaniſchen Fragmente nicht be=
zweifelt werden, daß §§ 327—
333 Einem urſprünglichen Ver=
faſſer angehören. Daß nun aber

die beyden §§ 328. und 332.
von Papinian ſind, wiſ=
ſen wir aus der wörtlichen
Uebereinſtimmung derſelben mit
L. 67. D. De procuratoribus,
welche geradezu daraus zuſam=
men geſetzt iſt, und die In=
ſcription *Papinianus lib. 2.
Responsorum* führt, mithin ſo=
gar mit der Inſcription der
beyden §§ in Bezeichnung des
Werkes und der Buchzahl
überein ſtimmt. Wie intereſ=
ſant übrigens die Vergleichung
der L. 67. cit. mit dd. §§ 328.
und 332. für die Charakteriſtik
des Verfahrens der Juſtinanei=

§ 333. [Idem] lib. 15. Respons. — „Absentis
„procuratorem satisdare debere de rato
„habendo recte responsum est. Multis enim
„casibus ignorantibus nobis mandatum solui
„potest, uel morte uel reuocato mandato.
„Cum autem certum est mandatum perseue-
„rare, id est, cum praesens est dominus,
„[satis]dationis necessitas cessat.ᵃ

So weit die Vaticanischen Fragmente. Ob
nun aber ein solcher Procurator praesentis auch darin
dem Cognitor gleich stehe, daß er, wie dieser, in Judicium deducirte, ist in diesen Fragmenten nirgends ausdrücklich gesagt. Vergleichen wir jedoch
den Satz, daß der Procurator praesentis nicht de
rato caviren müsse, mit den Gründen, aus welchen
Gajus (d. § 98.) jedem Procurator diese Caution
auflegt, dem Cognitor hingegen erläßt; so fällt es
in die Augen, daß die Verfasser jener Stellen der
Fragmente von der stillschweigenden Voraussetzung
ausgingen, es werde von dem Procurator praesentis wirklich in Judicium deducirt. Ja es wird ganz
begreiflich, daß man es gar nicht nöthig fand, dieß
besonders auszusprechen, wenn wir nur die gleich-

schen Compilatoren ist, fällt in   L. Z. von 1824. Nro. 174.
die Augen, und ist schon von   angemerkt worden.
dem Recensenten in der Leipz.

zeitigen Pandekten = Stellen, welche hieher gehören, betrachten. Nach diesen nähmlich müssen wir noch viel weiter gehen und behaupten: Es wurde zur Zeit der spätern classischen Juristen bereits die Regel anerkannt, daß nicht nur der *Procurator præsentis*, sondern j e d e r w a h r e *Procurator* ü b e r h a u p t, d. h. jeder, welcher die Actio aus Auftrag dessen, dem sie eigentlich zusteht (d. i. der *Dominus*), anstellt, sie auch wirklich in Judicium deducirt, so daß nach= her dem Dominus sowohl als jedem, der damit in seinem Nahmen wieder auftritt, die Exc. r. i. ent= gegen steht. Und noch mehr: es galt in dieser Be= ziehung auch die nachfolgende *Ratihabitio* dem eigent= lichen Mandat gleich, so daß auch die Durchführung der Klage durch einen ganz Unbefugten (5), wenn nur nachher der Dominus ratihabirte, die Consum= tion und somit die Exc. r. i. zur Folge hatte. Dabey versteht es sich endlich von selbst, daß nun auch alle diejenigen Personen, welche kraft ihres Amtes eine Klage im Nahmen eines Andern anstellten,

(5) Damit ist natürlich nicht gesagt, daß auch jeder unbe= fugte Stellvertreter die Gegen= partey zwingen konnte, sich mit ihm gegen Cautio de rato in den Proceß einzulassen. Wie es sich damit verhalten habe, interessirt uns hier gar nicht. Auf diesen Punkt beziehen sich z. B. L. 40. § 4. L. 35. pr. De procuratoribus. L. 6. § ult. L. 8. pr. L. 31. § 6. De neg. gest. L. 2. C. De eo qui pro tutore.

ebenfo in Judicium deducirten.   Es gehören dahin:
Tutor, curator, actor municipum.

Der Beweis für die fo eben aufgeftellten Säße
und die darin enthaltene Veränderung des ältern
Rechtszuftandes liegt in folgenten Stellen, deren
vollftändige Aufzählung mir hier ganz befonders
nothwendig fcheint, und fich durch die im folgenden §
zu berückfichtigenden denkbaren Einwendungen gegen
ihre Glaubwürdigkeit hinreichend rechtfertigt.

Man bemerke allervorberft L. 11. § 7. h. t. (*Ulp.*)

„Hoc iure utimur, ut ex parte actoris in
„exceptione rei iudicatæ hæ personæ conti-
„nerentur, quæ rem in iudicium deducunt.
„Inter hos erunt: procurator cui mandatum
„est, tutor, curator furiosi uel pupilli,
„actor municipum: ex persona autem rei
„etiam defensor numerabitur, quia aduersus
„defensorem qui agit, litem in iudicium
„deducit. "

Sodann L. 56. De iudiciis. (*Ulp.* lib. 30. ad
Edictum.)

„Licet uerum procuratorem in iudicio rem
„deducere ucrissimum est, tamen et si quis,
„cum procurator non esset, litem sit con-
„testatus, deinde ratum dominus habuerit,

„uidetur retro res in iudicium recte de-
„ducta. “

L. 12. verglichen mit L. 10. in fi. De pactis.
(*Ulp*. lib. 4. ad Edictum.)

„(Trebatius) putat, sicuti pactum procu-
„ratoris mihi nocet, ita et prodesse. —
„Nam et nocere constat, siue ei mandaui,
„ut pacisceretur, siue omnium rerum mea-
„rum procurator fuit: ut et Puteolanus
„lib. 1. Adsessoriorum scribit: *cum placuit,*
„*eum etiam rem in iudicium deducere.*“

L. 27. De procuratoribus. (*Ulp*. lib. 9. ad
Edictum.)

„In causæ cognitione etiam hoc uersabitur,
„ut ita demum transferri a procuratore iu-
„dicium permittatur, si quis omnia iudicii
„ab eo transferri paratus sit: cæterum si
„uelit quædam transferre, quædam relin-
„quere, iuste procurator hanc incon-
„stantiam (6) recusabit. Sed hæc ita, si
„mandato domini procurator egit; cæte-
„rum si mandatum non est, cum neque in
„iudicium quidquam deduxerit, nec tu ea
„comprobasti, quæ inuito te acta sunt, tibi

(6) Flor. *constantiam.*

„non præiudicant, ideoque translatio earum
„litium non est tibi necessaria, ne alieno
„facto onereris.“

L. 66. eod. — (*Papin.* lib. 9. Quæstionum.)

„Si is, qui Stichum uel Daman, utrum
„eorum ipse uellet, stipulatus est, ratum
„habeat, quod alterum procuratorio nomine
„Titius petit, facit, ut res in iudicium de-
„ducta uideatur, et stipulationem con-
„sumit.“

L. 10. C. eod. (Imp. *Alexander* A. Castiæ.)

„Si procurator ad unam speciem constitutus
„officium mandati egressus est, id, quod ges-
„sit, nullum domino præiudicium facere
„potuit. Quod si plenam potestatem agendi
„habuit, rem iudicatam rescindi non oportet,
„cum, si quid fraude uel dolo egerit, con-
„uenire eum more iudiciorum non prohi-
„bearis.“   PP. 3. Cal. Mart. Albino et
Maximo Coss. 228.

L. 17. § 2. De iureiurando. (*Paulus* lib. 18.
   ad Edictum.)

„Si tutor, qui tutelam gerit, aut curator
„furiosi prodigiue iusiurandum detulerit,
„ratum id haberi debet, nam et alienare

„res et solui eis potest, *et agendo rem in*
„*iudicium deducunt.*"

L. 23. De administr. et peric. tutor (*Ulp.* lib. 9.
    ad Edictum.)

„Vulgo obseruatur, ne tutor caueat, ratam
„rem pupillum habiturum: quia rem in iu-
„dicium deducit. Quid tamen si dubitetur,
„an tutor sit, uel an duret tutor, uel an
„gestus illi commissus sit? Aequum est ad-
„uersarium non decipi. Idem et in curatore
„est, ut Iulianus scripsit."

L. 1. C. Quibus res iudicata n. n. (Imp. *Ale-*
    xander A. Masculino)

„Si neque mandasti fratri tuó defensionem
„rei tuæ, neque, quod gestum est, ratum
„habuisti; præscriptio rei iudicatæ tibi non
„oberit. Et ideo non prohiberis causam
„tuam agere sine præiudicio rerum iudica-
„tarum." — PP. Non. Maii Alexand. A.
Cons. 223.

§ 40.

So bestimmt und einfach sich nun auch die vorhin
aufgestellten Grundsätze aus den angeführten Quellen
zu ergeben scheinen, und so sehr insbesondere die

nachgewiesene Verschiedenheit zwischen dem ältern Recht und dem der spätern classischen Zeit ganz mit dem historischen Gang der Lehre von der Repräsentation überhaupt, welche bekanntlich von ursprünglicher großer Beschränktheit nach und nach sich zu viel größerer Freyheit und Leichtigkeit fortbildete, in Einklang steht; so möchten wohl dennoch zu näherer Prüfung und Begründung des Gesagten folgende Bemerkungen nicht überflüssig seyn.

Allervorderst hat es gar nichts Auffallendes, daß die Ausdehnung der Regel des *in iudicium deducere* mit derjenigen der Erlassung der *Cautio de rato* nicht ganz gleichen Schritt hielt. Der alten Beschränkung der processualischen Consumtion durch Repräsentanten auf den Fall eines Cognitor lag hauptsächlich die sehr natürliche Idee zum Grunde, daß niemand ohne seinen Willen eine ihm zustehende Actio verlieren solle, und diese Idee wurde durch jene Beschränkung allerdings auf's vollständigste realisirt. Später dagegen fand man, daß derselbe Zweck auch auf eine leichtere und weniger hemmende Weise eben so sicher erreicht werden könne, und daher wurde die Möglichkeit der Consumtion durch Repräsentanten auf die angeführte Art ausgedehnt.

Hinwieder war der Zweck der Cautio de rato in der frühern wie in der spätern Zeit einzig der, den

Beklagten vor allem Nachtheil, in den er durch eine
zweyte Anstellung derselben Klage versetzt werden
könnte, vollständig zu sichern. Auch sie konnte daher
im Verlauf der Zeit nur da erlassen werden, wo
für diesen Zweck ohnehin schon vollständig gesorgt
war. Dieß war nun allerdings der Fall beym Cognitor und Procurator præsentis, weil hier der Auftrag auf eine sichere und bestimmte, solenne, öffentliche Art geschah, so daß die Consumtion im einzelnen
Falle nie einem Zweifel unterliegen konnte, der Beklagte sich also bloß darauf berufen durfte, um aller
weitern Ansprüche überhoben zu seyn. Dagegen ein
bloßes Mandat war oft von Anfang an nicht
ein Mahl gewiß, die künftige *Ratihabitio* aber
immer ungewiß, und zudem das Mandat in seiner
Dauer manchen zerstörenden Zufällen unterworfen; —
es war also von vorne herein sehr oft unsicher, ob
der Beklagte sich nachher mit Wahrheit oder doch
(der allfälligen Schwierigkeit des Beweises des Man-
dats wegen) mit Erfolg auf die Consumtion werde
berufen können. Daher mußte für ihn auf andere Weise gesorgt und die Cautio de rato konnte
also hier dem Stellvertreter regelmäßig nicht erlassen
werden. Dennoch gibt es auch hier Fälle, wo das
Mandat von vorne herein eben so sicher nach allen
Seiten hin ist, wie in jenen beyden obigen Fällen,

und in solchen kann daher noch immer arbitrio prætoris die Caution erlassen werden, nur daß hier jedes
Mahl die Umstände des einzelnen Falles untersucht
und der Entscheidung zum Grunde gelegt werden
müssen, während dort die allgemeine Regel die Caution ausschloß.

Darüber vergleiche man vorzüglich folgende Stellen:

Vat. Fragm. § 333. cit. (s. oben S. 309.)

L. 65. De procuratoribus. (*Modestinus* lib.
sing. De Eurematicis.)

„Si procuratorem absentem dominus satis-
„datione releuare uelit, litteras suas ad
„aduersarium dirigere debebit, quibus si-
„gnificet, quem aduersus eum procuratorem
„et in qua causa fecerit, ratumque se ha-
„biturum, quod cum eo actum sit. Hoc
„enim casu, litteris eius approbatis, uelut
„*præsentis procuratorem* interuenire in-
„telligendum est. Itaque etsi postea, mu-
„tata uoluntate, procuratorem esse noluerit,
„tamen iudicium, quo quasi procurator ex-
„pertus est, ratum esse debet. (1)“

(1) Recht merkwürdig ist die
Vergleichung dieser L. 65. mit
der zum Theil wörtlich gleich-
lautenden L. un. C. De satisdando. (Impp. *Diocletianus* et
Maxim. AA. et CC.) „Non
„est incerti iuris, eum, qui
„apud acta factus est agentis

L. 21. Ratam rem haberi (*Ulp.* lib. 1. Opinionum).

„Ne satisdatio ratam rem dominum habitu-
„rum exigatur, in his (2), quæ nomine
„eius ageret (3), qui eum se fecisse pro-
„curatorem libello Principi dato professus
„est, prodest.“ (4)

„procurator, non compelli,
„ratam rem dominum habi-
„turum satisdare: *hoc enim*
„*casu ueluti præsentis procu-*
„*ratorem interuenire intelli-*
„*gendum est. Itaque etsi postea*
„*mutata uoluntate procurato-*
„*rem esse noluerit, tamen iu-*
„*dicium, quo quasi procurator*
„*expertus est,* iudex ratum
„habere debebit. Sin autem
„ei ab aduersario suo oppo-
„sita fuerit in ipso litis ex-
„ordio defensionis allegatio,
„etiam ipse quasi absentis in
„hac parte procurator satis-
„dationem super excipienda
„lite præstare cogitur; qua
„non præcedente lis, quæ ei
„data est, ulterius procedere
„a iudice non cogitur. Rei
„autem procurator uel defen-
„sor etiam sub gestorum testi-

„ficatione factus in ipso litis
„limine iudicatum solui satis-
„dationem in omnibus causis
„præstare cogitur.“ Dat. 9.
Cal. Nou. cc. Coss. 294. —
Zur Erklärung der zweyten
Hälfte der Stelle, die uns hier
nicht weiter interessirt, ver-
gleiche man Vat. Fragm. § 330.
L. 33. § 3. L. 43. §§ 2. 4.
L. 35. § 3. L. 15. § 1. D.
L. 5. C. De procuratoribus.
Gaii Comm. IV. § 101.; und
§§ 1. 5. I. De satisdationibus.

(2) al. *in his quoque.*

(3) al. *agentur.*

(4) Der Sinn dieser Stelle
ist im Ganzen klar genug.
Man vergleiche auch die Basiliken (T. I. p. 577.) Dagegen die Construction ist von
einer Art, die mir eine Emendation ziemlich nothwendig zu

Besondere Berücksichtigung verdient endlich L. 1. C. De procuratoribus. Sie lautet vollständig so:

Diuus *Antoninus Pius* A. Seuero. — „Cautio „ratihabitionis tunc exigitur a procuratore, „quoties incertum est, an ei negotium man- „datum sit. " PP. 4. Id. Octobr. Gallicano et Venusto Coss. 151.

Bedenkt man hiebey allervorderst, wie bestimmt selbst die spätern classischen Juristen in den angeführten und andern Stellen (5) die Regel aussprechen,

machen scheint. *P. Pithoeus* dagegen in seinen Aduersariis ad Ius Romanum (in Meerman. Thes. T. I. p. 352.) setzt sie lediglich unter die Rubrik *Græcismi et nouæ locutiones,* und bemerkt, daß *prodest* hier ἀπροςώπως stehe. Ganz verwerflich ist es übrigens, wenn *Noodt* in Comm. ad Tit. Dig. De procuratoribus (in Opp. ed. Lugduni Bat. 1767. T. II. p. 69.) die Leseart von einer andern Seite angreift, und gegen alle Handschriften und Ausgaben und die Basiliken die Emendation *prætori* statt *principi* tentirt, indem er glaubt, daß Ulpian hier von nichts an-

dern als der Form der Bestellung eines procurator *prœsentis* (dem *apud acta profiteri*) spreche, und gerade das als neu erfundenes Auskunftsmittel eröffne, was dann in L. un. C. cit. von den Kaisern Diocletian und Maximian als längst anerkannte Uebung erwähnt werde. — Eher möchte ich vermuthen, daß d. L. un. C. interpolirt, und darin ursprünglich eine Vergleichung mit dem Cognitor enthalten gewesen sey.

(5) Man sehe z. B. in der Consultatio Vet. IC[ti]. cap. 3. folgende Stellen aus *Pauli* R. S. Lib. I.

„Voluntarius procurator, qui

daß der Procurator absentis die Cautio de rato leisten müsse, wie strenge und vorsichtig sie beym Statuiren von Ausnahmen zu Werke gehen, wie z. B. Papinian in d. § 333. auch ein wirklich vorhandenes Mandat ausdrücklich für unzureichend erklärt, mit Hinweisung auf die Möglichkeit unvorhergesehener Aufhebung desselben; wie große Vorsichtsmaßregeln ferner gerade zur Vermeidung dieser Gefahr Modestin und Ulpian als Bedingung möglicher Erlassung dieser Caution in den eben angeführten LL. 65. und 21. fordern; erinnern wir uns endlich der Nachricht des Gajus (6), daß selbst Tutoren und Curatoren, deren amtliche Stellung doch für das sicherste Mandat gelten sollte, nach dem Edict jene Pflicht auf sich haben, und daß nur ausnahmsweise ihnen die Satisdation (vielleicht nicht ein Mahl die einfache Cautio oder Repromissio) erlassen zu werden pflege (7); so muß es nach allem diesem als sehr auf-

„se negotiis alienis offert, rem „ratam dominum habiturum „cauere debet. "

„Actoris procurator non so„lum absentem defendere, sed „et rem ratam dominum ha„biturum satisdare cogitur. "

„Petitoris procurator, rem „ratam dominum habiturum, „desiderante aduersario satis-

„dare cogendus est, quia nemo „in re aliena idoneus est sine „satisdatione. "

„Si satis non det procurator „absentis, actio ei absentis „nomine non datur."

(6) Comm IV. § 99. cit. f. oben S. 305.

(7) Zur Zeit Ulpian's war die Erlassung der Cautio de rato

fallend, ja faſt als unmöglich erſcheinen, daß ſchon Antoninus Pius den allgemeinen Grundſatz aufgeſtellt haben ſollte, es ſey die Cautio de rato vom Procurator nur dann, wenn ſeine Vollmacht zur Proceß-Führung ungewiß ſey, alſo, wie der Ausdruck der Stelle andeuten möchte, beynahe nur in den ſeltenern Fällen zu fordern.

Daher iſt es wohl nicht zu gewagt, wenn wir ſagen: Entweder iſt unſere L. 1. C. in der Compilation ſo verkürzt und verändert worden, daß aus ihrer jetzigen Geſtalt auf den urſprünglichen Inhalt gar nicht mehr geſchloſſen werden kann; oder es war in dem Reſcript von Antonin von der Cautio de rato des Procurator gar nicht mit Bezug auf Proceß-Führung, ſondern wegen irgend eines andern in fremdem Nahmen vorzunehmenden juriſtiſchen Actes die Rede: und dieſe letztere Annahme hat um ſo mehr für ſich, da einerſeits die Worte der L. 1. cit. ihr nicht im mindeſten entgegen ſtehen, der Ausdruck *negotium* ſie vielmehr etwelcher Maßen zu begünſtigen ſcheint, ſo wie denn auf der andern Seite bekannt iſt, daß die Cautio de rato auch außer der Proceß-Führung noch bey vielen andern Gelegenheiten zur Sprache kommen kann. (8)

für dieſen Fall ſchon zur Regel geworden. d. L. 23. De admin. tut. (ſ. S. 314.) L. 13. C. eod.

(8) Man vergleiche z. B. L. 10. seqq. L. 20. Ratam rem haberi.

Doch dem sey wie ihm wolle. Gesetzt auch die
L. 1. cit. würde wirklich ein echtes und unverstelltes
Rescript von Antoninus Pius, und zwar gerade
über die Caution des *Procurator ad litem* enthalten,
so könnte darin wohl eine Schwierigkeit für die Lehre
von der *Cautio de rato*, nicht aber für die uns
zunächst allein berührende Consumtion durch Proceß gefunden werden. Zwar könnte das praktische
Bedenken aufsteigen, daß in der Zeit jenes Kaisers,
wo nach dem Gesagten noch gar kein *Procurator*
die Klage in Judicium deducirte, der Beklagte, welchem von diesem nicht de rato cavirt worden wäre,
gar keinen Schutz gegen Wiederanstellung der Klage
von Seite des Dominus gehabt hätte. Allein dieß
war gewiß nicht zu fürchten, und man hätte sich hier
durch ein Mittel geholfen, welches ohne Zweifel
auch bey wirklich geleisteter Cautio de rato nach und
nach häufig gebraucht wurde, und in welchem gerade
der Uebergangspunkt zwischen der ältern Zeit und
derjenigen der spätern Classiker zu finden seyn möchte.
Nähmlich es hat wohl wenig Zweifel, daß schon um
die Zeit des Gajus, wenn ein Procurator aus
Auftrag des Dominus eine Klage angestellt und durchgeführt hatte, und nachher der Dominus selbst mit
derselben Actio wieder auftrat, der Beklagte, auf
den vom Dominus dem Procurator gegebenen Auftrag

gestützt, die *Exceptio doli* sich ertheilen lassen konnte (9). Von hier aber war es nur noch ein kleiner Schritt zu dem spätern Satze, daß der Procurator wirklich in Judicium deducire, und der Beklagte also gegen jede Wiederanstellung derselben Klage geradezu entweder ipso iure oder · per exceptionem rei iudicatæ (10) gesichert seyn sollte.

§ 41.

In directer Beziehung auf die in den vorher gebenden §§ aufgestellten Grundsätze, und nahmentlich auf die Art, wie wir die verschiedenen Zeitalter unterschieden haben, stehen nun aber folgende Zweifel und Einwendungen, welche sich dagegen in verschiedenen Richtungen nicht ohne Schein machen ließen, und daher nähere Berücksichtigung verdienen.

Zugegeben, daß zur Zeit des Gajus nur der *Cognitor* in Judicium deducirt habe, woburch ist nun der Beweis einer spätern Veränderung, nahmentlich des Satzes, daß auch jeder wahre Pro-

---

(9) Dieß fand gewiß besonders leicht Statt, wo der bevogtet Gewesene die von seinem Tutor oder Curator angestellte Klage von neuem erhob.

(10) Ein ähnliches Verhältniß wird oft zwischen den Excc.

doli und pacti erwähnt. f. L. 7. § 2. Quib. mod. pign. L. 10. § 2. L. 21. § 2. L. 25. § 2. L. 40. § 3. De pactis. vgl. L. 14. L. 15. L. 27. § 1. L. 28. § 1. eod.

curator in dieser Beziehung dem *Cognitor* später gleich gestellt worden sey, geführt? — Allerdings hauptsächlich durch Stellen der Justinianeischen Rechtsbücher, insbesondere der Pandekten. — Nun ist es aber bekannt, einerseits daß die Unterscheidung zwischen Cognitor und Procurator im Allgemeinen dem ganzen Zeitalter der classischen Juristen, der frühern wie der spätern, als entschiedenes praktisches Recht angehörte, und es leidet daher keinen Zweifel, daß nahmentlich in den Schriften, woraus die Pandekten gezogen sind, mit und neben den Procuratoren auch von den Cognitoren häufig die Rede seyn mußte, wie denn dafür zum Ueberfluß auch die Vaticanischen Fragmente den Beweis liefern. Auf der andern Seite aber weiß jedermann, daß im Justinianeischen Recht der Begriff des Cognitor, und somit die Unterscheidung zwischen Cognitor und Procurator nicht nur alle praktische Bedeutung verloren hat, sondern auch völlig verschwunden, und bis auf die letzte äußere Spur vertilgt worden ist (1), so daß sich meines Wissens das Wort *Cognitor* im ganzen

(1) Es ist mir nicht unwahrscheinlich, daß der Begriff des Cognitor in der Theorie bis auf Justinian fortbestand. Daß derselbe wenigstens die Zeit des alten Ordo iudiciorum lange überlebte, und noch unter den christlichen Kaisern existirte, zeigt L. 6. Cod. Theod. De cognit. et procur. (II. 12.)

Corpus Juris auch nicht ein einziges Mahl vorfindet (2).

Diese beyden Bemerkungen zusammen gehalten,
so kann man wohl zum voraus mit Bestimmtheit
erwarten, daß wir in unserm Rechtsbuche eine Anzahl Stellen besitzen, welche ursprünglich vom Cognitor sprachen, uns aber ohne Erwähnung desselben
von den Compilatoren wieder gegeben wurden. Und
diese Erwartung bestätigt sich denn bey näherer
Untersuchung vollständig, indem sich besonders in
den Pandekten eine bedeutende Anzahl von Stellen
findet, in denen theils mit Sicherheit, theils mit
mehr oder weniger Wahrscheinlichkeit anzunehmen ist,
daß die Compilatoren entweder die Erwähnung des
Cognitor einfach gestrichen oder positiv verändert,
d. h. das, was ursprünglich vom Cognitor gesagt
war, auf eine andere Person, und zwar nahmentlich
auf den Procurator bezogen, und das Wort *cognitor* geradezu in *procurator* verwandelt haben.

Beyspiele hiezu, welche an Sicherheit wenig oder
nichts zu wünschen übrig lassen, finden sich in
L. 1. § 3. L. 2. pr. (3) L. 8. § 3. L. 15.

---

(2) Dabey sind natürlich
Stellen wie L. 6. C. De re
iudicata, wo das Wort *cognitor* in einer von Grund aus

verschiedenen Bedeutung gebraucht wird, nicht zu berücksichtigen.

(3) d. § 3. (*Ulp.*) „Dari

pr. (4) L. 28. L. 29. L. 30. L. 31. pr. L. 61. (5) L. 43. §. 1. (6) De procuratoribus. L. 6. § 3. Quod cuiuscun.

„autem *procurator* et absens „potest, — L. 2. (*Paul.*) „dummodo certus sit qui da- „tus intelligetur, et is ratum „habuerit.“ Conf. *Gaii* Comm. IV. § 83. „. . . nec interest, „praesens an absens cognitor „detur; sed si absens datus „fuerit, cognitor ita erit, si „cognouerit et susceperit offi- „cium cognitoris.“

(4) Diese und die vorher citirte Stelle (beyde aus *Ulp.* lib. 8. ad Edictum) beziehen sich auf die in L. 8. cit. wört= lich enthaltene Edict=Stelle: „*Procuratorem* ad litem sus- „cipiendam datum, pro quo „consentiente dominus iudi- „catum solui exposuit (Praetor „ait), iudicium accipere co- „gam.“ Bgl. *Gaii* Comm. IV. § 101. „. . . siquidem cum „cognitore agatur, dominus „satisdare iubetur, si uero „cum procuratore, ipse pro- „curator.“ Damit überein stimmend *Vat. Fragm.* § 317. (f. oben S. 307.), welche Stelle

zeigt, daß auch später nicht ein Mahl der Procurator prae= sentis hierin dem Cognitor gleich gestellt wurde.

(5) Diese fünf Stellen be= ziehen sich sämtlich auf den bekannten Satz, daß im Fall eines Cognitor, nicht aber eines Procurator die Actio iudicati dem Dominus selbst und gegen ihn zustehe; nur daß theils der Procurator praesentis (so wie aus besondern Gründen auch der Tutor) hierin causa cognita dem Cognitor gleich gestellt, theils für und gegen den Co- gnitor in rem suam ausnahms= weise die Actio iudicati gestat= tet wird. Man sehe *Vat. Fragm.* § 317. cit. § 333. (dessen Worte f. S. 309.) und § 332. (*Pa- pinian.*) „Procurator absentis, „qui pro domino uinculum „obligationis suscepit, onus „eius frustra recusat, et ideo „nec iudicati actio post con- „demnatum procuratorem in „dominum datur, aut pro- „curatori, qui uicit, dene-

uniuers. nom. L. 4. pr. vgl. §§ 1. 2. De re iudicata.
L. 86. De solutionibus. L. 9. De doli exceptione: —

„gatur." — Vgl. L. 46. De minoribus und *Pauli* R. S. I. 2. (De cognitoribus). § 4. „Actio „iudicati non solum in do- „minum aut domino, sed „etiam heredi et in heredem „datur." Und über die Tu- toren und Curatoren f. L. fi. Si quis cautionibus. L. 2. pr. De admin. tut. L. 5. pr. § 1. L. 6. L. 7. Quando ex fac. tut. L. 1. C. eod. L. 4. § 2. D. De re iudicata. — Die im Text angeführten und beson- ders auch für die Actio iudi- cati wichtigen Pandekten-Stel- len lauten übrigens fo: d. L. 28. (*Ulp.*) „Si *procurator* meus „iudicatum solui satis acce- „perit, mihi ex stipulatu actio „utilis est, sicuti iudicati actio „mihi indulgetur. Sed et si „egit procurator meus ex ea „stipulatione me inuito, ni- „hilominus tamen mihi ex „stipulatu actio tribuetur. „Quæ res facit, ut *procurator* „meus ex stipulatu agendo „exceptione debeat repelli:

„sicuti cum agit iudicati non „in rem suam datus nec ad „eam rem *procurator* factus. „Per contrarium autem si „procurator meus iudicatum „solui satisdederit, in me ex „stipulatu actio non datur. „Sed et si defensor meus sa- „tisdederit, in me ex stipu- „latu actio non datur, quia „nec iudicati mecum agi „potest." — d. L. 29. (*Ulp.*) „Si actor malit dominum po- „tius conuenire quam eum, „qui in rem suam *procurator* „est, dicendum est ei licere." d. L. 30. (*Paul.*) „Actoris „*procurator* non in rem suam „datus propter impensas, quas „in litem fecit, potest desi- „derare, ut sibi ex iudicatione „satisfiat, si dominus litis „soluendo non sit." — d. L. 31. pr. (*Ulp.*) „Si quis, „cum *procuratorio* nomine „condemnatus esset, heres „extiterit domino litis, iudi- „cati actionem non recte re- „cusabit. Hoc si ex asse: sin

und die allerplumpste Interpolation dieser Art enthält L. 10. Iudicatum solui (7).

Was ferner den *Procurator præsentis* betrifft,

„autem ex parte heres exti-
„terit et totum soluerit, si-
„quidem ei mandatum est
„hoc quoque, ut soluat, man-
„dati actionem" rel. — d.
L. 61. (*Paul.*) „Procuratorem
„damnatum non debere con-
„ueniri, nisi aut in rem suam
„datus esset, aut obtulisset
„se, cum sciret cautum non
„esse, omnibus placuit."

(6) (*Paulus*) „Cum quæri-
„tur, an alicui procuratorem
„habere liceat, inspiciendum
„erit, an non prohibeatur
„*procuratorem* dare, quia hoc
„edictum prohibitorium est."
Diese Stelle, welche in ihrer
jetzigen Gestalt nur den sehr
trivialen Sinn haben kann,
den ihr mit einer unwesentlichen
Veränderung auch die Basiliken (T. I. p. 422.) geben,
nähmlich, Jeder könne einen
Procurator bestellen, welcher
daran nicht durch positive Bestimmungen gehindert werde,
möchte vielmehr für ihren ur-

sprünglichen Inhalt aus *Vat.
Frgm.* § 323. Licht erhalten.
Hier heißt es: „Quod ait:
„*alieno nomine*", item: „*per
„alios*", breuitur repetit duo
„edicta, *cognitorium* unum,
„quod pertinet ad eos, qui
„dantur; ut qui prohibentur
„uel dare uel dari *cognitores,*
„iidem et *procuratores* dare
„dariue arceantur." — So
könnten vielleicht auch die Endworte unserer L. 43. § 1. ungefähr in der Art gelautet haben: „an n. proh. *cognitorem*
dare, quia hoc edictum prohibitorium *commune* est."

(7) (*Modestin.*) „Si ad de-
„fendendum *procurator* datus
„fuerit, satisdare iubetur iu-
„dicatum solui stipulatione,
„quæ non ab ipso *procuratore*
„sed a domino litis interpo-
„nitur. Quod si procurator
„aliquem defendat, ipse co-
„gitur satisdare iudicatum
„solui stipulatione." Vgl.
Note 4.

so haben uns zwar von diesem die Compilatoren nicht nur manche Spuren, sondern auch hin und wieder den Nahmen übrig gelassen (8); allein daß auch dieser Gegensatz zwischen *præsentis* und *absentis procurator* ihrem Messer nicht ganz entging, davon besitzen wir wenigstens Ein sicheres Beyspiel. (9)

So haben wir allerdings Ursache genug, alle Stellen der Justinianeischen Rechtsbücher, welche in ihrer jetzigen Gestalt vom *procurator* sprechen, mit Mißtrauen und Prüfung zu betrachten, daraus nur mit größter Vorsicht Folgerungen für den classischen Unterschied zwischen *cognitor*, *præsentis* und *absentis procurator* zu ziehen, und jedes Mahl zuerst zu fragen, ob eine Stelle, die jetzt schlechtweg vom *procurator* spricht, nicht vielleicht in ihrem ursprünglichen Zusammenhang ganz anders gelautet habe.

Diese Bemerkungen nun sind größten Theils gar nicht neu, und man hat schon seit der Entdeckung des Gajus öfters auf diese Beschaffenheit der Compilation aufmerksam gemacht, ja man ist wohl im Einzelnen in der Annahme von Interpolationen

(8) f. z. B. LL. 5—7. und d. L. 65. De procuratoribus. L. 79. De V. O. Vgl. L. 2. An per alium cau. app. L. un. C. De satisdando.

(9) f. L. 67. De procuratoribus, verglichen mit Vat. Fragm. §§ 328. und 332, und dazu oben S. 308. Note 4.

und Ausmerzungen des *cognitor* manch Mahl eher zu weit gegangen (10); und hat an die Möglichkeit einer Veränderung der Rechts-Theorie zwischen Gajus und Ulpian zu wenig gedacht. Uns interessirt dieser Punkt nur in sofern, als man, auf jene Beobachtungen gestützt, die Beweiskraft der von uns benutzten Stellen der Pandekten und des Coder, und damit zugleich unsere ganze Darstellung der subjectiven Beziehung der processualischen Consumtion anfechten und auf den Gedanken verfallen könnte, es seyen noch zu Ulpian's Zeit gerade dieselben Grundsätze dießfalls anerkannt worden, welche wir für die Zeit des Gajus aus dessen Institutionen abgeleitet haben, und die von uns angenommene Veränderung sey ganz oder doch größten Theils nur scheinbar, indem auch die spätern Classiker, überein stimmend

(10) So war man anfangs sehr geneigt, den in Pandekten und Codex oft vorkommenden Gegensatz zwischen *uerus* und *falsus procurator* ganz allgemein für unecht und an die Stelle von *cognitor* und *procurator* interpolirt zu erklären. Allein wie übereilt dieses wäre, und daß jene Ausdrücke an und für sich entschieden classisch, zeigen die zahlreichen Stellen, in welchen sie auf ganz andere Stellvertretung als die processualische bezogen werden. Man sehe z. B. L. 5. § 18. L. 13. § 2. De O. N. N. L. 1. § 13. De ui. L. 12. pr. § 4. De solutionibus. L. 1. § ult. Quod iussu. L. 13. pr. Depositi. L. 26. § 5. Mandati. — Vgl. auch L. 1. § 3. L. 10. Quod falso tutore.

mit Gajus, daß *in iudicium deducere* bloß beym *Cognitor* ftatuirt, oder es höchftens etwa auf den *præsentis procurator* ausgedehnt, dagegen erft die Compilatoren durch Interpolationen die Sache auf die von uns angegebene Weife generalifirt hätten.

An fich denkbar ift dieß allerdings, und hätten wir bloß folche Stellen, die fich unter Vorausfetzung einer leichten, den Compilatoren zuzurechnenden Ab=änderung auf diefe Weife erklären ließen, fo müßten wir bey aller innern Möglichkeit oder Wahrfchein=lichkeit unferer Anficht wenigftens auf eine fichere, quellenmäßige Begründung derfelben verzichten. Allein dieß ift fo wenig der Fall (11), daß ich es vielmehr zur völligen Widerlegung jener Einwendung für völlig hinreichend halte, ganz einfach auf die Faf=

---

(11) Stellen diefer Art find abfichtlich oben gar nicht benutzt worden. Dahin gehört z. B. L. fi. § 1. De procuratoribus. (*Africanus*) „Ad duas res pe-„tendas procurator datus, si „unam rem petat, exceptione „non excluditur, et rem in „iudicium deducit.“ Ebenfo L. 8. § 1. Mandati. (*Ulp.*) „Sed et si per collusionem „procuratoris absolutus sit „aduersarius, mandati eum

„teneri: sed si soluendo non „sit, tunc de dolo actionem „aduersus eum, qui per col-„lusionem absolutus sit, dan-„dam ait.“ — In diefen bey=den Stellen ift, wenn man fie geradehin nimmt, wie fie lau=ten, fehr beftimmt voraus ge=fetzt, daß der Procurator wirk=lich in Judicium deducire; aber in beyden kann urfprünglich *cognitor* ftatt *procurator* ge=ftanden haben.

sung aller der oben angeführten und benutzten Stellen zu verweisen, und zu fragen, ob es nicht nach dem ganzen Charakter der Compilatoren für absolut unmöglich erklärt werden müsse, daß sie dieselben auf so gründliche, überein stimmende, in Form und Inhalt classische Weise umgeformt hätten, wie man anzunehmen gezwungen wäre, wenn man von der Voraussetzung ausginge, daß jene Stellen ursprünglich ganz oder größten Theils mit Gajus überein stimmten (12).

§ 42.

Unsere ganze Darstellung der subjectiven Beziehung der processualischen Consumtion involvirt wesentlich die Behauptung, daß hierüber in der Zeit des Gajus andere Bestimmungen gegolten haben als zur Zeit der spätern Classiker. Ein Zweifel gegen diese Ansicht in Beziehung auf das Recht dieser spätern Zeit ist so eben beseitigt worden. Nun könnte

(12) Damit läugnen wir natürlich nicht, daß nicht auch jene Stellen im Einzelnen diese oder jene mehr oder weniger bedeutende Aenderung oder Verkürzung von den Compilatoren erlitten haben. So z. B. ist wohl kaum zu zweifeln, daß in L. 11. § 7. cit. ursprünglich auch der *Cognitor*, und zwar wohl zu allervorderst, aufgezählt war. Ebenso ist es, wenn schon nicht wahrscheinlich, doch möglich, daß auch in d. L. 56. De iudiciis *procurator* für *cognitor* interpolirt wäre.

aber auch noch ein anderes Bedenken, und zwar gerade in entgegen gesetzter Richtung aufsteigen, nähmlich ob nicht etwa schon zu Gajus Zeit und noch früher das gegolten habe, was wir erst in den Schriften der spätern Classiker gefunden zu haben glaubten.

So befremdend und grundlos nach dem oben gesagten, und besonders nach den angeführten Stellen des Gajus eine solche Vermuthung im ersten Augenblick klingen möchte, so ist dieselbe dennoch nicht unbeachtet zu übergehen, indem allerdings in unsern Quellen sich etwelche nicht ganz unbedeutende Veranlassung dazu findet. Es sind nähmlich folgende Stellen, welche in dieser Beziehung mehr oder weniger Schwierigkeit machen könnten.

L. 25. §. 2. De exc. r. i. (*Iulianus* lib. 51. Digestorum.)

„Si te negotiis meis obtuleris et fundum „nomine meo petieris, deinde ego hanc „petitionem tuam ratam non habuero, sed „mandauero tibi, ut ex integro eundem „fundum peteres, exceptio rei iudicatæ non „obstabit; alia enim res facta est interue-„niente mandatu. Idem est et si non in „rem, sed in personam actum fuerit."

22

Man könnte hieraus so argumentiren: Julian
versagt die Exc. r. i. in dem Fall, wo ein Unbefug-
ter die Klage eines Andern angestellt hatte, dieser
die Ratihabition nicht ertheilte, aber nun eben denselben mit Anstellung dieser Klage wirklich beauftragte.
Darin liege nun deutlich, daß, wenn die Ratihabition im Gegentheil erfolgt, oder gar der ersten
Proceß-Führung ein Mandat vorher gegangen wäre,
dann allerdings die Exc. r. i. im zweyten Proceß entgegen stände; und so scheine es, daß schon Julian
die Grundsätze anerkannte, welche wir erst der spätern Zeit zugeschrieben haben.

Allein zugegeben auch, was allerdings keinen Anstand hat, daß diese Stelle zu einem Argumentum
a contrario überhaupt sich eigne, so kann der Schluß
doch bloß so weit gehen, es stehe in dem Fall, wo
ein befugter Stellvertreter eine Klage durchgeführt
hat, ihm selbst nachher die Exc. r. i. entgegen,
wenn er sie nun wieder anstellen will; — eine Regel,
welche, wie ich glaube, auch auf jeden unbefugten
Stellvertreter unbedenklich ausgedehnt werden darf,
von welcher unsere Stelle nur eine einzelne, freylich
sehr begreifliche Ausnahme statuirt, und welche um
so weniger befremden oder mit dem oben gesagten in
Widerspruch stehen kann, da sie ja als directer Ausfluß des Princips der eadem persona zu betrachten ist.

Aber eine ganz andere Frage ist es, ob Julian dem vorgängigen Mandat oder einer nachfolgenden Ratihabition auch die Wirkung zuschrieb, daß nun dem *Dominus* selbst nachher die Exc. r. i. entgegen stehen würde, und für die Bejahung dieser Frage kann aus unserer Stelle auf keinen Fall etwas gefolgert werden. Wie es sich aber in dieser letztern Beziehung verhalte, davon wird sogleich bey Gelegenheit eines andern Fragmentes von Julian die Rede seyn.

Mit mehr Schein nähmlich könnte gegen unsere obige Darstellung angeführt werden L. 7. § 2. De curatoribus furioso, und es ist nicht zu läugnen, daß diese Stelle etwas mehr Schwierigkeit hat. Sie ist aus *Iuliani* lib. 21. Digestorum, und lautet nach der Florentinischen Leseart (1) folgender Maßen:

„Cum dementis curatorem, quia satis non
„dederat et res male administraret (2), Pro-
„consul remouerit a bonis, aliumque loco
„eius substituerit curatorem, et hic poste-
„rior, cum nec ipse satisdedisset, egerit
„cum remoto negotiorum gestorum, post-

(1) Man sehe die Ausgaben von Taurell und Gebauer.

(2) Außer der bey Gebauer angegebenen Variante *admini-*

strarat findet sich auch in vielen alten Drucken die Leseart *administrasset.*

„eaque heredes dementis cum eodem nego-
„tiorum gestorum agant, et is exceptione
„rei iudicatæ inter se et curatorem utatur;
„heredibus replicatio danda erit: *aut si is,*
„*qui egit, satisdederat.* (3) Sed an repli-
„catio (4) curatori profutura (5) esset,
„iudex æstimabit; nam si curator sequens :
„pecuniam, quam ex condemnatione conse-

(3) Ganz dieselbe Leseart (nur daß oft egerit statt egit vorkommt) haben auch zwey Handschriften, die ich besitze, und folgende Ausgaben: Infortiatum s. l. et a. (s. Schra-der Civil. Abhandl. S. 402. N°. 14.) Ferner zwey andere s. l. et a. (Schrader a. a. O. S. 402. N°. 15. und S. 403. N°. 17.) Edd. Lugduni s. a. Mediolani 1472. Venetiis (de Tortis) 1488. Norimbergæ (Koburger) 1503. Parisiis 1550. 1562. und die Ausgaben von *Haloander, Russard, Cha ondas* und *Pacius.* — Dagegen aut si *non is qui eg.* leset : Edd. Parisiis (*Chevallon*) 1527. (*Rob. Stephan.*) 1528. Lugduni (Hug. a Porta) 1572. — Als Variante

geben die angeführten Ausga-ben von *Russard* und *Pacius* die Lesart si *is qui non eg.* — Aus jenem bildete *Schulting* (s. Notæ ad Digesta ed. *Smallenburg*) die Conjectur *at si is, qui egit, non* satisd.

(4) Alle in der vorher ge-henden Note genannten HSS. und Ausgg., mit Ausnahme der sechs letzten unter den mit der Florent. überein stimmen-den, haben *triplicatio* statt re-plicatio.

(5) In diesen beyden Wor-ten stimmen alle HSS. und Ausgg. überein. Dessen un-geachtet will *Cuiacius* und nach ihm *Pothier* curatori in here-dibus, *Voorda* (ap. *Schulting* cit.) aber *profutura* in *obfutura* oder *nocitura* verwandeln.

„cutus fuerat, in rem furiosi uertisset, doli
„triplicatio (6) obstabit. “

Der Fall, welchen Julian behandelt, ist dieser:

Der Curator eines Wahnsinnigen war, weil er
die gebührende Satisdation (rem saluam fore (7))
nicht geleistet, und überdieß schlecht verwaltet hatte,
vom Proconsul entsetzt, und an seine Stelle ein anderer Curator bestellt worden. Dieser, indem er
jene Satisdation ebenfalls unterläßt, belangt nun den
Vorgänger um seine Verwaltung mit der Actio negotiorum gestorum, und bringt ihn zur Condemnation.
Nach dem Tode des Vögtlings erheben dessen Erben
gegen den nähmlichen Beklagten dieselbe Klage von
neuem, und es handelt sich jetzt um die Fundamente
der Entscheidung dieses zweyten Processes. Gesetzt, sagt
Julian in dieser Beziehung, der Beklagte opponirt die Exc. r. i., gestützt auf das frühere Urtheil,
so können sich dagegen allerdings die Kläger darauf
berufen, es habe auch der zweyte Curator die Satisdatio rem saluam fore unterlassen, und diese Be-

(6) *replicatio* lesen hier un-
ter den angeführten HSS. und
Ausgg. folgende: Das eine
Ms. Infortiatum und die drey
Edd. s l. et a., so wie auch
Ed. Lugdun. s. a. Ferner
Edd. Mediolan. Venet. Alle

übrigen stimmen mit der Florentina überein.

(7) vgl. z. B. pr. I. De
satisdat. tut. L. 1. Rem pup.
sal. f. L. 6. § 1. De tutelis.
L. 8. De curator. furio.

hauptung, in eine Replicatio gefaßt, soll die Exc.
r. i. zu entkräften vermögen: — dieses letztere offenbar einzig aus dem Grunde, weil um der fehlenden
Satisdation willen die Kläger nicht sicher sind, daß
ihnen das frühere Urtheil auch factisch wirklich zu
gute komme. Fällt daher dieser Grund weg, indem
z. B. der zweyte Curator die von dem Beklagten in
Folge der Condemnation erhaltene Summe schon in
das Vermögen des Furiosus hat fließen lassen; so soll
auch jene Replik nicht Statt finden, oder durch eine
auf diese letztere Behauptung gestützte Duplicatio
aufgehoben werden.

So viel über den Gesammtinhalt unserer Stelle.
Was uns aber hier vorzugsweise berührt, ist, daß
Julian — bekanntlich älter als Gajus — aus
einem Urtheil, welches der *Curator* des Klägers
erhielt, die Exc. r. i., und zwar gerade in ihrer
negativen Function, für den Fall ableitet und
dem Beklagten gestattet, wo dieser von dem Dominus
selbst, oder, was gleich viel ist, von dessen Erben
nachher auf's neue belangt wird: während wir oben
den Satz aufgestellt haben, daß noch zu Gajus Zeit
kein *Procurator* — und diesem standen ja *Tutor*
und *Curator* gleich — in Judicium deducirt, d. h.
die Consumtion der Actio bewirkt habe.

Einige Schwierigkeit macht dieß allerdings, und

wenn wir nicht für unsere obige Darstellung jene
einfache, echte und, wie mir scheint, völlig beweisende
Stelle des Gajus zur Grundlage hätten, so wür=
den allerdings bedeutende Zweifel zurück bleiben. So
aber möchte wohl, mit Festhaltung jener allgemeinen
Grundsätze als solcher, unsere L. 7. durch folgende
Bemerkungen sich erklären lassen.

Allervorderst möchte ich mich nicht darauf berufen,
daß die Stelle wesentlich interpolirt oder corrupt
seyn könnte. Von jenem sehe ich in der That keine
Spur, es ist mir vielmehr ganz unwahrscheinlich (8);
und wenn sich auch einzelne Corruptionen nachweisen
ließen (9), so ist davon der wesentliche Inhalt der

(8) Doch muß es allerdings
immer als möglich gedacht
werden, daß die Stelle troz
der Inscription gar nicht dem
Julian angehörte, und dieß
wäre freylich wesentlich genug.
(Man vgl. was bey Gelegen=
heit der unmittelbar nachher
anzuführenden L. 22. § 8. Rat.
rem hab. bemerkt werden wird.)
Wir dürfen uns jedoch mit die=
ser Möglichkeit natürlich nicht
begnügen.

(9) Es walten laut den oben
angegebenen Varianten haupt=

sächlich zwey kritische Zweifel
von Bedeutung:

A) Ueber die Fassung der
wörtlich angeführten Replicatio, ob dieselbe nähmlich posi=
tiv oder negativ ausgedrückt
seyn müsse. In dieser Bezie=
hung ist zu bemerken: Jede
Replicatio kann entweder als
Ausnahme oder negative
Bedingung der *Exceptio*, oder
aber, was der Sache nach na=
türlich ganz gleich viel ist, als
positive Bedingung der
Actio, der Instruction zu con=

Stelle ganz unabhängig. Eben so wenig glaube ich, daß Julian, der freylich so viele eigenthümliche und

demniren, ausgedrückt werden. In jenem Falle muß natürlich die Behauptung des Klägers, welche die Replicatio ausmacht, umgekehrt, d. h. mit einem *non* versehen werden, wenn sie affirmativ, oder das *non* daraus weggeworfen werden, wenn sie negativ war, gerade wie es bey der Conception der *Exceptiones* geschieht: — im letztern dagegen bleibt sie unverändert. Von jenem finden wir einige Beyspiele, wenn die Replicatio einer Exceptio isolirt entgegen gestellt wird. Man sehe das erste Exempel bey Gajus (Comm. IV. § 126.) und besonders L. 24. De exc. r. i., wo die Replicatio sehr natürlich mit *At* eingeleitet wird. Dagegen im Zusammenhang der Formula scheint die zweyte Art der Conception als die deutlichere und einer guten Construction angemessenere regelmäßig beobachtet worden zu seyn, so wie wir davon denn auch manche

Beyspiele (und zwar hier gewöhnlich mit der einleitenden Partikel *aut*) vorfinden. Man sehe L. 154. De R. I. L. 48. De procuratoribus. L. 32. § 2. Ad SC. Vellei. und das zweyte Exempel bey Gajus d. § 126., in welcher Stelle die von Bluhme angegebene Leseart der Handschrift *aut si* in der zweyten Ausgabe wohl mit Unrecht verworfen und *nisi* beybehalten wurde. — Nach allem dem möchte es denn in unserer Stelle wünschenswerth seyn, daß diese zweyte Art des Ausdruckes hergestellt würde, zu welchem Ende vor satisdederat ein *Non* einzuschieben wäre. Doch wäre auch dagegen nicht viel einzuwenden, wenn statt dieser Veränderung bloß *aut* in *at* verwandelt würde, so daß dann der Ausdruck mit d. L. 24. überein stimmte. Wenn man übrigens bedenkt, wie mancherley Schwierigkeit und Ungewißheit über den Römischen Sprachgebrauch in neue Ansichten hatte, in dieser Lehre eine allgemein und durchgreifend verschiedene Theorie aufgestellt haben sollte.

Beziehung auf die positive oder negative Fassung solcher Bedingungen noch obwalten (ich erinnere nur an das wichtige Institut der *Sponsiones*), so wird man wohl ohne bedeutendere äußere Autoritäten, als die von mir angeführten sind, kaum mit Sicherheit zu einer Emendation schreiten können. — Schließlich bemerke ich, daß unsere Stelle zwar nicht im Text der Basiliken, wohl aber in zwey Scholien zu denselben (Tom. V. pp. 169. 170.) sich vorfindet. In dem einen (litt. h.) lautet die fragliche Replicatio: „᾿Αλλ᾿ εἰ μὴ κακῶς δεδώκασι „τῷ μὴ παρασχόντι τὰ ἱκανά.“ In dem andern (litt. k.), welches den § 2. fast wörtlich enthält, so: „᾿Αλλ᾿ εἰ μὴ ὁ ἐνα„γαγών σοι κουράτωρ οὐ δεδώ„κει τὰ ἱκανά.“

B) Sehr auffallend ist es dann ferner allerdings, daß nach der Florentinischen Leseart die Einwendung, welche der Beklagte gegen die Replik des Klägers haben soll (also eine wahre *Duplicatio, Gai.* Comm. IV. § 127. f. und §§ 1. 2. I. De replicationibus) zuerst *replicatio*, dann *triplicatio* genannt wird. Hierin scheint wirklich eine Corruption zu liegen und eine Emendation erforderlich zu seyn. Nur möchte das gewaltsame Verfahren, welches sich *Cuiacius* und Andere erlaubt haben (f. oben S. 336. Note 5.), weder nöthig, noch zulässig, und ich möchte mich lieber damit begnügen, auf die Autorität von HSS. und Ausgg. hin beyde Mahle *triplicatio* zu lesen. Dabey wird freylich voraus gesetzt, (wie dieß auch bey jenen andern Emendationen geschehen muß), daß es mit dem Römischen Sprachgebrauch verträglich sey, *triplicatio* statt *duplicatio* zu sagen; — eine Annahme, die wir zwar nicht gerade mit dem § 1. derselben

Wohl aber darf nicht übersehen werden, daß Julian nur für einen einzelnen Fall dem von einem *Curator* Belangten gegen den *Dominus* die Exc. r. i. gestattet, und zwar so, daß sie gar nicht unbedingt, sondern nur unter der bestimmten Voraussetzung, daß das Resultat des frühern Urtheils dem Vögtling factisch zu gute gekommen sey, wirksam seyn solle, — eine Beschränkung, von welcher wohl kaum die Rede seyn könnte, wenn Julian den Satz, wie wir ihn für die spätere Zeit angenommen haben, nähmlich daß der *Curator* so gut wie ein *Cognitor* in Judicium deducire, schon anerkannt hätte (10). Dazu kommt auf der einen Seite, daß der Prätor in einzelnen Fällen dieser Art um so weniger Anstand nehmen mochte, nach seinem Arbitrium die Exc. r. i. zu ertheilen, weil dieselbe, wie die meisten andern Exceptionen, *in factum* concipirt war, mithin dem Prätor in arbiträrer Ertheilung derselben kein formelles Hinderniß im Wege stand; auf der andern Seite aber mochte die Sache auch in materieller Beziehung um so weniger Bedenken haben, da die so ertheilte Exc. r. i. praktisch mit der unbestimmten

L. 7., indem auch da die Leseart nicht ganz fest steht, aber wenigstens mit L. 2. § 3. De exceptionibus zu unterstützen im Falle sind. f. *Brisson.* s. v. *Triplicatio.*

(10) Vgl. indessen L. 4. C. In quib. cau. in int. rest.

Exc. doli, welche wir schon für die ältere Zeit als sehr oft zulässig anerkannt haben, im praktischen Effect gerade auf dasselbe hinaus kam (11), wie sich dieß denn ganz besonders für den Fall unserer Stelle auf's genauste nachweisen läßt (12).

L. 3. L. 5. C. De tutore v. curat. q. sat. n. d.

(11) Wie nahe sich nach Römischer Ansicht die Exc. doli und die einzelnen, auf bestimmte Thatsachen concipirten Exceptionen standen, zeigt besonders auch L. 2. § 5. De dol. mal. exc., wo es (aus *Ulp.* lib. 76. ad Edictum) heißt: „Et generaliter sciendum est, „ex omnibus in factum exce-„ptionibus doli oriri exce-„ptionem, quia dolo facit, „quicunque id, quod quaque „exceptione elidi potest, pe-„tit. Nam etsi inter initia „nihil dolo malo fecit, atta-„men nunc petendo facit „dolose, nisi si talis igno-„rantia sit in eo, ut dolo „careat.“ — Der Ausdruck *exceptio in factum* geht hier (aber nicht allenthalben) in seiner Bedeutung ganz parallel der *Actio in factum concepta*, und bezeichnet eine Exceptio, welche eine einzelne, bestimmte Thatsache benennt, im Gegensatz der Exceptio doli, welche einen juristischen Begriff, nähmlich den des Dolus, enthält, und dem Judex außer der Untersuchung eines Factum auch die Subsumtion desselben unter jenen aufgibt. — Vgl. auch L 4. § 16. eod.

(12) Hätte der Prätor statt aller der in d. L. 7. erwähnten Clauseln einfach die Exc. doli ohne weitere Replicatio u. dgl. der Formula inserirt, so hätte nun der Judex zu beurtheilen, ob in der Wiederanstellung der Klage unter so bewandten Umständen ein Dolus liege. Er würde dieß nach richtigen Grundsätzen verneinend entscheiden, wenn sich ergäbe, daß der Kläger durch

Gesetzt aber auch, daß die Exc. r. i. schon zu Julian's Zeit überhaupt oder nach Julian's individueller Ansicht in viel weiterm Umfange Statt gefunden hätte, als uns die vorliegende Stelle anzunehmen berechtigt, so würde dennoch daraus noch nicht folgen, daß der Tutor, Curator, Procurator u. dgl. in Beziehung auf die processualische Consumtion schon ganz dem Cognitor, so wie später, gleich gestellt worden wären. Man erinnere sich des Unterschiedes zwischen der directen und der indirecten Consumtion. Auf diese bezieht sich bekanntlich die Exc. r. i., jene geschieht in Folge eines civilen Rechtssatzes, und wird ipso iure realisirt. Nun ließe es sich denken, daß schon für sehr viele Fälle von Stellvertre-

die frühere Proceß = Führung wegen der mangelnden Satisdatio rem salvam fore nicht befriedigt wäre, wogegen ein Dolus allerdings statuirt, und der Kläger also abgewiesen werden müßte, wenn der Beklagte darthun könnte, daß er in Folge des frühern Urtheils bezahlt habe, und daß diese Bezahlung in das Vermögen des Furiosus gekommen sey. Der ganze Unterschied zwischen der Art, wie Julian die Sache behandelt, und einer einfachen Exceptio doli, die uns nach dem oben gesagten nicht den mindesten Anstoß geben könnte, besteht also darin, daß dort dem Judex durch die Formula ausdrücklich die Untersuchung und Würdigung derjenigen Thatsachen vorgezeichnet wird, welche er im letztern Fall, wenn er richtig verführe, aus sich selbst als Bedingung und Grundlage der Exc. doli untersuchen und würdigen müßte.

tern der angegebenen Art die Exc. r. i. gestattet worden wäre, ohne daß man auch nur für einen einzigen
den civilen Rechtssatz umgekehrt, eine Consumtion
ipso iure, die eigentliche *Novatio* statuirt hätte.
Im Gegentheil konnte die Theorie dieser civilen Consumtion noch lange ganz unverändert stehen bleiben,
als schon die Exc. r. i. ihre ursprünglichen Gränzen
zu überschreiten angefangen hatte (13). Jene Aenderung der civilen Rechtsregel war nun allerdings zur
Zeit der spätern Classiker vollendet, und damit der
Tutor, Curator, Procurator u. s. f. dem *Cogni-*
tor völlig gleichgestellt; aber daß dieß schon zur Zeit
Julian's sich so verhalten habe, dafür kann wenigstens aus unserer Stelle, welche sich bloß auf die
indirecte Consumtion und ihr Organ, die Exc. r. i.
bezieht, nichts abgeleitet werden (14).

(13) Es ist hier allerdings
ein Punkt, wo wir für eine
specielle Ausnahme von der
oben (s. S. 238.) statuirten
allgemeinen sachlichen Gleichheit zwischen der Consumtion
ipso iure und *per exceptionem*
Raum lassen müssen. Sollte
aber auch wirklich die Idee der
Consumtion auf diesem Punkte
sich in der einen Form etwas
schneller als in der andern

fortgebildet haben, so wird
daraus wohl niemand gegen
jenen allgemeinen Satz überhaupt Zweifel schöpfen.

(14) Dürfte man voraus
setzen, daß Julian in unserer
Stelle ein *legitimum iudicium*
vor Augen gehabt hätte, so
läge darin in Beziehung auf
die directe Consumtion sogar
eine sehr bestimmte Anerkennung des von uns für die äl-

Noch viel gefährlicher als die bisher angeführten Stellen sieht auf den ersten Anblick die L. 22. § 8. Ratam rem haberi aus. Sie ist inscribirt: *Iulianus* lib. 56. Digestorum, und lautet so:

„Si procurator iudicium de hereditate edi-
„derit, deinde dominus fundum ex ea here-
„ditate petierit, stipulatio ratam rem haberi
„committetur, quia, si uerus procurator
„fuisset, exceptio rei iudicatæ dominum
„summoueret. Plerumque autem stipulatio
„ratam rem haberi bis casibus committitur,
„quibus, si uerus procurator egisset, domino
„aut ipso iure aut propter exceptionem actio
„inutilis esset."

Ist dieses Fragment, wie es da steht, aus der Feder Julian's geflossen, so weiß ich dasselbe

tere Zeit aufgestellten Grund=satzes. Da nähmlich die beyden andern Requisite der Novatio necessaria wirklich vorhanden sind, indem die Actio negotiorum gestorum eine actio in personam mit formula in ius concepta ist (s. *Gai.* Comm. IV. §§ 33. 62. L. 5. pr. De O. et A. L. 1. § 4. Quar. rer. act. n. d.), so bliebe dann als einziger Grund, warum Julian nicht die ipso iure wirkende Consumtion, sondern bloß die Exc. r. i. statuirte, die dem ius ciuile nicht genügende Stellvertretung übrig. Doch darf man sich nicht verhehlen, daß für jene Voraussetzung eben so wenig Grund als gegen dieselbe vorhanden ist.

nicht zu erklären, und wir sind dann genöthigt, einen unauflöslichen Widerspruch zwischen Gajus und Julian zuzugestehen. Denn diese Stelle spricht nun ganz allgemein und bestimmt, mit ausdrücklicher Beziehung auf die directe sowohl als die indirecte Consumtion, die Regel aus, welche wir erst der spätern classischen Zeit zugeschrieben haben.

Allein damit hat es wohl keine Noth, indem der Beweiskraft dieser Stelle drey verschiedene Gründe entgegen stehen, von denen ich jeden für sich genommen zu ihrer Beseitigung für hinreichend halte.

Ein Mahl gehört unser § 8. unter die Fragmente, in denen sehr leicht von den Compilatoren der *Cognitor* gestrichen und an seinen Platz der *Procurator* interpolirt seyn kann. Nimmt man aber an, daß Julian vom *Cognitor* gesprochen, die Compilatoren aber beyde Mahle (wie sie unter dieser Voraussetzung gar nicht anders konnten) den *uerus procurator* substituirt haben, so macht die ganze Stelle nicht die mindeste Schwierigkeit.

Zweytens darf es trotz der Inscription gar nicht als unzweifelhaft genommen werden, daß d. § 8. überhaupt von Julian herrühre. Denn daß die Compilatoren hier die Hand im Spiele hatten, zeigt der Umstand, daß der § 5. derselben Lex eine Stelle von Marcellus mit seinem Rahmen enthält, welche doch gewiß der bedeutend ältere Julian nicht so angeführt hat, sondern die vielmehr von jenen aus den Noten des Marcellus zu Julian hier gelegentlich eingeschaltet wurde. Ebenso wird in der unmittelbar folgenden L. 23., die auch den Nahmen des Julian trägt, derselbe Julian als eine dritte Person citirt.

Endlich drittens ist zum Ueberfluß die Inscription wie wir sie nach der Florentina angegeben haben, nicht ein Mahl kritisch ganz sicher, indem nahmentlich die Rehdiger'sche Handschrift gar nicht Julian, sondern vielmehr Ulpian als ursprünglichen Verfasser der L. 22. benennt.

Zum Schlusse mag auch noch eine Stelle angeführt werden, welche zwar von Ulpian herrührt, und ganz einfach die Grundsätze voraus setzt, die wir für das Zeitalter Ulpian's angenommen haben, wovon nur so viel uns hier berührt, daß dabey Julian als Autorität angeführt wird, so daß man auch daraus auf Identität der Rechts-Theorie der frühern und spätern Zeit schließen könnte. Es ist dieß L. 40. § 2. De procuratoribus (15.)

Allein Ein Mahl findet bey dieser Stelle gerade dieselbe Möglichkeit einer Interpolation Statt, die

---

(15) Die Worte dieser Stelle f. oben S. 222. Note 3.

wir vorhin bey der L. 22. cit. angemerkt haben, und so wie wir sie deßwegen auch zur Ausmittelung der Grundsätze Ulpian's oben absichtlich nicht benutzten, so wird auch hier daraus nichts abgeleitet werden können. Gesetzt aber auch, die Stelle wäre, was ich eben nicht bestimmt läugnen will, völlig echt und unverändert, so findet darin die Anführung des Julian vollkommen genügende anderweitige Beziehung, so daß dieselbe gar wohl mit unserer Annahme, es haben Julian und Ulpian über den Punkt der Consumtion durch Repräsentanten verschiedene Grundsätze anerkannt, verträglich wäre, und zwar dieß um so mehr, wenn man endlich noch bemerkt, daß der ganze § 2. von der Exc. r. i. entschieden in ihrer positiven Function handelt, in welcher Beziehung wir dieselbe Verschiedenheit zwischen der frühern und spätern Zeit noch gar nicht ein Mahl behauptet haben.

§ 43.

Von den beyden in § 37. aufgeworfenen Fragen ist die erste erörtert, und es fragt sich jetzt zweytens:

„Gegen wen wird in Judicium deducirt? „oder, wer wird in dieser Beziehung mit dem „eigentlichen *Reus* (dem *Dominus*) als *ea-* „*dem persona* betrachtet, so daß dieser sich „nachher, wenn der Kläger ihn selbst belan-

„gen will, auf die durch den erſten Proceß
„bewirkte Conſumtion der Klage berufen kann?

Hierüber ergibt ſich ſchon aus der oben benutzten
L. 11. § 7. h. t. (1) mit völliger Gewißheit die ein‐
fache Antwort:

Es werden dießfalls nicht nur dieſelben Perſonen,
wie auf Seite des Actor, als vollgültige Repräſen‐
tanten anerkannt, ſondern es ſteht dem Cognitor,
Procurator u. dgl. auch völlig gleich der bloße
Defensor, welcher ohne allen Auftrag, und zwar
gleich viel, ob Ratihabition erfolgte oder nicht, den
Proceß anſtatt des eigentlichen Beklagten auf ſich nahm.

Dieß hat auch gar nichts auffallendes, denn der
Kläger war durch die Satisdatio iudicatum solui,
welche er in jedem Falle eines Stellvertreters von
dieſem ſelbſt oder von dem eigentlichen Reus erhielt (2),

---

(1) f. S. 311. — Man ver‐
gleiche mit d. § 7. ganz beſon‐
ders auch L. 23. De solutio‐
nibus. — (*Pompon.*) „Solu‐
„tione *uel iudicium pro nobis*
„*accipiendo* et inuiti et igno‐
„rantes liberari possumus.“ —
L. 10 § 1. De in rem uerso. —
„Si filius quasi defensor pa‐
„tris iudicium susceperit', et
„sit condemnatus, de in rem

„uerso teneri patrem; nam‐
„que filius eum iudicio sus‐
„cepto liberauit.“ — Conf.
§ 3. ib.

(2) *Gai.* Comm. IV. § 101.
Vatic. Fragm. § 317. — L. 14.
Qui satisdare cog. L. 21. § 3.
Ex quib. cau. mai. L. 5. § 3.
Iudicatum solui. — Vgl. oben
S. 326. Note 4. und S. 328.
Note 7.

gegen allen möglichen Nachtheil auf's vollständigste gesichert.

So findet sich denn auch von verschiedenen Grundsätzen für verschiedene Zeitalter auf diesem Punkte keine Spur.

Uebrigens wird dabey so viel natürlich immer voraus gesetzt, daß das Judicium, wodurch die Klage consumirt werden soll, auch wirklich ein gültiges sey; — eine Bemerkung, die kaum besonders ausgesprochen werden dürfte, wenn uns nicht folgende Stelle durch ein interessantes Beyspiel dazu veranlassen würde:

L. 74. § 2. De iudiciis. (*Iulianus* lib. 5. Digestorum.)

„Cum absentem defendere uellem, iudicium „mortuo iam eo accepi, et condemnatus „solui. Quæsitum est, an heres liberaretur: „item, quæ actio mihi aduersus eum competeret. Respondi, iudicium, quod iam „mortuo debitore per defensorem eius accipitur, nullum esse, et ideo heredem non „liberari: defensorem autem, si ex causa „iudicati soluerit, repetere quidem non „posse, negotiorum tamen gestorum ei „actionem competere aduersus heredem, qui

„sane exceptione doli mali tueri se possit,
„si ab actore conueniatur.“

T hat an den abwesenden S etwas (z. B. 100.)
zu fordern. M übernimmt die Defensio des S, wel=
cher noch vor der Litis Contestatio stirbt. Da man
aber davon nichts weiß, so erfolgt die L. C., und
die Formel wird concipirt, als ob jener noch am
Leben wäre. („*Si paret Seium Titio* 100. *dare*
„*oportere, Mœuium Titio condemna*“ u. s. f.)
Auch dem Juder bleibt der Tod des S unbekannt,
und so wird M am Ende condemnirt, worauf er den
T auch wirklich bezahlt. Später klärt sich die Sache
auf, und es fragt sich nun nach den rechtlichen Folgen des Geschehenen. Allervorderst, sagt Julian,
ist der Erbe des S durch das Judicium nicht libe=
rirt worden, denn dasselbe ist nichtig (3), kann also

(3) Man vergleiche L. 2.
Quæ sententiæ sine appell.
(*Paul.* lib. 3. Resp.) „Paulus
„respondit, eum, qui in re-
„bus humanis non fuit sen-
„tentiæ dictæ tempore, ineffi-
„caciter condemnatum uideri.
„§. 1. Idem respondit, ad-
„uersus eum, qui in rebus
„humanis non esset, cum iu-
„dex datus est, neque iudicis

„dationem ualuisse, neque
„sententiam aduersus eum
„dictam uires habere.“ —
Hier ist zwar nicht, wie in
unserer L. 74. von dem Fall
die Rede, wo die Intentio auf
einen Todten, die Condemna=
tio dagegen auf einen Lebenden
gerichtet wurde, aber es ergibt
sich daraus der zweyte, ergän=
zende Satz, daß, wenn die

auch keine Consumtion der Klage bewirken. Auf der andern Seite kann aber von einer Rückforderung der geschehenen Zahlung nach Julian's Ansicht dennoch keine Rede seyn: nicht etwa daß es mit jener Nullität des Judicium nicht so genau zu nehmen wäre, und daß in Folge desselben gültige Res iudicata mit wirksamer Actio iudicati hätte entstehen können; sondern bloß darum, weil bey den Römern die Achtung vor Rechtssprüchen so weit geht (4), daß selbst wo gar kein gültiges Urtheil vorhanden ist, doch schon die bloße, wenn auch irrige, Voraussetzung eines solchen hinreicht, um die Rückforderung einer Zahlung, zu der man sich kraft desselben verpflichtet glaubte, unbedingt auszuschließen (5).

Condemnatio der Formel oder die in Folge derselben geschehende Condemnation des Judex gegen einen Todten gerichtet wird, dadurch respectiue die Anordnung des Judicium oder die endliche Condemnation sich als ungültig darstellen.

(4) So kann bekanntlich über Res iudicata auch nicht gültig transigirt werden. L. 23. § 1. De condict. indeb. L. 32. C. De transactionibus. Consult. uet. ICti. cc. 5. 7. 9.

(5) Sehr belehrend ist für diese Idee L. 36. Famil. herc. (*Paul.* lib. 2. Quæst.) „Cum „putarem te coheredem meum „esse, idque uerum non esset, „egi tecum familiæ herci-„scundæ iudicio, et a iudice „inuicem adiudicationes et „condemnationes factæ sunt. „Quæro, rei ueritate cognita, „utrum condictio inuicem „competat an uindicatio: et „an aliud in eo, qui heres „est, aliud in eo, qui heres

Eben so wenig endlich kann im vorliegenden Fall nach bekannten Römischen Ansichten (6) durch jene von M ex causa iudicati in eigenem Nahmen gesche-hene Zahlung die Schuld des Erben getilgt wor-den seyn.

Allein mit allem diesem ist am Ende doch keines-wegs die Meinung verbunden, daß nun M seinen Verlust an sich selbst tragen, dagegen T auch noch von dem Erben die zweyte Bezahlung zu fordern befugt seyn solle; vielmehr wird alles auch hier durch eine *Exceptio doli* vermittelt und aus-geglichen. Durch diese soll sich nähmlich der Erbe des S zu allen Zeiten gegen den T schützen können,

„non sit, dicendum est? Re-
„spondi: Qui ex asse heres
„erat, si, cum putaret, se
„Titium cohederem habere,
„acceperit cum eo familiæ
„erciscundæ iudicium, et con-
„demnationibus factis soluerit
„pecuniam, *quoniam ex causa*
„*iudicati soluit, repetere non*
„*potest.* Sed tu uideris eo
„moueri, quod non est iudi-
„cium familiæ erciscundæ nisi
„inter coheredes acceptum;
„*sed quamuis non sit iudicium,*
„*tamen sufficit ad impediendam*
„*repetitionem, quod quis se*
„*putat condemnatum* ... Plane
„si sine iudice diuiserint res,
„etiam condictionem ... com-
„petere dici potest" ... —
Gar nicht widersprechend ist L. 11. De appellationibus, und eine vollkommene Bestätigung des Inhalts der L. 36. cit. enthalten L. 1. C. De condict. indeb und L. 2. C. De com-pensationibus.

(6) Vgl. z. B. L. 31. pr. De hered. pet.

wenn derselbe nochmahlige Bezahlung einklagen würde, und da er (der Erbe) somit ohne alle Gefahr dem M seine Auslage ersetzen kann, so wird er dazu auch für verpflichtet erklärt, und dem M die Actio negotiorum gestorum gegen ihn gestattet.

§ 44.

Es ist bey der bisherigen Entwickelung der subjectiven Beziehung der Exc. r. i. (§§ 38 — 43.) einzig auf die processualische Consumtion, somit bloß auf die negative Function jenes Rechtsmittels Rücksicht genommen worden. Es fragt sich jetzt auch noch: Wem steht die Exc. r. i. in ihrer positiven Function zu und entgegen? mit andern Worten: wie muß sich eine fragliche Partey im frühern Processe zu der im spätern verhalten, damit ihr in diesem der materielle Inhalt des Urtheils zu gute kommen oder opponirt werden könne? (1)

Darauf geben nun zwar unsere Quellen, welche überhaupt diese gedoppelte Function der Exc. r. i. nirgends im Allgemeinen und begriffsmäßig unterscheiden, keine besondere Antwort. Allein gerade die allgemeine Fassung der oben angeführten Stellen und der specielle Inhalt mehrerer derselben, so wie denn auch manche ein-

(1) Man sehe: *Desid. Heraldus* De rerum iudicatarum auctoritate in *Ottonis* Thes. Tom. II.

zelne Anwendungen, berechtigen uns vollständig zu
der Annahme, daß im Ganzen hier dieselben Regeln,
wie für die negative Seite der Exc. r. i., von den
Römern anerkannt worden seyen, und wir können
uns daher auf folgende einzelne Bemerkungen be=
schränken.

1°. Vor allem gilt auch hier als Regel das Re=
quisit der *eadem persona*, und es wird dasselbe
gerade auf dieser Seite von besonderer Bedeutung,
indem es Fälle gibt, wo sich diese Regel nicht so
ganz von selbst versteht, wie dieß oben in der Con=
sumtions=Lehre angenommen werden konnte, sondern
wo man allerdings versucht seyn möchte, die Wir=
kung des Urtheils auch auf dritte Personen zu er=
strecken. Es sind dieß nahmentlich solche Fälle, wo
zwar in dem spätern Proceß auf einer oder der andern
Seite verschiedene Personen auftreten, wo aber den=
noch beyde Processe so ganz von derselben Rechtsfrage
abhängen, daß die Verschiedenheit der Personen ganz
unwesentlich zu seyn, und unmöglich dem Richter
Anlaß zu einem von dem vorigen verschiedenen Ur=
theil geben zu können scheint. So z. B. wenn gegen
einen partiellen Erben eine Actio in personam, die
sich auf ein Rechtsverhältniß des Testator gründet,
angestellt und zum Urtheil gekommen ist, und nun
nachher gegen den Miterben dieselbe Klage pro rata

seines Erbtheils angestellt wird; — oder umgekehrt.
Die Rechtsfrage ist dieselbe, nähmlich die Schuld
oder die Forderung des Testator: dennoch soll nach
ausdrücklichen Stellen, um der Verschiedenheit der
Personen willen, von einer Exc. r. i. keine Rede
seyn. Man sehe hierüber L. 22. h. t. (*Paulus*)

> „Si cum uno herede depositi actum sit,
> „tamen et cum cæteris heredibus recte age-
> „tur, nec exceptio rei iudicatæ eis proderit:
> „nam etsi eadem quæstio in omnibus iudi-
> „ciis uertitur, tamen personarum mutatio,
> „cum quibus singulis suo nomine agitur,
> „aliam atque aliam rem facit.   Et si actum
> „sit cum herede de dolo defuncti, deinde
> „de dolo heredis ageretur, exceptio rei iu-
> „dicatæ non nocebit, quia de alia re agitur.“

Von den beyden hier erwähnten Fällen ist der
erste, welcher uns an diesem Orte allein berührt (2),
besonders dann ein recht hervor stechendes Beyspiel
für die fragliche Regel, wenn wir uns von den
beyden möglichen Formulis der Actio depositi (3)

---

(2) Von dem zweyten Fall
der L. 22. cit. wird unten noch
besonders die Rede seyn und
gezeigt werden müssen, wie sich
dessen Entscheidung zu den
obigen Grundsätzen über die
objective Beziehung der
Exc. r. i. verhalte. (s. § 61.)

(3) *Gai.* Comm. IV. §§ 47.
60. — Man darf sich, beyläufig

die Formula in factum concepta vergegenwärtigen. Da nähmlich in dieser die Intentio einzig das der Klage zum Grunde liegende Factum der Deposition enthält, so muß sie (die Intentio) völlig gleich lauten, mag der Depositar selbst oder aber sein Erbe als Beklagter erscheinen (4). Werden daher mehrere Miterben hinter einander auf diese Weise belangt, so wird schon äußerlich durch die Formula die in den verschiedenen Processen dem Juder aufgetragene Untersuchung als identisch bezeichnet.

Ferner L. 29. eod. und L. pen. De re iudicata; von welchen beyden Stellen nachher des Nähern die Rede seyn wird.

L. 2. C. Quibus res iud. n. noc. (Imp. *Gordianus* A. Athemio).

„Res inter alios iudicatæ neque emolumen-
„tum afferre his, qui iudicio non inter-
„fuerunt, neque præiudicium solent irrogare.

gesagt, die Auswahl zwischen den beyden verschiedenen Formulis gewiß gar nicht als unbedeutend oder praktisch gleichgültig denken. Vielmehr war es z. B. wohl entschiedene Sitte, daß, wer die deponirte oder commodirte Sache in Natura zurück fordern; und sich

zu diesem Behuf auch des directen richterlichen Zwanges bedienen wollte, die Formula in factum concepta, wie sie uns Gajus a. a. O. beschreibt, gebrauchte.

(4) Der ursprüngliche Depositar muß hier immer in der Intentio als solcher angegeben

„Ideo nepti tuæ præiudicare non potest,
„quod aduersus coheredes eius iudicatum
„est, si nihil aduersus ipsam statutum est.“

L. fi. eod. (*Dioclet.* et *Maxim.* AA. et CC.
Honorato.)

„Nec in simili negotio res inter alios
„actas absenti præiudicare, sæpe constitu-
„tum est. “

So viel über das Requisit der *eadem persona* (5).

2°. Was nun ferner die Repräsentations = Verhält=
nisse betrifft, so berechtigen uns die oben (S. 311. f.)
angeführten Stellen wenigstens für die Zeit der spä=
tern Classiker zu der Annahme, daß auch auf dieser
Seite der Exc. r. i. ganz dieselben Grundsätze ge=
golten haben, welche im Vorigen, wo wir dieses
Rechtsmittel als Organ der Consumtion betrachteten,
nachgewiesen worden sind. Es mag daher nur fol=
gende Bemerkung, zur Vermeidung von Mißverständ=
niß, hier Platz finden.

Wenn von uns oben nach dem Vorgang Ulpian's
u. a. gesagt wurde, auf Seite des Klägers gelte
Cognitor, Procurator u. s. f., auf Seite des Be=

werden, und der Nahme des
Erben kommt also in der In=
tentio gar nicht vor.

(5) Ein anderes Beyspiel
s. in L. 31. De usu et usufr.
leg.

klagten aber jeder Defensor als vollgültiger Stellvertreter, so hätte dieser Satz auch so ausgedrückt
werden können: Um die Exc. r. i. zu erwerben,
genüge jegliche Stellvertretung, dagegen habe man
sie nur dann zu fürchten, wenn man wirklich die
Proceß-Führung zum voraus aufgetragen oder doch
nachher ratihabirt habe. Erinnert man sich dabey,
daß die Exc. r. i. in ihrer negativen Function immer nur dem Beklagten des frühern Processes
zustehen, und nur dem ehemaligen Kläger entgegen stehen kann, nie aber umgekehrt, so muß
jenes bloß als zwiefacher Ausdruck derselben Sache
erscheinen. Anders verhält es sich dagegen, wo die
Exc. r. i. als Organ des materiellen Inhalts eines
Urtheils in Frage steht. Als solche kann sie sowohl
dem ehemahligen Kläger als dem Beklagten zustehen,
und es findet das erstere, wie wir wissen, nahmentlich bey den in rem actiones gar nicht selten Statt.
Für diesen Fall sind aber offenbar jene beyden Ausdrücke reell verschiedene Sätze, und es ist also die
Frage, welcher von beyden für die Exc. r. i. der
richtige sey.

Man setze den Fall: A führt gegen B, welcher
bloßer Defensor des C ist, eine Eigenthumsklage
durch, und gewinnt. Nachher stellt C gegen A die
Eigenthumsklage an. Steht ihm hier die Exc. r. i.

entgegen? Allerdings, wenn der bloße Defensor auf
Seite des Beklagten immer eben so gut ist wie der
Dominus selbst. Dagegen gewiß nicht, wenn nur
dem die Exc. r. i. opponirt werden kann, welcher
mit seinem Willen repräsentirt worden war. Daß
nun aber das letztere das richtige, somit der zweyte
jener Ausdrücke der streng wahre sey, der erstere
hingegen nur für den gewöhnlichen Fall zutreffe,
und daher nicht zu buchstäblich verstanden werden
dürfe, lehrt wohl schon die gesunde Vernunft; wir
erfahren es aber zum Ueberfluß auch ausdrücklich. In
L. 40. § 2. De procuratoribus (6) behandelt nähmlich Ulpian gerade den vorhin bezeichneten Fall, und
anerkennt die Richtigkeit des eben gesagten auf's
allerbestimmteste dadurch, daß er dem Kläger im ersten Processe die Befugniß einräumt, von dem Defensor außer der gewöhnlichen Satisdatio iudicatum
solui auch die *Cautio de rato* zu fordern (7).

3°. Fragt man endlich, ob dieselbe Verschiedenheit der Grundsätze, welche wir zwischen dem Zeitalter von Gajus und Ulpian für die Consumtion
durch Stellvertreter statuirt haben, auch in Beziehung

---

(6) Die Worte dieser Stelle
s. oben S. 222. Note 3.

(7) Einen andern Fall, wo
aus sehr begreiflichen Gründen
vom Defensor die Cautio ratam
rem dominum habiturum ge-
fordert wird, enthält L. 6.
Ratam rem haberi.

auf die positive Function der Exc. r. i. Statt gefunden habe, so sind wir, da die bekannte Hauptstelle bey Gajus darüber nichts enthält, und wir
aus der ältern Zeit auch sonst dießfalls keine zuver-
lässige Stelle besitzen, nicht im Stande, hierauf eine
bestimmte Antwort zu geben, und es ist aus den
oben (8) bey Gelegenheit der L. 7. § 2. De curator.
furio. angegebenen Gründen allerdings sehr möglich,
daß man auch hier schon in der ältern Zeit in Zu-
lassung der Exc. r. i., sey es arbitrio prætoris für
einzelne Fälle, oder aber in ausgedehnterm Maße,
mit mehr Facilität als bey Statuirung der directen
Consumtion verfahren wäre (9).

§ 45.

Noch bemerke man folgende Modificationen und
Ergänzungen der aufgestellten Regeln:

Ganz besonders, ja ausschließlich auf die positive
Function der Exc. r. i. bezieht sich der Satz, daß
dieselbe activ und passiv auf den Singular-Successor
übergehe (1).

(8) s. S. 342. f.

(9) Vgl. L. 16. Ratam rem
haberi. (§ 45. Note 2. cit.)

(1) Derselbe Satz galt auch
für andere Exceptionen, z. B.

die Exc. pacti, iurisiurandi.
Vgl. L. 17. § 5. De pactis.
L. 14. § 3. Comm. diuid.
L. 8. De iureiur. L. 156.
§ 3. De R. I.

Anwendungen dieser Regel finden sich in folgen=
den Stellen:

Für die Succession durch Kauf:

L. 9. § 2. h. t. (*Ulp.*)

„Iulianus scribit, exceptionem rei iudicatæ
„a persona auctoris ad emptorem transire
„solere (2), retro autem ab emptore ad
„auctorem reuerti non debere. Quare si
„hereditariam rem uendideris, ego eandem
„ab emptore petiero et uicero; petenti tibi
„non opponam exceptionem „*At si ea res*
„„*iudicata non sit inter me et eum cui*
„„*uendidisti.*"" L. 10. eod. (*Iulian.*) Item
„si uictus fuero, tu aduersus me exceptio-
„nem non habebis."

L. 11. § 3. eod. (*Ulp.*)

„Item Iulianus scribit: Cum ego et tu he-
„redes Titio extitissemus, si tu partem
„fundi, quem totum hereditarium dicebas,
„a Sempronio petieris et uictus fueris, mox

---

(2) Man sehe auch L. 16.
§ 1. Ratam rem haberi. *Pom-*
pon.) „Si procurator fundum
„petisset, et cauisset, uti ad-
„solet, ratam rem dominum
„habiturum, deinde dominus
„postea eundem fundum uen-
„didisset, eumque emptor pe-
„teret, stipulationem ratàm
„rem haberi committi, Iulia-
„nus scribit."

„eandem partem a Sempronio emero, agenti
„tibi mecum familiæ herciscundæ exceptio
„obstabit, quia res iudicata sit inter te et
„uenditorem meum: nam etsi ante eandem
„partem petissem, et agerem familiæ herci-
„scundæ, obstaret exceptio „*Quod res iudi-*
„„*cata sit inter me et te.*"

Merkwürdige Parallel-Stelle hiezu ist L. 25.
§ 8. Famil. hercisc. (*Paul.*)

„Idem (scil. Pomponius): Cum ego et tu
„heredes Titio extitissemus, si tu partem
„fundi, quem totum hereditarium dicebas (3),
„a Sempronio petieris et uictus fueris, mox
„eandem partem a Sempronio emero; et
„traditus mihi fuerit, agente te familiæ her-
„ciscundæ iudicio non uenit non solum hoc,
„quod pro herede possidetur, sed nec id,
„quod pro emptore (4). Cum enim per iu-

(3) Man hat sonderbarer Weise gefragt, warum er denn bloß einen Theil vindicirt habe, wenn doch das ganze Grund- stück der Erbschaft gehören sollte! Eben deßwegen vin- dicirte er natürlich denselben Theil an dem Grundstück, den er sich an der Erbschaft zuschrieb.

(4) Diese s. g. Hysterologie ist allgemein beachtet und viel besprochen worden. *Ant. Fa- ber* (in Rational. ad Pand.) ad h. L. will ohne weiteres den Text ändern. Das Beste findet sich bey *P. Faber* Se- mestrium Lib. I. c. 23., wel- cher nicht, wie *Ant. Faber*

„dicem priorem apparuit, totam (5) non
„esse hereditatis, quemadmodum in familiæ
„herciscundæ iudicium ueniat?" (6)

und *Schulting* unrichtig ange=
ben, zu emendiren, sondern
vielmehr zu erklären bemüht ist.

(5) Diese Lesart der Flor.
HS. bedarf wohl gewiß einer
Aenderung. *Halounder* liest
totam rem, und *Hoffmann*
(Meletemata ad Pandectas
Lib. X. § 4.) sucht diese Lese=
art mit einer kleinen Versetzung
aus einer Gemination abzu=
leiten, indem er so emendirt:
... *priorem rem* apparuit to=
tam non esse u. s. f. Die
natürlichste und einfachste
Emendation scheint mir *totum*
statt *totam* zu seyn, und es
ist sehr auffallend, daß in der
Gebauer'schen Ausgabe je=
nes gar nicht als Variante
angeführt wird, während es
fast die allgemeine Lesart der
alten Drucke (vielleicht auch
der HSS.) seyn möchte. Sie
findet sich z. B. in meiner
Pandekten=Handschrift und in
folgenden Ausgaben: Dig. uct.
s. l. et a. (Schrader civil.

Abhandl. S. 367. N°. 14.).
Venetiis (Iac. Galici Rub.
fam.) 1477. ibid. (Ioh. Herbort de Siligenstat) 1482. ibid.
(de Tortis) 1492. Nurenbergæ
(Koburger) 1482. Lugduni
(Fr. Fradin) 1510. und 1511.
Parisiis (Chevallon) 1527. und
ib. (Rob. Stephan.) eod.

(6) Der Sinn dieses End=
satzes ist einfach der: Da durch
das frühere Urtheil ausgespro=
chen wurde, daß das Grund=
stück als Ganzes nicht zur
Erbschaft gehöre, so kann auch
nicht mit der Actio familiæ
herciscundæ Theilung dessel=
selben gefordert werden. —
Aber auch die vorher gehende
Entscheidung selbst kann nicht
den mindesten Anstoß geben,
wenn man nur bedenkt: a) Daß
nur dasjenige in das Iudicium
familiæ herciscundæ gehört,
was ein Erbe von Erbschafts=
wegen, nicht aber was er aus
einem andern Titel besitzt. s.
z. B. § 7. d. L. 25. — b) Daß,

Ferner § 9. d. L. L. 11.

„Si egero cum uicino aquæ pluuiæ arcendæ,
„deinde alteruter nostrum prædium uendi-
„derit, et emptor agat, uel cum eo agatur,
„hæc exceptio nocet: sed de eo opere,
„quod iam erat factum, cum iudicium acci-
„peretur. "

Sodann in Beziehung auf den Pfandgläubiger, welcher in dieser Rücksicht sehr natürlich dem Singular-Successor gleich gestellt wird, weil er, so wie dieser vom Auctor, sein Recht vom Verpfänder ableitet:

§ 10. d. L. 11.

„Item si rem, quam a te petierat, Titius
„pignori Seio dederit, deinde Seius pigno-
„ratitia aduersus te utatur, distinguendum
„erit, quando pignori dedit Titius: Et si-

wenn der eine Miterbe seinen Antheil an einer Erbschafts= sache veräußert, dadurch auch der Theil des andern aus der Erbgemeinschaft heraus geht, und der Actio fam. herc. ent= zogen wird. L. 54. Fam. her- cisc. — c) Daß wir aus L. 29. § 1. De statuliberis als Ansicht gerade desselben *Pomponius* erfahren, es sey ein durch richterliches Urtheil jemanden abgesprochener Antheil einem von demselben veräußerten gleich zu halten. — Vgl. auch *Cuiacii* Recitation sol. in lib. 23. Pauli ad Edictum (in Opp. T. VII. p. 524. und T. V. p. 341.) *Pothier* Pand. Iustin. h. t. § 27. et in not. ib.

„quidem ante quam peteret, non oportet
„ei nocere exceptionem; nam et ille petere
„debuit, et ego saluam habere debeo pi-
„gnoratitiam actionem. Sed si postea quam
„petit, pignori dedit, magis est, ut noceat
„exceptio rei iudicatæ.“

L. 29. § 1. eod. (*Papin.* lib. 11. Resp.)

„Si debitor de dominio rei, quam pignori
„dedit, non admonito creditore causam ege-
„rit, et contrariam sententiam acceperit:
„creditor in locum uicti successisse non
„uidebitur, cum pignoris conuentio senten-
„tiam præcesserit.“

L. 3. § 1. De pignoribus. (*Papin.* lib. 20.
Quæst.)

„Per iniuriam uictus apud iudicem rem,
„quam petierat, postea pignori obligauit:
„non plus habere creditor potest, quam
„habet qui pignus dedit. Ergo summouebi-
„tur rei iudicatæ exceptione, tametsi maxime
„nullam propriam, qui uicit, actionem exer-
„cere possit: non enim quid ille non ha-
„buit, sed quid in ea re, quæ pignori data
„est, debitor habuerit, considerandum est.“

Daß aber endlich die angegebene Regel auf Sin‹
gular‹Successoren jeder Art geht, zeigt L. 28. h. t.
(*Papin.* lib. 27. Quæst.)

> „Exceptio rei iudicatæ nocebit ei, qui in
> „dominium successit eius, qui iudicio ex‹
> „pertus est.“

Noch eine anderweitige Ausdehnung der subjecti‹
ven Beziehung der Exc. r. i. enthält L. pen. De re
iudicata, eine vielbesprochene Stelle, welche in ver‹
schiedenen Beziehungen Schwierigkeit erregt und An‹
stoß gegeben hat, und die wir daher etwas genauer
betrachten müssen (7). Sie ist aus *Macer* (8) lib. 2.
Appellationum geschöpft, und lautet nach der Flo‹
rentina so:

> „Sæpe constitutum est, res inter alios iu‹
> „dicatas aliis non præiudicare. Quod tamen
> „quandam distinctionem habet; nam senten‹
> „tia inter alios dicta aliis (9) quibusdam
> „etiam scientibus (10) obest (11), quibus‹

---

(7) Die ganze Stelle wird
ex professo interpretirt von
Donellus in Comm. ad Tit.
De re iudicata (in Opp. T. XI.
p. 367. sqq.)

(8) Hal. et Vulg.: *Marcellus.*

(9) *Hal.:* alias.

(10) In der Gloffe wird

als Variante *consentientibus*
angeführt und durch ein sub‹
intelligirtes *tacite* erklärt.

(11) *Hal.:* non obest. —
Diese Lesart, welche wahr‹
scheinlich auch die Autorität
von Handschriften für sich hat,
— wenigstens findet sie sich

„dam uero, etiamsi contra ipsos iudicatum
„sit, nihil nocet.   Nam scientibus nihil

in den Ausgaben von Nürn=
berg (Koburger) 1483. und
Rom (Vitus Puecher) 1476.
u. d. m. — wird von *Cuiacius* (Obss. XI. 25.) mit
ausdrücklicher Berufung auf
die „*Norici Pandectæ*" ange=
nommen. Er erklärt dann die
ganze Construction dieser Pe=
riode als einen ὑπερβιβασμός,
eine *traductio uerborum*, indem
der zu erwartende Gegensatz
(nähmlich „scientibus senten-
„tia inter alios dicta obest")
weggelassen (übersprungen)
sey. Alles dieß, meint *Cuiacius*, wenn man nicht die fol=
genden Worte lieber so emen=
diren wolle: „etiamsi contra
„ipsos iudicatum *nihil sit,*
„*nocet.*" Oder noch wohlfei=
ler lasse sich zur Noth derselbe
Sinn ohne wörtliche Verände=
rung heraus bringen, — wenn
man nur das Comma h i n t e r
nihil setze. Die meisten An=
dern verwerfen dagegen die
Leseart *non* obest, so wie da=
von auch die G l o s s e nichts

weiß. So *Iauch* De negationibus u. s. w. pp. 82. 181. 224.
Ferner *Desid. Heraldus* de rer.
iudic. auctor. in *Otton.* Thes.
T. II. p. 1080. Dieser äußert
sich über den ganzen einleiten=
den Satz unserer Stelle so:
„Hoc aiebat Macer, quando-
„que accidere, ut sententia
„inter alios dicta et aliis no-
„ceat, nempe si sciant, rem
„inter alios agi et iudicari,
„nec tamen id esse perpetuum,
„cum aliquando etiam scien-
„tibus nihil noceat. Quare
„scriptum fuisse existimo:
„*nam sententia contra alios*
„*dicta quibusdam, etiamsi*
„*contra ipsos nihil sit iudica-*
„*tum, scientibus obest, aliis*
„*uero etiam scientibus nihil*
„*nocet.*" — Was man auch
von dieser Conjectur als solcher
halten mag, so ist doch der
wahre ursprüngliche Sinn der
Stelle gewiß richtig getroffen.
Man vergleiche endlich auch
Merillii Variantium ex Cuia=
cio L. III. c. 34. (Neapoli

„præiudicat, ueluti si ex duobus heredibus
„debitoris alter condemnatur; nam alteri
„integra defensio est, etiamsi cum herede (12)
„suo agi scierit. Item si ex duobus peti-
„toribus (13) alter uictus acquieuerit,

1720. 4. p. 357. und in *Cuia-*
cii Opp. Tom. III. p. 900.),
wo die Florentinische Leseart
des ganzen Satzes völlig beybehalten, und ebenso wie in der
Glosse erklärt wird. Diese
bezieht nähmlich auf die Worte
„quibusdam uero etiamsi "
u. f. f. die zwey zunächst folgenden Beyspiele, und bemerkt
zu dem contra ipsos iudicatum sit: „*non diresto, sed*
„*per consequentiam.*" Damit
stimmt wesentlich auch *Donel-*
lus l. c. überein, welcher den
Florentinischen Text ebenfalls
beybehält, und nur die Inter-
punction so verändert: „aliis
„quibusdam etiam, scientibus
„obest," — „ut sit sensus,
sagt er, sententiam inter alios
„dictam non tantum his no-
„cere, inter quos dicta est,
„sed aliis etiam quibusdam,
„dummodo scientibus. Et

„hoc membrum est, quod
„prius positum exequitur
„posterius. "

(12) Obgleich hier die Gebauer'sche Ausgabe nicht ein
Mahl eine Variante bemerkt,
so ist doch wohl der Leseart
coherede, die sich wenigstens
bey *Haloander* und in meiner
HS. findet, unbedingt der
Vorzug zu geben.

(13) Der Jurist kann hier
drey verschiedene Fälle im Auge
gehabt haben, für welche alle
das Gesagte gleich richtig ist.
Nähmlich a) das Umgekehrte
des unmittelbar vorher gehenden, so daß von mehrern Erben der eine mit einer Erb-
schaftsklage, die er pro rata
anstellte, abgewiesen worden
wäre. — b) Daß von mehrern
prätendirten Theilhabern an
einem Rechte (z. B. Eigenthum,
Erbrecht u. dgl.) der eine um

„alterius petitioni non præiudicatur, idque
„ita rescriptum est.   Scientibus sententia,
„quæ inter alios data (14) est, obest, cum
„quis de ea re , cuius actio uel defensio
„primum sibi competit, sequenti (15) agere
„patiatur; ueluti si creditor experiri pas-
„sus sit debitorem (16) de proprietate pi-

feine Rata als Kläger abgewiefen wurde, weil der Judex fich
überzeugte, daß das ftreitige
Recht dem Beklagten in solidum zuftehe, oder daß der ge-
meinfame Klagegrund (z. B.
etwa die Stipulatio eines Seruus communis) nicht richtig
fey. — c) Endlich könnte auch
der Fall, welcher am Ende der
ganzen Stelle angeführt wird,
gemeint feyn. — Die Gloffe
nimmt das erfte an, und fchließt
nur die Suppofition mehrerer
Correi credendi — allerdings
ganz richtig — aus. Auf jeden Fall ift übrigens die von
Des. Heraldus a. a. O. vorge-
fchlagene Veränderung von
petitoribus in *partitoribus* (d. h.
Miteigenthümer) eben fo
unnöthig als willführlich. —
Zuletzt bemerkt *Hug. Grotius*

(Florum sparsio ad Ius Iusti-
nianeum, Amsterdami 1643.
12.) sub h. L. : „ Vox *petitoris*
„hic κατὰ δύναμιν, non κατ'
„ἐνέργειαν intelligenda, ut si-
„gnificet eos, quibus petendi
„ius erat.“

(14) *Hal.* dicta.

(15) *Hal.* et *Vulg.*: *sequen-
tem*, was ohne Zweifel das
richtige ift.

(16) al. *debitor e. p. s. creditorem.* So z. B. die beyden
in Note 11. angeführten Drucke.
Haloander lief't: *creditorem*
e. p. s. debitor. Meine HS.
ftimmt mit der Florentina überein. Diefe wird auch durch
die Bafilken fehr beftimmt
unterftützt, und von *Cuiacius*
l. c. und in Not. ad h. L.
(in Opp. T. X. pp. 486. und
1183.), fo wie auch von *Do-*

„gnoris, aut maritus socerum uel uxorem de
„proprietate rei in dote (17) acceptæ, aut
„possessor uenditorem de proprietate rei
„emptæ. Et hæc ita ex multis constitutio-
„nibus intelligenda sunt. Cur autem his
„quidem scientia nocet, superioribus uero
„non nocet? Illa ratio est, quod qui scit
„coheredem suum agere (18), prohibere
„eum, quo minus, uti uelit, propria
„actione uel defensione utatur, non potest;
„is uero, qui priorem dominum defendere
„causam patitur, ideo propter scientiam
„præscriptione rei quamuis inter alios iudi-
„catæ summouetur, quia ex uoluntate eius
„de iure, quod ex persona agentis habuit,
„iudicatum est. Nam et si libertus meus,
„me interueniente, seruus uel libertus al-
„terius iudicetur, mihi præiudicatur. Di-
„uersa causa est, si fundum a te Titius
„petierit, quem ego quoque, sed non ex
„persona Titii, ad me pertinere dico: nam

nellus und *Desid. Heraldus* citirt, die andere Leseart aber
ll. cc. vertheidigt. Uebrigens als die gangbare behandelt.
kennt schon die Gloffe diese
Varianten, und es wird darin (17) al. in *dotem.*
ausdrücklich die *Littera Pisana* (18) al. agere *uel conueniri.*

„quamuis contra Titium, me sciente, iudi-
„catum sit, nullum præiudicium patior; quia
„neque ex eo iure, quo Titius uictus est,
„uindico, neque potui Titio intercedere (19),
„quominus iure suo utatur (20), sicuti et
„de coherede supra diximus.“

Die ganze Stelle geht von dem einfachen Grund=
satze aus, welchen auch wir an die Spitze gestellt
haben, nähmlich daß das rechtskräftige Urtheil nur
die Litiganten, nicht aber dritte Personen berühren
und binden könne, und wir erfahren auch, daß die
Römer diese Regel nicht allein aus der Natur der
Sache ableiteten, sondern daß dieselbe sowohl in ih=
rer Allgemeinheit als auch in einzelnen Anwendungen
durch kaiserliche Rescripte noch ausdrücklich sanctio=
nirt war (21). Der eigentliche Zweck und der
Hauptinhalt der ganzen Stelle besteht nun aber darin,
daß gewisse nähere Bestimmungen und Modificationen
beygebracht, und mit Rücksicht hierauf verschiedene
einzelne Fälle mit einander verglichen und in Gegen=
satz gestellt werden, — in dem Sinne, daß in den
einen die Regel strenge angewandt, für die andern
dagegen eine Art Ausnahme statuirt wird. In wel=

(19) al. *interdicere.*
(20) Hal. *utererur.*
(21) Vgl. die oben ange=
führten L. 2. L. 6. C. Quib.
res ind. p. no.

cher Art und Form der Jurist diesen Gegensatz im
Allgemeinen ausgedrückt und eingeleitet habe,
darüber waltet großer Zweifel, und ich getraue mir
nicht, dießfalls eine bestimmte Entscheidung auszusprechen, indem jede der auf äußere Autorität ge-
stützten Lesearten bedeutende innere Gründe gegen
sich, keine der verschiedenen Conjecturen aber hinreichende oder überhaupt nur irgend welche äußere
Gründe für sich zu haben scheint.

Allein diese Ungewißheit hat darum nicht viel auf
sich, da aus dem nachfolgenden Detail der Sinn der
Stelle im Ganzen und die darin enthaltene Idee des
Juristen mit vollkommener Sicherheit hervor geht.

Es wird eine Anzahl von Fällen aufgezählt,
welche alle das mit einander gemein haben, daß ein
zwischen zwey Litiganten ausgefälltes Urtheil zugleich
eine Entscheidung über das Recht eines Dritten nothwendig zu involviren scheint.   So z. B. wenn ein
Erbe wegen einer Erbschaftsschuld vom Creditor um
seine Rata belangt und condemnirt wird, so folgt
daraus, daß auch der Miterbe seine Rata schuldig
sey; ebenso wenn A den B mit der R. V. belangt,
und vom Richter als Eigenthümer anerkannt wird,
so scheint in diesem Urtheil zu liegen, daß auch eine
von B früher vorgenommene Veräußerung oder Ver-

pfändung an C diesem kein Eigenthum oder kein Pfandrecht habe verschaffen können u. s. f.

Allein es ist schon oben, wo wir auf dergleichen Fälle aufmerksam machten, gezeigt worden, und unsere Stelle bestätigt es auf's bestimmteste, daß dieses Verhältniß für sich allein nach Römischer Ansicht durchaus nicht die Folge hat, daß durch das ausgefällte Urtheil auch der Dritte, welcher den frühern Proceß nicht führte, gebunden würde. Wie aber wenn nun noch der Umstand hinzu käme, daß dieser Dritte von dem schwebenden Processe, dessen Gegenstand ihn so nahe berührte, und dessen Entscheidung nothwendig auch die Ansicht des Richters über sein eigenes Recht aussprechen mußte, gar wohl unterrichtet war, und dennoch stille schwieg, und die eigentlichen Parteyen den Streit ohne seine Mitwirkung ausfechten ließ? Liegt nicht in diesem Benehmen eine Art von Anerkennung der fremden Proceß-Führung? oder ist es nicht wenigstens eine Unredlichkeit, ein wahrer *dolus*, wenn er nun in einem spätern Rechtsstreit die richterliche Untersuchung wieder von vorne anfangen lassen will, bloß aus dem Grunde, weil er an dem frühern Proceß nicht Theil genommen habe?

Auch diese Frage bejaht unsere Stelle gar nicht unbedingt, sondern es wird die sehr natürliche Unterscheidung gemacht: Entweder besteht zwischen dem

Litiganten, zu deſſen Nachtheil das Urtheil ausgefallen iſt, und dem Dritten ein Verhältniß, welches
dieſen zur directen Theilnahme am Proceſſe berechtigt und veranlaßt hätte; oder die beyden Parteyen
ſind mit ihren in Frage ſtehenden Rechtsverhältniſſen
ganz unabhängig von einander, ſo daß keiner ſich in die
dießfälligen Proceſſe des Andern zu miſchen befugt
iſt. Im erſtern Falle ſoll die Exc. r. i. auch dem
Dritten, welcher die Theilnahme am Proceß wiſſent-
lich unterlaſſen hat, eben ſo gut entgegen ſtehen,
wie wenn er denſelben wirklich führen geholfen hätte;
im letztern Falle dagegen ſoll ihm die Verfechtung
ſeines Rechtes durch das zwiſchen andern Litiganten
ausgefällte Urtheil auf keine Weiſe benommen oder
eingeſchränkt werden. Jenes nun findet nach unſerer
Stelle nahmentlich dann immer Statt, wenn der
Dritte von dem einen Litiganten ſein fragliches Recht
wirklich ableitet, zu dieſem mithin als zu ſeinem Auctor ſich verhält (22). So ſteht der Käufer einer
Sache zu ſeinem Verkäufer (23), ſo der Ehmann zu

(22) Ebenſo hat auch ſehr
natürlich der Patron, wenn es
ſich um die Perſonal-Verhält-
niſſe ſeines Libertus handelt,
das Recht der Intervention.

(23) Vgl. auch L. 4. §§ 2—
4. De appellationibus. (*Macer*)

„Alio condemnato is, cuius
„interest, appellare potest,
„qualis est . . . § 3. Item
„si emptor de proprietate
„uictus est, auctor eius ap-
„pellare poterit. Aut si au-
„ctor egit et uictus sit, non

feiner Frau oder feinem Schwiegervater, welche ihm
eine Sache in dotem gegeben, fo der Gläubiger zu
feinem Schuldner, der ihm daran ein Pfandrecht be=
ftellt hat (24). Läßt daher ein folcher feinen Auctor
den Streit über das Eigenthum an der fraglichen
Sache wiffentlich ausfechten (25), ohne daran Theil

„est deneganda emptori ap=
„pellandi facultas: quid enim
„si uenditor, qui appellare
„noluit, idoneus non est?
„Quinetiam si auctor appel=
„lauerit, deinde in causæ de=
„fensione suspectus uisus sit,
„perinde defensio causæ em=
„ptori committenda est, at=
„que si ipse appellasset. § 4.
„Idque ita constitutum est
„in persona creditoris, cum
„debitor uictus appellasset,
„nec ex fide causam defen=
„deret. Quæ constitutio ita
„accipienda est, si interue=
„niente creditore debitor de
„pignore uictus prouocauerit:
„nam absenti creditori nullum
„præiudicium debitor facit,
„idque statutum est.“

(24) Betrachtet man das
Verhältniß zwifchen Creditor
und Debitor nur eben unter

diefem in unferer Stelle offen=
bar vorherrfchenden Gefichts=
punkt, fo kann gewiß die Rich=
tigkeit der Florentinifchen Lefe=
art keinem Zweifel unterliegen,
und man hätte fich an den
Worten *cuius actio uel defensio primum sibi competit* u. f. f.
überhaupt gar nicht ftoßen fol=
len. Zum Ueberfluß aber ver=
gegenwärtige man fich auch
noch die beyden Möglichkeiten
einer Fiducia und eines Fauft=
pfandes, wo dann im erftern
Fall eine wahre Singular=
Succeffion vorliegt, im letztern
aber der Creditor als Befitzer
wenigftens der nächfte Beklagte
wäre.

(25) Daß ein Verkäufer u.
dgl. fich auch nach vollzogener
Veräußerung von einem Drit=
ten mit der Rei uindicatio be=
langen läßt, d. h. die Sache

zu nehmen, so soll auch ihm nachher die Exc. r. i. opponirt werden dürfen.

Das Gegentheil wird angenommen und völlige Unabhängigkeit der Rechtsverhältniffe und ihrer Ver-

für den Käufer defendirt, hat an sich wohl gar nichts auffallendes. Dagegen könnte man fragen, wie es möglich sey, was doch unsere Stelle voraus zu setzen scheint, daß der Verkäufer nach der Veräußerung gegen einen Dritten selbst ex sua persona als Kläger die R. V. anstelle, da er doch aufgehört habe Eigenthümer zu seyn. — In dieser Beziehung erinnere ich einerseits an den Fall, wo eine Res mancipi auf unförmliche Weise übertragen wurde (was gewiß überhaupt nicht selten, nahmentlich aber bey den res in dotem datæ besonders häufig vorkam), wovon bekanntlich die Folge war, daß der Eine quiritarischer Eigenthümer blieb, der Andere das in bonis erwarb. Anderseits bemerke man: Der Fall, wo der mit der R. V. Belangte den Kläger bloß aus dem Grunde abweisen wollte, daß

er an einen Andern die Sache veräußert, so'glich auf diesen das Eigenthum übertragen und selbst aufgehört habe Eigenthümer zu seyn, ist gewiß, so wie überhaupt in Praxi nicht der gewöhnliche, so besonders auch in unserer Stelle der, welchen der Jurist am allerwenigsten im Auge hatte, und in welchem wohl von einer nachher eben diesem Käufer zu opponirenden Exc. r. i. am wenigsten die Rede seyn könnte. Für den gewöhnlichen Fall aber, wo der Beklagte überhaupt das Eigenthum des Klägers läugnete, und es, was am häufigsten vorkommt, sich selbst zuschreibt, oder einen vom Kläger ganz unabhängigen Dritten für den Eigenthümer ausgibt, ist der Umstand der vom Kläger geschehenen Veräußerung überall gleichgültig.

fechtung statuirt zwischen mehrern Miterben (26) und
zwischen verschiedenen Eigenthums = Prätendenten,
welche ihr Eigenthum nicht einer von dem andern
ableiten, und es soll daher keinem von ihnen präju=
diciren können, wenn der andere einem Dritten ge=
genüber verfällt oder abgewiesen wurde.

Endlich versteht es sich wohl nach Allem von selbst,
daß unsere Stelle mit der oben bemerkten Regel,
wonach die Exc. r. i. activ und passiv auf den Sin=
gular = Successor übergeht, durchaus nicht in Colli=
sion kommt, indem der Jurist ausdrücklich die Ver=
äußerung als beyden Processen voran gehend suppo=
nirt (27), jene Regel aber und die sie enthaltenden
Stellen sich auf den Fall beziehen, wo die Veräuße=
rung erst nach dem ersten Urtheil geschehen war.

So viel von der L. pen. cit. — Daß nun aber in
dieser sowohl, als in allen vorher in diesem §
angeführten Hauptstellen von der Exc. r. i. in

---

(26) L. 5. pr. De appellationibus. (*Marcian.*) „A sen-
„tentia inter alios dicta ap-
„pellari non potest nisi ex
„iusta causa, neluti si quis
„in coheredum præiudicium
„se condemnari patitur, uel
„similem huic causam; *quam-*
„*uis et sine appellatione tutus*

„*est coheres.*" Vgl. die oben
(S. 357. ff.) angeführten Stellen.

(27) So muß auch ganz in
dem Sinne, wie unsere L. pen.
von dem Verhältniß zwischen
Pfandgläubiger und Pfand=
schuldner spricht, die L. 5. C.
De pign. et hypoth. verstan=
den werden.

ihrer positiven Function die Rede ist, leidet wohl
keinen Zweifel. Denn schon im Allgemeinen will hier
die Idee der Consumtion nicht recht passen; dann
aber ist auch noch zu bemerken, daß überhaupt der
Satz, *res inter alios iudicatas aliis non præiudicare*, mit welchem d. L. pen. anfängt, immer
ziemlich bestimmt auf die positive Function der
Exc. r. i. hinweist, und ebenso ganz besonders der
Umstand, daß in den meisten der angeführten Stellen ausdrücklich ein dem Beklagten günstiges Urtheil
als Resultat des ersten Processes, somit der positive
Inhalt des Urtheils als Grund der Exc. r. i., voraus gesetzt wird. Ferner handeln die Stellen, mit
Ausnahme von d. L. 11. § 9. (28) alle von Actiones
in rem, bey denen die positive Function der Exc. r.
i. recht eigentlich ihren Sitz hat. Endlich ist einer
der verschiedenen in d. L. pen. unter dem gleichen
Gesichtspunkt behandelten Fälle der Art, daß dabey
von der Consumtion durch Proceß nie die Rede seyn
kann, weil die Klage eine Actio præiudicialis ist (29),
also keine Condemnatio hat (30), so daß die Exc. r. i. hier

---

(28) Diese spricht von der
Actio aquæ pluuiæ arcendæ,
welche ebenfalls wenigstens
theilweise auf Eigenthumsver=
hältnissen beruht.

(29) Man sehe die Worte:
„Nam et si libertus meus"
rel.

(30) *Gai.* Comm. IV. § 44.

gar nicht anders als in ihrer positiven Function denkbar ist.

Zuletzt findet sich in L. 11. § 8. h. t. (31) der
Satz, daß, wenn jemand eine Eigenthumsklage gegen einen Filiusfamilias angestellt habe, nachher auch
der Vater, wenn sie gegen ihn angestellt wird, die
Exc. r. i. habe; was ohne Zweifel ebenfalls auf die
Exc. r. i. in ihrer positiven Function geht, und ein
dem Sohne günstiges Urtheil voraus setzt. Denn von
Consumtion kann wohl auch hier nicht die Rede seyn,
da die beyden Vindicationen ganz verschiedene Klagen
sind, und nahmentlich gegen den Vater die Rei uindicatio niemahls *ex persona filii* angestellt werden
kann, auch gewiß niemand daran dächte, dem Vater die Exc. r. i. zuzuschreiben, wenn im ersten Proceß der Kläger gewonnen hätte. Es scheint also
hier ein wahrer Erwerb der Vortheile, welche der
materielle Inhalt des Urtheils gewährt, und der
Exc. r. i. in der hierauf bezüglichen Bedeutung,
durch den Sohn, gemeint zu seyn, wie dieß bey den
Excc. iurisiurandi, pacti (32) u. a. m. Statt findet.

---

(31) „Si quis hominem a
„filiofamilias petierit, deinde
„eundem a patre petat, locum
„habet hæc exceptio.“

(32) L. 24. vgl. L. 23.

L. 25. De iureiur. L. 17. § ult.
LL. 18 — 20. De pactis. L. fi.
De exceptionibus. L. 2. pr.
Quar. rer. act. n. d. u. f. f.

§ 46.

Es bleibt uns jetzt noch übrig, einige wahre und vermeinte directe Ausnahmen von der Regel „Res iudicata ius facit *inter partes*" des Nähern anzugeben und zu prüfen (1).

Ganz bekannt und unbestritten ist es, daß das zwischen dem Intestat-Erben und dem Heres scriptus über das Erbrecht gefällte Urtheil (2), wenn es zum Nachtheil des letztern ausfiel, auch den Legataren und den im Testament freygelassenen Sclaven entgegen steht (3).

Man bemerke hierüber folgende Stellen:

L. 3. pr. De pignoribus. (*Papinian.*)

„Si superatus sit debitor, qui rem suam
„uindicabat, quod suam non probat (4),

---

(1) Conf. *Donellus* ad L. 2. C. De fid. instrum. und ad L. pen. D. De re iudic. (in Opp. T. VII p. 1139. T. XI. p. 376.)

(2) Man sehe über diese erste Ausnahme insbesondere *Des. Herald.* l. c. L. I. c. 2.

(3) Von selbst versteht sich natürlich, daß in diesem Fall weder der abgewiesene Testaments-Erbe noch der Intestat-Erbe mit den persönlichen Te-staments-Klagen belangt wer-den kann. Das bedeutende in dem obigen Satze ist viel-mehr das, daß der Intestat-Erbe allen denen, welche aus einem Vindications-Legat die Freyheit oder Erbschaftssachen von ihm vindiciren wollen, die Exc. r. i. opponiren kann.

(4) al. *probaret.* — *Hoffmann* Meletem. ad Pand. Lib. 20. § 1. zieht vor, per geminatio-nem zu lesen *probabat.*

„æque seruanda erit creditori actio Seruiana,
„probanti, rem in bonis eo tempore, quo
„pignus contrahebatur, illius fuisse. Sed et
„si ulctus sit debitor uindicans hereditatem,
„iudex actionis Seruianæ, neglecta de here-
„ditate dicta sententia, pignoris causam in-
„spicere debebit. Atquin aliud in legatis
„et libertatibus dictum est, cum secundum
„eum, qui legitimam hereditatem uindicabat,
„sententia dicta est. Sed creditor (5) non
„bene legatariis per omnia comparatur, cum
„legata quidem aliter ualere non possunt,
„quam si testamentum ratum esse constaret;
„enimuero fieri potest, ut et pignus recte
„sit acceptum, nec tamen ab eo bene lis
„instituta. "

L. 14. De appellationibus. (*Ulpian.*)

„Si perlusorio iudicio actum sit aduersus
„testamentum, an ius faciat iudex, uidendum.
„Et D. Pius (6), cum inter coniunctas
„personas diceretur per collusionem in
„necem legatariorum et libertatium actum,

---

(5) Wie verkehrt die von *Gothofred* vorgeschlagene Ver= wandlung des Wortes *cre- ditor* in *debitor* ist, hat schon *Schulting* in not. ad h. L. gezeigt.

(6) Vgl. L. 12. C. De te- stam. manum.

„appellare eis permisit. Et hodie hoc iure
„utimur, ut possint appellare; sed et agere
„causam apud ipsum iudicem, qui de testa-
„mento cognoscit, si suspicantur, non ex
„fide heredem causam agere. — § 1. Quo-
„tiens herede non respondente secundum
„aduersarium sententia datur, rescriptum
„est, nihil nocere neque legatis neque liber-
„tatibus: et hoc D. Fratrum epistola con-
„tinetur ad Domitium in hæc uerba (7):
„Quod absente possessore nec quoquam no-
„mine eius respondente pronunciatum est,
„non habet rei iudicatæ auctoritatem, nisi
„aduersus eum solum, qui adesse neglexerit:
„quare his, qui testamento libertates
„uel legata uel fideicommissa acceperunt,
„saluæ sunt actiones, si quas habuerunt,
„perinde ac si nihil esset iudicatum; et ideo
„aduersus eum, qui uicit, permittimus eis
„agere.“

L. 50. § 1. De legatis 1mo. (*Ulp.*)

„Si hereditatis iudex contra heredem pro-
„nunciauerit non agentem causam uel luso-

---

(7) Man sehe über diese Constitution: *I. O. Westembergii*
Diuus Marcus Diss. 20.

„rie agentem, nihil hoc nocebit legatariis.
„Quid ergo si per iniuriam fuerit pronun-
„ciatum, non tamen prouocauit? Iniuria ei
„facta non (8) nocebit legatariis, ut et
„Sabinus significat. Si tamen secundum
„substitutum pronunciet, an ille legatariis
„teneatur, uideamus: et cum ius facit hæc
„pronunciatio, quod attinet ad ipsius per-
„sonam, numquid legatariis teneatur? nec
„enim tam improbe causari potest, secun-
„dum se iudicatum per gratiam. Respon-
„debit igitur et legatariis, ut creditoribus.‟

(8) *Cuiacius* streicht dieß *non* mit der größten Zuversicht, obgleich ohne alle äußere kritische Autorität, weg, weil sonst, wie er glaubt, ein Widerspruch mit d. L. 3. pr. De pignoribus Statt fände. Dieß *non* hat sodann einen grimmigen Kampf zwischen *Cuiacius* und seinem Schüler *Antonius Mercator* auf der einen, und *Merillius* und *Ioannes Robertus* auf der andern Seite veranlaßt, und auch seither haben die Interpreten sich über diese Streitfrage getheilt, jedoch meistens sich gegen die Cu- jacische Emendation erklärt. Unbedeutend wird dieselbe unterstützt von *E. Leoninus*, Emendation. Lib. III. c. 13. § 2. — Ueberhaupt vergleiche man die bey *Hommel* und *Schulting* ad h. L. zahlreich citirten Schriftsteller, besonders aber *Cuiacii* Obss. II. 17. XVI. 32. Comm. in Tit. De legatis 1mo. sub h. L. (in Opp. T. VII. p. 1019.) und *Merillius, Ioh. Robertus, Ant. Mercator* in *Cuiacii* Opp. T. III. p. 881. T. X. p. 247. — Unsere Ansicht s. unten Note 12.

L. 8. § 16. De inoff. test. (*Ulp.*)

„Si ex causa de inofficioso (9) cognouerit
„iudex (10), et pronunciauerit contra te-
„stamentum, nec fuerit prouocatum, ipso
„iure rescissum est, et suus heres erit, se-
„cundum quem iudicatum est, et bonorum
„possessor, si hoc contendit; et libertates
„ipso iure non ualent, nec legata debentur,
„sed soluta repetuntur, aut ab eo qui sol-
„uit, aut ab eo qui obtinuit“ rel.

L. 17. § 1. eod. (*Paulus*).

„Cum contra testamentum ut inofficiosum
„iudicatur, testamenti factionem habuisse
„defunctus non creditur. Non idem pro-
„bandum est, si herede non respondente
„secundum præsentem iudicatum sit: hoc
„enim casu non creditur ius ex sententia

---

(9) Flor. *inofficiosi.*

(10) Der *iudex* steht hier ohne Zweifel im Gegensatz des Centumviral = Gerichts, welches bekanntlich in der Regel über die querela inofficiosi entschied. (s. Bethmann — Hollweg über die Competenz des Centumviral = Gerichts, in der Zeitschrift für gesch. R.

W. Bd. 5. SS. 368. 383. 386.) Ulpian sagt: Wenn aus besondern Gründen (*ex causa*) über eine querela inofficiosi statt der Centumuiri ein Iudex richtet, so soll sein Urtheil, wenn es in Rechtskraft er= wächst, eben so vollständig wirken wie eine Centumviral= Sentenz.

„iudicis fieri; et ideo libertates competunt,
„et legata petuntur.“

L. 6. § 1. eod. (*Ulpian.*)

„Si quis ex his personis, quæ ad successionem
„ab intestato non admittuntur, de inofficioso
„egerit (nemo enim eum repellit), et casu ob-
„tinuerit; non ei prosit uictoria, sed his, qui
„habent ab intestato successionem; nam inte-
„statum patremfamilias facit.“

L. 1. De exc. r. i. (*Ulpian.*)

„Cum res inter alios iudicatæ nullum aliis
„præiudicium faciant, ex eo testamento,
„ubi libertas data est, uel legato (11) agi
„potest: licet ruptum uel irritum aut non

---

(11) Es ist wohl kaum zu läugnen, daß diese Leseart der Florentinischen HS. verdorben sey. *Haloander* und mehrere bey *Gebauer* citirte HSS. (ebenso auch die meinige und viele alte Ausgaben) haben *legatum*, wobey, wenn man nur das Comma statt v o r *uel legatum* vielmehr h i n t e r diese Worte setzt, wenigstens eine gehörige Construction und ein erträglicher Sinn heraus kommt. Und so wird man wohl bey dieser Leseart stehen bleiben müssen, obgleich man vielleicht etwas anderes, etwa *de legato*, wünschen möchte. Dieselbe wird auch durch die Basiliken sehr bestimmt un= terstützt, in welchen unsere Stelle so lautet: „Ἐὰν ἐλευθερία ἐν „διαθήκη ἢ ληγάτον κατελείφθη, „κἂν ἡττηθῇ ὁ λεγατάριος, ὡς „τῆς διαθήκης ἀνισχύρου λεγομέ- „νης, οὐ βλάπτεται ἡ ἐλευθερία· „τὰ γὰρ μεταξὺ ἑτέρων κρινόμενα „ἄλλοις οὐ προκρίνει.“ *Meer- man* Thes. T. V. p. 81.

„iustum dicatur testamentum; nec si supe-
„ratus fuerit legatarius, præiudicium liber-
„tati fit.“

Aus diesen Stellen nun ergeben sich auch noch folgende nähere Bestimmungen des vorbemerkten Satzes:

a) Derselbe gilt nur dann, wenn der Testaments-Erbe nach ordentlich geführtem Proceß unterlag, nicht aber wenn er sich durch ein Contumaz-Urtheil oder gar durch eigentliche Collusion mit dem Gegner die Erbschaft hat absprechen lassen. In Fällen dieser letztern Art (12) brauchen Legatare und dgl. das

(12) Fragen wir ein Mahl, was sich die Römer in dieser Anwendung unter einer Collusion dachten, und wann sie die angegebene Wirkung einer solchen wirklich eintreten ließen, so gehört zwar natürlich allererst der Fall hieher, wo der heres scriptus, in Folge einer förmlichen Abrede mit dem Intestat-Erben, durch seine Art den Proceß zu führen, die Erbschaft dem letztern in die Hände spielte. Allein daß die Legatare nur in diesem Falle gegen das sie benachtheiligende Urtheil geschützt seyn sollten, wird sehr unwahrscheinlich, sobald man die Sache etwas praktisch betrachtet. Da fällt es nähmlich in die Augen, Ein Mahl daß zwischen dem angegebenen Fall auf der einen, und einer ernsthaften, ordentlichen Proceß-Führung des Testaments-Erben auf der andern Seite, sehr vieles in der Mitte liegt; und zweytens, daß, wenn auch jenes Extrem in der Wahrheit nicht entschieden seltener seyn sollte, doch der Beweis desselben, nahmentlich der dolosen Verabredung, fast immer den Le-

Urtheil nicht gegen sich gelten zu lassen, und sie haben überdieß auch das Recht, selbst zu appelliren

gataren unmöglich fallen wird. Dagegen gibt es gewisse Handlungen, welche nach der täglichen Erfahrung in der Regel niemand, der einen Proceß ernstlich führt, begehen oder unterlassen wird; so daß, wenn im einzelnen Fall der Testaments-Erbe sich anders benommen hat, daraus mit bedeutender Sicherheit ein Schluß auf wirklich Statt gehabte Collusion oder doch auf entschieden nachlässige Proceß-Führung gezogen werden kann. Gewiß dürfte es nun nicht im Mindesten befremden, wenn in einem Fall dieser Art Römische Juristen diesen Schluß wirklich zuließen, d. h. die Nachweisung eines solchen Benehmens des Testaments-Erben für hinreichend erklärten, um ungeachtet des gegen ihn ausgefällten Urtheils den Legataren die Vertheidigung ihrer Rechte offen zu lassen. Wie nun in folgendem Beyspiel? Ein Testaments-Erbe verliert

den Proceß gegen den heres legitimus durch ein entschieden und erweislich ungerechtes Urtheil des Unterrichters. Er unterläßt die Appellation, und das Urtheil erwächst in Rechtskraft. Soll dasselbe die Legatare binden? Für die Verneinung dieser Frage spricht die alltägliche Beobachtung, daß, wer einen bedeutenden Proceß (wie Erbstreite gewöhnlich sind) mit Unrecht verliert, in der Regel die ihm offen stehende Appellation zu gebrauchen nicht unterläßt, wenn es ihm anders um die Vertheidigung seines Erbrechts im Ernste zu thun ist. So entscheidet denn auch Ulpian mit Berufung auf Sabinus in d. L. 50. De legatis 1.mo., es solle in jenem Falle das Urtheil den Legataren nicht entgegen stehen, indem er denselben gleichsam als ein Beyspiel des *non agere uel lusorie agere* (welcher letztere Begriff offenbar viel weiter als der einer eigentlichen Col-

oder ſchon an der erſt-inſtanzlichen Verhandlung Theil zu nehmen (13).

b) Nur das gegen den Teſtaments-Erben ſelbſt gefällte Urtheil hat jene ausgedehnte Wirkung; dagegen findet die Exc. r. i. gegen einen im Teſtament Bedachten nicht Statt, wenn bloß ein anderer Legatar u. dgl. darum abgewieſen wurde, weil der Judex das Teſtament für kraftlos hielt. d. L. 1.

luſion iſt) behandelt, und durch die Art, wie er ihn mit dem vorigen verbindet (die Worte *Quid ergo*) ſelbſt äußerlich als ſolches bezeichnet. — So verſtanden ſcheint mir die angeführte L. 50. nicht nur keine Schwierigkeit zu haben, ſondern ich würde ſogar den Vorwurf beſorgen, dieſe ganze Note recht überflüſſig geſchrieben zu haben, wenn nicht alle mir bekannten Ausleger der L. 50. cit. (ſ. oben S. 385. Note 8.) den richtigen Geſichtspunkt ſo ſehr verfehlt hätten, daß ſie nur entweder durch gewaltſame Emendation oder durch künſtliche Conciliationen einen Widerſpruch zwiſchen dieſer Stelle und der oben angeführten L. 3. pr. De pignoribus heben zu

können glaubten. Das Abgeſchmakteſte hat *Iac. Constantinæus* (Subtilium enodationum Lib. II. c. 13. in *Otton.* Thes. T. IV. p. 577.) ausgeſonnen, nähmlich das Urtheil gegen den Teſtaments-Erben binde überhaupt die Legatare u. dgl. nur wenn es r i c h t i g, nicht aber wenn es u n g e r e c h t ſey.

(13) In Beziehung auf die Frage, ob der Nichtgebrauch der beyden letztern Befugniſſe dieſen Perſonen den erſtgenannten Vortheil entziehe, möchte wohl, wie oben in den Fällen der L. pen. De re iudicata die *scientia* von Bedeutung ſeyn. Doch finden wir hierüber nirgends directen Aufſchluß.

c) Die besondere Natur der Querela inofficiosi testamenti und des sie gutheißenden Urtheils bringt es mit sich, daß, wenn gerade auf diesem Wege dem Heres scriptus sein Erbrecht abgesprochen wurde, dadurch die Vermächtnisse und Freylassungen *ipso iure* entkräftet und gerade so betrachtet werden, als wenn nie ein Testament existirt hätte.

d) Ganz von selbst versteht es sich endlich, und wird von den Römischen Juristen eben deßwegen kaum besonders ausgesprochen, daß auch die Frage, an wen sich die Erbschafts-Creditoren als an ihren Schuldner zu halten haben, nach dem Urtheil über das Erbrecht sich entscheidet (14).

(14) Nur ganz beyläufig berührt dieß Ulpian in d. L. 50. in fi. De legatis 1mo. — Uebrigens begreift man kaum, wie auch hier wieder *Cuiacius* (S. 385. Note 8. cit.) und Andere in den größten Aengsten vor einem Widerspruch mit d. L. 3. pr. De pignoribus (wo handgreiflich nicht von den persönlichen Forderungen, sondern von den Pfandrechten der Creditoren die Rede ist) seyn können, und daher jene Worte durchaus auf den speciellen Fall, von welchem sie lauten, beschränken zu müssen glauben. — Wer über die Sache selbst noch einen Zweifel hätte, vergleiche auch L. 15. § 2. De inoff. test., wo Papinian sagt: „Filius, qui inofficiosi actione „aduersus duos heredes exper„tus diuersas sententias iudi„cum tulit, et unum uicit, „ab altero superatus est: et „*debitores conuenire et ipse* „*a creditoribus conueniri* pro „parte potest, et corpora „uindicare et hereditatem „diuidere“ u. s. f.

§ 47.

Nicht so ganz einfach und sicher verhält es sich mit einer zweyten, viel weiter greifenden und wichtigern Ausnahme, welche von den Neuern eben so allgemein und unbedenklich wie die vorhin benannte angenommen zu werden scheint.

Bey allen Processen über Status und Familien-Verhältnisse, heißt es, gilt die Regel „Res iudicata ius facit *inter partes*" überall nicht, sondern vielmehr der entgegen gesetzte Grundsatz: „Res iudicata ius facit *inter omnes.*"

Die Stellen, worauf sich diese Ansicht stützt, sind folgende:

L. 1. § ult. L. 2. L. 3. pr. De agnosc. v. al. lib.

(*Ulp.* lib. 34. ad Edictum.) „Plane si de-
„nunciante muliere negauerit ex se esse præ-
„gnantem, tametsi custodes non miserit, non
„euitabit, quominus quæratur, an ex eo mu-
„lier prægnans sit (1). Quæ causa si fuerit
„acta apud iudicem, et pronunciauerit, cum
„de hoc ageretur, quod ex eo prægnans
„fuerit nec ne, in ea causa esse, ut agnosci

---

(1) *Haloander* setzt hier *nec ne*, und läßt es unten weg, welcher Leseart *Iauch* (De ne- gationibus pp. 25. 54.) wohl mit Recht den Vorzug giebt.

„debeat, siue filius non fuit, siue fuit, esse
„suum, (L. 2. (*Iul.* lib. 19. Dig·) In omni-
„bus causis, quare et fratribus suis con-
„sanguineus erit. (L. 3. *Ulp.* l. c.) Siue
„contra pronunciauerit, non fore suum, quam-
„uis suus fuerit. Placet enim, eius rei iu-
„dicem ius facere: et ita Marcellus libro 7.
„Digestorum probat, eoque iure utimur."

L. 14. De iure patronatus. (*Ulp.* lib. 5. ad
  Leg. Iul. et P. P.)

„Si iurauero me patronum esse, dicendum
„est, non esse me, quantum ad successionem,
„patronum: quia iusiurandum patronum non
„facit; aliter atque si patronum esse pro-
„nunciatum sit; tunc enim sententia stabitur."

L. 25. De statu hominum. (*Ulp.* lib. 1. eod.)

„Ingenuum accipere debemus etiam eum,
„de quo sententia lata est, quamuis fuerit
„libertinus; quia res iudicata pro ueritate
„accipitur."

L. 24. De dolo malo. (*Ulp.* lib. 11. ad Edictum.)

„Si dolo acciderit eius, qui uerba faciebat
„pro eo, qui de libertate contendebat, quo-
„minus præsente aduersario secundum liber-
„tatem pronuncietur, puto statim de dolo
„dandam in eum actionem, quia semel pro

„libertate dictam sententiam retractari non
„oportet."

Sehen wir jetzt nach, ob und wie durch diese
Stellen der angeführte Satz gerechtfertigt sey, so ist
auf der einen Seite zu bemerken: Die fraglichen Verhältnisse von Paternität, Ingenuität, Patronat, so
wie auch die in dieselbe Classe gehörigen von Libertät,
Civität u. dgl., sind schon ihrer Natur nach von viel
weiterm Umfang, greifen in das gesammte rechtliche
Wesen eines Menschen viel tiefer ein, als alle andern
Rechtsverhältnisse, nahmentlich die des Vermögens-
rechtes. Schon daraus erklärt es sich aber, daß auch
ein richterliches Urtheil über jene in viel zahlreichern
Anwendungen sich wirksam erzeigen muß, ohne daß
damit nothwendig verbunden wäre, daß auch außer
den Litiganten niemand das fragliche Personal-Ver-
hältniß nachher wieder zur gerichtlichen Untersuchung
bringen, und unabhängig von dem früher zwischen
andern Personen ausgefällten Urtheil entscheiden lassen könnte. Und so finde ich denn auch in der angeführten L. 25., welche doch als Beweis für die gewöhnliche Meinung an die Spitze gestellt zu werden
pflegt, an sich nicht die mindeste Spur, daß in dem
vorliegenden Fall oder in dieser ganzen Classe von
Fällen die eigentliche subjective Sphäre der Exc. r. i.
weiter als sonst ausgedehnt worden wäre.

Auf der andern Seite dagegen kann es nicht entgehen, daß in den zuerst benannten Stellen, insbesondere in d. L. 3., eine Andeutung dieser letztern Art
sehr bestimmt enthalten ist, so wie es denn auch nicht
unbedeutend seyn kann, daß für den Fall der L. 14.
cit. die sonst sehr große Analogie zwischen der Wirkung des Eides und des Urtheils aufgehoben, und
das letztere als das stärkere und weiter greifende
statuirt wird (2).

Ebenso scheint die gewöhnliche Ansicht auch dadurch
wenigstens in Beziehung auf die Causa ingenuitatis
einiger Maßen bestätigt zu werden, daß gegen das
Urtheil, wodurch jemand für ingenuus erklärt worden

---

(2) Vgl. (besonders auch zu
d LL. 1—3.) L. 3. §§ 2. 3.
De iureiur. (*Ulp*) „Sed et
„si de condicione personæ
„fuerit iuratum, Prætor ius-
„iurandum tuebitur: utputa
„detuli iusiurandum et iu-
„rasti, in potestate mea te
„non esse, tuendum erit ius-
„iurandum. § 3. Unde Mar-
„cellus scribit, etiam de eo
„iurari posse, an prægnans
„sit mulier uel non sit, et
„iuriiurando standum. Deni-
„que ait, si de possessione
„erat quæstio ... — Sed an
„iusiurandum eo usque pro-
„sit, ut post editum partum
„non quæratur, ex eo editus
„an non sit, cuius esse dici-
„tur, Marcellus tractat. Et
„ait, ueritatem esse quæren-
„dam, quia iusiurandum al-
„teri neque prodest neque
„nocet: matris igitur iusiu-
„randum partui non proficiet
„nec nocebit, si mater detu-
„lerit, et iuretur ex eo præ-
„gnans non esse.“

ist, ausnahmsweise Jedem binnen einer gewissen Frist aufzutreten gestattet wird, welcher den Beweis führen will, daß dasselbe Folge einer statt gehabten Collusion gewesen sey (3): noch viel bedeutender aber durch den in L. 3. De collus. deteg. (4) enthaltenen Satz, daß, wenn jemand gegen einen *non iustus contradictor* den Ingenuitäts = Proceß geführt und gewonnen habe, das Urtheil ganz ungültig seyn solle (5).

Dennoch glaube ich, daß die fragliche Regel in der absoluten Allgemeinheit, in welcher sie aufgestellt zu werden pflegt, sich nicht halten läßt, sondern wenigstens eines beschränkenden Zusatzes bedarf. Ich berufe mich hiebey auf folgende Hauptstellen:

L. 1. Si ingenuus esse dicetur. (*Marcellus.*)

„Si libertus alterius alio agente ingenuus „pronunciatus esse dicetur, sine ulla exce-„ptione temporis patronus eius cognitionem „solet exercere. “

---

(3) L. 1. L. 2. pr. § 4. L. 4. L. fi. De collus. deteg. L. 1. § 3. Ne de statu defun.

(4) (*Callistratus*) „Cum non „iusto contradictore quis in-„genuus pronunciatus est, per-„inde inefficax est decretum,

„atque si nulla iudicata res „interuenisset; idque Princi-„palibus constitutionibus ca-„uetur. “

(5) Vgl. auch L. 27. § 1. De liber. cau.

L. 5. eod. (*Papinian.*)

„Patronum post quinquennium senfentiæ pro
„ingenuitate dictæ, quo ignorante res iudi-
„cata est, non esse præscriptione temporis
„summouendum respondi."

L. 42. De liberali causà. (*Labeo.*)

„Si seruus, quem emeras, ad libertatem pro-
„clamauit, et ab iudice perperam pro eo
„iudicatum est, et dominus eius serui post
„rem contra te iudicatam te heredem fecit,
„aut aliquo nomine is tuus esse cœpisset,
„petere eum tuum esse poteris, nec tibi
„obstabit rei iudicatæ præscriptio. Iauo-
„lenus: hæc uera sunt."

Aus den beyden erſten Fragmenten erhellt ein
Mahl mit Beſtimmtheit, daß auch nach dem Inge-
nuitäts-Urtheil wenigſtens demjenigen Dritten die
freye Verfolgung ſeines Rechtes unbenommen bleibt,
welcher ſich ſelbſt den Patronat über das fragliche
Individuum zuſchreibt (6).

(6) Dieß ergibt ſich auch
ſchon aus der oben erörterten
L. pen. De re iudicata, deren
Zuſammenhang es übrigens
wahrſcheinlich macht, daß auch
hier die scientia des Patrons
von Bedeutung war. Dazu
paßt beſonders auch der Ausdruck von d. L. 5. vollkommen.

26

Ebenso steht nach d. L. 42. auch dem, welcher über seinen prätendirten Sclaven den Freyheits-Proceß geführt, und ein ungünstiges Urtheil erhalten hatte, die Exc. r. i. nicht entgegen, wenn er, auf eine neue Erwerbung durch Succession gestützt, denselben wieder vindicirt (7), und, was die Stelle unzweifelhaft voraus setzt, eben so wenig einem Dritten, welcher Eigenthum an dem Sclaven verfolgen möchte (8).

(7) Wie übrigens in d. L. 42. durchaus die allgemeinen Grundsätze als für den vorliegenden Fall geltend voraus gesetzt werden, erhellt auch aus einer Parallel-Stelle, in der es sich entschieden nur um diese handelt. In L. 10. De exceptionibus sagt nähmlich *Modestinus:* „Res inter alios iu„dicata aliis non obest: nec „si is, contra quem iudica„tum est, heres extiterit ei, „contra quem nihil pronun„ciatum est, hereditariam ei „litem inferenti praescribi ex „ea sententia posse, quam „proprio nomine disceptans, „antequam heres extiterit, „excepit.“

(8) *Labeo* setzt ja ausdrück

lich den Fall, daß der zweymahlige Vindicant nach dem ersten Urtheil Erbe dieses Dritten geworden sey, und von daher im zweyten Proceß sein Eigenthum ableite. Würde nun diesem Dritten, wenn er selbst als Vindicant aufgetreten wäre, die Exc. r. i. entgegen stehen, so müßte sie ja schon nach den allgemeinen Grundsätzen auch dem Erben opponirt werden können. — Man vergleiche auch besonders noch L. 9. pr. De liber. cau. (*Gaius*) „Si pariter aduersus „eum, qui de libertate liti„gat, consistant fructuarius „et proprietarius, fieri potest, „ut alteruter absit. Quo casu „an praesenti soli permissurus

Ob sich dieß endlich auch bey Paternität und väterlicher Gewalt (9) ebenso verhielt, darüber werden wir nicht ausdrücklich belehrt; doch wüßte ich, besonders bey der letztern, keinen hinreichenden Grund, etwas anderes anzunehmen.

Zum Schlusse muß jetzt noch eine Stelle näher betrachtet werden, die wir schon früher anzuführen Gelegenheit hatten, deren Erklärung aber absichtlich bis hieher verspart wurde. Es ist L. 29. pr. De Exc. r. iud. (*Papinianus* lib. 11. Responsorum.)

„Iudicatæ quidem rei præscriptio coheredi,
„qui non litigauit, obstare non potest, nec
„in seruitutem uidetur peti post rem pro
„libertate iudicatam, nondum ex causa fidei-
„commissi manumissus. Sed Prætoris opor-
„tet in ea re sententiam seruari, quam pro

„sit Prætor aduersus eum „agere, dubitari potest: quia „non debet alterius collusione „alteri ius corrumpi. *Sed rectius* „*dicitur,* etiam alterutri eo- „rum permittendum agere, „*ut alterius ius incorruptum* „*maneat*“ ... Endlich f. L. 8. § 2. Ratam rem hab.

(9) f. L. 1. § 4. De liberis

exhib. (*Ulp.*) „Pari modo „si iudicatum fuerit, non esse „eum in potestate, etsi per „iniuriam iudicatum sit, „agenti hoc interdicto obii- „cienda erit exceptio rei iu- „dicatæ, ne de hoc quæratur, „an sit in potestate, sed an „sit iudicatum.“

„parte uictus (10) præstare (11) non potest:
„nam et cum alterum ex coheredibus inoffi-
„ciosi quæstio tenuit, aut etiam duobus se-
„paratim agentibus alter obtinuit, libertates
„competere placuit: ita tamen, ut officio
„iudicis indemnitati uictoris futurique manu-
„missoris consulatur."

In diesem Fragmente soll nach der gewöhnlichen Erklärung unter anderm zweyerley enthalten seyn: Ein Mahl eine einzelne Ausnahme von der Regel,

---

(10) *uicti* lesen alle Hand-schriften und Ausgaben, und die von uns aufgenommene Leseart ist eine Emendation von Göschen (Zeitschr. f. gesch. R. W. B. III. S. 261. Note 16.), welche mir wirklich innere Nothwendigkeit zu haben scheint. Dieselbe wird auch durch die Basiliken sehr be-stimmt unterstützt, wo unsere Stelle vollständig so lautet: „Ἡ τοῦ ἑνὸς κληρονόμου ἥττα „τοὺς ἄλλους μὴ δικασαμένους „οὐ βλάπτει. Ὅθεν, ἐὰν ὁ εἰς „ἡττήθη περὶ ἐλευθερίας πρός „τινα τῶν οἰκετῶν δικασόμενος, „φυλάττεται ἡ ὑπὲρ τῆς ἐλευ-„θερίας ψῆφος, ἣν ἐν μέρει

„παρασχεῖν ὁ ἡττηθεὶς οὐ „δύναται. Καὶ ὅτι γὰρ δύο „τινὲς ἐναχθῶσι τῇ περὶ μέμ-„ψεως τῆς διαθήκης, καὶ ὁ μὲν „νικήσῃ, ὁ δὲ ἡττηθῇ· φυλάτ-„τονται αἱ ἐλευθερίαι, τοῦ ἀζη-„μίου περιγενομένου τῷ νική-„σαντι." (f. *Meerman.* Thes. T. V. p. 85.) Uebrigens be-merke ich zum voraus, daß unsere Interpretation der Stelle von jener Emendation wesent-lich gar nicht abhängt, indem jede Bedeutung, die man in die gewöhnliche Leseart zu legen versuchen möchte, immer in der Hauptsache ziemlich auf daßelbe hinaus läuft.

(11) al. *seruare.*

daß die Exc. r. i. dem Miterben deffen, welcher den
frühern Proceß geführt hat, nicht entgegen stehe: —
und zweytens eine Beståtigung des Sahes, daß das
Urtheil über die Freyheit nicht bloß den unterliegen-
den Theil, sondern absolut Jeden binde (*ius facere
inter omnes*).

Daß ich aber diese beyden Folgerungen für unrichtig halte, ergibt sich schon aus dem oben gesagten,
und wird sich durch Nachweisung des wahren Sinnes
der Stelle (12) leicht rechtfertigen laffen.

Papinian behandelt nåhmlich folgenden Fall:

A der Eigenthümer des Sclaven Z stirbt mit
Hinterlaffung von zwey Erben B und C. Hierauf
belangt Z den C um die Freylaffung, welche ihm der
Testator durch Fideicommiß vermacht habe. Er
gewinnt, indem der Prátor urtheilt, *libertatem deberi*. Ehe nun eine wirkliche Freylaffung von Seite
des C erfolgt, tritt B, der an dem frühern Proceß
keinen Theil genommen hatte, auf, und vindicirt den
Z als seinen Sclaven, indem er die von diesem ge-
forderte Libertas verweigert. Es ist nun vor allem
die Frage: Kann dem B ohne weiteres das gegen C

(12) Nichts weniger als genügend wird dieselbe erklärt
von *Cuiacius* in lib. XI. Respons. Papiniani (in Opp.

T. IV. p. 1203) *Bynkershoek*
Obss. I. R. lib. VII. c. 11.
und *Pothier*, Pand. Iustin.
h. t. § 3.

ausgefällte Urtheil opponirt und er also schon durch die Exc. r. i. abgewiesen werden? Hiebey berücksichtigt Papinian zweyerley. Zuerst die allgemeinen Grundsätze über die subjective Beziehung der Exc. r. i. Diese, sagt er, stehen dem Sclaven entgegen, denn das Urtheil gegen den einen Erben bindet den Miterben nicht. — Dann wird zweytens die Sache von Seite der besondern Grundsätze über fideicommissariæ libertates betrachtet. Dahin gehören z. B. folgende:

a) Wenn der Miterbe abwesend ist, so kann der Sclave den Proceß über die fideicommissaria libertas dennoch führen, und findet der Prätor, daß ihm die Freyheit gebühre, so spricht er dieß als Urtheil aus, und ertheilt sogar dem Sclaven wirklich die Freyheit; nur mit verschiedenem Erfolg, je nachdem jene Abwesenheit eine dolose (ein *latitare*) ist, oder aber eine iusta causa hat. Im erstern Fall wird der Sclave Orcinus, im letztern Libertus des Fiduciars (13).

b) Ebenso verhält es sich, wenn mehrere Erben, denen die Freylassung obliegt, sämmtlich abwesend sind (14).

c) Wenn von mehrern Miterben nur Einer anwesend ist, und dieser den Proceß über die fideicom-

(13) s. z. B. L. 5. L. 22. L. 30. § 3. De fideic. lib. § 2. L. 26. § 7. L. 47. § 2. L. 11. C. eod. L. 51. §§ 4—6. 9. L. 19. pr. (14) s. z. B. L. 28. § 2. D. eod.

missaria libertas führt, oder für seinen Theil die
Verpflichtung zur Freylassung anerkennt, der Prätor
aber überhaupt findet, daß dem Sclaven von allen
Erben die Freyheit gebühre: so ist die Freylassung,
welche in Folge dessen der einzig Anwesende vollzieht,
eben so gültig, als wenn sie von allen Eigenthümern
geschehen, oder der Freylasser der alleinige Eigenthümer gewesen wäre (15).

Von diesen drey Bestimmungen können nun offenbar die zwey ersten in dem vorliegenden Fall unserer
L. 29. keine Anwendung finden. Davon spricht auch
Papinian gar nicht, und wir haben sie bloß der
vollständigern Uebersicht wegen angeführt. Wohl aber
könnte unter Umständen die dritte Regel die Abweisung des B motiviren, wenn C in Folge des erhaltenen Urtheils den Z wirklich manumittirt hätte (16).
Allein dieses letztere ist nicht geschehen, und gerade
ausdrücklich aus diesem Grunde gestattet Papinian dem B auch von dieser Seite freye und von
dem frühern Urtheil ganz unabhängige Verfolgung
seines Rechtes, so daß ich nicht zweifle, es habe Papinian bey den Worten „nec in seruitutem uidetur‟
u. f. gerade den von uns sub c. angegebenen Satz

(15) L. 22. § 1. L. 51. § 11.   (16) Vgl. auch L. 1. C. Si
eod.   aduer. libert.

im Auge gehabt, und es solle durch dieselben nichts anderes gesagt werden, als daß jener im vorliegenden Falle dem Z nicht zu gute kommen könne (17).

Es geht sonach das jetzt gefundene Resultat der Stelle des bestimmtesten dahin, daß das frühere Ur‐

(17) Betrachtet man die Worte *„nec in seruitutem ui‐ „detur peti post rem pro li‐ „bertate iudicatam"* ganz iso‐ lirt, ohne auf den Zusammen‐ hang zu achten, so könnte man wohl daran denken, daß hier von der Wirkung des Urtheils über eine *liberalis causa* die Rede sey. Allein es zeigt sich dieß sogleich als unrichtig, wenn man bedenkt, daß der erste Proceß eine solche gar nicht war, sondern daß es sich darin lediglich um die Verpflichtung zur Freylassung handelte. Auch das schiene mir verwerflich, wenn man meinte, Papinian wolle eben auf diesen Unter‐ schied zwischen *liberale iudicium* und Proceß über das *fideicom‐ missum libertatis* aufmerksam machen und sagen, in jenem Falle würde allerdings dem *coheres* die Exc. r. i. entgegen

stehen, nicht aber in diesem. Denn außer den sachlichen Gründen, welche dieser Ansicht entgegen ständen (s. die fg. Note), und der Trivialität der Bemerkung, die man auf diese Weise dem Papinian in den Mund legen würde, darf auch der Umstand nicht übersehen werden, daß Papinian ein ent‐ scheidendes Gewicht darauf legt, daß der Sclave bis zur Zeit des zweyten Processes noch nicht manumittirt sey, während nach jener Erklärung eine zwi‐ schen dem ersten und zweyten Proceß geschehene Freylassung ganz gleichgültig wäre, viel‐ mehr darauf abgestellt werden müßte, er sey zur Zeit des ersten Processes noch nicht freygelassen gewesen, es habe also dieser kein *liberale iudi‐ cium* seyn können.

theil auf die eigentliche Beurtheilung der bey dem
zweyten Proceß in Frage stehenden Rechte der Parteyen keinen Einfluß haben solle.

Wie kommt nun aber die Sache dem endlichen
Effect nach heraus? — Dieß ist eine neue Frage,
welche besondere Rücksicht verdient, und die von
Papinian in der zweyten Hälfte des Fragmentes, von den Worten Sed prætoris an, erörtert
wird.

Sobald man nähmlich dem B eine neue und selbständige richterliche Untersuchung gestattet, so ist damit auch die Möglichkeit eines von dem frühern Urtheil wesentlich verschiedenen Resultates derselben
gegeben. Während die Entscheidung gegen C gelautet
hatte, *libertatem deberi*, so kann die zweyte zwischen
Z und B dahin ausfallen, *libertatem non deberi*.
Da nun aber niemand halb frey und halb Sclave
seyn, folglich auch nicht C mit Erfolg den Z für
seinen Theil manumittiren, B dagegen ihn als
Sclaven behalten kann, so hätten wir, wenn der
zweyte Richter einfach nach dem Resultat seiner Untersuchung und ohne Rücksicht auf das frühere Urtheil
seine Final-Sentenz ausfällte, zwey rechtskräftige
Urtheile vor uns, welche in einem solchen Verhältniß
zu einander ständen, daß unmöglich beyde realisirt
werden könnten. Um dieses zu vermeiden, bleibt aber

nichts anderes übrig, als auf mehr oder weniger willkührliche Weise einen Ausweg zu treffen (18), und bey Ausfällung des zweyten Endurtheils neben dem Resultat der selbständigen Untersuchung der fraglichen Verpflichtung zur Freylassung auch auf den Inhalt des frühern Urtheils Rücksicht zu nehmen. Und dieß wird denn in unserer Stelle ganz so angeordnet, wie die bekannten Römischen Ansichten über den Fauor libertatis und manche Entscheidungen ähnlicher Fälle es erwarten lassen. Es soll nähmlich von den beyden rechtlich gleich gegründeten Ansprüchen des B auf Eigenthum und des Z auf Freyheit der letztere den

(18) Dasselbe kann besonders auch bey der eigentlichen liberalis causa leicht vorkommen, z. B. wenn Mehrere partielles Eigenthum an einem Menschen, der frey zu seyn behauptet, ansprechen. Hier geben zwar L. 8. §§ 1. 2. L. 9. pr. § 1. u. a. De liber. cau. ein Mittel an, wodurch, so viel möglich, widersprechende Urtheile zum voraus vermieden werden sollen. Wo dieß aber nicht anging, da mußten wieder, wie in userm Fall, Auskunftmittel gesucht werden, und das

Gebieth der Willkühr, auf welchem man sich hier befindet, offenbart sich auch dadurch, daß die Juristen selbst dabey merklich schwanken und von einander abweichen. Man sehe L. 9. § 2. L. 30. eod., welche Stellen übrigens beyläufig den vollkommensten Beweis liefern, daß niemand daran dachte, dem Eigenthümer eines Sclaven darum, weil dieser im liberale iudicium gegen den Miteigenthümer gesiegt hatte, die Exc. r. i. entgegen zu setzen.

Vorzug erhalten, jedoch dem erstern indirect so viel möglich Rechnung getragen werden. Der Sclave soll daher vollständig die Freyheit erlangen, dagegen den B für den Verlust seines richterlich anerkannten Eigenthums zu entschädigen schuldig seyn (19). Dahin soll der Richter des zweyten Processes sein Endurtheil ausfällen.

Die zweyte Hälfte unserer L. 29. pr. ist also, um uns genauer an ihren Gedankengang und Ausdruck anzuschließen, so zu verstehen:

Obgleich das zweyte Urtheil über das *deberi* oder *non deberi libertatem* unabhängig von dem ersten gesprochen werden soll (20), so muß doch diese der Freyheit günstige Entscheidung auf jeden Fall endlich realisirt, und so weit es hiefür erforderlich ist, auch im Dispositiv des zweyten Urtheils darauf Rücksicht genommen werden (Prætoris oportet in ea re sententiam seruari). Da es nun aber unmöglich ist, daß C für seinen Theil dem Z die ihm richterlich zuerkannte Freyheit ertheile (quam, sc. sententiam, pro

---

(19) Andere Fälle, wo derselbe Ausweg getroffen wurde, sehe man außer den in Note 18. citirten Stellen auch in L. 16. De SC. Silan. L. 18. pr. De vulg. et pupill. L. 47. pr. § 1.

De manum. test. vgl. L. 31. De minoribus. s. auch Göschen a. a. O.

(20) Dieß haben wir als Resultat der ersten Hälfte kennen gelernt.

parte uictus præstare non potest), wenn nicht auch
der Miteigenthümer B für seinen Theil ein gleiches
thut, so muß der zweyte Richter, wenn er schon erkennt, libertatem non deberi (von B), dennoch auch
diesen zur Freylassung anhalten, so wie auch in den
Fällen die Freylassungen als vollständig wirksam anerkannt werden, wenn nur Einer von zwey Erben
der Querela inofficiosi unterlag, oder wenn von
Mehrern, welche gegen den Testaments-Erben, jeder
besonders, mit derselben auftraten, nur der eine
siegte (21).

Doch soll dabey, fährt Papinian fort, indem
er von dem eingeschobenen Gleichniß zu seinem eigentlichen Falle zurück kehrt (22), der Richter für

(21) Ueber dergleichen Fälle
s. L. 76. pr. De legatis 2to.
L. 6. De dot. collat. L. 13.
C. De inoff. test.

(22) In der Glosse und
sonst wird der Schlußsatz Ita
tamen u. s. w. zunächst auf
den zur Vergleichung angeführten Fall der querela inofficiosi bezogen, und dafür sind
auch die Basiliken (s. S. 400.
Note 10.). Der Unterschied
ist nicht sehr wichtig, doch gefällt mir dieß weniger. Ein

Mahl wissen wir aus keiner
Stelle, daß auch bey der Que-
rel der Sclave dem siegenden
Intestat-Erben für die Freyheit seinen Antheil habe bezahlen müssen. Dann aber
ist besonders zu bemerken: die
Bezeichnung des uictor als
futurus manumissor paßt ganz
unter unserer Voraussetzung,
dagegen nur halb, wenn man
diese Worte auf den zunächst
vorher gehenden Fall der Que-
rel bezieht, indem hier nicht

Entschädigung des B, welcher, obgleich Sieger in der rechtlichen Beurtheilung der Sache, dennoch fauore libertatis zur Freylassung angehalten werden muß, sorgen.

§ 48.

Weniger bedeutend sind folgende wahre und vermeinte Ausnahmen von unserer Hauptregel über die subjective Sphäre der Exc. r. i.

1°. Wenn eine Actio popularis von jemanden angestellt, und ordentlich (ohne Collusion u. dgl.) durchgeführt worden ist, so hat der Beklagte gegen Jeden, der dieselbe Actio später anstellt, die Exc. r. i., welche übrigens hier mehr als Organ der Consumtion erscheint, und daher nicht leicht in ihrer positiven Function hervor treten wird (1).

2°. Wenn ein partieller Eigenthümer eines Grundstücks für dieses eine Real-Servitut vindicirt, oder umgekehrt, so gilt das hierüber gefällte Urtheil auch für und gegen den Miteigenthümer (2). Der Liti-

---

nur fideicommissariæ, sondern auch directæ libertates vorkamen, bey den letztern aber von einer Manumission des Erben keine Rede seyn konnte.

(1) Man sehe L. 3. pr. De popul act. L. 45. § 1. De procur. L. 30. § 3. De iureiur. L. 3. § 13. De hom. lib. exhib.

(2) L. 4. §§ 3. 4. Si seru. uind. Conf. L. 19. eod. — L. 1. § 5. De arbor. cæd.

gant erscheint hier gleichsam als Repräsentant des Grundstücks, so wie im vorigen Falle als Stellvertreter des Volkes.

3°. Endlich hat man auch in L. 62. § 1. De Euictionibus (3) eine Ausnahme finden wollen (4). Allein daß diese und ähnliche Stellen (5) gar nicht hieher gehören, indem sie nicht von der Exc. r. i., sondern vielmehr von den Bedingungen der Evictions-Klage handeln (6), ist wohl so augenfällig, daß darüber keine weitere Erörterung eintreten darf.

(3) (*Celsus.*) „Si ei, qui „mihi uendidit, plures here- „des exstiterunt, una de eui- „ctione obligatio est, omni- „busque denunciari et omnes „defendere debent. Si de „industria non uenerint in „iudicium, unus tamen ex „his liti substitit, propter „denunciationis uigorem et „praedictam absentiam omni- „bus uincit aut uincitur, „recteque cum caeteris agam, „quod euictionis nomine uicti „sint. ‟

(4) s. *Merillii* Var. ex Cuiacio L. III. c. 17.

(5) s. z. B. L. 51. pr. eod., welche *Merillius* l. c. ganz ebenso wie d. L. 62. mißversteht.

(6) Ueber diese vgl. z. B. L. 1. C. De peric. et comm. r. u. L. 7. L. 8. C. De euictionibus.

Fünfter Abschnitt.

Combination und einzelne Anwendungen der für die proceſſualiſche Conſumtion entwickelten Grundſätze.

§ 49.

Wenn wir die in den beyden vorher gehenden Abſchnitten entwickelten Grundſätze über die objective und ſubjective Beziehung der Conſumtion durch Litis Conteſtatio und Urtheil in ihren einfachſten Grundzügen zuſammen faſſen wollen, ſo reduciren ſie ſich auf die zwey Hauptſätze:

1°. Conſumirt wird das zum Proceß gebrachte Klagerecht; formell ausgedrückt: der Inhalt der Intentio.

2°. Dieſe Conſumtion kommt für alle Zukunft zu gute dem Beklagten, und ſteht entgegen dem Kläger.

Halten wir ein Mahl dieſe beyden Sätze zuſammen, ſo macht ihr Verhältniß zu einander vorerſt bey den dinglichen Klagen keine Schwierigkeit. Daß hier die Conſumtion nicht das dingliche Recht in ſeiner Allgemeinheit, wie es den Inhalt der Intentio ausmacht, sondern bloß seine specialisirte Erscheinung als Klagerecht gegen eine gewisse Person betreffen kann, somit z. B. nicht das Eigenthum des Vindican- ten zerstört, sondern ihn bloß hindert, später die Ei- genthumsklage gegen denselben Beklagten wieder an- zustellen; daß folglich der formelle Ausdruck des er- sten Satzes entweder modificirt oder doch durch strenge Anwendung des zweyten unschädlich gemacht werden muß, ist oben nachgewiesen worden, und muß wohl Jedem einleuchten.

Bey den *Actiones in personam* verhält sich die Sache im gewöhnlichen Fall eben so einfach. Die Obligationen sind in der Regel Rechtsverhältnisse, die sich bloß auf zwey Personen, einen Creditor und einen Debitor beziehen, und aus welchen mithin weder für noch gegen einen Dritten Folgerungen ab- geleitet werden können. Es ist daher hier — ganz im Gegensatz der *in rem actiones* — nur Ein möglicher Kläger und Ein möglicher Beklagter, und somit versteht sich hier unser zweyte Satz so sehr von selbst, daß er alles Interesse verliert, und völlig entbehr- lich wird, indem, wo die Klage selbst für oder gegen einen Dritten ganz undenkbar ist, es auch gar kein Interesse haben kann, zu bestimmen, ob für oder gegen einen solchen Dritten die processualische Consumtion wirken oder nicht wirken solle.

Allein dieß iſt nur der gewöhnliche, nicht der einzige Fall.

Es iſt nähmlich bekannt, daß es im Römiſchen Recht Fälle gibt, wo Eine Obligation in dieſer oder jener Art auf der einen oder andern Seite mehrere Perſonen berührt (1).

Dieß läßt ſich auf zwiefache Weiſe denken, und es wird ſich nachher zeigen, wie es ſich mit der Realität der beyden Möglichkeiten verhalte.

A) Es könnte eine Obligation an ſich ganz gewöhnlicher Natur ſeyn, d. h. ein Rechtsverhältniß bloß zwiſchen zwey Perſonen, nur Einer, cui dari fieri oportet, auf der einen, nur Einer, qui dare

---

(1) Man wundere ſich nicht, wenn wir dieſer Claſſe von Fällen eine ſehr ausführliche Erörterung wiedmen. Denn nicht nur werden dadurch die bisher entwickelten Grundſätze in einer einzelnen Anwendung erſt die gehörige Klarheit und Beſtimmtheit erhalten, ſondern es iſt auch gerade hier ein Hauptpunkt, auf welchem das tiefe Eingreifen der proceſſualiſchen Conſumtion in das geſammte Obligationen = Recht, ſomit die Wichtigkeit der gan= zen Lehre, recht deutlich hervor tritt. — Uebrigens verſteht es ſich von ſelbſt, daß wir hier gar nicht ſolche Fälle im Auge haben, wo nur ſcheinbar Eine, in der That aber mehrere ge= trennte und ſelbſtändige Obli= gationen vorhanden ſind, wie z. B. wenn der Debitor einer gewiſſen Summe ſtirbt, und mehrere Erben hinterläßt, oder wenn ein Seruus plurium ſo ſtipulirt, daß er jedem Herrn pro rata erwirbt, u. dgl.

facere debet, auf der andern Seite. Aber diese Obligation könnte außer den beyden Personen, welche sie substanziell allein befaßt, auch auf einen oder den andern Dritten äußere Wirkungen haben, es könnte z. B. darum, weil Seius Debitor des Titius ist, Gaius, obgleich man in streng civil-rechtlichem Sinne nicht sagen kann, daß er dem Titius etwas schuldig sey (dare facere oportere) zu einer Leistung an letztern gerichtlich angehalten werden: — formell ausgedrückt: es könnte aus der Obligatio zwischen T und S dem T eine Actio nicht nur gegen S, sondern auch gegen G zustehen.

B) Es wäre möglich, daß die Mehrheit der Personen auf der einen oder andern Seite zum Wesen der Obligation selbst gehörte, so daß also das eigentliche civil-rechtliche Band (das dare facere oportere) sich activ oder passiv auf Mehrere direct bezöge. Die Einheit der Obligation würde dann noch erhalten durch die Einheit ihres Objects, indem nähmlich die mehrern Creditoren oder Debitoren zusammen nur für Eine und dieselbe Leistung berechtigt oder verpflichtet, somit z. B. durch Erfüllung an Einen oder von Einem die Obligation zwischen allen getilgt wäre.

Gesetzt nun, es würden sich diese beyden Möglichkeiten im Römischen Recht wirklich realisirt fin-

ben, ſo muß für beyde Claſſen von Fällen die Frage
aufgeworfen werden:

Iſt es die Subſtanz der Obligation ſelbſt, welche
den Gegenſtand der Conſumtion ausmacht, und werden daher durch die bloße Litis Conteſtatio von Einem
Alle — activ oder paſſiv — klaglos? oder gibt vielmehr die Conſumtion bloß dem Belangten gegen ſeinen Kläger ein perſönliches Recht, von ihm nicht
wieder belangt zu werden, ohne daß damit irgend
eine Befugniß für oder gegen einen Andern verbunden wäre? mit andern Worten: macht ſich die Sache
dießfalls anders als wir bey den dinglichen Klagen
gefunden haben, oder aber ebenſo?

Betrachten wir dieſe Frage, ehe wir uns zu den
poſitiven Einzelnheiten wenden, noch einen Augenblick im Allgemeinen, und zwar vorerſt in Beziehung
auf die erſte der beyden obigen Suppoſitionen. Es
beſteht einzig zwiſchen T und S eine Obligation (z. B.
centum dare oportere), aber um dieſer Obligation
willen kann auch G von dem Creditor T zu einer
Leiſtung angehalten werden. Wie möchte wohl hier
nach dem, was wir über die Compoſition der Formula im Allgemeinen wiſſen, die Klageformel, welche
T gegen G erhalten wird, ausſehen? Wir wiſſen,
in der Intentio pflegt das der Klage weſentlich
zum Grunde liegende Rechtsverhältniß angegeben zu

werden: — das wäre hier die Obligation zwischen T und S. Dagegen das äußere Factum, worauf der letzte Zweck der Klage geht, also die Leistung des Beklagten, die durch den richterlichen Zwang bewirkt werden soll, macht den Inhalt der Condemnatio aus. Jener Beklagte aber ist G, und auf diesen müßte sich daher die Condemnatio beziehen. So käme denn eine Formula heraus, die in ihren Haupttheilen wesentlich folgender Maßen lauten würde: „Si paret, *Seium* Titio . . . dare facere oportere, *Gaium* Titio . . . condemna:" — eine Conception, die wenigstens an und für sich selbst nach Römischen Begriffen gar nichts unmögliches oder auffallendes hätte, da sich dieselbe in manchen andern Anwendungen, wie z. B. in jedem Falle eines Cognitor, Procurator oder Defensor (2) wirklich vorfindet.

So wenn T den G belangte. Wollte er dagegen seinen eigentlichen Schuldner, den S, zur Zahlung anhalten, so erhielte natürlich die Formel wörtlich dieselbe Intentio, und nur die Condemnatio würde jetzt nicht, wie dort, auf G, sondern eben auf S selbst lauten.

Wie ginge es nun aber mit der Consumtion?

Setzen wir vorerst einen Fall, wo die directe Consumtion, die eigentliche *Nouatio necessaria*

(2) s. z. B. *Gai.* Comm. IV. §§ 86. 87. Conf. ib. § 35.

eintritt (3). Mag T den S oder den G belangen,
ſo würde durch die L. C. natürlich immer der Inhalt
der Intentio, d. h. die Obligation zwiſchen T und S,
geradezu zerſtört, d. h. es würde unwahr, Seium
Titio . . . dare facere oportere. Da nun aber nach
unſerer Vorausſetzung beyde Klagen wörtlich dieſelbe
Intentio haben, alſo in beyden der Auftrag zu condemniren an das Seium Titio dare facere oportere
als an ſeine Bedingung geknüpft iſt, ſo müſſen durch
die Aufhebung von dieſem beyde ſchon in Folge ihrer
Conception für die Zukunft wirkungslos werden,
d. h. eine Abſolution nach ſich ziehen; mit andern
Worten, es müßte dadurch, daß T gegen Einen von
Beyden ſeine Klage anſtellte, auch der Andere ipso
iure von der Klage, der er vorher ausgeſetzt war,
befreyt werden.

Daß nun aber da, wo die Conſumtion wegen der
formellen Beſchaffenheit der Actio oder des Judicium nur indirect wirkt, dennoch der Sache nach im
endlichen Effect daſſelbe heraus komme, daß alſo in
dieſer Beziehung Jedem die Exc. r. i. zu gute kommen
und entgegen ſtehen müſſe, auf welche in der andern
Claſſe von Fällen die Conſumtion ipso iure ſich beziehen würde, iſt oben dargethan worden.

(3) Dazu brauchen wir in   legitimum iudicium zu ſup-
unſerm Beyſpiel nur noch ein   poniren.

Unser vorläufiges Resultat ist also in Beziehung auf die erste (unter A benannte) denkbare Classe von Fällen dieses:

Es müßte von den beyden im Anfang dieses § recapitulirten Cardinal-Sätzen der erste streng durchgeführt werden, und wo er mit dem zweyten in Collision kommen möchte, dieser gegen jenen zurück treten; mit andern Worten: Wenn aus der Obligation zwischen T und S auch G sich belangen lassen muß, so wird für die subjective Beziehung der Consumtion alles gerade so gehalten, wie wenn G Cognitor, Procurator oder Defensor des S wäre.

Und nun noch einen Blick auf die zweyte (unter B enthaltene) Supposition:

T steht mit S und G in Einer Obligation, worin er Creditor, beyde letztere aber wahre Schuldner sind (4). Es ist also hier ein Titio dare facere oportere, welches gerade zu sowohl den S als den G betrifft. Mag daher S oder G von T belangt werden, so wird die Intentio auf ein dare facere oportere des Beklagten lauten, also immer diejenige Person nennen, auf welche die Condemnatio gerichtet

(4) Alles folgende läßt sich natürlich auch auf den umgekehrten Fall, wo Mehrheit der Creditoren Statt fände, beziehen.

iſt; ſie variirt ſomit in der Angabe des Schuldners,
je nachdem der Eine oder der Andere belangt iſt.
Tritt nun die directe Conſumtion ein, ſo wird natürlich das dare facere oportere des Beklagten zerſtört.
Was hat dieß für einen Einfluß auf das dare facere
oportere des Andern? — Die Antwort verſteht ſich
von ſelbſt, ſobald man ſich erinnert, daß es nur
Eine Obligation, d. h. nur Ein dare facere oportere
iſt, welches ſich auf Beyde bezieht, ſomit durch einmahlige Aufhebung dieſes dare facere oportere eben
die Subſtanz der ganzen Obligation zerſtört, das
Band zwiſchen Allen gelöſt ſeyn muß.

Im Fall indirecter Conſumtion müßte alſo auch
hier durch die Belangung des Einen Jedem von Beyden
für die Zukunft die Exc. rei in iudicium deductæ
und rei iudicatæ erworben werden.

So viel nach allgemeinen Begriffen und Vorausſetzungen, und wohl hinreichend, damit die Sätze,
welche ſich im Folgenden als poſitive Beſtimmungen
des Römiſchen Rechtes ergeben mögen, wenigſtens
nicht unbegreiflich erſcheinen werden.

§ 50.

Es handelt ſich nunmehr um die Realität der im
vorher gehenden § gemachten Suppoſitionen und um
das Verhältniß der ſpeciellen poſitiven Beſtimmungen

des Römischen Rechtes zu dem, was dort aus allgemeinen Römischen Ansichten abgeleitet worden ist.

Die Fälle, auf welche wir hiebey unser Augenmerk
richten müssen, sind folgende:

I. *Actio de peculio* und *Actio de in rem uerso*.
Ich stelle diese beyden Klagen an die Spitze, weil
sie nach meinem Dafürhalten durch den zufälligen
Stand unserer Quellen am fruchtbarsten für die ganze
Consumtions-Lehre sind, und insbesondere über die
Seite derselben, welche wir gegenwärtig im Auge
haben, ein helles Licht zu verbreiten scheinen. Die
Consumtion, in ihrer besondern Anwendung auf diese
beyden Klagen, macht den Hauptgegenstand meiner
Inaugural-Dissertation (1) aus, und ich stehe noch
jetzt so vollständig in den dort entwickelten Ansichten,
daß nur die geringe Verbreitung, welche den Dissertationen gewöhnlich zu Theil wird, mich nöthigt, das
Resultat meiner frühern Untersuchungen etwas aus-
führlicher zu wiederhohlen, als wenn dieselben in
einer durch den Buchhandel ordentlich verbreiteten
Schrift niedergelegt wären.

Lassen wir vorerst die Actio de in rem uerso noch
ganz bey Seite, und setzen den einfachen Fall: Ein

(1) Commentatio ad Legem Si ex duobus 32. pr. § 1. De
peculio. Gœttingæ 1823. 8.

Filiusfamilias contrahirt eine paſſive Obligation. Er iſt dazu bekanntlich eben ſo fähig wie ein Homo sui iuris, es entſteht für ihn ein echtes, civiles dare facere oportere (2). Eben ſo gewiß iſt es dagegen, daß nach Ius ciuile dieſe Schuld des Sohnes den Vater gar nicht berührt, ihn auf keine Weiſe zum Schuldner machen kann (3). Erſt der Prätor hat den Grundſatz eingeführt, daß der Vater die Schuld des Sohnes ſo weit bezahlen müſſe, als das Peculium reicht, und dazu ſoll ihn der Creditor mit der prätoriſchen Actio de peculio zwingen können. Doch einen eigentlichen civilen Obligations=Nexus (ein dare facere oportere) kann ja der Prätor nicht ſchaffen (4), wohl aber kann er die damit verbundenen äußern Wirkungen (z. B. den Zwang zur Bezahlung) auch da eintreten laſſen, wo ein ſolcher nicht vorhanden iſt, und dieß thut er eben hier. So liegt alſo ein Fall vor, wo jemand, der für ſich ſelbſt ciuiliter nicht obligirt iſt, ſich aus der Obligation eines Andern belangen laſſen muß.

Blicken wir ein Mahl zurück nach unſerer obigen erſten Suppoſition (S. 413. unter Litt. A.), ſo wäre

(2) ſ. z. B. L. 57. De iudiciis.
(3) ſ. z. B. L. 8. § 4. De acceptilatione.

(4) ſ. z. B. Gai. Comm. IV. §. 34.

also jetzt der Fall in der Wirklichkeit gefunden, den wir uns dort als möglich gedacht haben.

Ganz auf gleiche Weise entsteht bekanntlich auch aus den Rechtsgeschäften des Sclaven die Actio de peculio gegen seinen Herrn, er selbst aber unterscheidet sich vom Filiusfamilias dadurch, daß er nicht, wie dieser, einer civilen Verbindlichkeit fähig ist, sondern bloß naturaliter obligirt werden kann (5).

Was nun die formelle Beschaffenheit der *Actio de peculio* betrifft (6), so nehme ich an, daß dieselbe auf folgende Weise concipirt wurde.

Man nahm die gewöhnliche Contracts-Klage, wie sie gegen den Filiusfamilias selbst lauten würde, behielt die Demonstratio u. dgl. wesentlich, die Intentio aber ganz unverändert, setzte hingegen in die Condemnatio statt des Sohnes oder Sclaven den Nahmen des Vaters oder Herrn, und fügte einen Zusatz hinzu, wodurch der Juder angewiesen wurde, seine Condemnation auf die Quantität des Peculium zu beschränken. Es lautete demnach die Actio de peculio, den eben erwähnten Zusatz abgerechnet, genau so, wie wenn der Vater oder Herr als Cognitor

(5) L. 22. pr. L. 32. L. 107.   (6) Man sehe hierüber die De R. I. Vgl. L. 20. § 7.   angeführte Diss. § 4. S. 41. ff. Qui test. fa. po.

ober Procurator des Sohnes oder Sclaven belangt würde.

Die Gründe nun, welche diese Annahme zu mehr
als einer bloßen Hypothese zu qualificiren scheinen,
sind kürzlich folgende:

a) Es kann aus dem oben bemerkten allgemeinen
Grunde von einem directen *dare facere oportere*
des Vaters oder Herrn auch in der Formula
unmöglich die Rede seyn.

b) Es ist quellenmäßig constatirt, Ein Mahl, daß
die Erwähnung des Peculium in der Condemnatio enthalten (7), und zweytens, daß der Inhalt der
Intentio von der Größe des Peculium ganz unabhängig war (8). Da nun aber bekanntlich auch

(7) § 4. I. Quod cum eo
qui in al. po. vgl. mit *Gai.*
Comm. IV. § 74. in fine. Die
Worte beyder Stellen s. unten
Note 17.

(8) L. 30. pr. De peculio.
(*Ulp.*) „Quæsitum est, an
„*teneat* actio de peculio,
„etiamsi nihil sit in peculio,
„cum ageretur, si modo sit
„rei iudicandæ tempore? Pro-
„culus et Pegasus nihilominus
„teneri aiunt: *intenditur enim*
„*recte, etiamsi nihil sit in pe-*

„*culio.* Item et circa ad ex-
„hibendum et in rem actio-
„nem placuit, quæ sententia
„et a nobis probanda est.“
(Ueber den letztern Fall vgl.
Gai. Comm. IV. § 41. und
L. 27. § 1. De R. V.) Ferner
L. 7. § 15. Quib. ex cau. in
poss. ea. (*Ulp.*) „Si quis
„actione de peculio filii uel
„serui nomine conueniri pos-
„sit, si latitet, eo iure uti-
„mur, ut possint bona eius
„possideri et uenire, tametsi

die bloß prätorische Verbindlichkeit des Vaters (9) durch den Betrag des Peculium bedingt ist (10), so folgt, daß in der Intentio von einer Verbindlichkeit des Vaters, irgend welcher Art, nicht die Rede seyn konnte.

c) Daß die Actio de peculio nothwendig und immer *in factum* concipirt wäre, kann nicht angenommen werden (f. Litt. d.), und wenn es sich auch so verhielte, so könnte doch auch eine solche Intentio nur ein Factum des Sohnes, welches ja allein der Klage zum Grunde liegt, nicht aber eine Handlung des Vaters benennen. Da es nun aber keinem Zweifel unterliegt, daß die Actio de peculio überhaupt eine Intentio hat (11), so ergibt sich aus allem bisherigen der nothwendige Schluß, daß in dieser Intentio nur der Sohn, nicht aber der Vater compariren konnte.

„nihil fuerit in peculio, quia „esse potest, et rei iudicatæ „tempus spectamus, utrum sit „an non sit; *et quod teneat* „*actio, etiamsi nihil in peculio* „*fuerit.*"

(9) Wir nennen fortan der Kürze wegen bloß den Vater, und verstehen dasselbe von dem Herrn eines Sclaven; „nam,

sagen wir mit Justinian, si „quid in his proprie serue- „tur, separatim ostendemus."

(10) f. z. B. L. 35. De fideiussoribus. L. 6. § 2. eod. L. 1. § ult. De pecun. constit. L. 5. § 2. L. 27. De liberat. leg.

(11) f. d. L. 30. L. 32. pr. De peculio.

d) Die Actio de peculio iſt nach Römiſchen Begriffen nicht eine ſelbſtändige materielle Klage, ſondern ſie iſt eine bloße Modification, welche die Klagen aus Rechtsgeſchäften anzunehmen fähig ſind. So
z. B. wenn aus dem Kauf eines Filiusfamilias die
Actio de peculio angeſtellt wird, ſo kommen die gewöhnlichen Grundſätze über Kauf zur Anwendung,
und es leiden dieſelben nur darin eine Beſchränkung,
daß nicht ſie allein die Norm der Condemnation abgeben, ſondern dabey auch auf den Betrag des Peculium Rückſicht genommen wird. So kommt es, daß
man von einer *Actio empti de peculio*, *Actio locati de peculio* u. dgl. ſpricht, und überhaupt immer
eine materielle Klage ſich denken muß, durch welche
die an ſich leere Form der Actio de peculio ihre Bedeutung erhält (12).

Kann man ſich nun aber etwas natürlicheres, ich
möchte ſagen, Römiſch nothwendigeres denken, als
daß auch der Ausdruck, die äußere Erſcheinung der

---

(12) ſ. z. B. L. 23. § 4.
De ædil. ed. — „Si seruus
sit, qui uendidit, uel filius-
„familias, in dominum uel
„patrem *de peculio* ædilitia
„*actio* competit.“ L. 57. § 1.
eod. „Quod si seruus uel

„filius uendiderit, *redhibitoria*
„*in peculium* competit.“ —
L. 3. § ult. Si mens. fal. mo.
d. „. . . quamuis *ciuilis* (d. h.
locati) *actio de peculio* com-
„petat.“

Actio de peculio dieser ihrer sachlichen Bedeutung entsprochen habe, mit andern Worten, daß die Formula derselben auf die von uns angegebene Weise concipirt worden sey? (13)

Nur Eine Schwierigkeit bleibt übrig, wo die Actio de peculio aus dem Rechtsgeschäft eines Sclaven angestellt wird. Nähmlich wie kann eine Intentio, die von einer civilen Obligation spricht, sich auf die Person eines Sclaven beziehen, da man doch niemahls sagen kann, *seruum dare facere oportere* (14)? — Auch hierüber muß ich meine frühere Vermuthung bestätigen, welche dahin ging, daß man dießfalls das den Römern so geläufige Auskunfts-

(13) Liest man Stellen wie L. 18. § 5. De castren. pec., so wird es Einem wahrhaft anschaulich, daß die Actio de peculio sich von der Klage gegen einen Defensor nur durch die modificirte Condemnatio unterschied. Dort sagt *Mœcianus:* „Sed nec cogendus est „pater, æs alienum, quod „filius peculii nomine, quod „in castris adquisiit, fecisse „dicetur, de peculio actionem „pati. Et si sponte patiatur, „ut quilibet defensor satisdato

„filium in solidum, non pe-„culiotenus, defendere de-„bet . . .“ s. auch L. 6. § 12. Quæ in frau. cred. L. 42. pr. De furtis. (*Paul.*) „Si seruus „nauem exerceat non uolun-„tate domini, de eo, quod „ibi perit, uulgaris formula „in dominum danda est, ut, „quod alter admisit, duntaxat „de peculio; quod ipse exer-„citor, adiiciatur, ut noxæ „dederet. . .“

(14) s. oben Note 5.

mittel einer **Fiction** gebraucht, und die Intentio
z. B. ungefähr so concipirt habe: „Quicquid Seium
„seruum, *si liber esset*, Titio dare facere oporte-
„ret . . .“ (15). Und wenn man bedenkt, wie innig bey
den Römern das materielle Recht mit dem Formel-
wesen verflochten war, und wie häufig wir sie aus
den Formeln über jenes räsonniren hören, so dürfte
wohl die Vermuthung in Stellen wie L. 12. § 1. De
duobus reis (16) eine nicht ganz unbedeutende Unterstützung finden.

(15) Man könnte hier ein-
wenden: Wenn man zu Fictio-
nen seine Zuflucht nehmen
wolle, so liege eine ganz andere
eben so nahe, nähmlich man
solle nur die Intentio so fassen:
Quicquid Gaium dominum,
si ipse contraxisset, d. f. oporteret. Allein von allem Andern
abgesehen, so wird sich die Unmöglichkeit einer solchen Annahme durch die Angabe der
positiven Bestimmungen über
die in solchen Fällen Statt fin-
dende Consumtion von selbst
des bestimmtesten erzeigen.

(16) (*Venulei.*) „Si a Titio
„et pupillo sine tutoris au-
„ctoritate stipulatus fuero

„eadem decem uel a seruo,
„et quasi duos reos promit-
„tendi constitui, obligatumque
„Titium solum Iulianus scri-
„bit: quamquam si seruus
„spoponderit, *in actione de*
„*peculio eadem obseruari de-*
„*bent ac si liber fuisset.*“ f.
auch L. 24. § 2. De A. E. V.
(*Iulian.*) „Seruo uendente ho-
„minem fideiussor uenditionis
„omnia præstare debet, in
„quæ obligaretur, si pro li-
„bero fideiussisset: nam et in
„dominum actio sic datur,
„ut emptor eadem consequa-
„tur, quæ libero uendente
„consequi debuisset, sed ultra
„peculii taxationem dominus

Fragen wir jetzt nach der Formel der *Actio de in rem uerso*, so gilt hier genau alles, und zwar aus denselben Gründen, was so eben über die Actio de peculio gesagt wurde, nur daß die Condemnatio statt des Peculium das *in rem uersum* dem Juder als Norm vorschreibt. Es ist dieß so gewiß, daß in den Quellen beyden Eine Formula zugeschrieben wird (17), und daß dieselbe Actio auf Ein Mahl beyde Gestalten annehmen kann (18), wie wir davon auch wirklich Beyspiele finden (19).

„non condemnatur.“ Endlich vgl. man wenigstens des ähnlichen Ausdruckes wegen L. 1. § 4. Quar. rer. act. n. d.

(17) § 4. I. Quod cum eo qui in al. p. „. . . licet enim „una est actio, qua de pecu-„lio deque eo, quod in rem „domini uersum sit, agitur, „*tamen duas habet condemna-*„*tiones.* Itaque iudex, apud „quem de ea actione agitur, „ante dispicere solet, an in „rem domini uersum sit, nec „aliter ad peculii æstimatio-„nem transit, quam aut nihil „in rem domini uersum in-„telligatur aut non totum.“ Vgl. *Gai.* Comm. IV. § 74.

„. . . nam, ut supra diximus, „eadem formula et de peculio „et de in rem uerso utimur.“

(18) Das materielle Verhältniß zwischen Actio de peculio und de in rem uerso kann uns hier nicht berühren. Ich habe hierüber, so wie auch betreffend die Bedeutung der Actio de in rem uerso an sich, a. a. O. (§ 2.) die bisherige Ansicht zu widerlegen und eine andere fest zu stellen gesucht.

(19) f. L. 16. De in rem uerso. „. . . nummos a do-„mino petebat actione de pe-„culio aut quod in rem do-„mini uersum esset.“ L. 17. § 1. L. 19. eod. L. 22. § pen.

So mag denn also die combinirte Actio de peculio und de in rem uerso in ihrer einfachsten Gestalt (20) in einem einzelnen Falle etwa so gelautet haben:

„*Mœuius iudex esto. Quod Titius Seio* „*filiofamilias mensam argenteam com-* „*modauit, Q. D. R. A., quicquid ob eam* „*rem Seium Titio dare facere oportet ex* „*fide bona eius, id iudex Gaium patrem* „*de peculio, aut quod in rem Gaii patris* „*uersum est, condemnato.*"

Sonach hätte sich aus dem positiven Detail für die Actio de peculio und de in rem uerso eine Formula gerade der Art wirklich ergeben, wie wir im vorher gehenden § nach unserer Kenntniß der Formel-Composition im Allgemeinen für die ganze unter A) benannte Classe von Fällen erwarten zu müssen glaubten.

Daß nun aber endlich auch die Grundsätze der Consumtion, in einfacher Consequenz durchgeführt, nach specieller Römischer Ansicht wirklich auf das

---

Sol. matrim. „. . . sufficit „antem ad id damnari eum „(d. i. patrem), quod est in „peculio, uel si quid in rem „patris uersum est."

(20) Es gibt noch eine ziem=

liche Anzahl Zusätze und Clau-seln, deren diese Formula fähig ist, und welche a. a. O. §§. 56—59. nachgewiesen werden, uns aber hier nicht interessiren.

Resultat führen, welches wir dort zum voraus be=
zeichnet haben, daß somit durch Anstellung und Durch=
führung der Actio de peculio oder de in rem uerso
gegen irgend jemanden, oder der Actio directa gegen
einen Filiusfamilias selbst, gleich viel, was der äußere
Erfolg des Processes gewesen, und wie weit der
Creditor dadurch zu seiner Befriedigung gelangt sey; —
sowohl der Beklagte als jede andere Person, welche
nach den materiellen Bedingungen dieser Klagen ir=
gend einer derselben ausgesetzt war (21), von allen
ipso iure oder per exceptionem rei in iudicium de=
ductæ und rei iudicatæ befreyt wird: — dafür liegt
wohl der genügendste Beweis in der merkwürdigen
L. 32. pr. De peculio (22), wo Ulpian mit Beru=

---

(21) Ueber die Frage, wer
mit der Actio de peculio be=
langt werden könne, s. die cit.
Diss. § 1.

(22) *Ulp.* lib. 2. Disputa-
tionum. — „Si ex duobus uel
„pluribus heredibus eius, qui
„manumisso seruo uel libero
„esse iusso uel alienato uel
„mortuo, intra annum con-
„ueniri poterat, unus fuerat
„conuentus. *omnes heredes li-*
„*berabuntur:* quamuis non in
„maiorem qnantitatem eius

„peculii, quod penes se ha-
„bet, qui conuenitur, con-
„demnetur. Idque ita Iulia-
„nus scripsit: idemque est, et
„si in alterius rem fuerit uer-
„sum. Sed et si plures sint
„*fructuarii* uel *bonæ fidei*
„*possessores, unus conuentus*
„*cœteros liberat,* quamuis non
„maioris peculii, quam penes
„se est, condemnari debeat.
„Sed *licet hoc iure contingat,*
„tamen æquitas dictat, iudi-
„cium in eos dari, qui *occa-*

fung auf Julian gerade den grellſten Fall mit dürren Worten in dem angegebenen Sinne entſcheidet;
ſo wie denn auch in den zahlreichen Fragmenten, in
denen von den Mitteln die Rede iſt, um die über-
große Härte, welche die rückſichtloſe Anwendung der
Conſumtions-Grundſätze auf dieſer Seite mit ſich führen würde, zu lindern, und dem Geiſt der Rechts-
Inſtitute über die Macht der Formen den Sieg
zu verſchaffen; — eine Materie, die wir hier noch ganz
bey Seite laſſen, der wir aber ſpäter einen eigenen
Abſchnitt wiedmen werden.

§ 51.

II. Actio exercitoria. — Wir wiſſen aus L. 1.
§ pen. De exercit. act. (1), daß durch Anſtellung

„ſione iuris liberantur, ut ma-
„gis eos perceptio quam in-
„tentio liberet: nam qui cum
„seruo contrahit, uniuersum
„peculium eius, quod ubi-
„cumque est, ueluti patrimo-
„nium intuetur.“ — Dieſe
Stelle war die nächſte Veranlaſſung der angeführten Diſſertation, und hat ihr den Titel
gegeben. In § 3. iſt von den
frühern Interpretationen derſelben die Rede, die denn frey-

lich vor der Entdeckung des
Gajus nur höchſt unbefriedigend ausfallen konnten.

(1) (*Ulp.*) „Hæc actio ex
„persona magistri in exerci-
„torem dabitur: et ideo si
„cum utro eorum actum est,
„cum altero agi non potest.
„Sed si quid sit solutum, si-
„quidem a magistro, ipso
„iure minuitur obligatio: sed
„et si ab exercitore, siue suo
„nomine, i. e. propter hono-

der Actio exercitoria die Actio directa (contra ma-
giſtrum) conſumirt wird, und umgekehrt. Der Grund
dieſer gegenſeitigen Conſumtion iſt höchſt wahrſcheinlich derſelbe, aus welchem durch Anſtellung der Klage
gegen den Filiusfamilias die Actio de peculio u. ſ. f.
conſumirt wird, nähmlich Identität der Intentio,
ſo wie denn auch ſachlich dieſer Fall unzweifelhaft unter die oben mit A) bezeichnete Kategorie gehört. Die
Actio exercitoria iſt, wie die Actio de peculio,
eine bloß prätoriſche Klage, alſo ſchon darum wenigſtens einer ſelbſtändigen Intentio, die von einem
dare facere oportere des *Exercitor* ſpräche, ganz
unfähig; ſie iſt ferner, wie jene, nicht eine beſondere, reelle *Actio*, ſondern eine bloße mögliche
Adiectio anderer Klagen; und endlich ſcheinen
auch die Anfangsworte des § pen. cit. (das *ex persona magistri* und das ſich daran ſchließende *et
ideo*) jene Anſicht etwelcher Maßen zu beſtätigen.

III. Actio institoria. — Ueber dieſe und ihr Verhältniß zur Actio directa gegen den Institor finden
wir in den Quellen in dieſer Beziehung keinen Aufſchluß (2); dennoch darf man, da alle bey der Actio

---

„rariam obligationem, siue
„magistri nomine soluerit,
„minuetur obligatio, quoniam

„et alius pro me soluendo me
„liberat."

(2) Wenn *Paulus* in L. 4.

exercitoria angeführten Gründe auch hier zutref=
fen, wohl unbedenklich daſſelbe annehmen (3).

IV. Actio quod iussu. — Es iſt mir ſehr wahr=
ſcheinlich, daß auch dieſe Klage ganz dieſelbe Inten=
tio hat wie die Actio de peculio (4), mit welcher

h. t. ſagt „Nec mutat causam
„actionis locus uendendi
„emendiue, cum utroque
„modo (ſ. L. 3. eod.) uerum
„sit, institorem emisse aut
„uendidisse“, ſo möchte viel=
leicht dadurch für die Formula
der Actio institoria wenigſtens
ſo viel einiger Maßen ange=
deutet ſeyn, daß darin die
Demonstratio der gewöhnli=
chen Contracts=Klage (hier der
Actio empti oder uenditi) ge=
ſtanden habe.

(3) In L. 13. pr. h. t. iſt
von der Conſumtion in An=
wendung auf eine Actio in=
stitoria die Rede, aber ſo, daß
ich für unſern dermahligen
Zweck nichts daraus abzuleiten
wüßte. Ueber die beyden
Actiones im Allgemeinen vgl.
Gai. Comm. IV. § 71.

(4) Man wundere ſich nicht,
daß die Römer nicht, wie von

der Actio de in rem uerso,
ſo auch von der Actio quod
iussu ſagen, daß ſie mit der
Actio de peculio formell Eine
Actio ſey. Das formelle We=
ſen der Actiones de peculio
und de in rem uerso beſteht
bloß in einer beſtimmten Mo=
dification der Condemnatio,
und ſolche können ganz füglich
in e i n e r Formula z w e y Platz
finden. Dagegen die Actio
quod iussu hat in Beziehung
auf die Condemnatio gar nichts
beſonderes, indem ſie eine ganz
gewöhnliche, ſolidariſche Con=
demnation bezweckt; wohl aber
beruht ſie auf einem beſondern
Umſtand, welcher die Abſchlie=
ßung des der Klage zum Grunde
liegenden Rechtsgeſchäftes be=
gleitete; d. h. e i n e m A u f=
t r a g des V a t e r s. Es iſt
daher ſehr natürlich, daß die
Modification, welche eine Klage

sie bekanntlich auch die oben angegebenen und bey der Actio exercitoria wiederhohlten Eigenschaften gemein hat (5). Es müßte daher durch Anstellung der Actio quod iussu sowohl die Actio de peculio, als alle übrigen bisher genannten Klagen, die zugleich Statt finden könnten, consumirt werden, und um= gekehrt; welches letztere wenigstens zum Theil quel= lenmäßig constatirt ist (6).

V. Von der Actio tributoria wissen wir aus L. 9. § 1. De tribut. act. (7), daß sie durch Anstellung der

---

zu einer Actio quod iussu macht, auch in demjenigen Theil der Formula angebracht werde, worin von der Abschließung des zum Grunde liegenden Rechtsgeschäftes die Rede ist; und dieß ist die *Demonstratio.* Ich denke mir daher eine Actio quod iussu z. B. so: „*Quod „iussu Gaii patris Seius filius= „familias a Titio hominem „emit, quicquid ob eam rem „Seium Titio d. f. oportet, id „Gaium patrem condemna.*" — So ist es wohl einleuchtend, daß die Actio de peculio und de in rem uerso mit der Actio quod iussu nicht eine gemein= same Formula haben können.

(5) f. L. 91. § 5. De V. O. vgl. mit § 4. ib. L. 88. eod.

(6) L. 4. § 5. Quod cum eo qui in al. po. (*Ulp.*) „Is „qui de peculio egit, cum „posset Quod iussu, in ea „causa est, ne possit Quod „iussu postea agere. Et ita „Proculus existimat. Sed si „deceptus de peculio egit, „putat Celsus succurrendum „ei: quæ sententia habet ra= „tionem."

(7) (*Ulp.*) „Eligere quis „debet, qua actione experia= „tur, utrum de peculio an „tributoria; cum scit, sibi „regressum ad aliam non „futurum. Plane si quis

Actio de peculio conſumirt wird, und umgekehrt. Ueber den eigentlichen Grund dieſer Regel weiß ich aber nichts näheres anzugeben, weil mir die Formel der Actio tributoria zur Stunde noch ganz dunkel iſt.

Von dem Verhältniß der Actio tributoria zur Actio inſtitoria ſpricht L. 11. § 7. De inſtit. act. (8) Man würde ſich aber ſehr irren, wenn man glaubte, daß zwiſchen dieſen beyden Klagen ein ähnliches Verhältniß gegenſeitiger Conſumtion exiſtirte. Viel= mehr ſagt die Stelle ganz deutlich, daß dieſe beyden Klagen gar nie neben einander Statt finden, indem ſie einander in ihrer materiellen Grundlage ſo wider= ſprechen, daß die eine niemahls begründet ſeyn kann, wo die andere begründet iſt.

§ 52.

VI. Wenn für eine Obligation Bürgſchaft exiſtirte, ſo wurde nach dem claſſiſchen Römiſchen Recht der

„uelit ex alia cauſa tributo- „ria agere, ex alia cauſa de „peculio , audiendus erit.“ ſ. über dieſe Stelle Thibaut, Civ. Abhandl. S. 172. ff.

(8) (*Ulp.*) „Si inſtitoria „recte actum eſt, tributoria „ipſo iure locum non habet, „neque enim poteſt habere „locum tributoria in merce „dominica. Quod ſi non „fuit inſtitor dominicæ mer- „cis , tributoria ſupereſt „actio.“

Bürge durch Belangung des Hauptschuldners frey, und ebenso umgekehrt (1).

Man sehe L. pen. C. De fideiussoribus. (2) *Cic.*

(1) Dasselbe Verhältniß fand zwischen mehrern Mitbürgen Statt, wenn sie nähmlich *Fideiussores* waren, denn nur diese haften ipso iure in solidum. Dagegen *Sponsores* und *Fidepromissores* sind ipso iure nur pro parte uirili verpflichtet, somit liegen die Verpflichtungen mehrerer Sponsores und Fidepromissores ganz außer einander, und es kann also auch keine gegenseitige Consumtion Statt finden. f. *Gai.* Comm. III. § 121. f.

(2) Es ist nothwendig, die Worte dieser historisch sehr wichtigen Stelle vollständig vor Augen zu haben. Sie lautet so: (*Iustinianus* A. Ioanni P. P.) „Generaliter san„cimus, quemadmodum in „mandatoribus statutum est, „ut *contestatione contra unum* „*ex his facta* alter non libe„retur, ita et in fideiussori„bus obseruari. Inuenimus „etenim, et in fideiussorum

„cautionibus plerumque ex „pacto huiusmodi causæ esse „prospectum, et ideo gene„rali lege sancimus, nullo „modo electione unius ex „fideiussoribus uel ipsius rei „alterum liberari: uel ipsum „reum fideiussoribus uel uno „ex his electo liberationem „mereri, nisi satisfiat credi„tori: sed manere ius inte„grum, donec in solidum ei „pecuniæ persoluantur, uel „alio modo satis ei fiat. Idem„que in duobus reis promit„tendi constituimus, ex unius „rei electione præiudicium „creditori aduersus alium fieri „non concedentes; sed rema„nere et ipsi creditori actio„nes integras et personales „et hypothecarias, donec per „omnia ei satisfiat. Si enim „pactis conuentis hoc fieri „conceditur, et in usu quo„tidiano semper hoc uersari „aspicimus, quare non ipsa „legis auctoritate hoc per-

ad Att. XVI. 15. (3) *Pauli* R. S. Lib. II. T. 17.
§ 16. (4) Vgl. L. 7. De fidei. et nomin. tut. (5) L. 1.
Ratam rem haberi (6).

„mittatur, ut nec simplicitas
„suscipientium contractus ex
„quacumque causa possit ius
„creditoris mutilare.“ Dat.
15. Kal. Nouemb. Constanti-
nopoli post Consulatum Lam-
padii et Orestis VV. CC. 531.

(3) Die Worte dieser Stelle
f. unten § 54.

(4) „Electo reo principali
„fideiussor uel heres eius li-
„beratur : non idem in man-
„datoribus obseruatur.“

(5) (*Papinian.*) „Si fide-
„iussores, qui rem salnam
„fore pupillo cauerant, tuto-
„rem adulescens ut ante con-
„ueniret, petierant, atque
„ideo stipulanti promiserunt,
„se reddituros, quod ab eo
„seruari non potuisset, pla-
„cuit, inter eos, qui soluen-
„do essent, actionem residui
„diuidi“ u. f. w. In dieser
Stelle scheint mir unsere Regel des deutlichsten voraus
gesetzt zu seyn, und es ist
offenbar die einzige Bedeutung

und der einzige Zweck jener
zweyten Stipulation, den
Adolescens zu sichern, daß er
durch Belangung des Hauptschuldners und die damit verbundene Liberation des Bürgen keinen Schaden leide. Es
geschieht dieß dadurch, daß
ihm statt der ursprünglichen
Bürgschaftsforderung, welche
untergehen wird, gegen dieselben Bürgen eine neue selbständige und dieser Gefahr
nicht ausgesetzte Forderung
constituirt wird. Vgl. L. 21.
De solutionibus. L. 116. De
V. O. L. si. pr. De R. C.
L. 150. De V. S. — Uebri-
gens müssen wir auf Stellen
wie d. L. 7. um so aufmerk-
samer seyn, da nach der in d.
L. pen. C. enthaltenen Abschaffung unserer Regel in die
Justinianeische Sammlung nicht
leicht Fragmente unverändert
aufgenommen werden konnten,
in welcher diese geradezu ausgesprochen war. So ist die

Daß nun der Grund dieses Satzes einzig in unserer Regel der Consumtion durch Proceß und Urtheil liege, müssen wir sogleich vermuthen, wenn wir nur die Frage aufwerfen, in welcher Art denn eigentlich diese Liberation geschehe, und durch welches Rechtsmittel sie gelten zu machen sey. Da nähmlich der Belangte selbst nur in den seltenern Fällen, wo Nouatio necessaria eintritt, ipso iure frey wird, so hat es alle Wahrscheinlichkeit gegen sich, daß die

Interpolation handgreiflich in L. 2. C. De fidei. tut. (*Imp. Alexander A.* Prisco.) „Non „est ambigui iuris, electo reo „*et soluente* fideiussorem li„berari, et ideo si simplici„ter acceptus est fideiussor „in id, quod tutor seu cu„rator debiturus esset, cum „proponas, tutorem seu cu„ratorem *condemnatum sol„uisse*, quid dubium est, „fideiussorem liberatum esse? „Plane si stipulatio rem saluam „pupillo fore interposita est, „uel cautum est in id, quod „a tutore uel curatore seruari „non potest, manet fideius„sor obligatus *ad supplendam* „*tibi indemnitatem.*“ PP. 8.

Kal. Aug. Fusco II. et Dextro Coss. 226. — Ueber das Verhältniß der zweyten Hälfte dieser Stelle zu d. L. 7. f. unten § 66. Note 9. Auf gleiche Weise wie in d. L. 2. ist auch in L. 15. C. De fideiussoribus das *soluere* von den Compilatoren herein geschoben.

(6) (*Papinian.*) „Cum quis „de rato stipularetur, quamuis „non idem sed alius a domino „conueniretur, qui conueniri „non posset, si ratum ha„buisset; committi stipula„tionem placuit: ueluti si fide„iussor aut alter ex reis pro„mittendi, qui socius est, „conuenitur.“

andern Personen, deren Liberation einzig auf derselben Belangung, und durchaus nicht auf einem besondern, materiellen Grunde beruht, regelmäßig ipso iure frey werden sollten. Müssen wir aber zugestehen, daß diese Liberation wenigstens in gewissen Fällen nur indirect, d. h. per exceptionem geschehe, so kann die Exceptio, durch welche dann diese Liberation gelten gemacht wird, gewiß keine andere seyn, als entweder die Exc. rei in iudicium deductæ oder die Exc. rei iudicatæ, und wenn dieses der Fall ist, so ist gewiß auch die Herleitung unsers Satzes aus der allgemeinen Regel der processualischen Consumtion völlig gerechtfertigt (7), um so mehr, wenn es sich zeigen sollte, daß derselbe sich aus den allgemeinen Grundsätzen dieser Lehre selbst als nothwendige Folgerung ergäbe.

Fragt es sich denn also nach dem nähern Grunde dieser gegenseitigen Consumtion, so möchte man geneigt seyn, denselben ebenfalls in der Beschaffenheit der Formulä, nahmentlich in der Identität der Intentio zu suchen. Zwar lernen wir aus Gajus (8)

(7) Man bemerke auch, daß in d. L. pen. C. und in der angeführten Stelle von *Cicero* die Liberation des Bürgen ausdrücklich als Folge der *Litis Contestatio* bezeichnet wird: das ist doch wohl allein schon genug, um jeden Zweifel auszuschließen.

(8) Comm. IV. § 137.

nur den einleitenden Theil der Formula, womit Sponsores oder Fideiussores belangt werden, kennen, und an diese Praescriptiones und Demonstrationes ließe sich äußerlich wohl eine Intentio anschließen, in welcher nur das Schuldverhältniß des Haupt= schuldners, nicht aber die Person des Bürgen enthal= ten wäre. Allein es finden sich denn doch hinreichende Gründe, die eine solche Annahme durchaus verwerf= lich machen.

Vor Allem muß man sich erinnern, daß ein *Fide= iussor* auch für eine *naturalis obligatio*, ein *Spon= sor* zuweilen sogar für eine *obligatio ipso iure nulla* bestellt werden kann (9). In solchen Fällen konnte mithin in der Intentio der Bürgschaftsklage von einem *dare facere oportere* des H a u p t = s c h u l d n e r s nicht die Rede seyn (10). Ferner, und dieß ist das entscheidendste, es war bey der Klage gegen den Bürgen auch gar kein solches Bedürfniß, die Intentio auf die Person des Hauptschuldners zu richten, wie dieß bey den bisher aufgezählten Kla= gen der Fall war: denn diese waren alle bloß p r ä t o r i s c h e n U r s p r u n g s, es konnte also schlech= terdings nicht von einem d i r e c t e n *dare facere*

(9) *Gai.* Comm. III. § 119. ausdenken, wodurch dieß mög=
(10) Man wird hier nicht lich gemacht worden wäre.
leicht eine plausible Fiction

oportere des *Dominus*, *Pater*, *Exercitor* u. dgl. in der Intentio derſelben die Rede ſeyn. Dagegen die Bürgſchaft iſt ein uraltes civiles Rechts-Inſtitut, die Obligation des Bürgen entſteht auf dem ſtreng civilen Wege der Stipulation, und von ihm konnte man daher ohne alle Umſchweife ganz unbedenklich ſagen, *eum dare facere oportere* (11). Endlich (12) die Analogie der *Correi debendi* und der Abfaſſung der Formula, welche wir bey ihrer

---

(11) So ſchwört der Bürge auch, *se dare non oportere*, und *promittirt*, *se daturum*. L. fi. § 1. De iureiur. L. 65. L. 16. pr. De fideiusſoribus. Vgl. übrigens über die Stipulations-Formen der verſchiedenen Arten von Bürgen Gai. Comm. III. § 116.

(12) Ueberdieß ſind auch folgende zwey Umſtände, wenn man ſich nur das Formelweſen recht deutlich vergegenwärtigt, gar nicht unbedeutend für unſere Anſicht: Ein Mahl, daß in L. 10. § pen. Mandati und in L. 63. § 1. Pro socio die Möglichkeit voraus geſetzt wird, daß der Reus das Iudicium als Procurator des Bürgen *suscipire*, und umgekehrt. — Zweytens: Es kommt in den Quellen oft zur Sprache, ob mehrere Bürgen *ipso iure* nur in partes *uiriles* haften, oder nicht, und dieſe Frage wird denn bekanntlich für *Sponsores* und *Fidepromissores* bejaht, für *Fideiussores* verneint. Die ganze Frage hätte aber gar keinen Sinn, wenn in der Intentio von der Schuld des *Reus* ſelbſt, und nicht von der Perſon des Bürgen die Rede wäre. ſ. *Gai.* Comm. III. § 121. f. L. 26. L. 27. L. 28. L. 49. § 1. L. 51. pr. § 1. De fideiusſoribus.

Belangung voraus setzen müssen. Für *plures reos debendi* gilt nähmlich unbestritten dieselbe Regel, daß durch Belangung von einem die übrigen liberirt werden, so wie auch umgekehrt die Anstellung der Klage von einem *reus credendi* alle übrigen klaglos macht (13). So wie bey den Bürgen, so ist offenbar auch der Grund dieses Satzes in der allgemeinen Regel der Consumtion durch Proceß zu suchen, und derselbe wird also auch hier nach der bekannten Gränzscheidung theils ipso iure, theils per exceptiones rei in iudicium deductæ oder rei iudicatæ, realisirt. Fragen wir aber hier nach der Beschaffenheit der Formulä, so hätte die Vermuthung, daß

(13) L. 2. De duo. reis. (deren Worte f. unten Note 25.) L. 5. in fi. De fideiussoribus. (*Ulp.*) „. . . Item si reus „stipulandi extiterit heres rei „stipulandi: duas species „obligationis sustinebit. Plane „si ex altera earum egerit, „utramque consumet: uideli- „cet quia natura obligatio- „num duarum, quas haberet, „ea esset, ut, cum altera „earum in iudicium deduce- „retur, altera consumeretur.“ L. 31. § 1. De nouation.

(*Venulei.*) „Si duo rei stipu- „landi sint, an alter ius no- „uandi habeat, quæritur: et „quid iuris unusquisque sibi „adquisierit. Fere autem „conuenit, et uni recte solui, „*et unum iudicium petentem* „*totam rem in litem deducere;* „item unius acceptilatione „perimi utriusque obligatio- „nem“ u. f. f. — Man sehe auch d. L. pen. C. De fideinss. L. 14. Rat. rem hab. vgl. mit L. 1. eod.

die mehrern Klagen identiſche Intentio gehabt, dieſe
alſo immer dieſelbe Perſon enthalten hätte, auch
nicht einen Schein von Wahrheit, denn bey wahren
Correis fällt gerade das, was bey Bürgen noch
einigen Zweifel hätte verurſachen können, weg,
nähmlich der Umſtand, daß die Obligation des einen
Schuldners eine bloß acceſſoriſche zu der des Haupt=
ſchuldners war. Es wäre alſo bey Correis durchaus
kein Grund denkbar, warum der eine eher als der
andere in der gemeinſamen Intentio genannt werden
ſollte: und daher müſſen wir denn eben die Idee einer
ſolchen gemeinſamen Intentio völlig aufgeben.

Daß aber die Obligation des einen Correus durch
Belangung des andern dennoch conſumirt wird, er=
klärt ſich aus folgenden zwey Römiſchen Rechtsan=
ſichten:

a) Das Römiſche Recht anerkennt die Möglichkeit
mehrfacher directer ſubjectiver Beziehung einer
Obligation, mit andern Worten, die Möglichkeit, daß
es zu einer und derſelben ungetheilten Obligation
geradezu (14) mehrere Creditoren und Debitoren
geben könne. Dafür zeugt der ganze Pandekten=Titel

(14) Man erinnere ſich zum
Gegenſatz an die vorher aufge=
zählten Fälle, wo die mehrfache
Beziehung bloß eine indire=
cte war, indem nicht die Obli=
gation, ſondern bloß ihre äußere
Wirkung, die Klage, meh=
rere Subjecte hatte.

De duobus reis und unzählige andere Stellen (15).
Es war dieß die zweyte unserer oben (S. 414. litt. B.)
aufgestellten Suppositionen, welcher es somit eben so
wenig als der ersten an Realität fehlt. Ja es erscheint der Fall, der uns jetzt beschäftigt, der natürlichen Ordnung nach als der erste und ursprüngliche,
sobald wir nur den historischen Gang der Sache und
den Grund der ganzen Unterscheidung begreifen. Offenbar ging es hier wie mit hundert andern Rechts-In-
stituten. Man fand das eben beschriebene Verhältniß
wahrer Correi als einen uralten civilen Rechtsbegriff
in bestimmten Anwendungen vor, und es zeigten sich
später Fälle, wo das *Ius ciuile* zwar ein solches
Verhältniß nicht statuirte, das praktische Bedürfniß

---

(15) f. oben Note 13. und
vgl. z. B. L. 3. § 1. De duo.
reis. — „Ubi duo rei facti
„sunt, potest uel ab uno eo-
„rum solidum peti . . . uti-
„que enim *cum una sit obli-*
„*gatio,* una et summa est,
„ut, siue unus soluat, omnes
„liberentur, siue soluatur ab
„altero, liberatio contingat.“
f. auch L. 13. § 9. Locati.
L. 116. De V. O. Sehr be-
zeichnend sind die Worte Ulpian's in L. 16. De acce-

ptil. — „Si ex pluribus obli-
„gatis uni accepto feratur,
„non ipse solus liberatur, sed
„et hi, qui secum obligantur.
„Nam cum ex duobus pluri-
„busque eiusdem obligationis
„participibus uni accepto fer-
„tur, cæteri quoque libera-
„tur, non quoniam ipsis ac-
„cepto latum est, sed quo-
„niam uelut soluisse uidetur
„is, qui acceptilatione solu-
„tus est.“

aber eben daſſelbe zu erfordern ſchien. Der Prätor
half; aber, wie immer, nicht ſo, daß er dieſe neuen
Fälle gleichſam durch einen Machtſpruch, dem Ius ciuile zum Troß, den alten geradezu gleich ſtellte, ſondern durch einen Umweg, auf welchem mit gänzlicher
Schonung der civilen Grundſätze dem praktiſchen Effect nach gerade daſſelbe erreicht wurde. Dieß iſt
eben die Entſtehung und Bedeutung der unter A) zum
voraus bezeichneten und nachher (SS. 419 — 435.)
einzeln angeführten Fälle.

Daß nun aber das formelle Auskunftsmittel, wodurch eine einfache Obligation zwiſchen zwey
Perſonen auch gegen Andere wirkſam gemacht wurde,
und welches eben darin beſtand, daß man jene Obligation als formelle Grundlage (Intentio) verſchiedener
Actiones erſcheinen ließ, in denjenigen Fällen nicht
gebraucht ward, wo die Obligation ſich *ciuiliter* und
direct auch auf dieſe andern Perſonen bezog, alſo
Jeder mit einer ſelbſtändigen Klage auf ſeinen eigenen Nahmen belangt werden konnte, iſt ſchon oben
berührt worden, und wird wohl niemanden mehr befremden, ſo wie ſich denn daran von ſelbſt die Bemerkung
anſchließt, daß Identität der Intentio mehrerer
Actiones in personam wohl als ein ſicheres Zeichen, aber keineswegs als nothwendige Bedingung gegenſeitiger Conſumtion zu betrachten iſt.

b) Was nun die verschiedenen Ereignisse anlangt, die eine bestehende Obligation treffen, sie modificiren oder zerstören können, so läßt sich in unserm Falle mehrerer Correi ihre Wirkung in verschiedener Art und Ausdehnung denken. Es fragt sich: Hat jede Thatsache, welche dem einen Correus in Beziehung auf die Obligation etwas gibt oder nimmt, denselben Erfolg auch für die andern? oder aber beschränkt sich dieser auf denjenigen, in dessen Person sie sich unmittelbar ereignet hat?

Diese Fragen sind bekanntlich beyde, nur die eine für diese, die andere für andere Fälle, zu bejahen, und es handelt sich daher bloß um die Gränzscheidung. Dabey ist im Sinne der Römischen Juristen eine Unterscheidung zum Grunde zu legen, wovon sich auch anderwärts bestimmte Anwendungen finden (16), nähmlich zwischen dem objectiven Bestand einer Obligation und ihrer subjectiven Beziehung. Daß nun bey Correis die Einheit der Obligation nur in der erstern Rücksicht Statt findet, ist schon oben bemerkt worden, und versteht sich von selbst. Daher

(16) So spielt die Unterscheidung des *Quid* debetur und *Cui* debetur in der Lehre von dem Erwerb durch Sclaven, Haussöhne u. dgl. eine ungemein wichtige Rolle. Das Nähere hierüber verspare ich auf eine bessere Gelegenheit. — Vgl. auch L. 5. § 2. De pecun. const.

ſtellen uns denn die Römer, ſowohl für Correi, als Hauptſchuldner und Bürgen, die ſehr einfache Regel auf, daß alle Schickſale, welche den **objectiven Beſtand der Obligation** ſelbſt treffen, dem Einen wie dem Andern zu gute kommen, diejenigen aber, welche bloß auf die **Perſönlichkeit Eines** von ihnen wirken, die Subſtanz der Obligation aber nicht berühren, auch nicht über dieſe Perſon hinaus auf die andere Einfluß haben ſollen (17); mit andern Worten und etwas weniger vollſtändig (18) ausgedrückt: die *Exceptiones in rem* kommen **Allen** zu gut, die *Exceptiones quæ personæ cohaerent* nur dem **Einzelnen**, in deſſen Perſon ſie begründet ſind, und umgekehrt (19).

(17) Man ſchlage ſogleich den Gedanken aus dem Sinn, es möchte jene Unterſcheidung zuſammen fallen mit der zwiſchen Thatſachen, die *ipso iure*, und ſolchen, die *per exceptionem* wirken. Wie falſch dieſes wäre, zeigen die nachher anzuführenden Beyſpiele und Stellen zum Ueberfluß, und ich erinnere nur zum voraus an die *capitis deminutio*, welche *ipso iure* wirkt (*Gai.* Comm. IV. § 38.), auf der einen, und das **Urtheil**, welches in ſehr vielen Fällen bloß eine *Exceptio* zur Folge hat, auf der andern Seite. — ſ. auch d. fg. Note.

(18) Deßwegen, weil dieſer Ausdruck nur die Thatſachen befaßt, welche *Exceptiones* bewirken, während die Unterſcheidung ſelbſt auch auf diejenigen paßt, die eine Obligation *ipso iure* aufheben.

(19) ſ. L. 7. De exceptionibus. (*Paul.*) „Exceptiones‘,

Unter die Thatsachen der letztern Art nun gehören z. B. Restitutio in integrum des Bürgen gegen
seine Bürgschaftsverpflichtung (20), ein Pactum de
non petendo, das bloß auf die Person des Paciscen-
ten geschlossen ist (21), Capitis deminutio des Bürgen oder Correus (22), u. dgl. (23) Dagegen unter

„quæ personæ cuiusque co-
„hærent, non transeunt ad
„alios, ueluti quam socius
„habet exceptionem, quod
„facere possit, uel parens
„patronusue, non competit
„fideiussori (Conf. L. 63 § 1.
Pro socio); sic mariti fideius-
„sor post solutum matrimo-
„nium datus in solidum do-
„tis nomine condemnatur. —
„§ 1. Rei autem cohærentes
„exceptiones etiam fideiusso-
„ribus competunt, ut rei iudi-
„dicatæ, doli mali, iurisiu-
„randi, quod metus causa
„factum sit. Igitur et si reus
„pactus sit in rem, omnimodo
„competit exceptio fideius-
„sori" u. s. f.

(20) L. 48. pr. De minoribus. *Pauli* R. S. I. 9. § 5.

(21) s. d. L. 7. § 1. De
exceptionibus, vgl. mit L. 34.

§ 11. L. 93. pr. De solutionibus. L. 32. § 1. De condict. indeb. — Ein anderes
pactum dieser Art s. in L. 9.
§ 1. De duo. reis, wo Papinian, indem er von dessen
Wirkung spricht, die sehr bezeich-
nenden Ausdrücke gebraucht:
„*statum et naturam obligatio-
„nis,* quæ duos initio reos
„fecit, mutare non potest."
Ueber den Gegensatz zwischen
pacta in rem und *in personam*
vgl. überhaupt L. 7. § 8. L. 17.
§§ 3. 4. L. 57. u. a. De pactis.

(22) L. fi. De duo. reis.
(*Pompon.*) „Cum duo eandem
„pecuniam debent, si unus
„capitis deminutione exem-
„ptus est obligatione, alter
„non liberatur: *multum enim
„interest, utrum res ipsa sol-
„uatur, an persona liberetur.*
„Cum persona liberatur ma-

die erſtern: Zahlung, Novation, Acceptilation, in der Regel auch der Eid (24) u. ſ. f., und was uns hier die Hauptſache iſt, ganz entſchieden Litis Conteſtatio (25) und Urtheil (26), wie denn

„nente obligatione, alter du-
„rat obligatus; et ideo si
„aqua et igni interdictum est,
„alicuius fideiussor postea ab
„eo datus tenetur. " — Vgl.
L. 5. pr. Qui satisd. cog.
L. 1. C. De fideiuss. — Uebri=
gens muß das Ende der L. fi.
cit., das uns aber hier nicht
näher angeht, wohl ohne Zwei=
fel nach der Vulg. ſo corrigirt
werden, daß *alicuius* in *alicui*
verwandelt, und das Comma
nach dieſem Worte geſetzt wird.
Dann vergleiche man aber L. 47.
pr. De fideiuss. L. 14. § 1.
De nouation.

(23) Adde L. 43. L. 95.
§ 1. in fi. De solution.—Wenn,
ſagt Ulpian, Creditor und
Bürgen einander beerben, ſo
bleibt ungeachtet dieſer Confu=
ſion die Obligation zwiſchen
Creditor und Hauptſchuldner
ſtehen. Ebenſo, ſagt Papi=
nian in der zweyten Stelle,
haftet der Bürge, wenn ſchon

der Debitor ohne Erben ver=
ſtorben iſt. — ſ. auch L. 29.
§ 6. Mandati. L. 71. pr. De
fideiuss.

(24) ſ. außer den oben Note
13. citirten Stellen: L. 13.
§ ult. De acceptil., und über
den Eid insbeſondere: L. 28.
pr. §§ 1. 3. De iureiur. L. 42.
pr. § 1. eod. Andere Beyſpiele
ſ. in L. 10. De pecun. const.
L. 14. § 6. Quod met. ca.
L. 29. pr. Mandati. L. 27.
§ 2. De minoribus. L. 12. § 3.
De inoff. test.

(25) ſ. oben Note 13., be=
ſonders die dort citirte L. 2.
Dé duo. reis (von *Iauolenus*),
welche ſo lautet: „Cum duo
„eandem pecuniam aut pro-
„miserunt (*Flor.* promiserint)
„aut stipulati sunt, ipso iure
„et singulis (*Flor.* singuli) in
„solidum debetur (*Flor.* de-
„bentur), et singuli debent:
„ideoque petitione, acceptila-
„tione unius tota soluitur obli-

gerade die Exc. r. i. von Ulpian a. a. O. den Exceptionibus, quæ *rei* cohærent, allervorderst beygezählt wird.

Um nun wieder auf das Verhältniß zwischen Hauptschuldner und Bürgen, von welchem wir eigentlich ausgegangen sind, zurück zu kommen, so mag wohl jetzt noch die einfache Bemerkung genügen, daß in allen den so eben besprochenen Beziehungen für sie ganz dasselbe wie für wahre Correi gilt. Daß dieß wirklich die Römische Ansicht ist, wird so allgemein anerkannt, und ist in den vorhin citirten Stellen so reichlich enthalten, daß eine ausführlichere Demonstration dieser Behauptung wohl ganz überflüssig wäre (27), und es nach dem Gesagten niemanden mehr befremden wird, daß auch in diesem Verhältniß die gegenseitige Consumtion, bey ungleicher subjectiver Beziehung der Intentio, von den Römern statuirt wurde.

„gatio.“ — Was die Verschiedenheit der Lesearten betrifft, so hat es wohl kein Bedenken, daß an allen drey Orten die Vulg. vor der Flor. den Vorzug verdient.

(26) d. L. 7. § 1. De exceptionibus (s. Note 19.) und L. fi. § alt. De iureiur.

(27) Man sehe in dieser Rücksicht etwa noch L. 4. § 1. De fideiuss. — „Fideiussor et „ipse obligatur, et heredem „obligatum relinquit, cum rei „locum obtineat.“ Vgl. L. 8. § 8. eod. L. 13. §§ 7. 12. L. 16. pr. § 1. De acceptil. L. 19. § 4. L. 20. De cond. indeb. L. 116. De V. O.

§ 53.

Eben so wenig Schwierigkeit kann es endlich machen, wenn wir in den Quellen, im Gegensatz mit
den so eben besprochenen Verhältnissen, wiederhohlt die
Regel vorfinden, daß *Mandatores* durch die Belangung des Hauptschuldners oder anderer *Mandatores* nicht liberirt werden, und umgekehrt.

Hauptstellen sind dießfalls folgende:

L. 13. De fideiussoribus. (*Iulian.*) (1)

„Si mandatu meo Titio decem credideris,
„et mecum mandati egeris, non liberabitur
„Titius (2): sed ego tibi non aliter conde-
„mnari debebo, quam si actiones, quas ad-
„uersus Titium habes, mihi praestiteris. Item
„si cum Titio egeris, ego non liberabor,
„sed in id duntaxat tibi obligatus ero, quod
„a Titio seruare non potueris. "

L. 52. § 3. eod. (*Papinian.*)

„Plures eiusdem pecuniae credendae manda-
„tores, si unus iudicio eligatur, absolutione

---

(1) Recht merkwürdig ist die
beynahe wörtliche Uebereinstimmung dieser Stelle mit
L. 27. § 5. Mandati, aus *Gai.*
lib. 9. ad Ed. prou.

(2) f. auch L. 60. pr. Mandati. (*Scaeuola*) „Creditor man-

„datorem conuenit, is con-
„demnatus prouocauit. Quae-
„rendum est, an manente ap-
„pellatione debitor a creditore
„conueniri potest? Respondi,
„posse. "

„quoque secuta non liberantur: sed omnes
„liberantur pecunia soluta."

L. 71. pr. eod. (*Paulus.*)

„. . . quamuis enim iudicio conuento prin-
„cipali debitore mandator non liberetur, ta-
„men, ubi successit creditor debitori, ueluti
„solutionis iure sublata obligatione, etiam
„mandator liberatur . . ."

Sehr merkwürdig endlich ist L. 95. § 10. De solutionibus. (*Papinian.*)

„Si mandatu meo Titio pecuniam credidisses,
„eiusmodi contractus similis est tutori et
„debitori pupilli: et ideo mandatore con-
„uento et damnato, quamquam pecunia so-
„luta sit, non liberari debitorem ratio sua-
„det: sed et praestare debet creditor actio-
„nes mandatori aduersus debitorem, ut ei
„satisfiat. Et huc pertinet tutoris et pupilli
„debitoris nos fecisse comparationem. Nam
„cum tutor pupillo tenetur ob id, quod de-
„bitorem eius non conuenit, neque iudicio
„cum altero accepto liberatur alter, nec si
„damnatus tutor soluerit, ea res proderit
„debitori: quinetiam dici solet, tutelae con-

„traria actione agendum, ut ei pupillus ad-
„uersus debitores actionibus cedat." (3)

Jene Regel nun, wie sie in diesen Fragmenten (4)
so einstimmig und bestimmt als möglich enthalten ist,
ergibt sich aber auch aus der bisherigen Entwickelung
mit innerer Nothwendigkeit. Denn gerade die Einheit der Obligation, um deren willen bey den Sponsoren, Fidejussoren u. dgl. das Gegentheil galt,
findet im Verhältniß zwischen Hauptschuldner und
Mandatoren gar nicht Statt. Der Mandator
haftet gar nicht bestimmt für dasselbe, was den
Gegenstand der Haupt-Obligation ausmacht, sondern
er steht in einem ganz selbständigen Rechtsverhältniß
mit dem Creditor, nähmlich als Mandans zu ihm
als Mandatar. Er haftet also nicht nach der Norm
der Haupt-Obligation, sondern nach den allgemeinen
Grundsätzen des Mandat-Contractes mit der
Actio mandati contraria auf Sicherung vor Schaden, welcher dem Creditor aus seiner Besorgung des
Mandates erwachsen möchte oder schon erwachsen ist.
Es ist somit weder subjective noch objective Einheit
der Obligation, viel weniger identische Intentio, und
so kann auch zwischen diesen zwey Obligationen nicht

(3) Ueber dieses *actiones ce-*
dere vgl. § 11. ib. und L. 41.
§ 1. De fideiuss.

(4) Vgl. auch *Pauli R. S.*
II. 17. §ult. (s. S. 437. Note 4.)
L. 23. C. De fideiuss.

gegenseitige Consumtion durch Proceß Statt finden (5).

§ 54.

Zum Schlusse der Bemerkungen über das Verhält‑ niß zwischen Hauptschuldner, Bürgen u. dgl. mag es sich der Mühe lohnen, noch zwey Stellen et‑ was näher zu betrachten, welche theils deutliche An‑ wendungen der so eben entwickelten Grundsätze ent‑ halten, theils durch ihren ganzen Inhalt unsere Auf‑ merksamkeit verdienen, — um so mehr da eine rich‑ tige Erklärung derselben, zum Theil wenigstens, erst durch die neu entdeckten Quellen möglich geworden ist.

Die erste derselben ist L. 29. De liberatione legata.

Paulus lib. 6. ad legem Iuliam et Papiam.

„Si is, qui duos reos promittendi habet,
„damnauerit heredem, ut utrosque liberet,

(5) Nicht ein Mahl baare Bezahlung des Mandator be‑ freyt ipso iure den Haupt‑ schuldner. d. L. 95. § 10. L. 28. Mandati. — (*Ulp.*) „Papinia‑ „nus lib. 3. Quæstionum ait, „mandatorem debitoris sol‑ „uentem ipso iure reum non „liberare: propter mandatum „enim suum soluit et suo „nomine: ideoque mandatori „actiones putat aduersus reum „cedi debere.“ — Wohl aber folgt aus der eben angegebenen Natur der Obligation des Man‑ dator von selbst, was auch die im Text citirten Stellen deut‑ lich enthalten, daß der Man‑ dator durch Bezahlung des eigentlichen Schuldners oder eines andern Mandator *ipso iure* liberirt werde.

„si alter ex his capere non possit, nec socii
„sint, delegari debebit is, qui nihil capit,
„ei, cui hoc commodum lege competit; cuius
„petitione utrumque accidit, ut et hoc com-
„modum ad eum perueniat, et is, qui capit,
„liberetur. Quod si socii sint, propter eum,
„qui capax est, et ille capit per consequen-
„tias, liberato illo per acceptilationem: id
„enim eueniret, etiamsi solum capacem li-
„berare iussus esset.“

Es hat jemand für eine Forderung zwey Reos
debendi, die mit einander nicht in einem Societäts-
Verhältniſſe ſtehen. Er befiehlt in ſeinem Teſtamente
dem Erben, beyde zu liberiren. Nun iſt aber in Folge
der Beſtimmungen der Lex Iulia und Papia Poppæa
nur der eine *capax*, der andere nicht. Jener muß
alſo das ihm Zugedachte vollſtändig erhalten, d. h.
er muß liberirt werden; der zweyte hingegen darf
durch das Legat nichts gewinnen, dagegen muß das
ihm Zugedachte auf gewiſſe andere Perſonen fallen,
und zwar entweder nach den Regeln des alten Rechtes über ausfallende Vermächtniſſe, in ſo fern dieſen
zufolge Perſonen einrücken würden, welchen durch die
Lex Iulia et Papia Poppæa das *Ius antiquum in
caducis* erhalten iſt; oder nach den eigenthümlichen
Grundſätzen über das *Ius caduca uindicandi.* An

wen nun Paulus unter diesen Personen, die wir für ein Mahl alle unter dem Zeichen Z zusammen fassen wollen, gerade speciell gedacht haben möge, darauf werden wir nachher mit einem Worte zurück kommen.

Wie sind nun aber jene drey Bestimmungen im vorliegenden Fall in's Werk zu setzen?

Es ist bekannt, daß, wer von seinem Creditor die Liberation legirt erhält, in der Regel von dem Erben directe Befreyung durch Acceptilation fordern kann (1); womit zugleich ausgesprochen ist, auf der einen Seite, daß das Legat selbst die Liberation nicht ipso iure bewirkt, auf der andern Seite aber, daß der Legatar auch nicht auf eine bloße Exceptio gegen die ihn bedrohende Schuldklage reducirt seyn soll.

Bliebe es nun im vorliegenden Fall bey der einfachen Regel, so müßte der *Capax* durch Acceptilation liberirt werden, der *Incapax* dagegen Schuldner bleiben. Allein dieß ist nach dem bekannten Verhältnisse zwischen Correis gar nicht möglich, indem jede Acceptilation, wenn sie auch nur gegen Einen derselben vollzogen wird, nothwendig alle ipso iure befreyt. So können also die Bestimmungen der Lex Iulia et Papia Poppæa nicht anders als auf einem

---

(1) L. 3. § 3. L. 22. L. 25. De liberat. leg.

Umwege realiſirt werden, und dieſen findet Paulus eben ſo einfach als ſicher in folgendem Verfahren:

Statt aller Acceptilation (2) ſoll der Erbe den einen Schuldner, und zwar den Incapax, an den Z delegiren. Nicht etwa durch Stipulation zwi‑ ſchen Z und dem Incapax, ſo daß dieſer nun durch contractliche Novatio den Z ſtatt des Erben zum Creditor erhielte; ſondern der Erbe ſoll lediglich dem Z ſeine Schuldklage cediren, mit andern Worten, ihn zum *Procurator* oder *Cognitor in rem suam* machen. Daß dieß der Sinn des *delegare* ſey, geht aus der Art, wie Paulus den weitern Erfolg beſtimmt, unzweydeutig hervor. Wenn, ſagt er, nunmehr Z die Schuldklage gegen den Incapax an‑ ſtellt, ſo wird dadurch (*petitione*: — alſo nicht etwa durch eine vorher gehende novirende Stipu‑ lation) beydes, Liberation des Capax und Uebergang der Forderung von dem Erben auf den Z auf Ein Mahl bewirkt, und ſomit allen Beſtim‑ mungen der Lex vollſtändiges Genüge geleiſtet.

Wie übrigens dieſe Wirkungen, im Reſultat zwar immer gleichmäßig, der Form nach aber je nach den

---

(2) So wird auch in an‑ dern Fällen aus ähnlichen Gründen dem Debitor die Acceptilation verſagt, und der‑ ſelbe auf eine bloße Liberation *per pactum* angewieſen. Vgl. d. L. 3. § 3. L. 5. pr. eod.

Umständen bald direct, bald indirect eintreten können, und daß sie auf allen Fall an den Zeitpunkt
der L. C. geknüpft sind, ergibt sich aus dem Obigen
von selbst, und bedarf keiner besondern Nachweisung.

Noch ist aber die Frage von einigem Interesse,
wen sich Paulus als möglichen Z gedacht haben
möge. Es verhält sich nähmlich damit so:

Nach der Lex Iulia et Papia Poppæa wurden bekanntlich dreyerley Personen zu den ausfallenden
Erbtheilen und Vermächtnissen gerufen:

1°. Qui habent ius antiquum in caducis ,

2°. Qui in eo testamento liberos habent,

3°. Die Staatskasse (3).

Dieß erlitt durch eine der speculativen Constitu-
tionen von Caracalla in so weit eine Veränderung,
daß die zweyte dieser Classen ausgestoßen, und zu
allen Caducis unmittelbar nach den Personen der ersten Art der Fiscus gerufen wurde (4).

---

(3) f. *Gai.* Comm. II.
§§ 206 — 208. 286. und die
daselbst angeführten Stellen.
Dazu *Ulpian.* Fragm. XVIII.

(4) *Ulpian.* Fragm. XVII.
§ 2. „Hodie ex constitutione
„Imp. Antonini omnia caduca
„fisco uindicantur, sed ser-
„uato iure antiquo liberis et

„parentibus." Daß nähm-
lich diese Constitution nicht
bloß, wie man ehmahls glaubte,
die Caduca von dem *Aerarium*
auf den *Fiscus* übergetragen,
sondern die im Text angegebene Bedeutung gehabt habe,
wird gegenwärtig kaum mehr
bezweifelt, und ist schon in

Nun kann Paulus seinem Zeitalter nach sowohl den ursprünglichen, als den abgeänderten Rechtszustand bey Abfassung unserer Stelle vor Augen gehabt haben; wir sind also über diesen Punkt auf ihren Inhalt und die allfällig darin liegenden Andeutungen reducirt.

Von Personen, die das Ius antiquum in caducis hätten, d. h. die nach den alten Regeln, welche vor der Lex Iulia über ausfallende Vermächtnisse galten, einrücken würden, kann wohl in dem vorliegenden Fall auf keine Weise die Rede seyn; denn gesetzt auch, es wäre durch einen der alten Ausfallsgründe, wie z. B. Tod des Legatars ante diem legati cedentem, oder Repudiation, das Legatum liberationis des einen Correus ausgefallen, so hätte gewiß niemand daran gedacht, daß der zweyte Correus oder irgend ein Anderer *iure accrescendi* dadurch etwas erwerben sollte. Höchstens der Erbe könnte vielleicht durch jenen Ausfall so viel gewonnen haben, daß ihm die Actio gegen den einen Correus unversehrt geblieben wäre (5). Wie aber Paulus an diese Möglichkeit gerade gar nicht dachte, sieht man deutlich

den ersten academischen Vorträgen über *Gaius* gelehrt und durch L. 20. §§ 6. 7. De hered. pet. unterstützt worden.

(5) Vgl. d. L. 3. § 3. h. t.

daraus, daß er ganz allgemein von einer Uebertragung der Forderung von dem Erben auf den Z als eine von diesem verschiedene Person redet.

Es muß demnach Z eine der Personen seyn, welche durch die von Grund aus neue Ordnung der Lex Iulia das Ius caduca uindicandi erhalten haben, und als solche bleibt, wenn wir die Constitution von Caracalla als geltendes Recht voraus setzen, bloß der Fiscus übrig. Allein diese Voraussetzung ist darum nicht sehr wahrscheinlich, weil dann Paulus wohl geradezu den Fiscus genannt, und sich kaum des allgemeinen Ausdrucks *cui hoc commodum lege competit*, wodurch sichtlich mehrere Möglichkeiten angedeutet werden, bedient haben würde. Auf der andern Seite aber hat die entgegen gesetzte Annahme, daß nähmlich dem Verfasser unserer Stelle das *Ius patrum*, wie dasselbe durch die Lex Iulia eingeführt worden war, als geltendes Recht vorschwebte, an sich um so weniger Bedenken, da wir auch sonst noch mehrere Stellen gleichzeitiger Classiker der spätern Zeit besitzen, in welchen dieselbe Supposition gar nicht zu verkennen ist.

Als solche können zwar nicht gelten *Ulpian.* Fragm. I. § 21. und XXV. § 17. indem nach XVII. § 2. derselben Schrift unzweifelhaft angenommen werden muß, daß zur Zeit der Abfassung derselben die Conſtitution von Caracalla wirklich gegolten habe, um ſo mehr, da ſich die beyden erſtern Aeuſſerungen auch von dieſer Anſicht aus befriedigend erklären laſſen.

Wohl aber bemerke man *Fragm. de iure fisci* § 3. (6), welche Stelle wenigſtens mit einem bedeutenden Grad von Wahrſcheinlichkeit einem ſpätern Claſſiker zugeſchrieben wird; und zweytens *Vat. Fragm.* § 195., wovon Ulpian entſchieden als Verfaſſer angeſehen werden muß (7).

Wenn wir es nun aber auch von d. L. 29. als wahrſcheinlich, von den beyden eben angeführten Stellen als ſicher annehmen, daß ſie unter Anerkennung des durch die *Lex Iulia* eingeführten *Ius eorum qui liberos habent* geſchrieben ſeyen, ſo ſoll damit die Zeit ihrer Abfaſſung nicht geradezu vor

---

(6) „Ius patrum non mi„nuitur, si se is deferat, qui „solidum id, quod relictum „est, capere non potest: sane „si post diem centesimum „patres caducum uindicent, „omnino fisco locus non est.‟

(7) Man bemerke nur das Verhältniß der vorher gehenden §§ 186. 189. 190. zu L 3. L. 14. § 16. L. 5. D. De ex-cusationibus, und die Inſcriptionen bis § 195. Dieſer lautet übrigens ſo: „Ex filia ne„potes [non] prodesse ad tutelæ „liberationem, sicuti nec ad „caducorum uindicationem, „palam est; nisi nihi pro„ponas, ex ueterano præto„riano genero socerum auum „effectum, tunc enim‟ u. ſ. w.

die Constitution von Caracalla gesetzt seyn, sondern es muß immer noch als möglich gedacht werden, daß diese letztere, als ein niederträchtiges Gesetz, von einem der nächsten Nachfolger jenes Kaisers wieder aufgehoben, und das Recht der *Lex Iulia* hergestellt worden wäre.

Von weniger Interesse endlich ist für uns der zweyte Fall, den Paulus in d. L. 29. berührt, wo nähmlich die beyden im Testament bedachten Correi unter einander *Socii* sind. Hier ist es geradezu unmöglich, die Bestimmungen der Lex Iulia et Papia Poppæa vollständig zu erfüllen, denn was immer der Incapax an die fragliche Schuld bezahlen müßte, das könnte er nach bekannten Grundsätzen seinem Socius in Rechnung bringen, und daher müßte der Capax mit darunter leiden, wenn man dem Incapax die Liberation versagen wollte. Da nun aber jener durch die Lex Iulia et Papia Poppæa nichts verlieren soll, so bleibt nichts anderes übrig, als auch den Incapax in diesem Fall den Vortheil genießen, und den durch das Gesetz ad caduca Berufenen leer ausgehen zu lassen.

So viel über d. L. 29. —

Die andere Stelle, welche eine genauere Betrachtung zu verdienen scheint, findet sich in dem schon ein Mahl angeführten Briefe des Cicero, ad Atticum XVI. 15.

Nach einer kurzen Einleitung äußert sich Cicero in Beziehung auf seine Forderung an Dolabella folgender Maßen:

„Ego, si me non improbissime Dolabella
„tractasset, dubitassem fortasse, utrum re-
„missior essem, an summo iure contenderem.
„Nunc uero etiam gaudeo, mihi causam ob-
„latam, in qua et ipse sentiat, et reliqui
„omnes, me ab illo abalienatum: idque præ
„me feram, et quidem me mea facere et
„reipublicæ causa, ut illum oderim; quod
„cum eam me auctore defendere cœpisset,
„non modo deseruerit, emptus pecunia,
„sed etiam, quantum in ipso fuerit, euerte-
„rit. Quod autem quæris, quomodo agi
„placeat, cum dies uenerit; primum uelim,
„eiusmodi sit, ut non alienum sit, me
„Romæ esse, de quo, ut de ceteris, faciam
„ut tu censueris. De summa autem agi
„prorsus uehementer et seuere uolo. Et si
„sponsores appellare uidetur habere quan-
„dam δυςωπίαν, tamen hoc quale sit, consi-
„deres uelim: possumus enim, ut sponsores

„non (8) appellentur, procuratores (9) in-
„troducere; *neque enim illi litem conte-*
„stabuntur, quo facto non sum nescius
„sponsores liberari. Sed et illi turpe ar-
„bitror, eo nomine, quod satisdato debeat,
„procuratores eius non dissoluere, et no-
„stræ grauitatis, ius nostrum sine summa
„illius ignominia persequi. De hoc quid
„placeat, rescribas uelim, nec dubito, quin
„hoc totum lenius administraturus sis. "

(8) Note des *Ursinus:* „Ita
„scriptum est in antiquo, in
„uulgatis deest *non.*" So
fehlt dasselbe auch in den neuern Ausgaben. — v. Orelli
bemerkt mir: „*Non* findet sich
durchaus nirgends als in dem
diplomatisch sehr verdächtigen
Cod. Ursini." — Dennoch hält
auch er dasselbe des Sinnes
wegen für nothwendig. Sehr
wichtig ist dabey die Notiz,
daß die Zahl der Handschriften, auf die sich unser Text
dieser Briefe des *Cicero* gründet, äußerst gering ist, so daß
dem *non* wenigstens nicht die
Autorität einer auch nur einiger Maßen beträchtlichen An-

zahl von HSS. entgegen steht.
Es muß daher das Gewicht
der innern, aus dem Sinn
der ganzen Stelle geschöpften
Gründe für die Feststellung
der Leseart um so größer seyn.

(9) al. *procuratorem.* —
„*Procuratores* hat, wie mich
v. Orelli nach dem ihm zu
Gebothe stehenden Apparate
versichert, zuerst *Gruter,* der
es von *Bosius* muß überkom-
men haben; sonst durchaus
alle, auch die zwey Oxfor-
der = Codd. *procuratorem.*
Bosius selbst sagt über diese
Aenderung nichts; sie scheint
aber unerläßlich."

Was vor allem den Text der Stelle, nahmentlich die beyden angemerkten wichtigen Varianten
betrifft, ſo werde ich die obige Leſeart bey der Erklärung zum Grunde legen, und, wenn auch die Haupt
ſache, das, was uns veranlaßt, die Stelle überhaupt
hier zur Sprache zu bringen, von den beyden Varianten unabhängig iſt, ſo geſtehe ich doch, daß ich
nicht im Stande bin, das Detail und den Zuſammenhang der Stelle auf einfache und natürliche
Weiſe zu erklären, wenn eine der abweichenden Leſearten feſtgehalten werden ſollte. In wie fern dieß
Andern gelungen ſey, wird ſich nachher zeigen, wir
begnügen uns einſtweilen damit, daß die von uns
angenommene Leſeart ſchon aus äußern Gründen wenigſtens nicht geradezu verworfen werden kann, und
laſſen es dahin geſtellt, ob ſich dieſelbe durch unſere
Interpretation als die einzig richtige legitimiren
werde.

Nun zum Inhalt der Stelle ſelbſt.

Cicero hat eine Forderung an Dolabella,
welche durch Sponſoren verſichert iſt (10). Die
Zahlung leidet Anſtand, und es fragt ſich, auf welchem Wege man am beſten dazu gelangen könne.

---

(10) Es iſt von dieſer Forderung in Cicero's Briefen
noch mehrmahls die Rede. ſ.
ad Att. XIV. 18. XVI. 3.
und ad Fam. XVI. 24.

Dolabella ist, so wie Cicero selbst, von Rom abwesend, hat aber seine Procuratoren daselbst.

Rechtlich nun hat nach anerkanntem Römischem Grundsatze der Creditor von vorne herein völlig freye Wahl, ob er den Schuldner selbst oder die Bürgen zur Zahlung anhalten wolle (11), und so erscheint es auch hier bloß als Sache der Convenienz, welches von beyden vorzuziehen sey.

Die Sponsoren sogleich zu belangen und den Hauptschuldner selbst ganz bey Seite zu lassen, wäre wohl, wie sich Cicero die Sache nach den Umständen denkt, das kürzeste und sicherste, um zur Bezahlung zu gelangen. Allein dieß hat etwas gegen sich: — was, soll nachher untersucht werden.

Wie ginge es aber, wenn man zuerst von den Procuratoren des Dolabella die Zahlung forderte? Hier läßt sich eine Gefahr für den Creditor denken. Gesetzt nähmlich die Procuratoren bestritten die Richtigkeit der Forderung, und würden dadurch den Cicero nöthigen, dieselbe gerichtlich

---

(11) Diese Regel weiß (und zwar nicht erst seit der Entdeckung des Gajus) jeder Anfänger, und doch sind mehrere Interpretationen wesentlich auf das Gegentheil, das Justinianeische *beneficium excussionis*, fundamentirt! s. z. B. unten Note 21. und *Corrad.* ad h. Ep. — Ueber die Regel selbst vgl. u. a. L. 5. C. De fideiussoribus.

gegen sie zu verfolgen und beurtheilen zu lassen, so würden durch diese Proceß-Führung, und nahmentlich, wie wir gelernt haben, durch die Litis Contestatio die Sponsoren liberirt, und wenn dann auch Condemnation der Procuratoren der endliche Ausgang des Processes wäre, so hätte doch Cicero seine Sponsoren unwiederbringlich verloren; — was natürlich bey allfälliger Zahlungsunfähigkeit von jenen, oder auch aus andern Gründen, von wesentlichem Nachtheil für ihn seyn könnte.

Allein, sagt Cicero, diese Gefahr ist in der Wirklichkeit nicht vorhanden, denn sie, die Procuratoren des Dolabella, werden über diese Forderung keinen Proceß führen.

Der Grund dieser Vermuthung läßt sich auf mehrerley Art denken.

Ein Mahl, was obenauf liegt, die Forderung ist rechtlich so unzweifelhaft, daß das Urtheil ohne alle Frage gegen die Procuratoren ausfallen müßte; sie werden daher nicht einen ganz hoffnungslosen Proceß führen wollen.

Aber auch eine andere Rücksicht kann sie davon abhalten. Nach dem ganzen Zusammenhang denkt sich Cicero die Kasse des Dolabella, welche seine Geschäftsführer in den Händen haben, als nicht geeignet die Schuld zu bezahlen, und den Dolabella selbst als einen bösen Schuldner; so daß jene,' wenn sie es auch nach ihrer eigenen Oeconomie im Stande wären, doch nicht geneigt seyn möchten, für ihn zu beboursiren, und auf diese Weise selbst Creditoren des Dolabella zu werden. Wollen sie aber dieß nicht, so haben sie sich allerdings wohl zu hüthen, im Nahmen desselben über die Schuld zu processiren. Denn wir wissen aus Gajus und sonst (12), daß in diesem Falle zwar die richterliche Untersuchung auf das Schuldverhältniß des Dolabella selbst, eine allfällige Condemnation aber nicht auf diesen, sondern direct auf die Person der Procuratoren gerichtet, und die Execution gegen sie, wie um einer eigenen Schuld willen, Statt finden würde, so daß ihnen dann gar keine andere Wahl übrig bliebe, als für Dolabella zu bezahlen, und das Ausgelegte von ihm zurück zu fordern (13).

(12) f. *Gai.* Comm. IV. §§ 86. 87. *Vatic. Fragm.* § 332. L. 1. C. De sent. et Interloc. u. a. m.

(13) Man vergleiche auch die in formeller Beziehung äußerst merkwürdige L. 31. § 2. De negot. gest. (*Papinian.*) „Litem in iudicium deductam et a reo desertam fru-„stratoris amicus ultro egit, „causas absentiæ eius alle-„gans iudici: culpam con-„traxisse non uidebitur, quod „sententia contra absentem „dicta ipse non prouocauit. „Ulpianus notat: Hoc uerum „est, quia frustrator conde-„mnatus est; cæterum si ami-„cus, cum absentem defen-

Also processiren werden die Procuratoren nicht. Wie nun aber, wenn sie, wie zu erwarten steht, auch nicht bezahlen? Dann ist Dolabella offenbar ein *absens*, der nicht defendirt wird; und in diesem Fall hatte wohl der Creditor das Recht, eine Missio in bona zu fordern und den Concurs einzuleiten. Allein dazu scheint Cicero, so unternehmend er auch anfangs spricht, doch keine Lust zu haben (14); und so wäre denn freylich voraus zu sehen, daß die Belangung der Procuratoren zu der gewünschten Bezahlung nicht führen würde.

So weit und sachlich ist alles völlig einfach und klar. Nicht so verhält es sich, wenigstens zum Theil, mit

„deret, condemnatus, nego-
„tiorum gestorum aget, poterit
„ei imputari, si, cum posset,
„non appellasset.“ — In dem einen Falle hat der *Reus* selbst das Iudicium accipirt, die Formel ist also auf ihn gestellt worden, und auch nachher, weil der Amicus, ohne daß das Iudicium auf ihn transferirt wurde, die Stelle von jenem vertrat, unverändert geblieben; daher denn auch die Condemnation des Iudex nur gegen den Reus selbst, nicht aber gegen den Stellvertreter gerichtet werden konnte. Im zweyten Falle dagegen hat der *Procurator* schon *Iudicium* accipirt, und so ist denn auch der Formula zufolge die Condemnation des Iudex gegen ihn gerichtet worden.

(14) Schon die Zeitumstände, die allgemeine Verwirrung, die öffentliche Stellung Dolabella's mochten wohl einen solchen Gedanken ganz unpraktisch machen.

dem Detail der Stelle, wovon wir noch folgendes heraus heben müssen.

introducere] heißt vornehmen, gleichsam auf die Bühne bringen, figürlich statt gericht- lich belangen.

neque enim illi litem contestabuntur.] Im All- gemeinen läßt sich der Sinn dieser Worte so ausdrü- cken: „sie werden über die Schuld nicht einen Proceß anfangen." — Aber wie kommt es denn, daß Cicero hier den besondern technischen Ausdruck *litem conte- stari* gebraucht? — Ich glaube, es erklärt sich dieß ganz natürlich so:

Wird eine Schuld nicht bezahlt, und der Creditor will den gerichtlichen Zwang einleiten, so muß eine *In ius uocatio* Statt finden. Die Parteyen erschei- nen vor dem Prätor. Der Debitor muß nun offen- bar in der Regel entweder die Richtigkeit der Schuld zugeben (*confiteri*), oder sie bestreiten (15). In die- sem letztern Fall, und in diesem allein, wird das Re- sultat der ganzen Verhandlung die Weisung an einen Juder seyn, der ganze Vorstand ist dann also das

(15) Im vorliegenden Fall ist, was übrigens nichts zur Sache thut, eine dritte Er- klärung der Procuratoren mög- lich und sogar wahrscheinlich, nähmlich die: sie wollen sich auf diese Schuld im Nahmen des *Dolabella* gar nicht einlas- sen, ihn dießfalls nicht defen- diren, vertreten.

Vorverfahren eines Civil=Proceſſes, d. h. eben nach
dem Obigen (ſ. § 1.) eine Litis Conteſtatio ge=
worden.   Findet nun Cicero dieſen Ausgang der
Sache unwahrſcheinlich, indem er eine andere Erklä=
rung der Procuratoren erwartet, ſo kann er gewiß
ſehr natürlich ſagen: ſie werden nicht Litem con=
teſtiren, und da die Litis Conteſtatio anerkannter
Maßen ihrem Weſen nach eine zweyſeitige Hand=
lung iſt, ſo kann es auch nichts unbegreifliches haben,
daß Cicero, abweichend von dem ſpätern Sprach=
gebrauche, den Ausdruck *litem contestari* auf den
Beklagten bezieht.   (ſ. oben § 6.)

*etsi sponsores appellare uidetur habere quan-
dam δυϛωπιαν.*] Dieſer Satz und insbeſondere das
Wort δυϛωπία kann dem Zuſammenhang nach
einen zwiefachen Sinn haben.

Nimmt man δυϛωπία mit den meiſten Auslegern für
stulta uerecundia, falſche Delicateſſe von Seite
des Handelnden gegen den irgendwie Betheiligten, ſo
haben wir den Gedanken: „greife ich unmittelbar die
„Bürgen an, ſo nimmt es ſich aus, als hätte ich
„nicht den Muth, den Dolabella ſelbſt zu belangen.“

Allein dagegen läßt ſich nicht ohne Grund einwen=
den, es ſey doch für einen Mann vom Range des
Dolabella eben auch keine große Schonung, ſon=
dern vielmehr höchſt beſchimpfend, wenn man für eine

Forderung an ihn sogleich seine Bürgen um die Bezahlung anspreche, und durch die Uebergehung seiner
eigenen Person die schlechte Meinung, die man von
seiner Oeconomie hege, zu erkennen gebe (16).

Von diesem Gesichtspunkt aus möchte man denn
auf eine andere Erklärung der fraglichen Worte verfallen.

Δυσωπία könnte, an sich betrachtet, vielleicht bedeuten: schlechtes Aussehen, schlechte Miene,
oder, von dem Grundbegriff Scham abgeleitet, etwas, dessen man sich zu schämen hätte; dann
also das Ganze: Wenn es einen gewissen
Uebelstand zu haben (nicht gut auszusehen,
schlechte Miene zu machen) scheint, sogleich
die Bürgen zu belangen u. s. f. Dann, müßte
man annehmen, wären auch die Worte *Sed et illi*
u. f. dazu bestimmt, den Vorschlag, die Procuratoren
zu belangen, weiter zu unterstützen; während nach
der ersten Erklärung hier im Gegentheil wieder ein
Bedenken gegen denselben aufstiege; ferner die *summa*
illius ignominia ginge dann gerade auf den Schimpf,

---

(16) Daß dieß im Allgemeinen auch Römische Ansicht war,
erhellt aus L. 19. D. De iniuriis, wo es aus *Gai.* lib. 22.
ad Ed. prou. heißt: „Si cre-
„ditor meus, cui paratus sum
„soluere, in iniuriam meam
„fideiussores meos interpella-
„uerit, iniuriarum tenetur.“

der in der Uebergehung des Dolabella läge, würde alſo mit der δυϛωπια correſpondiren: wogegen nach der erſten Erklärung jene Worte die Schande andeuten müßten, welche die ſtrenge Rechtsverfolgung auf dem vorgeſchlagenen Wege über Dolabella bringen könnte. Endlich nach der erſten Anſicht will Cicero für Dolabella weder das *turpe* noch die *ſumma ignominia*, dagegen nach der zweyten will er nur dieſe nicht, wohl aber jenes, und es käme dann in die ganze Stelle die beſtimmte Nebenabſicht des Cicero, dem Dolabella durch das vorgeſchlagene Verfahren eins werden zu laſſen, einen Schimpf anzuthun, nur nicht ſo grob, daß er ſich ſelbſt compromittiren würde (17).

Die beyden Erklärungen würden ſich demnach in der Ueberſetzung der Stelle etwa ſo gegenüber ſtehen:

Es ſoll die Summe ſtrenge beygetrieben werden, und wenn (18) es eine gewiſſe	Es ſoll die Summe ſtrenge beygetrieben werden, und wenn es eine etwas ſchlechte

(17) Belangt Cicero die Sponſoren, ſo iſt dieß offene, directe Beſchimpfung: belangt er die Procuratoren, ſo geht er den einfachen, geraden, ſchonendern Weg, und die Schande trifft den Do-labella ganz von ſelbſt, ohne ſichtbares Zuthun von Cicero, wenn nun, wie zu erwarten ſteht, die Procuratoren ſeine verbürgte Schuld nicht bezahlen.

(18) Ich ſetze keinen beſon-

Scheu vor Dolabella verrathen sollte, sogleich die Sponsoren zur Zahlung aufzufordern, so bedenke doch, ob es so ginge. Wir können nähmlich, die Sponsoren bey Seite gelassen, die Procuratoren vornehmen, denn sie werden nicht Litem contestiren; wodurch freylich, wie ich wohl weiß, die Sponsoren frey würden. Allein da steht wieder dieß entgegen: Es scheint mir ihn zu compromittiren, daß seine Procuratoren eine Schuld, für die er Bürgen gestellt hat, nicht bezahlen, und auf der andern Seite erfordert es unsere eigene Würde, daß wir unser Recht ohne seine höchste

Miene haben sollte, sogleich die Sponsoren zur Zahlung aufzufordern, so bedenke doch, ob es so ginge. Wir können nähmlich, die Sponsoren bey Seite gelassen, die Procuratoren vornehmen, denn sie werden nicht Litem contestiren; wodurch freylich, wie ich wohl weiß, die Sponsoren frey würden. Aber theils blamirt es ihn doch, daß seine Procuratoren eine Schuld, für die er Bürgen gestellt hat, nicht bezahlen, theils ist es unserer Würde angemessen, unser Recht auch wieder ohne seine äußerste Schande (die man ihm eben anthäte, wenn man die Bezahlung gar nicht von ihm, son-

dern Werth darauf, *et si* getrennt zu nehmen. Will man lieber *etsi*, wenn auch, so

kommt es wesentlich auf dasselbe heraus.

Schande verfolgen. (Da-
bey steht der Gedanke im
Hintergrund: Diese letz-
tere Rücksicht aber hindert
uns, die Sache bis an
seinen Concurs zu treiben,
und wenn wir dieß nicht
thun, so kommen wir auf
diesem Wege an kein Ziel.)
Schreibe mir hierüber deine
Meinung.

dern sogleich von den Bürgen einforderte) zu ver-
folgen. Schreibe mir hierüber deine Meinung.

Was nun aber der z w e y t e n Erklärung der δυςωπία
hauptsächlich, und ich glaube fast, e n t s c h e i d e n d
entgegen steht, ist der S p r a c h g e b r a u c h, so weit
wir ihn kennen. Gesetzt nähmlich auch, was ich nicht
zu entscheiden wage, es hätte die fragliche Bedeutung
an sich, nach der Composition des Wortes, nichts
unmögliches, so findet sich doch dafür keine einzige
Stelle, wogegen die erste und von den Meisten angenommene Bedeutung durch das Capitel P l u t a r c h's
Περὶ δυςωπίας (19) auf's vollkommenstegerecht fertigt,
und auch durch eine Stelle von C i c e r o selbst (20) bedeutend unterstützt wird. Ohne dieß möchte wohl die

(19) *Plutarchi* Moralia, ed. Stereot. Lipsiæ 1820. T. III.
p. 406. sqq.

(20) ad Atticum XIII. 33.

zweyte Erklärung vor der ersten weit den Vorzug verdienen.

. So viel nach der bisher unterstellten Leseart. — Werfen wir jetzt noch einen Blick auf die oben bemerkten Varianten.

Was allervorderst die Leseart *procuratorem* betrifft, so halte ich selbige für ganz unmöglich. Worauf könnte dann *illi* sich beziehen? — Nur auf *sponsores;* und was wäre das für eine Manier zu reden, wenn *illi* und *sponsores* dieselben Personen bezeichnen sollten! Aber außer dieser Sprachbemerkung steht auch das oben entwickelte Sachliche jener Leseart entscheidend entgegen, wie dieß die Absurdität der Gräter'schen Interpretation (21), welcher die-

***

(21) s. M. T. Cicero's sämmtliche Briefe, übersetzt von Wieland, fortgesetzt von Gräter; Bd. 7. S. 124. f. — Die ganze Uebersetzung lautet, merkwürdig genug, folgender Maßen: „Wenn gleich ein „unmittelbarer Angriff auf „seine Sponsoren etwas pro= „stituirlich ist, so wünsch' ich „doch, du möchtest es überle= „gen, wie es etwa anginge. „Wir könnten ja z. B. eben= „falls einen procurator auf= „stellen, der (wie aus Verse= „hen) die Bürgen (an Statt „des Schuldners) belangte. „Denn diese werden die litis „Contestation in keinem Falle „annehmen, und dann (das „weiß ich wohl) sogleich von „der Klage losgesprochen wer= „den. Aber ich meine, es wäre „doch ehrenrührig für ihn, wenn „seine Procuratoren für eine „Schuld, die er durch Bürgen „versichert hat, die Zahlung „nicht selbst übernehmen wür=

selbe zum Grunde (22) liegt, deutlich genug beur=
kundet.

Dagegen über das quästionirliche *non* möchte ich
so ganz bestimmt nicht absprechen, ob mir gleich ohne
dasselbe wenigstens eine natürliche Erklärung der
Stelle nicht recht gelingen will.

Mit G r o n o v *ut sponsores appellentur* für *etiam
sponsoribus appellatis* zu nehmen, und zu übersetzen,

„den, und (ihm gegenüber)
„unserer (consularischen Würde)
„nicht entgegen, wenn wir
„unser Recht verfolgen, ohne
„gerade seine Ehre unmittelbar
„auf's Spiel zu setzen." —
Diese Uebersetzung wird dann
noch durch die abenteuerliche
Note unterstützt: „Diese ᐁυς=
„ωπία drückt die Scham vor
„Andern aus, die man fühlt,
„wenn man verkehrt gehandelt
„hat. Cicero mußte nähmlich
„als ein Rechtsgelehrter wohl
„wissen, daß man die Bürgen
„nie eher als Selbstzahler be=
„langen konnte, bis der Haupt=
„schuldner ausgeklagt war.
„Also wär' es proftituirlich für
„ihn selbst gewesen. Aber wenn
„das ein aufgestellter Advocat

„oder Procurator that, so hatte
„es mehr das Ansehen eines
„juristischen Kunstgriffes [wie
so?!], und man kam gleich=
„wohl zu demselben Zweck."

(22) G r ä t e r unterstützt
nach R e i c h a r d die Leseart
procuratorem durch den sonder=
baren Grund, daß es der La=
tinität wegen nicht *procuratores*, sondern nur *procuratores
eius* heißen könnte; dieß *eius*
finde sich aber nirgends. —
Jenes ist schon an sich nicht
zu begreifen, und überdieß steht
ja vorher und nachher *sponsores* gerade ebenso o h n e *eius!*
Statt *introducere* soll man dann
lesen *interducere*, was gar kein
lateinisches Wort ist.

„wenn wir auch die Sponsoren zur Zahlung auffor=
„dern, so können wir doch die Procuratoren vorneh=
„men,“ scheint mir denn doch theils der Construction
nach gar zu gezwungen und des Zusammenhanges
wegen unthunlich, theils zweifle ich noch, ob ein sol=
cher Gebrauch des *ut* sich philologisch rechtfertigen
ließe (23).

Und so scheint mir denn bey der gewöhnlichen Le=
seart ohne *non* nur folgende Erklärung, von der
sich einiges in der Note von Ernesti (24) angedeu=
tet findet, als denkbar und möglich übrig zu bleiben:

„Wenn es eine gewisse Scheu vor Dolabella ver=
„rathen sollte, sogleich die Bürgen zur Zahlung auf=
„zufordern, so bedenke doch, ob es so ginge. Wir
„können nähmlich, damit die Bürgen zur Zahlung
„aufgefordert werden, die Procuratoren dazwischen
„bringen (sie zuerst vornehmen); denn sie werden nicht
„Litem contestiren, wodurch, wie ich wohl weiß, die

---

(23) Wenigstens scheinen mir
hiezu die in Geßner's The=
saurus s. u. *Ut* § 4. angeführten
Beyspiele nicht hinreichend.

(24) Diese lautet so: „Ut
„(sponsores) sine offensione
„et pudore possint appellari
„de pecunia pro Dolabella
„soluenda, possumus aggredi

„procuratores Dolabellæ, qui
„non litem intendent nobis
„de nomine et debiti ueritate,
„sed rem ad sponsores reii=
„cient, aut ipsi soluent pe=
„cuniam, ne contumelia affi=
„ciatur Dolabella, quod ipse
„nolim fieri.“

„Bürgen liberirt würden. Dagegen blamirt es ihn
„theils, daß ſeine Procuratoren eine verbürgte Schuld
„nicht bezahlen, theils erfordert es unſere Würde,
„daß wir unſer Recht ohne ſeine äußerſte Schande
„verfolgen (d. h. die Sache auf dem directen Wege
„gegen ihn und ſeine Procuratoren nicht weiter trei-
„ben, ſondern, wenn dieſe nicht bezahlen, uns an die
„Bürgen halten).“

Ob nun aber dieſe oder eine der frühern Ueber-
ſetzungen und die damit verbundene Einſchiebung oder
Weglaſſung des *non* die richtige ſey, bleibt Sache des
exegetiſchen und kritiſchen Geſchmackes; und wenn auch
über das Detail der Stelle und den ſpeciellen Gedanken Cicero's mancher Zweifel übrig bleibt, ſo können wir uns doch dabey beruhigen, daß das ſach-
liche Fundament jeder Interpretation mit Sicherheit ausgemittelt werden konnte.

§ 55.

Schauen wir einmal zurück über den ganzen bisherigen Inhalt dieſes Abſchnittes, und unterſuchen
das Terrain, auf dem wir uns befinden, ſo zeigt es
ſich, daß wir unvermerkt mitten in das verrufene
Gebieth der Concurrenz der Klagen gerathen
ſind. Zugleich kann es nun wohl nach den vorher
gegangenen Erörterungen keinem Zweifel mehr unter-

liegen, daß von diese: vielbesprochenen und schwieri-
gen Lehre die proceſſualiſche Conſumtion ein
weſentliches Element iſt. Da nun aber dieſe
letztere Rechts-Idee bis auf die neueſte Zeit gar nicht
bekannt war, daher ihre Bedeutung für jene Materie
nicht nur von keinem Bearbeiter derſelben bis auf den
heutigen Tag gewürdigt, ſondern auch nicht ein Mahl
geahnet wurde, ſo kann man wohl mit Thibaut (1)
ſagen: „Die bisherigen Bearbeiter der Theorie von
„der Concurrenz der Klagen haben für die Exegeſe
„einzelner dahin gehörender Geſetze allerdings viel
„geleiſtet, aber die ganze Lehre iſt noch nicht ſo an-
„gegriffen, wie es hätte ſeyn ſollen.“ Es wird ſich
dieß vielleicht durch das Folgende noch mehr beſtätigen.

Die im Vorigen erörterten Fälle gehörten nähm-
lich faſt alle dem Abſchnitt von der ſubjectiven
Concurrenz der Klagen an. Da es nun aber vorzüg-
lich der andere Abſchnitt von der objectiven Klagen-
Concurrenz iſt, in welchem am meiſten Streit und
Verwirrung herrſcht, ſo mag es wohl der Mühe werth
ſeyn, nachzuſehen, in wie weit auch hier durch die
Lehre von der proceſſualiſchen Conſumtion ein Licht

---

(1) Grundzüge einer voll-
ſtändigen Darſtellung der Lehre
von der Concurrenz der Civil-
Klagen; in ſeinen civiliſtiſchen
Abhandl., Heidelberg 1814. 8.
Man ſehe hier auch die Litteratur dieſer Lehre.

aufgegangen ſey.   Natürlich kann es uns dabey von
ferne nicht in den Sinn kommen, jene Materie vollſtändig abzuhandeln: dieß könnte nur dann unſere
Aufgabe ſeyn, wenn die Idee der proceſſualiſchen
Conſumtion das einzige oder doch das entſchieden
vorherrſchende Princip jener Lehre, dieſe alſo
eine bloße Anwendung der im Vorhergehenden
aufgeſtellten Grundſätze wäre. Allein dieß iſt keineswegs der Fall. Es ſoll nach unſerer Anſicht jene nur
von mehrern verſchiedenartigen Elementen eines ſeyn,
und dieß zu zeigen, das Verhältniß derſelben zu einander nachzuweiſen, und allenfalls durch einige Beyſpiele anſchaulich zu machen, iſt alles, was wir hier,
ohne unſere Gränzen zu überſchreiten, unternehmen
können.

Der Hauptpunkt iſt die Concurrenz der *Actiones
ex maleficio*.

Es tritt nähmlich ſehr oft der Fall ein, daß aus
einer und derſelben widerrechtlichen Handlung mehrere Klagen, theils reiperſecutoriſche, theils
poenales entſpringen. So z. B. wenn jemand einen
fremden Sclaven mißhandelt, ſo kann daraus die
Actio iniuriarum und die Actio legis Aquiliæ auf Ein
Mahl entſtehen; wenn ein Socius den andern beſtiehlt,
ſo iſt die Actio furti, die Condictio furtiua und die
Actio pro socio zugleich begründet, u. ſ. f.

Wie verhält es sich in dergleichen Fällen mit der processualischen Consumtion? Wird durch L. C. und Urtheil über die eine der mehrern Klagen auch die andere ipso iure oder per exceptiones rei in iudicium deductæ und iudicatæ aufgehoben und zerstört? mit andern Worten, findet unter diesen verschiedenen Klagen Identität der Intentio oder Einheit der zum Grunde liegenden Obligatio Statt? Etwa wie wir oben (2) auf Seite der Contracts-Verhältnisse gefunden haben, daß aus Einer Geschäftsführung gegen dieselbe Person die Actio mandati und die Actio negotiorum gestorum, oder aus Einem Vertrag eines Sclaven gegen seinen Herrn sowohl die Actio de peculio als die Actio de in rem uerso entstehen könne, daß aber durch L. C. über die eine zugleich auch die andere consumirt werde?

Für die Verneinung dieser Fragen spricht schon die allgemeine Bemerkung, daß jene verschiedenen Klagen zwar wohl den factischen Entstehungsgrund, aber in der That auch nur diesen mit einander gemein haben. Die rechtliche Natur und Begründung dagegen, das Object, kurz alles übrige kann ganz verschieden seyn, und es ist ganz zufällig, wenn dieselben auch in einem dieser Punkte zusammen

(2) f. SS. 243. und 420. ff.

treffen. Von Einheit der Obligatio kann daher
unmöglich die Rede seyn, und an Identität der
Intentio ist vollends gar nicht zu denken. Folglich
kann die gegenseitige Consumtion durch
Proceß durchaus nicht als allgemeine Regel eintreten.

So scheint denn auch durch zwey allgemeine Frag,
mente Ulpian's für die ganze Claffe von Fällen
die gegenseitige Consumtion unbedingt ausgeschloffen
zu werden.

> L. 60. De O. et A. (*Ulpian.* lib. 17. ad Ed.)
> „Numquam actiones pœnales de eadem pe-
> „cunia concurrentes alia aliam consumit."

> L. 130. De R. I. (*Ulpian.* lib. 18. ad Ed.)
> „Numquam actiones, præsertim pœnales, de
> „eadem re concurrentes, alia aliam consu-
> „mit" (3).

Wir werden auf diese Stellen nachher mit einem
Worte zurück kommen.

Finden wir nun bey mehrern Juristen, und nah,
mentlich bey demselben Ulpian den Satz, daß in
solchen Fällen unter diesen oder jenen Umständen man
sich mit Einer der verschiedenen Klagen begnügen

---

(3) In mehrfacher Beziehung
ist es merkwürdig, daß diese
Stelle sich wörtlich wieder fin=
det am Ende des § 1. I. Si
quadrup. paup.

müsse (4), daß die Durchführung der einen Klage und die darauf folgende Befriedigung des Klägers den ganzen oder theilweisen, directen oder indirecten Untergang der übrigen zur Folge habe (5), oder auch, daß diese dadurch consumirt werden (6), so müssen wir sogleich auf den Gedanken verfallen, daß einer solchen Regel andere Rücksichten als die der processualischen Consumtion zum Grunde liegen; keineswegs aber ist darin ein Widerspruch mit der vorhin entwickelten allgemeinen Regel zu suchen. Denn es ist augenscheinlich etwas ganz anderes, ob es sich fragt: Wird durch L. C. und Urtheil über eine Klage eine andere auf die bisher abgehandelte Weise consumirt? — oder aber: Kann der Kläger, welcher eine Klage durchgeführt und in Folge des condemnatorischen

---

(4) s. L. 43. § 1. De R. I. (*Ulp.* lib. 28. ad Ed.) „Quotiens concurrunt plures actiones eiusdem rei nomine, una quis experiri debet." — L. 53. pr. De O. et A. (*Modestin.* lib. 3. Reg.) „Plura delicta in una re plures admittunt actiones, sed non posse omnibus uti probatum est: nam si ex una obligatione plures actiones nascantur, una tantummodo, non omnibus, utendum est." — Ferner L. 3. § 5. L. 6. § ult. Nautæ caupo. L. 9. Arb. fur. cæs. L. 18. Ad leg. Aquil. L. 43. Locati u. a. m.

(5) s. L. 18. Commodati.

(6) L. 34. pr. De O. et A. L. 35. § 1. Locati.

Urtheils realisirt, d. h. ihr Object erhalten hat, nun auch noch eine andere auf demselben Grunde beruhende Klage mit demselben Erfolg anstellen, wie wenn er noch nichts erhalten hätte, oder wie wird das Resultat dieser zweyten Klage durch das des erstern modificirt? —

Von der Antwort, welche die Römischen Juristen auf die erstere dieser beyden Fragen geben, haben wir gesprochen, und es herrschte darüber unter ihnen, so viel wir wissen, kein Zweifel. Dagegen rücksichtlich der zweyten Frage scheinen dieselben durchaus nicht einig gewesen zu seyn, obgleich es nach dem Zweck der Justinianeischen Compilation, welche hier unsere einzige Quelle ausmacht, nicht wohl möglich ist, daß wir über die verschiedenen Meinungen völliges Licht erhalten sollten.

Für uns nun, die diese zweyte Frage nur um ihres allgemeinen Verhältnisses zu der erstern, und um sie von dieser gehörig zu scheiden, berücksichtigen, mögen folgende Beyspiele und Grundzüge zur Beleuchtung der Art, wie dieselbe von den Römern behandelt wurde, hinreichend seyn.

1°. In L. 34. pr. De O. et A. spricht Paulus (7)

(7) Das Fragment ist aus seinem Liber singularis de concurrentibus actionibus, und lautet vollständig so:

von dem Fall, wo jemand den Sclaven des Andern *iniuriose uerberat*, so daß für diesen die Actiones legis Aquiliæ und iniuriarum zugleich begründet werden. Wie nun, wenn die eine durchgeführt, der Beklagte condemnirt, die ihm aufgelegte Summe bezahlt ist? Was wird nun der Erfolg der zweyten Klage seyn?

Auf diese Frage enthält die Stelle drey verschiedene Antworten.

Nach der ersten Meinung schließt jene Durchsetzung der einen Klage die andere aus.

Nach der zweyten wird durch die Actio legis Aquiliæ die Actio iniuriarum ausgeschlossen, nicht aber umgekehrt; so daß also nach der Actio iniuriarum noch immer die Actio legis Aquiliæ mit Erfolg

„Qui seruum alienum iniu-„riose uerberat, ex uno facto „incidit et Aquiliam et actio-„nem iniuriarum: iniuria enim „ex affectu fit, damnum ex „culpa: et ideo possunt utræ „competere: sed quidam, „altera electa alteram con-„sumi, alii per legis Aqui-„liæ actionem iniuriarum con-„sumi, *quoniam desiit bonum* „*et aequum esse, condemnari* „*eum, qui æstimationem* „*præstitit.* Sed si iniuriarum „actum esset, teneri eum ex „lege Aquilia. Sed et hæc „sententia per Prætorem in-„hibenda est; nisi in id, „quod amplius ex lege Aqui-„lia competit, agetur. Ratio-„nabilius itaque est, eam „admitti sententiam, ut li-„ceat ei, quam uoluerit actio-„nem, prius exercere, quod „autem amplius in altera est „etiam hoc exequi.

angeſtellt werden könnte. Der Grund dieſer zweyten Meinung und des dadurch ſtatuirten Unterſchiedes liegt, wie dieß Paulus ſelbſt andeutet, in der Eigenthümlichkeit der beyden Actiones, wie dieſelbe durch ihre Formula ausgedrückt wird. Die Con= bemnatio der Actio iniuriarum lautet nähmlich auf eine billige Schatzung, ein *quanti bonum et æquum est condemnari* (8). Nun fand man es aber unbillig (nicht *bonum et æquum*) daß der Kläger, welcher ſchon durch eine frühere Klage Schadenserſatz erhalten hat, noch mehr bekommen ſollte. So alſo wird nach dieſer Meinung der Juder impli-cite ſchon durch die einfache Formula inſtruirt, nicht zu condemniren; d. h. die *Actio iniuriarum* findet *ipso iure* nicht Statt. Dagegen die Actio legis Aquiliæ enthielt keine ſolche Erwähnung des *bonum et æquum* (9), daher keine ſolche Inſtruction, auf

---

(8) Vgl. L. 11. § 1. L. 18. pr. De iniuriis. — Eine ſolche Verweiſung auf das *bonum et æquum* in prätoriſchen Klagen, welche übrigens ſchon an ſich nichts auffallendes hat, findet ſich auch noch z. B. in § 1. I. Si quadrupes. L. 11. § 1. De dolo. L. 1. pr. L. 5. § 5. De his qui effud. L. 14.

§§ 6. 13. De religiosis. L. 3. pr. De sepul. uiol. L. 6. De extraord. cogn. Ebenſo bey der ädilitiſchen Klage in L. 42. De ædil. ed. — Eine andere Wirkung des *bonum et æquum* bey der Actio iniuri-arum ſ. in L. 15. § ult. L. 16. De iniuriis.

(9) Sie mag eher der *Actio*

das schon auf anderm Wege dem Kläger Zugeflossene
Rücksicht zu nehmen. Bleibt es also hier einfach bey
der Formula, so muß der Juder, sobald er die
Bedingungen der Klage in Richtigkeit fand, condemniren; mit andern Worten: *ipso iure* hat es auf
die Actio legis Aquiliæ keinen Einfluß, wenn die
Actio iniuriarum mit vollständigem Erfolg vorher
gegangen ist.

Die dritte Meinung endlich, die eigene des Paulus, geht dahin, daß auch in diesem letztern Fall
der Härte des *Ius ciuile* wenigstens durch Hülfe des
Prätor in der Jurisdiction gesteuert werde. Und
dieß geschieht denn natürlich entweder durch *denegatio actionis* (wo der Sachverhalt unbestritten war),
oder durch Ertheilung einer *Exceptio doli* oder *in
factum.* Nur dann, sagt Paulus, soll die Anstellung der zweyten Klage ungehindert vor sich gehen
dürfen, wenn der Kläger damit bloß das *plus* einfordert. Welche aber zuerst und welche nachher angestellt werde, darauf solle gar nichts ankommen.

Vergleicht man übrigens mit dieser Stelle die
L. 6. pr. Ad leg. Iul. de adult., so scheint Papinian über dergleichen Fälle noch eine andere Ansicht

furti ähnlich gewesen seyn,
und etwa auf ein *damnum de-
cidere oportere ex lege Aqui-*
liæ gelautet haben. Vgl. *Gai.*
Comm. IV. § 37.

gehabt zu haben, nach welcher die verschiedenen Klagen nach einander vollständig zugelassen würden (10). —

2°. Der Fall des § 1. d. L. 34. (11) — Wenn
der Commodatar die Sache stiehlt, so haftet er mit
der Condictio furtiua und mit der Actio commodati.
Aber die eine hebt die andere auf, und zwar *aut
ipso iure aut per exceptionem, quod est tutius* (12).
Daß die *Actio commodati* nach der *Condictio
furtiua* ipso iure nicht mehr Statt fand, litt wohl
keinen Zweifel, denn beyde Klagen hatten völlig dasselbe Object, nähmlich das Interesse (13), und die

---

(10) Daß auch Labeo und
Ulpian dieser Meinung ge-
wesen seyen, kann wenigstens
aus L. 15. § 46. De iniuriis
nicht mit Sicherheit abgeleitet
werden, da diese Stelle weit
eher sich auf die processualische
Consumtion oder auf die Wirkung des materiellen Inhaltes
des Urtheils beziehen möchte.

(11) „Si is, cui rem com-
„modauero, eam subripuerit,
„tenebitur quidem et com-
„modati actione et condi-
„ctione; sed altera actio al-
„teram perimit aut ipso iure
„aut per exceptionem, quod
„est tutius.“

(12) Beyläufig ist hier zu
bemerken, daß diese Worte
recht deutlich beweisen, wie
bey dem *perimere* durchaus
nicht immer an die processualische Consumtion zu denken
ist. Denn daß bey dem Ge-
gensatz zwischen *ipso iure* und
per exceptionem hier nicht der
zwischen *legitimis* und *imperio contin ntibus iudiciis* als
parallel gedacht wird, leuchtet
wohl in die Augen. In dem
gleichen Sinne findet sich derselbe auch sonst noch mehrmahls,
z. B. L. 71. pr. De furtis.

(13) f. L. 3. De condict.
fur.

Actio commodati enthielt, wie bekannt, ausdrücklich das *ex fide bona* (14). Dagegen die Formula der
Condictio furtiua, welche wir zwar nicht genauer
kennen, mag hierüber nicht so bestimmt gelautet haben, so daß es wenigstens rathsam scheinen mochte,
den Juder durch eine ausdrückliche Exceptio zu in-
struiren, daß er auf allfällig schon geschehene Prästation ex causa commodati Rücksicht nehme. Von einem *plus* der zweyten Klage ist in dieser Stelle keine
Rede, eben wegen der Identität des Objectes beyder Klagen.

Ebenso verhält es sich nach § 2. ib. (15), wenn
der *Colonus* etwas stiehlt, mit der *Actio locati*

---

(14) Auf diese Beschaffenheit und Wirkung der For-
mulæ actionum bonæ fidei
mag sich auch die kurze L. 57.
De R. I. beziehen, wo *Gaius*
(lib. 18. ad Ed. urb.) sagt:
„Bona fides non patitur, ut
„bis idem exigatur.‟

(15) „Hinc de colono re-
„sponsum est, si aliquid ex
„fundo subtraxerit, teneri
„eum condictione et furti,
„quinetiam ex locato: et
„pœna quidem furti non con-

„funditur, illæ autem inter
„se miscentur. Et hoc in
„legis Aquiliæ actione di-
„citur, si tibi commo-
„dauero uestimenta, et tu
„ea ruperis; utræque enim
„actiones rei persecutionem
„continent: et quidem post
„legis Aquiliæ actionem uti-
„que commodati finietur;
„post commodati, an Aqui-
„liæ remaneat in eo, quod
„in repetitione 30. die-
„rum amplius est, dubitatur.

und *Condictio furtiua*. Außerdem findet aber auch die *Actio furti* Statt (so wie natürlich auch im vorigen Fall), und diese wird durch die andern gar nicht berührt, da sie reine Strafe verfolgt. Dieselbe Regel endlich, welche das Verhältniß der Condictio furtiua und Actio commodati bestimmt, findet auch in dem Falle Anwendung, wo der Commodatar die Sache schädigte. Auch hier wird durch die Actio legis Aquiliæ die Actio commodati aufgehoben, und ebenso umgekehrt, insofern beyde dasselbe Resultat geben. Findet es sich aber, daß die Actio legis Aquiliæ wegen der dabey Statt findenden Repetitio 30. dierum einen reichlichern Ersatz abwirft, so findet diese noch auf das *plus* Statt. Ueberhaupt spricht hier Paulus sehr deutlich das Princip aus, daß Schadenserfatzflagen einander immer so aufheben, daß mit der spätern bloß noch das *plus* gefordert werden kann (16), wogegen Schadenserfatzflagen und reine Straf=

„Sed uerius est, remanere, „quia simplo accedit, et „simplo subducto locum non „habet. “ Das Ende dieser Stelle ist fritisch schwierig, der Sinn derselben im Ganzen verliert aber dadurch an Deutlichkeit und Sicherheit

nichts. f. Thibaut a. a. O. S. 190. ff.

(16) Gerade dasselbe Verhältniß statuirt Julian in L. 28. De A. E. V. auch zwischen einer Actio uenditi und einer Actio ex stipulatu.

klagen einander nicht berühren sollen; — ein Princip, das sich auch sonst theils in vielen Anwendungen, theils mehr oder weniger allgemein ausgesprochen wieder findet, ob es gleich ziemlich wahrscheinlich ist, daß gerade hierüber nicht immer und unter
allen Römischen Juristen dieselbe Ansicht gewaltet habe.

Man sehe L. 50. Pro socio. L. 41. § 1. De O.
et A. (17) L. 43. Locati. L. 18. Ad leg. Aquil. —
Coll. LL. Mos. et Rom. XII. § 7. — L. 1. L. pen.
Arbor. fur. cæs. L. 36. § 2. De hered. pet. L. 13.
L. 14. De R. V.; — welche Stellen das Verhältniß
der *Actio legis Aquiliæ* zu den *Actiones pro socio, locati, pignoratitia*, zum *Interdictum quod
ui aut clam* und zur *Actio arborum furtim cæsa-
rum*, zur *hereditatis petitio* und *rei uindicatio* in
diesem Sinne bestimmen.

Ferner L. 2. § 1. De tutelæ et ration., und endlich L. 1. Vi bon. rap. L. 88. De furtis, wonach

---

(17) „Si ex eodem facto
„duæ competant actiones,
„postea iudicis potius partes
„esse, ut quo plus sit in re-
„liqua actione, id actor fe-
„rat, si tantundem aut mi-
„nus, id consequatur." —
Auch von dieser Stelle gilt in
kritischer Beziehung dasselbe,
was vorhin (Note 15.) von
dem Ende der L. 34. § 2. De
O. et A. gesagt wurde. Eine
Emendation ist wohl hier eben
so nothwendig wie dort, und
das vorgeschlagene *nil* statt *id*
möchte das plausibelste seyn. s.
Thibaut a. a. O. S. 193. ff.

auch zwischen der Actio ui bonorum raptorum und
der Actio furti dasselbe Verhältniß bloßer Nachfor-
derung des *plus* Statt finden soll.

Mehr als wahrscheinlich ist es nun, wie gesagt,
allerdings, daß mit den in diesen Stellen enthaltenen
Ansichten des Paulus (von diesem sind sie nähmlich
mit Ausnahme der L. 13. cit. alle) sowohl den allgemeinen Grundsätzen nach, als auch in weitern einzelnen Anwendungen manche andere Juristen nicht überein
stimmten, und daß auch unsere Quellen von den Abweichungen beyderley Art Spuren enthalten (18). Allein
wir bleiben hier stehen, indem es für uns hinreichend
ist, die beyden wesentlich verschiedenen Gesichtspunkte
der processualischen Consumtion und der Consumtion durch Leistung und Zahlung festgestellt zu haben.

(18) Man sehe besonders:
L. 47. pr. Pro socio. L. 7.
pr. § 1. De condic. fur. L. 2.
De priu. delic. L. 9. § 6.
Quod. met. ca. L. 3. § ult.
L. 6. § ult. Nautæ caupo.
L. 27. § 11. Ad leg. Aquil.,
von Ulpian. — L. 48. § 1.
Arb. fur. cæs. L. 9. L. 18.
§ 1. Commodati. L. 54. § 3.
De furtis, von Gajus. —
L. 6. pr. Ad leg. Iul. de ad
ulter., von Papinian. —
L. 71. pr. De furtis, von Ja-
volenus, und die besonders
merkwürdige, aber ihrer Allgemeinheit wegen sehr schwie-
rige L. 32. De O. et A.,
welche (aus *Hermog.* lib. 2.
Iur. epit.) so lautet: „Cum ex
„uno delicto plures nascuntur
„actiones, sicut euenit, cum
„arbores furtim cæsæ dicun-
„tur, omnibus experiri per-
„mitti, post magnas uarie-
„tates obtinuit.“

Nur in Beziehung auf die oben angeführten L. 60. De O. et A. und L. 130. De R. I. ist zu bemerken, daß dabey allerdings bedeutender Zweifel übrig bleibt, ob dieselben sich wirklich in ihrem ursprünglichen Zusammenhang geradezu auf die processualische Consumtion bezogen haben (19). Allein eine genauere

(19) Diese Zweifel wären noch größer, wenn wir die L. 130. allein hätten, indem man dann sich sehr leicht damit helfen könnte, *eadem res* für dasselbe Factum zu nehmen (vgl. d. L. 53. De O. et A.), so daß durch diese Stelle etwa eine Concurrenz, wie die zwischen *Actio furti* und *Condictio furtiua* oder andern Klagen mit verschiedenen Objecten normirt würde. (s. Thibaut a. a. O. S. 163.) Aber dieß kann wenigstens in L. 60. cit. unmöglich angehen, indem *eadem pecunia* durchaus auf gemeinsames Object der verschiedenen Klagen deutet. Wollte man daher auch diese Stelle auf Consumtion durch Zahlung beziehen, so wüßte ich nur etwa den Sinn darin zu finden, daß solche Klagen, die zwar im Ganzen dasselbe Object haben, unter Umständen aber sich durch ein *plus* oder *minus* unterscheiden können (wie die oben erwähnten Schadensersatzklagen), einander nicht absolut ausschließen sollen. Denn daß Ulpian hier wesentlich von Paulus abgewichen wäre, und alle diese Klagen nach einander vollständig gestattet hätte, ist nicht nur an sich höchst unwahrscheinlich, sondern wird auch durch die oben angeführten einzelnen Entscheidungen Ulpian's bestimmt widerlegt. Endlich hat es auch wenig für sich, daß sich Ulpian in d. L. 60. etwa Fälle subjectiver Concurrenz, wie ein solcher z. B. in L. 1. § ult. Si is qui test. liber vorkommt, gedacht hätte.

Erörterung dieser Frage hätte um so weniger Interesse, da auf der einen Seite bey der Kürze jener
aus ihrem Zusammenhang heraus gerissenen Fragmente ein ganz sicheres Resultat kaum zu erhalten
wäre, auf der andern Seite aber der Satz, zu dessen Bestätigung sie angeführt wurden, durch sie sowohl, als durch alle die später angeführten Fragmente deßwegen auf jeden Fall vollständig erwiesen
wird, weil schon das bloße Aufwerfen der Frage,
ob durch die in Folge einer Condemnation geschehene
Zahlung eine andere Klage aufgehoben werde, als
ganz bedeutungslos und daher unmöglich erschiene,
wenn diese schon durch L. C. und Urtheil über die
erste Klage vernichtet würde.

Ob es sich nun gleich ergeben hat, daß auf dieser
Seite der objectiven Klagen-Concurrenz die processualische Consumtion nicht das entscheidende Princip ist,
ja sogar, daß vielleicht kein einziger Fall gegenseitiger
Consumtion zwischen mehrern Actiones ex delicto
gegen dieselbe Person sich positiv aus den Grundsätzen jener Lehre ableiten läßt, so darf man doch
nicht glauben, sie sey für jenen Zweig der objectiven
Klagen-Concurrenz ohne Bedeutung. Denn ein
Mahl kann man bey der Beschaffenheit unserer Quellen und den vielfach verschiedenen Ansichten der Juristen doch nicht mit völliger Bestimmtheit wissen,

ob nicht auch hier von dem einen oder andern die processualische Consumtion auf diese oder jene Weise direct in's Spiel gebracht wurde. Dann aber — und dieß ist wenigstens für unsere Erkenntniß die Hauptsache — es walteten auf der einen Seite bey den Neuern in manchen Fällen Zweifel, ob die gegenseitige Consumtion durch die bloße Belangung und Litis Contestatio, oder aber erst durch die Befriedigung des Klägers vor sich gehe: — eine Frage, die sich jetzt, da wir die Regeln der processualischen Consumtion, welche allein von der L. C. abhängig ist, genauer kennen gelernt haben, allenthalben viel leichter wird beantworten lassen. Auf der andern Seite aber sind die Schwierigkeiten früher auch dadurch vermehrt worden, daß man manche Stellen auf die Consumtion durch Zahlung bezog, und sie mit andern, wirklich dahin gehörenden, in Widerspruch fand, während sich gegenwärtig mit mehr oder weniger Sicherheit nachweisen läßt, daß dieselben vielmehr einzig von der processualischen Consumtion reden, mithin mit jenen in gar keiner Berührung stehen.

§ 56.

Es ist einer der bekanntesten Sätze des classischen Römischen Rechtes, daß wer eine gerechte Forderung

übertreibt, d. h. mehr in ſeiner Klage fordert, als
er zu fordern berechtigt iſt, den ganzen Proceß verliert, und gar nichts bekommt.

Dieſe Beſtimmung pflegt von den Neuern ein-
ſtimmig den zahlreichen, uns durch Gajus vollſtän-
diger bekannten *Poenis temere litigantium* zuge-
zählt zu werden, und es hat damit allerdings in ſo
weit ſeine Richtigkeit, als jeder rechtliche Nachtheil,
der einen Kläger über die richterliche Aberkennung
deſſen, was er unbegründet fordert, hinaus trifft,
mit jenem Nahmen bezeichnet werden kann. Aber
eine ganz andere Frage iſt es, ob dieſe *Poena plus-
petitionis* als ſelbſtändige, poſitive Beſtimmung, ſo wie die übrigen *Poenæ temere litigantium*,
oder hingegen als ein bloßer nothwendiger
Ausfluß, eine einfache Folge anderer, allgemeiner Grundſätze und Rechts-Inſtitute
zu betrachten ſey.

In dieſer Beziehung muß es denn ſchon auffallen,
daß in den Inſtitutionen des Gajus, wo ſich
ein eigener Abſchnitt *De poena temere litigantium*
findet (1), die ganze Lehre von der Pluspetitio
zwar ausführlich entwickelt, aber gar nicht unter jenen
Abſchnitt geſtellt, ſondern bey Gelegenheit der

(1) Comm. IV. §§ 171—182.

Formulá abgehandelt wird (2). Schon darum wird es wahrscheinlich, daß die Idee der Pluspetitio in irgend einem Zusammenhang mit der Conception der Formulá stehe, und wie es sich damit verhalte, ist wohl nicht schwer einzusehen.

Gesetzt S, der an T aus einer Stipulation oder einem Darlehen 100. wirklich zu fordern hat, tritt vor dem Prätor auf, fordert 200., und erlangt eine Formula certa, die bekanntlich in ihren wesentlichen Theilen so lautet: „Si paret, Titium Seio . . . „200. dare oportere, iudex Titium Seio 200. con- „demna, si non paret, absolue."

Wenn nun der Juder sich überzeugt, daß T dem S zwar nicht 200., aber doch 100. schuldig sey, wie muß er ganz allein in Folge seiner Instruction urtheilen? Wird er auf diese 100. condemni- ren? — Gewiß nicht, denn er hat ja nur die Alter- native erhalten, entweder auf 200. zu condemniren oder ganz zu absolviren. Er muß also unter jenen Umständen den T gänzlich absolviren.

---

(2) Comm. IV. §§ 53 — 60. — Diese Ordnung ist auch in die Justinianeischen Institu- tionen übergegangen, wo be- kanntlich von den *poenis te-* *mere litigantium* in einem ei- genen Titel, von der *plus-* *petitio* dagegen in § 33. De actionibus die Rede ist.

Gerade so wird es sich aber auch in allen andern Fällen verhalten, wo der Kläger in die Intentio einer *Formula certa* ein *plus* irgend welcher Art hat aufnehmen lassen, und es ist dabey ganz gleich- gültig, ob die Klage eine *Actio in rem* oder *in personam* sey.

Dagegen bey allen den Klagen, welche *formulas incertas* haben, deren Intentio mithin auf ein *Quic- quid Titium Seio dare facere oportet* u. dgl. lau- tet, wird sich zwar wohl in den mündlichen, ge- richtlichen oder außergerichtlichen Behaup- tungen und Forderungen des Klägers ein *plus pe- tere*, und in Folge dessen ein wahres *temere liti- gare* denken lassen (3); aber die F o r m u l a selbst kann in ihrer J n t e n t i o ein solches *plus petere* hier niemahls aufnehmen und zeigen, und somit wird denn auch — von der bloßen Conception der Formel aus betrachtet — hier von jenen Wirkungen des *plus petere* keine Rede, sondern der Juder auf jeden Fall seine Condemnation nach dem Resultat seiner Unter- suchung einzurichten verpflichtet seyn.

Wie nun, um zu dem obigen Fall einer *Formula*

(3) Man denke sich z. B.: A ist dem B aus einem Kauf 100 schuldig, und bereit sie ihm zu bezahlen: dieser fordert aber 200., und daraus entsteht der Proceß. Die Formel der *Actio empti* ist bekanntlich eine *incerta.*

certa zurück zu kehren, wenn S in Folge des Urtheils, wodurch er gänzlich abgewiesen worden, seine Forderung mäßigt, und den T zum zweyten Mahl, aber bloß um 100., belangt? Wird er diese jetzt bekommen? Ich sage Nein: denn jetzt steht ihm die Regel der proceſſualiſchen Conſumtion entgegen, wie wir sie oben sowohl im Allgemeinen, als besonders auch in dem einzelnen Satze kennen gelernt haben, daß wer ein Ganzes fordert, dadurch auch den Theil, oder wer eine größere Summe einklagt, dadurch auch die in dieser enthaltene kleinere in Judicium deducirt und conſumirt (4).

Sonach müſſen wir wohl sagen: Bey allen *Formulis certis* erklären sich die bekannten Folgen des *plus petere* ganz einfach aus der bloßen Conception der Formel, zusammen genommen mit den Grundsätzen der proceſſualiſchen Conſumtion; dagegen bey allen *Formulis incertis* wären sie auf diese Weise nicht zu erklären.

Wenn es sich nun aber findet, daß nach ausdrück-

---

(4) ſ. oben S. 261. ſ. — Ueber die zum Grunde liegende allgemeine Idee, die in einer Menge von Anwendungen vorkommt, vgl. z. B. L. 15. De acceptil. L. 7. § 2. De libe- rat. leg. L. 1. § 4. L. 83. § 3. De V. O. L. 110. pr. L. 113. De R. I. L. 27. § 3. De re- ceptis. L. 15. pr. De legatis 1mo. *Gai.* Comm. III. § 113.

licher Nachricht von Gajus (5) bey allen *Formu-*
lis incertis von einem *plus petere* und deſſen Folgen gar nie die Rede ſeyn könne; wenn wir
uns ferner im Allgemeinen erinnern, wie mannigfal-
tigen und entſcheidenden Einfluß die Römer ihrem
Formelweſen auf materielle Rechtsverhältniſſe geſtat-
teten, und wenn wir endlich berückſichtigen, daß in
demſelben Abſchnitte, wo Gajus von der eigentlichen
Pluspetitio handelt, auch für andere Fälle um anderer Fehler der Formula willen ähnliche Nachtheile ſtatuirt werden, bey denen theils an eine *Poena*
temere litigantis gar nicht zu denken iſt, theils die
proceſſualiſche Conſumtion ausdrücklich als
Miturſache genannt wird (6): — ſo dürfen wir es

(5) Comm. IV. § 54. „Illud
„satis apparet, in incertis
„formulis plus peti non posse,
„quia, cum certa quantitas
„non petatur, sed quicquid
„aduersarium dare facere opor-
„teat, intendatur, nemo pot-
„est plus intendere. Idem
„iuris est, et si in rem in-
„certæ partis actio data sit,
„uelut potest heres, quantam
„partem petat in eo fundo,
„quo de agitur, nescius esse,
„quod genus actionis in pau-

„cissimis causis dari solet.“
Vgl. auch L. 1. pr. De interrog. in iu.

(6) Comm. IV. § 57. „At
„si in condemnatione plus
„positum sit quam oportet,
„actoris quidem periculum
„nullum est, sed reus, cum
„iniquam formulam acceperit,
„in integrum restituitur, ut
„minuatur condemnatio. Si
„uero minus positum fuerit
„quam oportet, hoc solum
„actor consequitur, quod po-

wohl als eine erwiesene Behauptung hinstellen, daß an der ganzen Lehre von der **Pluspetitio**, wie wir sie kennen, **nichts positives**, sondern dieselbe als eine reine Folge der Conception der Formulá, zusammen genommen mit dem Grundsatze der processualischen Consumtion zu betrachten ist.

Zur Bestärkung mag noch folgendes dienen:

Bekanntlich war der Einfluß des Formenwesens auf den reellen Ausgang der Processe in der alten Zeit, nahmentlich bey den Legis Actiones, am größten (7), und so scheint sich frühe schon das Verlieren des Processes in Folge eines formellen Fehlers zu einem eigenen technischen Begriffe gestaltet, und eine besondere Bezeichnung erhalten zu haben, die sich dann auch auf die spätere Zeit fortpflanzte. Dieß ist, wie ich glaube, der Sinn des Ausdruckes *causa cadere*, der wohl hin und wieder in ganz allgemeinem und vulgárem Sinne für „den Proceß verlieren" vorzukommen scheint, in manchen Stellen aber ganz entschieden eine specielle, tech-

---

„suit; nam tota quidem res „in iudicium deducitur, constringitur autem condemnationis fine, quam iudex egredi „non potest: nec ex ea parte „Prætor in integrum restituit;

„facilius enim reis Prætor „succurrit quam actoribus" u. f. w.

(7) Man sehe *Gai.* Comm. IV. §§ 11. 30. u. a.

nische Bedeutung haben muß (8). Daß dieß aber
gerade die so eben angegebene sey, scheint sich unter

(8) Unbestimmt: § 33. I. De
actionibus. (s. Note 10.) L. 27.
De pignoribus. „. . . Finga-
„mus nullam crediti nomine
„actionem esse, quia forte
„*causa ceciderat* (creditor) . . .“
L. 45. §§ 6. 7. De iure fisci.
„. . . fiscus actorum suorum
„exempla hac condicione edit,
„ut ne is, cui describendi sit
„potestas, aduersus se . . .
„his actis utatur: de quo ca-
„uere compellitur, ut si usus
„iis contra interdictum fuerit,
„*causa cadat.* § 7. Quotiens
„apud fiscum agitur, actorum
„potestas postulanda est, ut
„merito iis uti liceat, eaque
„manu commentariensis ad-
„notanda sunt. Quod si ea
„aliter proferantur, is, qui
„ita protulerit, *causa cadit.*“
Vgl. L. 4. C. De in ius uoc.
Schon etwas verschieden: L. 71.
§ 3. in fi. De C. et D. „. . . Quod
„si maritus *uitio suo causa*
„*ceciderit*, neque soluendo sit;
„numquid aduersus heredem
„mulieri, quæ nihil deliquit,

„succurri debeat ob eam pe-
„cuniam, quæ doti fuerat
„destinata“ u. s. f. — L. 95.
§ 11. De solution. „Si cre-
„ditor a debitore culpa sua
„*causa ceciderit*, prope est,
„ut actione mandati nihil a
„mandatore consequi debeat,
„cum ipsius *uitio* acciderit,
„ne mandatori possit actio-
„nibus cedere.“ — Ferner
Cicero ad Fam. VII. 14. (an
Trebatius) „Quod si scribere
„oblitus es, minus multi iam
„te aduocato *causa cadent.* —
Quintilian. de arte orator. VII.
3. „Est etiam periculosum,
„quum si uno uerbo sit erra-
„tum, *tota causa cecidisse* ui-
„deamur. — *Sueton.* in Calig.
c. 38. Der Kaiser habe alle
Fuhrwerke in Beschlag genommen, „ut et panis Romæ sæpe
„deficeret, et litigatorum ple-
„rique, quod occurrere ab-
„sentes ad uadimonium non
„possent, *causa caderent.*“ —
Ganz speciell endlich: *Cic.* pro
Mur. c. 4. „Nam si tibi ne-

anderm auch dadurch zu bestätigen, daß mehrere Mahle statt *causa cadere* der Ausdruck *formula cadere* oder *formula excidere*, und zwar als mit jenem ganz gleichbedeutend, gebraucht wird (9). Nun ist

„cesse putas, etiam aduersa-
„riis amicorum tuorum de iure
„consulentibus respondere; et
„si turpe existimas, te aduo-
„cato, illum ipsum, quem
„contra ueneris, *causa cadere*“
u. s. f. — s. auch *Cic.* de Inuent. II. 19.. (Note 9. cit.),
und ganz besonders *Gai.* Comm.
IV. § 68. (Note 10. cit.)

(9) *Quintilian.* de arte orat.
L. III. c. 6. § 69. (ed. *Spal-
ding.*) „Neque ignoro, multa
„transferri, cum in omnibus
„fere causis, in quibus *ceci-
„disse* quis *formula* dicitur,
„hæ sunt quæstiones: *an huic,
„an cum hoc, an hac lege, an
„apud hunc, an hoc tempore
„liceat agere.*“ Vgl. damit
Cic. de Inuent. II. 19. „Quum
„autem actio translationis aut
„commutationis indigere ui-
„detur, *quod non aut is agit,
„quem oportet, aut cum eo,
„quicum oportet, aut apud
„quos, qua lege,* qua pœna,

„quo crimine, *quo tempore
„oportet,* constitutio transla-
„tiua appellatur . . . Atque
„in nostra quidem consuetu-
„dine multis de causis fit, ut
„rarius incidant translationes.
„Nam et prætoriis exceptio-
„nibus multæ excluduntur
„actiones, *et ita ius ciuile
„habemus constitutum, ut causa
„cadat is, qui non, quemad-
„modum oportet, egerit.*“ —
Quintilian. Declam. 350. „Non
„ignoro, esse frequentem hu-
„iusmodi in iudiciis, mino-
„ribus duntaxat, contentio-
„nem, ut petitor *excidisse for-
„mula,* et aliter, quam po-
„tuerit, agere dicatur. Sed
„hæc tunc ualent, cum osten-
„ditur *ius aliud,* quo agen-
„dum sit. Itaque si dicis,
„qua lege alia accusare de-
„buerim, merito excludis hanc,
„qua lege ago.“ Die HSS.
haben zwar *pecuniam* statt *petitor,* und diese letztere Leseart

es aber für unſere Anſicht von der **Pluspetitio** ſehr wichtig und wohl zu beachten, daß gerade das Ver- lieren des Proceſſes wegen **Pluspetitio** mehrmahls ausdrücklich dieſem *causa* oder *formula cadere* beygezählt, und mit dieſem Nahmen bezeichnet wird (10); indem auch darin wieder eine ſehr beſtimmte

ſtützt ſich, ſo viel ich weiß, bloß auf eine Conjectur von *Brisso- nius* (De Verb. Signif. v. *Ca- dere*). Allein die Corruptel iſt offenbar, und die Richtigkeit der Conjectur unterliegt wenig- ſtens für das Weſentliche des Sinnes wohl keinem Zweifel, ſo wie ſie denn auch von *Spal- ding* (ad d. cap. 6.) gebilligt wird. — Ferner *Seneca* Epist. 48. s. fi. „Quid enim (heißt es hier in Beziehung auf jene captiosæ interrogationes, von denen auch *Gellius* XVI. 2. ſpricht) aliud agitis, cum eum, „quem interrogatis, scientes „in fraudem inducitis, quam „ut *formula cecidisse* uidea- „tur? Sed quemadmodum il- „lum Prætor, sic hos philo- „sophia in integrum restituit.“ Endlich vergleiche man noch eine Stelle des *Festus*, wo ein

dritter Ausdruck, *lite cadere*, erwähnt wird: „*Liti cecidisse* „dicitur, qui eius rei, de qua „agebat, causam amisit.“

(10) § 33. init. I. De actio- nibus. „Si quis agens inten- „tione sua plus complexus „fuerit, quam ad eum perti- „neat, a causa cadebat, id „est, rem amittebat, nec fa- „cile in integrum restituaba- „tur a Prætore, nisi minor „erat 25. annis.“ — *Gai.* Comm. IV. § 68. „Præterea „compensationis quidem ratio „in intentione ponitur; quo „fit, ut si facta compensatione „*plus nummo uno intendat* ar- „*gentarius, causa cadat et ob* „*id rem perdat:* deductio uero „ad condemnationem ponitur, „quo loco *plus petenti* peri- „culum non interuenit . . .“ Ferner *Paul.* R. S. I. 10. De

Andeutung zu liegen scheint, daß die Wirkung des *plus petere* nicht eine positive, auf materielle Gründe gestützte Strafe, sondern ein bloßer Ueberrest des uralten, vielfach entscheidenden Einflusses des Formenwesens auf die materiellen Rechtsverhältnisse gewesen sey (11).

plus petendo. „*Causa cadimus* „aut loco aut summa aut tem„pore aut qualitate“ u. f. w. Diese, so wie eine andere Stelle aus derselben Schrift und eine Const. von Diocletian über einen Fall von *pluspetitio* eines Tutor s. in der Consult. uet. IC^ti. cap. 5. — Ferner *Paul.* R. S. II. 5. § 3. „Si pecuniam „tibi debeam, et tu mihi pe„cuniam debeas ... compen„sare uel deducere debes. Si „totum petas, *plus petendo* „*causa cadis*.“ — *Vatic. Fragm.* § 53. „Si (de) altius tollendo „aget is, qui in infinitum „tollendi ius non habet, si „non expresserit modum, *plus* „*petendo causa cadit*, quasi „intenderit, ius sibi esse in „infinitum tollere.“ — *Cic.* de Orat. I. 36. „Atqui non „defuit illis patronis, inquit „Crassus, eloquentia neque

„dicendi ratio aut copia, sed „iuris ciuilis prudentia: quod „alter *plus lege agendo petebat*, „quam quantum Lex in XII. „Tabulis permiserat: quod „cum impetrasset, *causa ca*„*deret*; alter iniquum puta„bat, plus secum agi, quam „quod esset in actione, ne„que intelligebat, si ita esset „actum, litem aduersarium „perditurum.“ — Endlich *Sueton.* in Claudio c. 14. „Nec „semper praescripta legum se„cutus duritiam lenitatemue „multarum ex bono et aequo, „perinde ut adficeretur, mo„deratus est. Nam et iis, „qui apud priuatos iudices „*plus petendo formula excidis*„*sent*, restituit actiones, et in „maiore fraude conuictos, le„gitimam poenam supergres„sus, ad bestias condemnauit.“

(11) Daß die Regel des *plus*

Aeußerſt merkwürdig iſt endlich in dieſer Beziehung die Schlußſtelle bey **Gajus**, Comm. IV. § 60. Sie lautet ſo:

„Sed nos apud quosdam scriptum inuenimus,
„in actione depositi et denique in ceteris
„omnibus, quibus damnatus unusquisque igno-
„minia notatur, eum, qui plus, quam opor-
„teret, demonstrauerit, litem perdere, uelut
„si quis, una re deposita, duas res depo-
„suisse demonstrauerit: aut si is, cui pugno
„mala percussa est, in actione iniuriarum,
„esse aliam partem corporis percussam sibi,
„demonstrauerit. Quod an debeamus credere
„uerius esse, diligentius requiremus. Certe
„cum duæ sint depositi formulæ, alia in ius
„concepta, alia in factum, sicut supra quo-
„que notauimus, et in ea quidem formula,
„quæ in ius concepta est, initio res, de qua
„agitur, demonstretur, tum designetur, de-
„inde inferatur iuris contentio his uerbis:

petere auch bey den *Legis actiones* gegolten habe, und daß
dieſelbe überhaupt uralt ſey,
kann wohl niemand bezweifeln.
Man vergleiche zum Ueberfluß
Cic. de Orat. Note 10. cit.,
wo ausdrücklich von *lege agere*

die Rede iſt; und *Plauti* Mo-
stellar. Act. III. Sc. 1. v. 120. ff.
„*Tran.* Quatuor quadra-
„ginta illi debentur minæ
„Et sors et fœnus. — *Dan.*
„tantum est: *nihilo plus peto.*
„*Tran.* Velim quidem her-

„*Quicquid ob eam rem illum mihi dare*
„*facere oportet,* in ea uero, quæ in factum
„concepta est, . . . res, de qua agitur, de-
„signetur his uerbis: *Si paret illum apud*
„*illum deposuisse:* dubitare non debemus,
„quin, si quis in formula, quæ in factum
„composita est, plures res designauerit,
„quam deposuerit, litem perdat, quia in in-
„tentione plus (*posuit?*) . . .“

Es hängt mit der vorhin entwickelten Ansicht über
das Wesen der Pluspetitio zusammen, und ist von
Gajus mehrmahls ausgesprochen, daß ein *plus pe-*
tere mit den bekannten Folgen in keinem andern
Theile der Formula als in der Intentio vorkommen könne (12). Von dieser Regel nun wichen einige
ältere Juristen, wie uns Gajus berichtet, für eine
bestimmte Classe von Fällen ab, indem sie den Satz
aufstellten, daß bey allen Actiones, die für den con-
demnirten Beklagten Infamie nach sich ziehen, auch
eine übertriebene Angabe der Thatsachen, ein *plus*
demonstrare, die Folge des gänzlichen Verlusts des

„cle, *ut uno nummo plus pe-*
„*tas.*“

(12) s. besonders Comm. IV.
§ 58. „Si in demonstratione
„plus aut minus positum sit,
„nihil in iudicium deducitur,
„et ideo res in integro manet:
„et hoc est, quod dicitur,
„falsa demonstratione rem
„non perimi.“

Proceſſes, wie das *plus petere*, haben ſollte. Dieß wäre allerdings etwas rein poſitives, das ſich weder aus der Conception der Formel, noch aus der proceſſualiſchen Conſumtion erklären ließe; — eine wahre Strafe für den, welcher die Ehre ſeines Gegners muthwillig auf's Spiel ſetzte. Aber Gajus erklärt ſich dagegen auf's beſtimmteſte, und führt die Sache mit ſtrenger Conſequenz auf den von uns bezeichneten Standpunkt zurück, indem er unterſcheidet, ob die Thatſachen als directe Bedingung der Condemnation, oder als bloße Einleitung der Formula erſcheinen; mit andern Worten, ob ſie in einer *Formula in factum concepta* als Inhalt der Intentio, oder in einer *Formula in ius concepta* in der Demonſtratio angegeben ſeyen. Im erſtern Falle ſoll die gewöhnliche Wirkung des *plus petere* eintreten, im letztern nicht.

Sechster Abſchnitt.

Von den Mitteln gegen die praktiſchen Nach=
theile der proceſſualiſchen Conſumtion.

---

§ 57.

Die materiellen Folgen der Litis Conteſtatio und des Urtheils ſind im Bisherigen entwickelt,

33

und ihr Verhältniß zum allgemeinen Zweck von Proceß und richterlichem Urtheil schon oben angedeutet worden.

Betrachten wir nun aber diese Wirkungen im endlichen praktischen Resultat, so finden wir bald, daß die entwickelte Theorie derselben, nahmentlich die Idee der processualischen Consumtion manche Unbequemlichkeiten mit sich bringt, und auf einzelnen Punkten so hart und drückend erscheint, daß die Römischen Juristen, insbesondere der classischen Zeit, ihren Charakter ganz verläugnen müßten, wenn sie nicht auch hier, wie auf vielen andern Seiten des Rechts-Systems, Linderung zu schaffen und die *Aequitas* gegen das *strictum ius* in Schutz zu nehmen sich bestrebt hätten.

Wo nun solche Hülfe praktisches Bedürfniß gewesen, und in welcher Art sie von den Römischen Juristen geschafft worden sey, soll jetzt noch, so weit uns die Quellen darüber Aufschluß und Andeutungen geben, genauer dargestellt werden.

§ 58.

Fassen wir allervorderst die ganze Classe derjenigen *Actiones in personam* in's Auge, welche *Formulas incertas* haben, so ist es bey denselben bekanntlich sehr häufig der Fall, daß aus Einem obli-

gatorischen Verhältniß eine Mehrzahl einzelner Forderungen und Verpflichtungen entsteht, welche zwar
alle ihren letzten Grund und ihren allgemeinen rechtlichen Charakter von der gemeinsamen Haupt-Obligation ableiten, aber doch daneben wieder von eigenthümlichen factischen Requisiten abhängen, und ver-
schiedenartige Leistungen zu ihrem Inhalt und Gegenstand haben (1).

So kann denn auch das Bedürfniß, solche einzelne Leistungen einzuklagen, mehrmahls und zu verschiedenen Zeiten eintreten; es kann z. B. ein Käufer
als solcher in den Fall kommen, heute Mancipation, ein ander Mahl Tradition, und später Evictions-Leistung von seinem Verkäufer zu fordern; und eben so einleuchtend ist es, wie
viele einzelne Prästationen aus einem Mandats-
oder Societäts-Verhältniß u. dgl. möglicher
Weise abgeleitet werden können.

Damit halte man zusammen die Regel der
Consumtion, wie wir sie oben für diese einzelne
Anwendung abgeleitet und ausgesprochen haben (2):

Durch einmahlige Anstellung einer Actio in personam incerta (hieß es), was auch immer die specielle Veranlassung, Zweck und Erfolg derselben ge-

(1) s. oben S. 252. ff.
(2) s. oben S. 255. ff.

wesen sey, wird die ganze zum Grunde liegende Haupt-Obligation mit allen ihren rechtlichen Wir-kungen consumirt, und was man von Leistungen daraus durch diesen Proceß nicht erhalten hat, sey es, weil sie noch nicht fällig, oder überhaupt factisch noch nicht begründet waren, oder weil man sie nur jetzt noch nicht einfordern wollte; alles das ist nun für immer verloren.

Allein wie unerträglich die praktische Anwendung dieses Satzes für den täglichen Verkehr seyn müßte, wenn nicht dem Kläger anderweitige Mittel zu Ge-bothe ständen, diese nachtheiligen Wirkungen von sich abzuwenden; springt zu sehr in die Augen, als daß es noch durch allgemeine Betrachtungen oder an ein-zelnen Beyspielen des Nähern nachgewiesen werden dürfte.

Solche Mittel gab es nun aber im Römischen Recht wirklich, und zwar verhält es sich damit fol-gender Maßen:

Das älteste und das eigentlich regelmäßige Ge-genmittel lag in dem Institut der Präscriptio-nes, wie wir dieses durch die Institutionen des Gajus kennen gelernt haben.

Hier werden uns von dieser Bedeutung und Be-stimmung der Präscriptiones zwey Beyspiele

mitgetheilt, von denen wir beſonders das erſte einer
genauen Beobachtung unterwerfen müſſen.

Die Stelle (3), auf deren Interpretation alles
ankommt, lautet ſo:

„Videamus etiam de præscriptionibus, quæ
„receptæ sunt pro actore. § 131. Sæpe
„enim ex una eademque obligatione aliquid
„iam præstari oportet, aliquid in futura
„præstatione est. uelut cum in singulos
„annos uel menses certam pecuniam sti-
„pulati fuerimus: nam finitis quibusdam
„annis aut mensibus huius quidem temporis
„pecuniam præstari oportet, futurorum autem
„annorum sane quidem obligatio contracta
„intellegitur, præstatio uero adhuc nulla
„est: si ergo uelimus id quidem, quod præ-
„stari oportet, petere et in iudicium dedu-
„cere, futuram uero obligationis præstationem
„in incerto relinquere, necesse est, ut cum
„hac præscriptione agamus: *Ea res agatur
„cuius rei dies fuit.* alioquin si sine hac
„præscriptione egerimus, ea scilicet for-
„mula, qua incertum petimus, cuius inten-
„tio his uerbis concepta est: *Quicquid ob
„eam rem Numerium Negidium Aulo*

(3) Comm. IV. § 130. f.

„*Agerio dare facere oportet;* totam ob-
„ligationem, id est, etiam futuram, in hoc
„iudicium deducimus, et . . . .“

So viel liegt oben auf: A hat von N eine bestimmte Summe Geldes, jährlich oder mo-
nathlich zu entrichten, stipulirt, welches letztere
nach Römischen Begriffen das Geschäft zu einer *Stipulatio incerta* qualificirt (4). Nachdem nun einige jener Zahlungen fällig geworden sind, will A
dieselben mit der Actio incerta ex stipulatu einklagen.
Läßt er sich aber diese schlechthin ertheilen, so läuft
er Gefahr, die noch nicht fälligen Leistungen zu
verlieren, und vor dieser Gefahr soll ihn die in der
Stelle benannte Präscriptio schützen.

Worauf sich nun aber diese Gefahr gründe, und
was es überhaupt damit eigentlich für eine Bewandt-
niß habe, darüber ist eine Meinung ausgesprochen
worden, die wir um so weniger mit Stillschweigen

(4) s. L. 16. § 1. De V. O.
(*Pompon.*) „Stipulatio huius-
„modi, *in annos singulos,*
„una est *et incerta* et perpe-
„tua, non quemadmodum si-
„mile legatum morte legata-
„rii finiretur.“ Vgl. L. 35.
§ 7. De mort. ca. don. L. 4.
L. 11. De ann. leg. L. 1. § 16.
Ad leg. Falc. L. 10. L. 11.
L. 12. pr. L. 20. L. 26. § 2.
Quan. dies leg. ce. — Ueber
den Begriff von *certa* und *incerta stipulatio* vgl. L. 68. L. 74.
L. 75. L. 118. § 2. L. 121.
pr. De V. O.

übergehen dürfen, da dieselbe sich viel weiter, als
gedruckt zu lesen steht (5), verbreitet findet.

Nach dieser verhielte sich die Sache so:

Wenn eine Stipulation mehrere Leistungen begreift, von denen die einen bereits fällig sind, die
andern noch nicht, so machen alle diese einzelnen Ansprüche Theile Einer Obligation aus, sie sind somit
auch alle gleichmäßig in und mit dieser rechtlich begründet, der Debitor ist dem Creditor von Anfang
an für alle verbunden, das *dare facere alterum alteri oportere* begreift seinem Wortsinne
nach die fälligen wie die künftigen Zahlungen. Nur die wirkliche Einforderung ist an
die Verfallzeit geknüpft, und kann vor derselben keinen Erfolg haben.

Würde nun in dem Fall unserer Stelle A die
einfache Formula mit ihrer Intentio *Quicquid
N. N. A°. A°. dare facere oportet* gebrauchen, so

(5) Man sehe sie bey *Eu.
Dupont*, Disquisitiones in
Commentarium IV. Institu-
tionum Gaii recenter reper-
tarum. Lugduni Batauorum
1822. 8. (Gekrönte Lütticher
Preißschrift.) Eine zweyte Dissertation desselben Verfassers
(De praescriptionibus secundum hodierni et Romani Iuris praecepta, Leodii 1823. 4.),
deren Titel unsern Gegenstand
auch zu umfassen scheinen möchte, gehört gar nicht hieher,
indem darin bloß die verschiedenen Arten der Verjährung
abgehandelt sind.

würde er damit nicht bloß die fälligen, sondern auch die künftigen Zahlungen einklagen, denn auch von diesen muß man sagen: *dari fieri oportet;* er würde folglich mehr fordern, als er zu fordern befugt ist, und so müßte ihn die Strafe der Pluspetitio, d. h. der Verlust aller seiner Ansprüche, treffen. Um dieß zu verhüthen, läßt er die Präscriptio in die Formel setzen, wodurch er zum voraus erklärt, den Gegner bloß zur Bezahlung der verfallenen Termine anhalten zu wollen.

Allein daß wir diese Erklärung durchaus verwerfen müssen, liegt mit Nothwendigkeit schon in unserer frühern Entwickelung des objectiven Umfangs der processualischen Consumtion (6), und die Gründe, welche uns hier bestimmen, werden zugleich auch den Beweis, den wir dort zum Theil schuldig geblieben sind, vervollständigen. Diese Gründe nun sind folgende :

I. Es ist falsch, daß in dem Fall unserer Stelle der Gläubiger durch Gebrauch der einfachen Formula irgendwie in eine Pluspetitio zu verfallen Gefahr liefe. Denn Ein Mahl wissen wir, daß jedes *plus petere* in der Intentio seinen Sitz hat, und da wäre es doch wahrhaftig schon in sich etwas

(6) s. oben S. 255. ff.

widersinniges, von dem, welcher petit *quicquid sibi dare facere aduersarium oportet*, zu sagen, daß er zu viel, d. h. *plus quam dare facere aduersarium oportet*, begehre. Dazu kommt aber noch — und dieß ist das Ende alles Widerspruchs —, daß uns Gajus selbst (7), ganz in Einklang mit dieser Bemerkung, mit dürren Worten vorsagt, es könne bey allen *Formulis incertis* von einer Plus-petitio überall niemahls die Rede seyn.

II. Es ist falsch, daß die Phrase *dari fieri oportere* wörtlich auch auf die noch nicht fälligen Leistungen passe, der Juder mithin in Folge der einfachen Formula auch auf diese condemniren müßte. An sich zwar liegt in dieser Behauptung nichts absolut unmögliches oder widersinniges, denn mit jener Einheit der Haupt-Obligation und aller ihrer einzelnen Verzweigungen hat es seine völlige Richtigkeit, wie wir diese Idee denn auch selbst oben (8) entwickelt, und zur Erklärung der Consumtions-Regel benutzt haben. Es kommt daher bey diesem Punkte wesentlich auf Beobachtung des Römischen Sprachgebrauches an, aber eben von dieser Seite glaube ich mit Sicherheit annehmen zu können,

(7) Comm. IV. § 54. Die Worte dieser Stelle f. oben S. 501. Note 5.

(8) f. oben S. 258. f.

daß — gerade im Gegensatz mit jener Erklärung — die Intentio *Quicquid N. N. A°. A°. dare facere oportet* ihrem Wortsinne nach die künftigen Leistungen nicht in sich begriffen habe.

Diese meine Annahme rechtfertigt sich, wie mir scheint, zur Genüge, durch den bloßen Anblick folgender Stellen:

L. 46. De legatis 2ᵈᵒ. (*Proculus* (9) lib. 5. Epist.)

„Si (10) scripsisset qui legabat, „*Quicquid* „„*mihi Lucium Titium dare facere opor-* „„*tet, Sempronio lego,*" nec adiecit (11) „„*præsens in diemue,*" non dubitarem, „*quantum ad uerborum significationem* „*adtineret* (12), quin ea pecunia compre- „hensa non esset, cuius dies moriente eo, „qui testamentum fecisset, nondum uenis-

---

(9) al. *Scaeuola.*

(10) al. *Si ita.*

(11) al. *adiecisset.*

(12) Diese Worte sind darum sehr wichtig, weil in denselben der entscheidende Beweis enthalten ist, daß die aufgeworfene Frage hier gerade aus dem Gesichtspunkt des gemeinen juristi- schen Sprachgebrauchs, nicht etwa nach den besondern Rücksichten, die bey letztwilligen Verordnungen zur Sprache kommen können, wie *uoluntas testatoris* u. dgl. (s. z. B. L. 25. § 1. Quan. dies leg. ce. L. 9 Ut legatorum.) betrachtet wird.

„set: adiiciendo autem hæc uerba „præsens

„„in diemue" aperte mihi uidetur ostendisse,

„eam quoque (13) pecuniam legare uo-

„luisse (14)."

L. 76. § 1. De V. O. (*Paulus.*)

„Cum stipulamur „*Quicquid te dare fa-*

„„*cere oportet,*" id quod præsenti die dun-

„taxat debetur (15), in stipulationem de-

„ducitur, non, ut in iudiciis, etiam futu-

„rum (16). Et ideo in stipulatione adiici-

„tur uerbum (17), „*oportebit*" (18); uel

---

(13) al. quoque *se.*

(14) Vgl. L. 16. De libe-rat. leg.

(15) al. *id duntaxat, quod praesenti die debetur.*

(16) Gerade dieser Gegen-satz, zusammen genommen mit dem *quantum ad uerborum significationem attinet* in L. 46. cit., zeigt wohl deutlich genug, daß nach dem gemeinen ju-ristischen Sprachgebrauch, und in allen Anwendungen mit Ausnahme des *in iudicium deducere,* d. h. der processua-lischen Consumtion, das *dare facere oportere* bloß fällige Leistungen begreift. Eine ein-

zige wahre Abweichung findet sich in L. 7. pr. De compen-sation. (*Ulp.*) „Quod in diem „debetur, non compensabi-„tur antequam dies uenit, „*quamquam dari oporteat.*" — Allein ein solcher einzelner un-genauer Ausdruck darf um so weniger auffallen, da bekannt-lich, auch ehe irgend eine Lei-stung fällig ist, ein gültiges obligatorisches Verhältniß im Allgemeinen bestehen kann. s. z. B. L. 9. pr. Qui potio-res.

(17) al. in *omni* stipulatione adiicitur *etiam* uerbum.

(18) al. *op ortebitue.*

„ita: „*præsens in diemue.*" Hoc ideo fit,
„quia qui (19) stipulatur „*quicquid te*
„„*dare* (20) *oportet*," demonstrat eam pe-
„cuniam, quæ iam debetur: quod si totam
„demonstrare uult, dicit „*oportebitue*" (21);
„ita (22): „*præsens in diemue*"" (23).

L. 89. eod. (*Paulus.*)

„Si a colono, cui fundum in quinquennium
„locaueram, post tres annos ita stipulatus
„fuero: „*Quicquid te dare facere opor-*
„„*tet*"; non amplius in stipulationem dedu-
„citur, quam quod iam dari oportet (24):
„si autem adiiciatur „*oportebitue*," etiam
„futura obligatio deducitur."

L. 125. eod. (*Paulus.*)

„Cum stipulamur „*Quicquid te dare fa-*
„„*cere oportet*," nihil aliud in stipulationem
„deducitur, quam quod præsenti die debe-

---

(19) al. qui *sio.*

(20) al. dare *facere.*

(21) al. *oportet* oportebitue.

(22) al. *uel* ita, was offen=
bar richtig und nothwendig ist.

(23) Vgl. die *Formula Aqui-
liana* in L. 18. § 1. De acceptil.

(24) Es ist wohl bloßer
Schreibfehler, wenn die Flor.,
entgegen den andern HSS.,
hier noch die ganz müßigen
Worte einschiebt: *in stipulatione enim deducitur, quod
iam dari oportet.*

„tur: hoc enim solum hæc stipulatio de-
„monstrat. “

Allein hiebey wollen wir nicht stehen bleiben,
denn es ist vielleicht nicht ganz ohne Interesse, die
Sache auch noch von einer andern Seite anzugreifen.

Vergessen wir also einen Augenblick die eben angeführten Stellen und den dadurch erwiesenen Sprachgebrauch, und gehen von der entgegen gesetzten Ansicht aus, daß das *dare facere oportere* wörtlich
die künftigen und die fälligen Leistungen gleichmäßig begreife: was wäre dann der Erfolg der einfachen Formula? —

Der Juder wird instruirt zu condemniren *quicquid N. N. A°. A°. dare facere oportet.* Nun
begreift diese Phrase nicht nur die fälligen, sondern auch die künftigen Prästationen. Also muß
der Juder in alles, fälliges und nicht fälliges, zusammen condemniren.

Aber jetzt frage ich: wer ist es, dem die einfache
Formula ungebührliche Gefahr droht, und für den
daher die Insertion einer besondern Clausel Bedürfniß würde? Doch nicht der Kläger, denn er be-
käme ja mehr als ihm gehört und als er haben will;
und daß von Pluspetitio keine Rede seyn kann,
ist zuerst (sub I.) von uns festgestellt worden. Wohl
aber hätte der Beklagte den Schutz des Prätor

gegen eine solche *iniqua formula* vonnöthen, er müßte die Beschränkung *cuius rei dies fuit* impetriren, und diese Präscriptio würde somit ihrer sachlichen Bedeutung nach sich in eine Exceptio zu Gunsten des Beklagten verwandeln.

Und nun höre man ein Mahl den alten Crassus in der bekannten Stelle von Cicero (25), wo er die Nothwendigkeit solider Rechtskenntnisse für den Advocaten heraus hebt, und durch Beyspiele grober Verstöße, und Nachweisung der entscheidenden Nachtheile, welche dieselben für den Clienten zur Folge hatten, bekräftigt.

„Atqui — heißt es mit Beziehung auf ei-
„nen andern Fall — non defuit illis patro-
„nis, inquit Crassus, eloquentia, neque
„dicendi ratio aut copia, sed iuris ciuilis
„prudentia u. f. w. Sodann: Quid? his
„paucis diebus, nonne, nobis in tribunali
„Q. Pompeii, prætoris urbani, familiaris
„nostri, sedentibus, homo ex numero di-
„sertorum postulabat, ut illi, unde petere-
„tur, uetus atque usitata exceptio daretur
„„*cuius pecuniæ dies fuisset.*“ Quod
„petitoris causa comparatum esse, non in-

(25) De Oratore I. 36. 37.

„telligebat: ut , si ille inficiator probasset
„iudici, ante petitam esse pecuniam, quam
„esset cœpta deberi, petitor, rursus quum
„peteret, ne exceptione excluderetur „*Quod*
„„*ea res in iudicium antea uenisset.*"
„Quid ergo hoc fieri turpius aut dici po-
„test, quam eum, qui hanc personam sus-
„ceperit, ut amicorum controuersias cau-
„sasque tueatur, laborantibus succurrat,
„ægris medeatur, afflictos excitet, hunc
„in minimis tenuissimisque rebus ita labi,
„ut aliis miserandus, aliis irridendus esse
„uideatur? "

Der Sinn dieser Erzählung unterliegt wohl keinem Zweifel.

Zwey Personen standen mit einander in einer Obligation, deren Gegenstand eine oder mehrere Ter-
min-Zahlungen des Einen an den Andern ausmachten.
Als noch gar nichts oder erst ein Theil derselben
fällig war, belangte der Gläubiger seinen Schuldner,
und begehrte vom Prätor die einfache Klagformel: —
offenbar unvorsichtig, indem er sich dadurch für die
Zukunft in die Unmöglichkeit versetzt, das erst später
Fällige einzuklagen, während er doch in dem gegenwärtigen Proceß nichts anderes, als was bereits
fällig ist, erhalten kann.   Allein statt diesen Fehler

des Gegners zu benutzen, und durch stillschweigende
Annahme der Formula seiner Partey den Vortheil
zu erwerben, daß durch den jetzigen Proceß das
ganze Schuldverhältniß consumirt würde, und alles
dermahlen noch nicht Fällige dem Creditor für die
Zukunft durch die Exc. rei in iudicium deductæ verloren ginge; fordert er die Beysetzung der Clausel
„cuius rei dies fuit", als einer altherge-
brachten, bekannten Exceptio (26), — nicht
wissend, daß dieß gerade eine zum Vortheil des
Klägers aufgestellte Clausel ist, er also dadurch
seinem Clienten nichts nützt, sondern im Gegentheil
von dem Gegner die ganze ihn bedrohende Gefahr
der Consumtion abwendet.

Fragen wir aber endlich, was sich auch wohl der
Anwald bey diesem verkehrten Benehmen gedacht,
und was ihn dazu verleitet haben möge, so scheint
dieß leicht einzusehen: Er bildete sich, wie *Dupont*,
ein, daß unter dem *dare facere oportere* auch das
Künftige begriffen sey, und es daher jenes Bey-

---

(26) Hugo (9te Rechtsge-
schichte S. 552. Note 1.) wirft
bey Gelegenheit dieser Stelle
die Frage auf: „Konnte
„eine *praescriptio* auch exce-
„ptio heißen, oder nennt sie

„Cicero nur in die Seele der
„beyden unwissenden Redner
„so?" — Das letztere scheint
unbedenklich angenommen werden zu müssen.

satzes bedürfe, damit der Juder Fälliges von Künftigem zu unterscheiden und die Condemnation auf jenes zu beschränken angewiesen werde.

Und so könnten wir denn, seltsam genug, unsere Widerlegung der falschen Ansicht über die Bedeutung der fraglichen Präscriptio mit der Bemerkung schließen, daß schon Cicero dieselbe durch Crassus hat persiffliren lassen.

Unsere eigene Meinung endlich, welche in dem Bisherigen (27) nicht bloß angedeutet, sondern auch mit ihrem ganzen Beweise (28) enthalten ist, können wir jetzt ganz kurz auf folgende Weise aussprechen:

Während in Folge der einfachen Formula auf der einen Seite der Juder nur in die fälligen Posten condemniren könnte, auf der andern aber die ganze Gesammt-Obligation ein für alle Mahl consumirt würde, so soll durch die Präscriptio *ea res agatur cuius rei dies fuit* der Umfang der Consumtion mit dem der Condemnation ausgeglichen und alles dasjenige dem Kläger für

---

(27) s. besonders auch oben S. 252. ff.

(28) Die Gründe ließen sich, wenn es nöthig wäre, leicht noch vermehren. Man vgl. z. B. L. 186. De R. I.,

man bedenke, daß auf der von uns angenommenen Bedeutung des *dare facere oportere* die ganze *pluspetitio tempore* beruht, u. s. w.

34

die Zukunft vorbehalten werden, was dermahlen als noch nicht fällig auch nicht in der Condemnation begriffen werden kann.

§ 59.

Das zweyte Beyspiel, welches uns Gajus von dieser Function der **Präscriptiones**, die objective Sphäre der processualischen Consumtion zu beschränken, anführt, und zu dessen Erklärung wohl nach der im vorher gehenden § enthaltenen Erörterung nichts weiter erforderlich seyn wird, ist kurz dieses (1):

Wenn jemand von seinem Verkäufer mit der Actio empti einstweilen bloß Mancipation des Kauf-Objectes fordern (2), sich aber andere Ansprüche aus demsel-

(1) f. *Gai.* Comm. IV. § 131. cit. „Item si uerbi gratia ex „empto agamus, ut nobis fun- „dus mancipio detur, debe- „mus ita praescribere: *Ea res* „*agatur de fundo mancipando:* „ut postea, si uelimus uacuam „possessionem nobis tradi, de „tradenda . . . . totius illius „iuris obligatio, ita concepta „actione: *Quicquid ob eam* „*rem Numerium Negidium* „*Aulo Agerio dare facere* „*oportet,* per intentionem

„consumitur, ut postea nobis „agere uolentibus de uacua „possessione tradenda nulla „supersit actio.“

(2) Es läßt sich denken, daß der Käufer aus bloßer Convenienz sich einstweilen auf eine solche einzelne Forderung beschränken will; es ist aber auch möglich, daß er in Folge ausdrücklicher Bestimmungen des Kaufvertrags zur Stunde noch zu keiner andern Forderung berechtigt ist, indem z. B. die

ben Kaufvertrag, z. B. die Forderung der Tradition
u. dgl., vorbehalten will, so darf er bloß seiner Actio
empti die Präscriptio vorsetzen lassen *„Ea res
„agatur de fundo mancipando“*, und dadurch wird
zu seinem Vortheil bewirkt, daß seine Klage nur,
so weit sie die Mancipations=Forderung betrifft, in
Judicium deducirt und consumirt wird.

§ 60.

Aus den beyden in den vorher gehenden §§ erör=
terten Beyspielen der Bedeutung der Präscriptio=
nes in der Lehre von der processualischen Consumtion
läßt sich nun, wie ich glaube, für diese Bedeutung
unbedenklich die allgemeine Regel abstrahiren:

In allen Fällen, wo aus einer Haupt=Obligation
mehrere einzelne Leistungen entspringen, die alle Ge=
genstand einer und derselben *Actio incerta* ausma=
chen, kann der Creditor, welcher davon eine bestimmte
einzelne einklagen will, sich seine Klage für alle übri=
gen auf die Zukunft dadurch erhalten, daß er dieje=
nige, welche er jetzt verfolgt, bestimmt in einer Prä=

Tradition an eine noch nicht
abgelaufene Frist gebunden seyn
kann; oder daß der specielle
factische Grund anderer einzel=
ner Forderungen noch nicht

eingetreten, z. B. die Eviction,
welche bekanntlich auch Stoff
der Actio empti abgeben kann,
noch nicht erfolgt wäre. _

scriptio angeben läßt, und so die Consumtion auf diese einzige beschränkt.

Ob nun aber gleich der Gebrauch der Präscriptiones, wenn diese Regel richtig ist, zu diesem Zwecke in der täglichen Praxis sehr ausgedehnt und häufig gewesen seyn muß, so sind uns doch keine andern einzelnen Fälle, wo sie in dieser Function wirklich in den Quellen zur Sprache gebracht würden, bekannt; aber wir dürfen solche besonders in der Justinianeischen Compilation auch gar nicht erwarten, und am wenigsten könnte dieser Umstand ein Argument gegen die aufgestellte Regel abgeben.

Sehr leicht ist es dagegen nach den Aufschlüssen, die wir durch Gajus erhalten haben, solche Anwendungen im Römischen Geiste uns vorzustellen, und dadurch die Sache selbst zu größerer Anschaulichkeit zu erheben.

So hat es wohl keinen Zweifel, daß, wer z. B. mit der Actio empti Tradition fordert, sich aber zugleich diese Actio etwa zur Forderung einer allfälligen Evictions-Prästation erhalten will (1), dieß durch Insertion der Präscriptio „*Ea res „agatur de uacua fundi possessione tradenda*“ bewirken kann.

(1) Ueber verschiedene einzelne Forderungen aus einem Kauf vgl. L. 13. § 3. De iureiur.

Ein anderes Beyspiel läßt sich aus dem Falle der
L. 41. De iudiciis (2) abnehmen. Hier könnte ohne
Zweifel eine Präscriptio gebraucht werden, ungefähr des Inhalts: „*Ea res agatur de cautione
„præstanda*", u. s. f. (3)

(2) (*Papinian.*) „In omni-
„bus bonæ fidei iudiciis, cum
„nondum dies præstandæ pe-
„cuniæ uenit, si agat aliquis
„ad interponendam cautio-
„nem, ex iusta causa conde-
„mnatio fit."

(3) Vgl. auch L. 48. § pen.
De ædil. ed. (*Pompon.*) „Cum
„redhibitoria actione de sa-
„nitate agitur, permittendum
„est, de uno uitio agere, et
„prædicere, ut si quid aliud
„postea apparuisset, de eo
„iterum ageretur." Dieses
prædicere ist aber mit einer
eigentlichen *præscriptio*, und
überhaupt der Fall der L. 48.
cit. mit den unsrigen, nicht zu
verwechseln, weil es sich hier
gar nicht um Einforderung
Einer Prästation unter vielen
möglichen, und Beschränkung
einer dafür zu allgemein lautenden *Intentio* handelt, sondern bloß um die Möglichkeit,
dieselbe specielle For-
derung (d. i. Redhibition),
welche den einzigen möglichen
Gegenstand der angestellten
Actio ausmacht, mit derselben
Actio nachher aus einem
andern Grunde wieder zu
verfolgen. Der Fall hat also
mehr Aehnlichkeit mit dem der
Rei uindicatio, wenn dabey der
Erwerbsgrund angegeben wird,
um sich dieselbe, auf andere
Gründe gestützt, vorzubehalten.
Zu d. L. 48. vgl. übrigens
L. 31. §§ 5. 10. L. 43. § 6.
L. 31. § 16. De ædil. ed. L. 25.
§ 1. De exc. r. iud., unter
welchen d. § 16. nebenbey auch
in der Beziehung zu beachten
ist, daß darin die processualische Consumtion und
diejenige durch Zahlung
recht deutlich aus einander gehalten werden.

§ 61.

Wie nun aber, wenn man diese Vorsicht nicht angewandt, sondern die Klage einfach und ohne Präscriptio angestellt hatte, entweder aus Nachlässig-
keit, oder weil jenes nicht möglich gewesen war, indem man z. B. wirklich nicht nur eine oder mehrere bestimmte einzelne Prästationen einklagen, sondern den
gesammten aus der Haupt-Obligation folgenden An-
spruch geltend machen wollte; wenn es sich dann nachher zeigt, daß man aus demselben Rechtsverhältnisse
noch eine andere Forderung zu machen habe, die man
damahls noch nicht gehabt, oder doch nicht gekannt
hatte?

Daß in allen solchen Fällen die ganze Haupt-Obligation mit allen ihren Folgen als in Judicium
deducirt und consumirt betrachtet wurde, daß
also dem Kläger, wenn er zum zweyten Mahl mit
derselben Actio auftrat, diese Einwendung entweder
ipso iure oder *per exceptionem rei iudicatæ* entgegen stand, leidet keinen Zweifel, und in der ältern
Zeit gab es hier wohl keine Hülfe mehr. Später
hingegen, als sich überhaupt die *Aequitas* gegen das
Strictum ius in der Römischen Jurisprudenz auf
allen Seiten immer mehr geltend machte, scheint man
auch hier geneigt gewesen zu seyn, in Fällen, wo die

ſtrenge Durchführung der Regel der Conſumtion eine
wahre Härte zu enthalten ſchien, den Kläger dagegen
in Schutz zu nehmen, und ihm entweder *Restitutio
in integrum* oder eine *Replicatio doli* zu geſtatten.

Eine Beſtimmung in dieſem Sinne, und zwar
ziemlich umfaſſender Art, enthält L. 2. C. De iudiciis (1).

(Impp. *Seuerus* et *Antoninus* AA. Valerio.)
„Licet iudice accepto cum tutore tuo egisti,
„ipso tamen iure actio tutelæ sublata non
„est, et ideo si rursus eundem iudicem pe-
„tieris, contra utilem exceptionem rei iudi-
„catæ, si de specie, de qua agis, in iudicio
„priore tractatum non esse allegas, non in-
„utiliter replicatione doli mali uteris.“ PP.6.
Kal. Ianuar. *Faustino* et *Rufo* Coss. 211.

Ganz dieſelbe Anſicht liegt auch in folgenden zwey
Stellen zum Grunde:

L. 25. De administr. et peric. tut. (*Ulpian.*)
„Si minoris actum fuerit cum tutoribus, ad-
„sistentibus curatoribus, et pupillus ob hoc
„egerit cum curatoribus, et ei sint conde-
„mnati in id, quod sua intererat, minoris
„tutores culpa eorum condemnatos non esse;

(1) Vgl. L. 1. C. Si adu. rem iud.

„an restitutio aduersus tutores cesset? Et
„Papinianus Responsorum libro 2. (2) ait,
„nihilominus posse restitui, et idcirco cu-
„ratores, si nondum iudicatum fecerunt (3),
„posse prouocantes per exceptionem doli
„consequi, ut eis mandentur aduersus tuto-
„res actiones. Quid tamen si iam fecerunt
„iudicatum curatores? Proderit hoc tuto-
„ribus, quoniam nihil minori abest, qui de
„præda magis quam de damno sollicitus est,
„nisi forte mandare actiones paratus sit cu-
„ratoribus. "

(2) Man sehe die hier citirte Stelle Papinian's als L. 20. § 1. De tutel. et rat.

(3) Dieser Umstand, ob die Curatoren dem Urtheil schon Genüge geleistet haben, ist, wie das Ende der Stelle deutlich zeigt, nur darum entscheidend, weil ihnen in jenem Falle gegen den *Minor* kein Rechtsmittel mehr übrig ist, um ihn zur Cession der *Actiones* zu zwingen. Versteht sich derselbe freywillig hiezu, so schadet jener Umstand den Curatoren gar nicht. Man darf also nicht etwa denken, als läge ein Ge-

gensatz der Consumtion durch Proceß und der durch Zahlung im Sinne Ulpian's, so daß die Restitution gegen die Tutoren zwar nicht durch Belangung und Condemnation der Curatoren, aber doch durch die von ihnen geleistete Zahlung unterginge. So viel freylich versteht sich aus materiellen Gründen von selbst, daß, wenn der *Minor* vollständig befriedigt ist, er nun nicht noch, um für sich selbst ein Mehreres zu erhalten, Restitution gegen die Tutoren fordern kann.

L. 46. § 5. eod.   (*Paul.*)

„Tutelæ iudicio tutor conuentus edidit librum
„rationum, et secundum eum condemnatus
„soluit: postea cum a debitoribus paternis,
„quorum nomina libro rationum non inerant,
„exigere uellet pupillus, prolatæ sunt ab
„his apochæ tutoris. Quæsitum est, utrum
„aduersus tutorem, an aduersus debitores
„actio ei competat? Paulus respondit, si
„tempore administrandæ tutelæ tutori tute-
„lam gerenti debitores soluissent, liberatos
„eos ipso iure a pupillo: sed si cum tutore
„actum esset, posse eundem adolescentem
„propter eam causam tutelæ experiri, et
„aduersus exceptionem rei iudicatæ doli mali
„uti replicatione.“

Dagegen gehört nicht entschieden hieher L. 25. De
dolo (4), weil darin die negative Function der Exc.
r. i. nicht hervor tritt.

(4) (*Paul.*) „Cum a te pe-
„cuniam peterem, eoque no-
„mine iudicium acceptum est,
„falso mihi persuasisti, tam-
„quam eam pecuniam seruo
„meo aut procuratori soluis-
„ses, eoque modo consecutus

„es, ut consentiente me ab-
„soluereris. Quærentibus no-
„bis, an in te doli iudicium
„dari debeat, placuit de dolo
„actionem non dari, quia alio
„modo mihi succurri potest:
„nam ex integro agere possum,

Was nun das Verhältniß der beyden in diesen Stellen benannten Hülfsmittel, der *Restitutio actionis* und der *Replicatio doli*, zu einander, nahmentlich die Frage betrifft, wann das eine und wann das andere im Fall des Bedürfnisses angewandt worden sey, so enthalten zwar hierüber aus natürlichen Gründen unsere Quellen keine ausdrückliche Antwort; allein sobald man sich den processualischen Zusammenhang und die Bedeutung der Formulä überhaupt, und der Exceptiones und Replicationes insbesondere, deutlich vergegenwärtigt, und sich dabey an die bekannte Eintheilung der processualischen Consumtion in die directe und indirecte erinnert, so kann wohl kaum bezweifelt werden, daß die *Restitutio actionis* im Falle der directen Consumtion, die *Replicatio doli* im Fall der indirecten eingetreten, und daß die beyden Rechtsmittel einander in dieser Art parallel gegangen seyen. Bestärkt wird diese, wie mir scheint, schon an sich ganz nothwendige Annahme, auch äußerlich einiger Maßen durch die angeführte L. 2. C. De iudiciis, indem dort die Zuläßigkeit der *Replicatio doli* ausdrücklich mit dem Um-

„et si obiiciatur exceptio rei § 1. L. 7. § 9. L. 14. eod.
„iudicatæ, replicatione iure L. 45. § 1. De minoribus.
„uti potero." Vgl. L. 20.

ſtand, daß die Conſumtion n i ch t *ipso iure* geſchehe (5),
in Zuſammenhang geſtellt wird (6).

Noch iſt endlich rückſichtlich der angeführten Frag=
mente zu bemerken, daß, ſo wie in denſelben aller=
dings für beſondere Fälle die Conſumtion unſchädlich
gemacht und im Effect aufgehoben wird, ſo auf der
andern Seite gerade in der Art, wie dieß geſchieht,
die beſtimmteſte Beſtätigung und Anerkennung der
Regel als ſolcher enthalten iſt (7).

Wollte man daher auf ein paar andere Stellen
die Vermuthung gründen, man ſey im Römiſchen
Recht noch weiter gegangen, und am Ende zu dem
Satze gelangt, daß auch ohne die bisher angeführten
Präſervative und Heilmittel ſchon nach der Theorie
der Conſumtion ſelbſt durch Anſtellung einer Actio

(5) Daß die Conſumtion
durch Proceß g a r   n i e, oder
doch   b e y   d e r   *Actio tutelæ*
n i e m a h l s, *ipso iure* geſchehe,
wird wohl aus dieſer Stelle nie=
mand ableiten wollen, und ſie
kann auch an ſich in dieſer
Beziehung keinen Anſtoß geben,
weil der den Kaiſern vorgelegte
Fall, nach ſeinen uns im De=
tail nicht bekannten Umſtänden,
ohne allen Widerſpruch mit

unſerer obigen Darſtellung gar
wohl ſo beſchaffen ſeyn konnte,
daß die Conſumtion nicht *ipso
iure*, ſondern bloß *per exceptionem* vor ſich ging.

(6) Nicht unbedeutend ſcheint
in dieſer Beziehung auch L. 19.
C. De transaction. zu ſeyn.

(7) Vgl. auch L. 1. C. Si
tutor. u. cur. interuen., und
beſonders L. 4. C. De iudiciis.
L. 3. C. De exception.

incerta nur diejenigen einzelnen Forderungen, welche wirklich geltend gemacht wurden, zerstört seyn, für die übrigen dagegen die Actio fortbestehen sollte: so könnte dieß nur Ansicht anderer Juristen und einer spätern Zeit seyn. Da nun aber die Stellen, welche zu einer solchen Vermuthung verleiten könnten, gerade von demselben Ulpian und Paulus, wie die vorhin angeführten, herrühren, so muß derselben schon deßwegen wenigstens für die classische Zeit alle Wahrscheinlichkeit abgesprochen werden. Es sind folgende:

L. 23. De exc. r. iud. (*Ulpian.*)

„Si in iudicio actum sit, usuræque solæ pe-
„titæ sint, non est uerendum, ne noceat rei
„iudicatæ exceptio circa sortis petitionem,
„quia enim non competit, nec opposita no-
„cet. Eadem erunt, et si quis ex bonæ
„fidei iudicio uelit usuras tantum persequi;
„nam nihilominus futuri temporis cedunt
„usuræ; quamdiu enim manet contractus bonæ
„fidei, current usuræ.“

Die erste Hälfte macht keine große Schwierigkeit, weil mit ziemlicher Sicherheit anzunehmen ist, daß sich dieselbe in ihrer ursprünglichen Gestalt auf *stricti iuris negotia* bezog, bey denen bekanntlich die Zins-Obligation völlig selbständigen Ursprung und Daseyn und eine eigene Klage hat (8). Von einem ähnlichen Fall, nur in umgekehrter Ordnung, spricht L. 1. C. De iudiciis (9).

Schwieriger dagegen ist die zweyte Hälfte, worin auch für die *bonæ fidei iudicia* bestimmt wird, daß die Anstellung der Klage, bloß zur Eintreibung der Zinsen, den weitern Zinsenlauf nicht hindere, und somit auch die Haupt-Obligation nicht zerstöre.

Hier dient nähmlich d i e s e l b e Klage zur Einforderung der Hauptsache und der Zinsen, und man sollte daher denken, daß durch eine P r ä s c r i p t i o oder einen anderweitigen Zusatz in der F o r m u l a die Consumtion der Haupt-Obligation hätte verhüthet werden müssen (10). Von so etwas könnte denn auch

(8) s. z. B. L. 24. De præscrip. uer. L. 75. § 9. De V. O.

(9) (Impp. *Seuerus* et *Antoninus* AA. Clementi.) „Iudicio cœpto *usurarum stipulatio* non est perempta. Superest igitur, ut debitorem „eius temporis, quod non est „in iudicium deductum, con„uenire possis.“ PP. Kal. April. *Antonino* et *Geta* II. Coss. 206.

(10) Ueber die Zinsen bey bonæ fidei negotiis im Allge-

meinen s. z. B. L. 1. pr. L. 13. § 1. L. 32. § 2. L. 37. De usuris. L. 6. § ult. L. 7. De negot. gest. L. 1. C. Mandati. L. 2. C. De locato. Sehr interessant ist dann aber ganz speciell die Vergleichung von L. 4. C. Depositi. (Imp. *Gordianus* A. Timocrati.) „Si de„posita pecunia is, qui eam „suscepit, usus est, non du„bium est, etiam usuras de„bere præstare. Sed si cum „depositi actione expertus es,

Ulpian ausdrücklich gesprochen haben; wenigstens macht es die Fassung des Anfangs der Stelle und das ganze äußere Verhältniß der beyden Hälften zu einander überwiegend wahrscheinlich, daß sich die Compilatoren in der Redaction zum Mindesten Weglassungen erlaubt haben.

Mit viel größerer Sicherheit läßt sich zeigen, daß auch in den Endworten der L. 22. De exc. r. iud. (11) nichts enthalten ist, was gegründeten Anstoß geben könnte. Sie lauten so:

> „Et si [depositi] actum sit cum herede de
> „dolo defuncti, deinde de dolo heredis age-
> „retur, exceptio rei iudicatæ non nocebit,
> „quia de alia re agitur.“

Diese Bestimmung scheint sich aus der Abfassung der Formula, wie wir sie uns in dem vorliegenden Falle vorstellen müssen, völlig zu erklären. Dieselbe lautete nähmlich ohne Zweifel dem Wesen nach so: „*Quod A. A. apud Seium mensam deposuit,*

„tantummodo sortis facta condemnatio est, ultra non potes propter usuras experiri. *Non enim duæ sunt actiones, alia sortis, alia usurarum, sed una;* ex qua condemnatione facta, iterata actio „rei iudicatæ exceptione repellitur.“ — Ebenso sprechen *Seuerus* und *Antoninus* in L. 13. C. De usuris.

(11) Den vollständigen Inhalt dieses Fragmentes f. oben S 357.

„*quicquid ob eam rem N. N.* (12) *A°. A°. dare*
„*facere oportet, condemna.*" — Ob also gleich der
Nahme des Erben in der Intentio stand (13), so enthielt dieselbe doch bloß die vom Erblasser auf ihn
gekommene Verpflichtung, indem ja durch das *ob eam
rem* einzig auf die in der Demonstratio angegebene Handlung des Erblassers verwiesen war.

Sollten daher an den Erben zugleich aus seinen
eigenen Handlungen, z. B. aus seinem *Dolus*, Ansprüche gemacht werden, so war dazu eine besondere
Clausel, die auf die gewöhnliche Intentio folgte, erforderlich. In diesem Falle würde dann jene Formula
so lauten: „*Quod A. A. apud Seium mensam de-*
„*posuit, quicquid ob eam rem N. N. A°. A°.*
„*dare facere oportet, uel si quid dolo malo N*ⁱ.
„*N*ⁱ. *captus fraudatusque actor est, condemna* (14)."

War nun also zuerst die einfache Actio depositi

---

(12) Es ist wahrscheinlich,
daß auch der Umstand, daß
N. N. der Erbe des *Seius* geworden sey, in der Formel
ausdrücklich angegeben wurde.
Wie dieß aber geschah, interessirt uns hier nicht.

(13) Vgl. oben S. 167.
Note 3.

(14) Daß wenigstens im
Allgemeinen diese Composition
den Römern gar nicht fremd
war, habe ich in der angeführt-
ten Diss. ad L. 32. De peculio gezeigt. Man sehe L. 36.
L. 5. pr. L. 30. §§ 6. 7. L. 31.
De peculio. L. 1. § 42. Depositi. L. 3. §§ 4. 5. Commodati. Insbesondere dann: L. 4.
§ ult. Depositi.

angeſtellt, und trat dann der Kläger auf's neue mit derſelben in dieſer vermehrten Art auf (wobey nöthigenfalls der regelmäßige Theil der Intentio, den ſchon die erſte Klage enthalten hatte, nähmlich das *Quicquid* .... *oportet*, ganz weggelaſſen werden konnte), ſo ſtand dieſer neuen Klage ganz natürlich die Exc. r. i. nicht entgegen; mit andern Worten: durch die erſte Klage war bloß die Erbſchaftsverpflichtung, nicht aber die eigene des Erben *ex sua persona*, von welcher in der frühern Formula weder ausdrücklich, noch implicite die Rede geweſen war, conſumirt.

Zuletzt bemerke man auch noch folgende zwey Stellen:

L. 20. De exc. r. iud. (*Pompon.*)

„Si ex testamento actum sit cum herede ab
„eo, qui, cum totum argentum ei legatum
„erat, mensas duntaxat sibi legatas putaret,
„earumque duntaxat æstimationem in iudicio
„fecisset; postea eundem petiturum de ar-
„gento quoque legato, Trebatius ait; nec
„obstaturam ei exceptionem, quod non sit
„petitum, quod nec actor petere putasset,
„nec iudex in iudicio sensisset.“

L. 21. pr. eod. (*Idem.*)

„Si cum argentum mihi testamento legatum
„esset, egerim cum herede, et postea codi-

„cillis prolatis uestem quoque mihi legatam
„esse appareat; non est deducta in superius
„iudicium uestis causa, quia neque litigato-
„res neque iudex de alio quam de argento
„actum intelligant.“

Dürfte man bey diesen beyden Fällen voraus setzen, daß die Actio ex testamento mit einer *certa intentio*, deren sie unter Umständen unbezweifelt fähig ist (15), angestellt worden wäre (16), so verstände sich die Entscheidung der beyden Stellen so sehr von selbst, daß sie wohl kein Römischer Jurist auch nur besonders ausgesprochen hätte. Allein daran ist freylich gar nicht zu denken, da sich nach den angegebenen Merkmahlen diese Actiones ex testamento durchaus nur zu einer *Intentio incerta* eignen können, somit als *Actiones incertæ* zu betrachten sind.

Aber auch so ist die Erklärung nicht schwer.

Als *Actio incerta* muß die Actio ex testamento eine Einleitung haben, und diese bestand ohne

(15) vgl. z. B. L. 82. § 1. De legatis 1mo.

(16) Ich denke dabey zunächst an die Actio certa *in personam*, da mit der Jurist nicht die *Actio in rem* aus einem *legatum per uindicatio-* nem vor Augen zu haben scheint. Doch wenn dieß auch der Fall wäre, so verhielte es sich in Beziehung auf die Consumtion gerade eben so einfach wie bey der Actio certa *in personam*.

Zweifel in einer gewöhnlichen Demonstratio. Hierin war denn nach aller Analogie das Factum der
testamentlichen Verfügung, wie sich der Kläger darauf berief, enthalten, und sodann folgte die bekannte
Intentio (17) u. s. w. Die Formula mag also
z. B. im Fall der L. 20. cit. wesentlich so gelautet
haben:

> „*Quod Seius in testamento suo Lucium*
> „*heredem mensas Titio dare damnauit,*
> „*quicquid ob eam rem Lucium Titio*
> „*dare facere oportet, condemna.*"

Daß nun durch Anstellung dieser Klage nicht mehr
consumirt wird als die in der Intentio begriffe-
nen rechtlichen Folgen desjenigen Factum, welches
die Demonstratio zeigt, daß somit einer spätern
Klage, die auf eine andere Disposition des Testa-
mentes gegründet wird, die *Exceptio rei iudicatæ*
u. dgl. nicht entgegen stehen konnte, ist reine Folge
der allgemeinen Grundsätze über den Umfang der
processualischen Consumtion, wie sie oben aufgestellt
worden sind. Und auch der Umstand, daß die beyden Forderungen sich im vorliegenden Falle äußerlich
auf dieselbe Thatsache, auf dieselbe Zeile des Testa-

---

(17) Man vergleiche auch
die beyläufige und ungefähre
Angabe der *Intentio* der *Actio*
incerta ex testamento bey *Ga-*
ius, Comm. II. § 213.

mentes gründen, darf keinen Anſtoß geben; vielmehr
zeigt uns derſelbe gerade recht deutlich, welche allgemeine Idee den beyden ſpeciellen Entſcheidungen
zum Grunde liegt. Wir finden ſie bey Gajus klar
ausgeſprochen, und ſeine Worte mögen denn, als der
beſte Commentar zu den beyden Fragmenten, den
Schluß unſerer Interpretation ausmachen. Sie ſtehen in Comm. IV. § 59.

> „Sed sunt qui putant, *minus* recte com-
> „prehendi: nam qui forte Stichum et Ero-
> „tem emerit, recte uidetur ita demonstrare:
> „*Quod ego de te hominem Erotem emi*:
> „et, si uelit, de Sticho alia formula idem
> „agat; quia uerum est, eum, qui duos
> „emerit, singulos quoque emisse: idque ita
> „maxime Labeoni uisum est. Sed si is,
> „qui unum emerit, de duobus egerit, falsum
> „demonstrat. Idem et in aliis actionibus
> „est, uelut commodati (18), depositi.“

So viel von der Claſſe der *Actiones in personam incertæ*, und der Art, wie bey denſelben die
proceſſualiſche Conſumtion praktiſch behandelt wurde.

(18) Vgl. L. 17. § 4. Commodati.

§ 62.

Actiones de peculio et de in rem uerso.

Es ist oben (S. 413. ff.) gezeigt worden, wie in manchen Fällen dieselbe Actio gegen mehrere Personen angestellt werden kann, unsere Regel der Consumtion aber es mit sich bringt, daß durch Belangung einer dieser Personen alle übrigen frey werden.

Diese Consumtion nun kann besonders dann sehr drückend werden, wenn der Kläger nicht von jedem einzelnen der möglichen Beklagten das Ganze erhalten kann, was voraus bey den *Actiones de peculio* und *de in rem uerso* wegen der dabey geltenden Beschränkung der Condemnation fast regelmäßig der Fall ist. Denn da z. B. die Theorie der *Actio de peculio* es mit sich bringt, daß Jeder nur *de eo peculio, quod seruus apud se habet,* haftet, so könnte sehr leicht der Fall eintreten, daß der Gläubiger eines Sclaven, der ein sehr reiches Peculium, aber bey verschiedenen Personen hat, für eine Forderung, welche weit unter dem Betrag des ganzen Peculium stände, doch nicht vollständige Befriedigung erlangen könnte.

Wie nun die Römischen Juristen in Fällen dieser Art halfen, darüber sind wir gerade bey den *Actiones de peculio* und *de in rem uerso* am vollständigsten unterrichtet, und es ist diese Frage in der

mehrerwähnten Dissertation von mir umständlich und
mit allem exegetischen Detail erörtert worden, so
daß wir uns auch hier, wie oben, auf einen Abriß
der dort gefundenen Resultate mit kurzer Erwähnung
der zum Grunde liegenden Quellen beschränken können.

Fassen wir zuerst einzig die *Actio de peculio*
in's Auge, so sind es folgende zwey Sätze, deren
Combination jene auffallende praktische Härte mit
sich führt:

1°. „Jeder haftet mit der Actio de peculio nur
„so weit, als das **Peculium** reicht, welches der
„**Sclave bey ihm hat.**“

2°. „Ist die Actio de peculio aus einem Rechts-
„verhältniß ein Mahl durchgeführt, so ist sie dadurch
„consumirt, und kann gegen niemanden mehr ge-
„braucht werden.“

Eine Milderung jener Härte kann nun natürlich
bloß dadurch erreicht werden, daß man den einen
oder den andern dieser Sätze da oder dort beschränkt,
davon abgeht, ihn in seinen Folgen mehr oder weniger aufhebt. Und wirklich hat dieses Schicksal
beyde, und zwar jeden in einer besondern Classe von
Fällen getroffen; den er st ern — um die Sache
vorerst im Groben auszudrücken — wo die mehrern
möglichen Beklagten *Socii* sind, den zwey ten, wo
dieses Verhältniß nicht Statt findet.

§ 63.

I. Socii

Bey Sociis — und zwar gilt hier die weitere Bedeutung dieses Begriffes, in welcher er nicht einen wirklich abgeschlossenen Gesellschaftsvertrag, sondern eine bloße, irgendwie entstandene *Communio* voraus setzt (1), — bleibt die Regel der processualischen Consumtion ganz unangetastet, und die erforderliche Operation richtet sich gegen den ersten der obigen Sätze.

Man nahm hier den bekannten Grundsatz zu Hülfe, daß jeder Socius die Auslagen, die er für die gemeinsame Sache gehabt hat, wenn sie gewisse Gränzen nicht überschreiten, von dem andern pro rata zurück fordern könne. Unter diese zählte man sehr natürlich auch diejenigen Zahlungen, welche zur Tilgung von Schulden des Sclaven geschahen, in so fern jene den Betrag des Peculium, also die Gränze, innert welcher allein der Socius auch selbst damit belästigt werden könnte, nicht überstiegen hatten. Und so stellte man denn die Regel auf:

Der Socius soll nicht nur *de eo peculio quod seruus apud ipsum habet,* sondern *in solidum*

(1) s. z. B. L. 26. De S. ult. L. 15. L. 16. De pecu
P. U. L. 27. § ult. L. 11. § 11o.

(scil. *peculium*) belangt werden dürfen, d. h. so,
daß in der Condemnation auch das Peculium an=
geschlagen werde, welches der Sclave bey andern
Personen hat; insofern diese mit dem Beklagten in
einem Verhältnisse stehen, das ihn berechtigt, sie
mit der *Actio pro socio* oder *communi diuidundo*
u. dgl. auf Wiedererstattung zu belangen (2). Dabey
soll auch, wie die Römer uns ausdrücklich bemerken,
natürlich strenge darauf gehalten werden, auf der
einen Seite, daß der Beklagte Nahmens seines So=
cius nicht stärker belästigt werde, als dieser, wenn
er selbst belangt würde, haften müßte (3), und auf
der andern Seite, daß er auf jeden Fall nur so viel
für ihn auszulegen gezwungen werde, als er nach
den Umständen des vorliegenden Falles von ihm auch
wirklich wieder zurück erhalten kann (4).

(2) Man sehe L. 11. §. ult.
L. 12. L. 15. in fi. L. 27. §
ult. De peculio. L. 8. § 4.
L. 9. L. 15. L. 25. Comm.
diuid.

(3) f. z. B. L. 11. § ult.
De peculio. „Non solum au=
„tem quod ei debetur, qui
„conuenitur, deducendum est,
„uerum etiam si quid socio
„eius debetur. Et ita Iulia=
„nus lib. 12. Digestorum

„scribit: nam qua ratione in
„solidum alteruter conueni=
„tur, pari ratione deducere
„eum oportet, quod alteri
„debetur. Quæ sententia re=
„cepta est.“ Vgl. L. 15.
eod. und über die Natur die=
ser *deductio* im Allgemeinen
L. 9. §§ 2 — 8. eod.

(4) f. L. 28. De peculio.
(*Iulian.*) „Quare et si socio
„neque heres, neque bono=

Noch ist die Frage wichtig: Was muß der Gegenstand der Gemeinschaft seyn, damit diese die ausgedehnte Condemnation, wie wir sie eben kennen gelernt haben, veranlassen könne? mit andern Worten: genügt dazu die Gemeinschaft des Sclaven, oder ist überdieß auch erforderlich, daß das Peculium gemeinsam sey?

Um die Bedeutung dieser Frage einleuchtend zu machen, müssen wir die verschiedenen möglichen Verhältnisse, in denen das Peculium eines Sclaven zu den mehrern Personen, welche auf diesen Rechte haben, erscheinen kann, aufzählen.

a) Der einfachste, vielleicht auch der gewöhnlichste Fall ist der, daß das Peculium gerade ebenso und zu denselben Quoten, wie der Sclave selbst, in die Communio gehört (5).

b) Der *Seruus plurium* kann bey einem Eigenthümer allein ein Peculium haben, bey den übrigen gar keines.

c) Es ist endlich auch möglich, daß ein Sclave bey Mehrern *separata peculia* hat, so daß auch

---

„rum possessor extitisset, eatenus damnari debet is, cum quo actum fuerit, quatenus peculium apud eum erit, et quantum ex bonis „consequi potest." Vgl. ganz besonders auch L. 51. eod. und L. 15. Comm. diuid.

(5) Vgl. L. 37. § 1. De A. R. D. L. 16. De peculio.

hier wohl der Sclave, nicht aber sein Peculium sich in communione befindet (6).

Für den ersten dieser drey möglichen Fälle ist unsere obige Regel recht eigentlich aufgestellt, und es kann über diese Anwendung derselben kein Zweifel obwalten.

Eben so natürlich ist es, daß dieselbe im zweyten Falle gar keine Anwendung findet, indem hier das Bedürfniß nicht vorhanden ist, einen Andern mit der Actio de peculio zu belangen, als den Einzigen, welchem das ganze Peculium des Sclaven gehört.

Ob aber endlich im dritten Fall unsere Regel eintrete, darauf bezieht sich eben die vorhin aufgestellte Frage. Daß nähmlich auch hier mit der strengen Anwendung der beyden oben bemerkten Grundsätze dieselbe Härte, wie in den Fällen der ersten Art, verbunden seyn könne, somit eine Aushülfe irgend welcher Art Bedürfniß sey, und daher auch in der Absicht der Römischen Juristen liege, ist keinem Zweifel unterworfen. Wohl aber läßt sich fragen, ob gerade das Auskunftsmittel, von welchem wir zu-

(6) L. 15. De peculio. Ebenso [gehören] auch die in Note 5. citirten Stellen? hieher, indem alles, was dort der eine Socius thut, gerade auch von dem andern, und zwar mit demselben Erfolg, geschehen kann.

nächst reden, auch in diesem Falle Anwendung gefunden habe.

Hierüber galten unter den Römischen Juristen, und wir können wohl mit ziemlichem Grunde sagen, in den verschiedenen Zeitaltern, ungleiche Ansichten. Ulpian (7) verneint diese Frage des bestimmtesten, und fordert durchaus *Communio peculii,* wogegen uns eine andere Stelle desselben Pandekten-Titels (8) zu dem sichern Schlusse berech-

---

(7) L. 15. De peculio. (*Ulpian.*) „Sed si duo sint bonæ „fidei possessores, adhuc di- „cendum erit, neutrum plus „deducturum, quam quod „sibi debeatur. Idemque et „si duo sunt fructuarii, quia „nullam habent inter se so- „cietatem. Idem dicitur in- „terdum et in sociis, si forte „separata apud se peculia ha- „beant, ut alter alterius pe- „culii nomine non conuenia- „tur: ceterum si commune „sit peculium, et in solidum „conuenientur, et deducetur „quod utrique debetur.“

(8) L. 27. § ult. eod. (*Gai.*) „Si quis cum seruo duorum „pluriumue contraxerit, per-

„mittendum est ei, cum quo „uelit, in solidum experiri: „est enim iniquum, in plu- „res aduersarios distringi eum, „qui cum uno contraxerit: „nec huius duntaxat peculii „ratio haberi debet, quod „apud eum, cum quo agitur, „is seruus haberet, sed et „eius, quod apud alterum. „Nec tamen res damnosa fu- „tura est ei, qui condemna- „tur, cum possit rursus ipse „iudicio societatis uel com- „muni diuidundo, quod am- „plius sua portione soluerit, „a socio sociisue suis conse- „qui. Quod Iulianus ita lo- „cum habere ait, si apud „alterum quoque fuit pecu-

tigt, daß wenigstens Julian, und mit ihm wohl auch Gajus das Gegentheil annahmen, und bey separirten Peculien ebenfalls jeden Miteigenthü= mer des Sclaven auch im Nahmen des andern de peculio belangen ließen.

Diese Abweichung darf übrigens um so weniger befremden, wenn man bedenkt, daß dieses erste Hülfsmittel der Belangung der Einzelnen in solidum in Vergleichung mit dem zweyten, wovon nachher die Rede seyn wird, als das mildere, dem Buch= staben des *Ius ciuile* weniger direct zuwider laufende erscheint, somit der allgemeine Charakter der ver= schiedenen Zeitalter es mit sich bringt, daß die ältern Juristen, die bekanntlich mehr zögernd und wider= strebend von den Sätzen des *Ius ciuile* in der An= wendung abgingen, viel lieber jenes mildere Gegen= mittel als das andere zuließen, und deßwegen seine Anwendung auch auf solche Fälle ausdehnten, in denen die spätern unbedenklich das andere statuirten, und das erstere ausschloffen, wenn sonstige Rücksich= ten eine solche Bestimmung zu erfordern schienen.

„lium, quia eo casu soluendo „quisque etiam socium ære „alieno liberare uidetur: at „si nullum sit apud alterum „peculium, contra esse, quia „nec liberare ullo modo ære „alieno eum intelligitur.“ — Die ausführliche Interpreta= tion dieser Stelle f. in der cit. Diff. S. 81. ff.

Wir werden nachher (9) noch auf ein ganz ähnliches Beyspiel dieser Art treffen.

Es fragt sich jetzt auch noch, wie die Sache in demselben Falle mehrerer Socii bey der *Actio de in rem uerso* angesehen und behandelt worden sey.

Hier erscheint alles vorerst äußerst einfach. Bezieht sich die *in rem uersio* nur auf Einen der Socii, so kann, wie wir darüber ausdrücklich belehrt werden, in der Regel auch nur dieser mit der Actio de in rem uerso belangt werden (10). Wenn dagegen *in plurium rem* vertirt ist, so darf wohl, ob wir gleich dießfalls nichts ausdrückliches erfahren, nach Analogie der Actio de peculio unbedenklich angenommen werden, daß Jeder sich die Actio de in rem uerso *in solidum*, d. h. nicht nur in seinem, sondern auch in der Uebrigen Nahmen gefallen lassen müsse.

Aber damit sind wir noch nicht zu Ende. — Es ist nähmlich oben gezeigt worden, daß durch Anstellung einer Actio de peculio gegen jemanden nicht

---

(9) s. unten § 64. S. 557.

(10) L. 13. De in rem uerso. (*Ulp.*) „Si in rem alterius ex dominis uersum sit, utrum is solus, in cuius rem uersum est, an et socius possit conueniri, quæritur. Et Iulianus scribit, eum solum conueniri, in cuius rem uersum est, sicuti cum solus iussit. Quam sententiam puto ueram."

nur dieſe gegen jeden Andern aufgehoben wird, ſondern daß auch zwiſchen der *Actio de peculio* und *de in rem uerso,* ſey es daß ſie gegen dieſelbe oder gegen verſchiedene Perſonen urſprünglich ange· ſtellt werden konnten, daſſelbe Verhältniß gegenſeiti· ger Conſumtion Statt finde.   Daher müſſen denn auch hier, wo es ſich um Aufhebung der praktiſchen Nachtheile dieſer Conſumtion handelt, jene bey der Actio de peculio möglichen Vorausſetzungen mit den ſo eben berührten der Actio de in rem uerso combi· nirt werden.   Dann bekommen wir folgende denkbare Hauptfälle, die ſich nach dem Bisherigen meiſtens leicht entſcheiden laſſen.

a) Der gemeinſame Sclave hat ein gemeinſa· mes Peculium, und die *in rem uersio* bezieht ſich auf mehrere *Socii.* — Da kann offenbar die vereinigte Actio de peculio und de in rem uerso gegen jeden dieſer Mehrern *in solidum* angeſtellt werden.

b) Der gemeinſame Sclave hat ein gemein· ſames Peculium, aber die *in rem uersio* be· zieht ſich bloß auf Einen der *Socii.* — Hier kann wenigſtens dieſer auf die eben angegebene vollſtändige Weiſe belangt werden.

c) Der gemeinſame Sclave hat *separata peculia,* und die *in rem uersio* bezieht ſich auf mehrere

Socii. — Dieser Fall steht nach Julian's Ansicht dem ersten völlig gleich, dagegen nach Ulpian wenigstens in Beziehung auf die *Actio de peculio* nicht, wie dieß oben gezeigt wurde.

d) Der gemeinsame Sclave hat *separata peculia,* und die *in rem uersio* bezieht sich bloß auf Einen der *Socii.* — Auch hier muß nach Julian's Ansicht dieser *de peculio* und *de in rem uerso* vollständig condemnirt werden, wogegen Ulpian ihn nur *de eo peculio, quod apud ipsum est,* haften läßt, so daß für die *Actio de peculio* ihm eine andere Hülfe nothwendig wird.

e) Der gemeinsame Sclave hat nur bey Einem Herrn ein Peculium, und nur auf Einen, und zwar einen andern, bezieht sich die *in rem uersio.* — Für diesen Fall, wo eine Aushülfe für den Kläger dringendes Bedürfniß seyn kann, versteht sich nach dem Bisherigen die Condemnation des einen von beyden *in solidum,* d. h. *de peculio* und *de in rem uerso,* gar nicht von selbst, indem wir ja bey der gesonderten Betrachtung der beyden Kläger gefunden haben, daß weder der Socius ohne Peculium für den andern *de peculio,* noch derjenige, in dessen rem nichts vertirt ist, für den andern *de in rem uerso* condemnirt werden durfte. Allein gerabe für diesen Fall wird von Marcellus (11), mit welchem auch Paulus einverstanden zu seyn scheint, eine Ausnahme statuirt, und bestimmt: es solle der Socius, bey welchem der Sclave ein Peculium hat, nicht bloß *de peculio*, sondern auch für den andern *de in rem uerso* belangt und condemnirt werden dürfen.

§ 64.

II. Uebrige Fälle.

In allen den Fällen nun, wo unter den mehrern möglichen Beklagten keine Communio des Sclaven Statt findet, oder wo aus andern Gründen das im vorher gehenden § beschriebene Hülfsmittel der Condemnation eines Einzelnen *in solidum* nicht zulässig ist, richtet sich die zu leistende Hülfe gegen die Regel der Consumtion selbst.

(11) Man sehe die vielfach mißverstandene L. 14. De in rem uerso. (*Iulian.* lib. 11. Dig.) „Marcellus notat: In-„terdum et propter hoc, quod „in rem alterius socii uersum „est, de in rem uerso cum „altero agi potest; qui con-„uentus a socio petere potest „id, in quo damnatus fuerit. „Quid enim dicemus, si pe-„culium seruo ab altero ad-„emptum fuerit? Paulus: „Ergo hæc quæstio ita pro-„cedit, si de peculio agi non „potest." — Litteratur und Interpretation dieser Stelle s. in der mehrerwähnten Diss. S. 88. ff.

Anerkannt wird· dieselbe als Regel immer, aber wenn der Kläger durch die erste Anstellung der Klage nicht befriedigt wurde, so wird die Zerstörung derselben durch einen Act der Jurisdiction in ihren Folgen aufgehoben, das frühere Judicium, wie die Römer sich ausdrücken, rescindirt (1) (d. h. in Beziehung auf die Consumtion als nicht geschehen betrachtet), restaurirt (2), kurz die untergegangene Actio geradezu restituirt; so daß sie nun ungehindert gegen denselben, oder, was der gewöhnlichere Fall ist, gegen einen andern Beklagten wieder gebraucht werden kann.

Aeußerlich mag sich diese Operation je nach den verschiedenen Arten der Judicia auch verschieden gestaltet haben, und bald durch eine wahre *Restitutio in integrum*, bald durch *Denegatio exceptionis rei iudicatæ v. rei in iudicium deductæ*, vielleicht auch durch Gestattung einer *Replicatio doli* gegen diese, bewerkstelligt worden seyn.

Die Fälle nun, in welchen wir dieses zweyte Mittel ausdrücklich angewandt finden, sind folgende:

Erstens, wenn der Eigenthümer eines Sclaven durch Tod, Manumission oder Veräußerung desselben

---

(1) Diesen Ausdruck s. in L. 47. § 3. De peculio (unten Note 5.).

(2) s. L. 32. § 1. De peculio (Note 4.).

sein Eigenthum verloren hat, und darauf innerhalb des Jahres, an welches die Actio de peculio annalis gebunden ist, mit Hinterlassung mehrerer Erben starb, so haftet von diesen keiner für den andern, wohl aber wird die gegen einen derselben angestellte und dadurch consumirte Actio de peculio oder de in rem uerso nöthigenfalls gegen die übrigen restituirt. L. 32. pr. De peculio (3).

Ebenso wenn mehrere *fructuarii* oder *bonæ fidei possessores* die ursprünglich möglichen Beklagten sind. L. 32. pr. cit.

Ferner wenn Verkäufer und Käufer des Sclaven de peculio haften, und der Kläger von dem einen nicht das Ganze erhalten konnte. L. 32. § 1. (4) L. 47. § 3. (5) vgl. L. 11. § 8. L. 30. § 5. De peculio.

---

(3) Die Worte dieser Hauptstelle s. oben S. 430. Note 22.

(4) „In hoc autem iudicio, „licet restauretur præcedens, „tamen et augmenti et deces„sionis rationem haberi opor„tet: et ideo, siue hodie nihil „sit in peculio, siue accesse„rit aliquid, præsens status „peculii spectandus est. Quare „circa uenditorem quoque et „emptorem hoc nobis uidetu. „uerius, quod accessit pecu-

„lio, posse nos ab emptore „consequi: nec retrorsus, uel „ut in uno iudicio, ad id „tempus conuentionem redu„cere emptoris, quo uenditor „conuentus sit.“

(5) (*Paul.*) „Si creditor serui „ab emptore esset partem con„secutus, competere in reli„quum uenditori utile iudi„cium, Proculus ait: sed re „integra non esse permitten„dum actori diuidere actio-

36

Dem **Kauf** steht in dieser Beziehung jede andere **Alienation** gleich. L. 47. § 6. eod.

Es ist jedoch wohl zu bemerken, daß ältere Juristen, nahmentlich **Julian** und **Gajus**, betreffend diesen Fall eine andere Ansicht hatten, und dem Creditor auch das erste Hülfsmittel, nähmlich die Belangung des Einen oder Andern in solidum, gestatteten. Man sehe hierüber besonders L. 27. § 3. (6) L. 37. § 2. De peculio; so wie denn auch der Zusammenhang zwischen L. 11. § 9. L. 12. L. 13. eod. auf diese Verschiedenheit der Ansichten deutet (7).

Endlich wenn jemand mit der Actio de peculio belangt, und nach dem Betrag des Peculium nur zur

„nem, ut simul et cum em„ptore et cum uenditore ex„periatur; satis enim esse, hoc „solum ei tribui, ut rescisso „superiore iudicio in alterum „detur ei actio, cum electo „reo minus esset consecutus. „Et hoc iure utimur.“

(6) (*Gai.*) „Illud quoque „placuit, quod et Iulianus „probat, omnimodo permit„tendum creditoribus, uel in „partes cum singulis agere, „uel cum uno in solidum.“ — Der unmittelbar vorher gehende

§ 2. lautet so: „Si seruus alie„natus sit, quamuis in eum, „qui alienauerit, intra annum „Prætor de peculio actionem „polliceatur, tamen nihilo„minus et in nouum domi„num actio datur, et nihil „interest, aliud apud eum „adquisierit peculium, an „quod pariter, cum eum eme„rit, uel ex donatione acce„perit, eidem concesserit.“

(7) Es ist in der angeführten Diss. den verschiedenen Ansichten über dieß Verhältniß

partiellen Bezahlung der Schuld des Sclaven conde=
mnirt worden ist, so erhält der Creditor die Klage
gegen dieselbe Person von neuem, wenn das Pecu=
lium sich unterdessen wieder geäufnet hat. L. 30. § 4.
De peculio (8).

Vergleicht man nun diese aufgezählten Fälle mit
den übrigen, in denen dasselbe Bedürfniß eintreten
kann, so darf es wohl weder als eine gewagte, noch
als eine zweifelhafte Annahme erscheinen, wenn wir
dieses zweyte Hülfsmittel, welches in Restitution der
consumirten Klage besteht, als das allgemeine
und in allen Fällen dieser Art anwendbare bezeichnen:
wenigstens läßt sich kaum ein Grund einsehen, warum
z. B. bey mehrern Usuariis, oder wo Einer Eigen=
thum, ein Anderer den Ususfructus hat, oder
bey mehrern Miteigenthümern mit separir=
ten Peculien (wenn wir in diesem letztern Falle
von der oben bemerkten Ulpianischen Ansicht aus=
gehen) etwas anderes gegolten haben sollte; und über=
dieß scheint auch in L. 19. § 1. De peculio (9) die

zwischen *emptor* und *uenditor*
u. dgl. ein eigener Abschnitt
(§ 9.) gewiedmet, worin die
hieher gehörigen Stellen aus=
führlich behandelt sind. Ueber
d. L. 37. § 2. insbesondere s.
daf. S. 99. ff.

(8) (*Ulpian.*) „Is, qui semel
„de peculio egit, rursus, au=
„cto peculio, de residuo de=
„biti agere potest.“

(9) (*Ulpian.*) „. . . quæstio
„. . . est in fructuario tractata,
„utrum ex eo demum contra=

anerkannte Allgemeinheit dieses Hülfsmittels nicht un=
deutlich voraus gesetzt zu seyn.

§ 65.

Actiones exercitoria, institoria, quod iussu,
tributoria. —

Die Consumtion, welche durch Anstellung einer
dieser Klagen bewirkt würde, ist oben (§ 51.) ihrem
Umfange nach bestimmt worden. Daß aber hier, wie
wir so eben bey der Actio de peculio und de in rem
uerso gefunden haben, jene Folgen des Consumtions=
Principes ihrem praktischen Effect nach durch die Ju=
risdiction auf diese oder jene Art aufgehoben worden
wären, davon enthalten unsere Quellen, so viel wir
wissen, keine Spur. Es scheint auch das Bedürfniß
hier nicht so dringend gewesen zu seyn, da wenigstens
in den drey ersten dieser Fälle doch immer eine Klage

„ctu de peculio potest con-
„ueniri, quod ad se pertinet,
„an ex omni? Et Marcellus
„etiam fructuarium teneri scri-
„bit, et ex omni contractu;
„eum enim, qui contrahit,
„totum serui peculium, uelut
„patrimonium, intuitum. *Certe*
„*illud admittendum omnimodo*
„*dicit, ut priore conuento, ad*
„*quem res respiciat, in super-*
„*fluum is, cui quæsitum non*
„*est, conueniatur.* Quæ sen-
„tentia probabilior est, et a
„Papiniano probatur. Quod
„et in duobus bonæ fidei em-
„ptoribus erit dicendum.“ f.
auch princ. ib. und L. 37. § 3.
eod. L. 32. § 3. De usuris.

in solidum Statt fand, so daß es dem Kläger nicht
mehr durchaus unmöglich war, den ganzen Betrag
seiner Forderung von irgend jemanden einzuklagen.
Es ist daher sehr denkbar, daß die Folgen der processualischen Consumtion auf dieser Seite nicht so
drückend schienen, daß man es nöthig gefunden hätte,
durch allgemeine Regeln eine durchgängige Abhülfe
festzusetzen (1).

§ 66.

Das eben Gesagte scheint wiederhohlt werden zu
müssen in Beziehung auf diejenige Anwendung der
Regel der Consumtion, nach welcher durch die Belangung eines *Correus* die übrigen activ und passiv
klaglos, und ebenso durch Belangung des Hauptschuldners der Bürge und umgekehrt, liberirt
werden (1). Wenigstens finden wir hier keine Bey-

(1) Man darf nie vergessen,
daß, wenn nur in einem einzelnen Fall durch die besondern
Umstände die strenge Durchführung der Regel der Consumtion eine ungebührliche Härte
zu enthalten schien, hier noch
immer nach den allgemeinen
Grundsätzen der *Restitutio in
integrum* u. dgl. *arbitrio prætoris* geholfen werden konnte, wie

wir denn davon unten (§ 69.)
auch einige Beyspiele anführen
werden. Ueberhaupt sieht man
aus Stellen wie L. 7. § 4.
L. 28. De minoribus u. a. m.,
daß die ganze Lehre von der
Restitutio in integrum für
Proceß-Handlungen wie für
andere Rechtsgeschäfte galt.

(1) s. darüber oben S. 435. ff.

spiele von angewandten directen Gegenmitteln gegen die eingetretene Consumtion, und diese mochte eben auch hier um so weniger drückend erscheinen, da wenigstens jede der angegebenen Personen durchgehends in solidum belangt werden konnte.

Auf der andern Seite sind aber folgende Bemerkungen nicht außer Acht zu lassen:

Aus dem Umstand, daß unsere im Corpus Juris enthaltenen classischen Quellen keine Beyspiele von Aufhebung der Consumtion enthalten, ist an sich wenig zu schließen; denn da Justinian die Regel der Consumtion in dieser Anwendung schon im Jahr 531., also geraume Zeit vor Publication der Pandekten, durch L. pen. C. De fideiussoribus (2) aufgehoben hatte, so ist es sehr natürlich, daß die Compilatoren absichtlich alle Stellen, welche darauf überhaupt Bezug hatten, wegließen; wie wir denn auch wirklich im Corpus Juris nur einige wenige Fragmente dieser Art, die ihnen zum Theil bloß entgangen sind, antreffen.

Ferner ist zu bemerken, daß Justinian in d. L. pen. C. wiederhohlt darauf abstellt, die Consumtion sey schon bisher sehr häufig durch den Bürgschaftsvertrag selbst zum voraus ausgeschlossen worden. Soll nun

(2) Die Worte dieser Constitution s. oben S. 436. Note 2.

damit eine ausdrückliche Abrede unter den Interessen-
ten gemeint seyn, welche geradezu dahin ginge, daß
unter ihnen für den vorliegenden Fall die civil-rechtliche Regel der Consumtion nicht gelten werde, so
glaube ich, mit großer Wahrscheinlichkeit annehmen zu
dürfen, daß diese Sitte erst der spätern Zeit angehörte, und nahmentlich dem ganzen Zeitalter der
classischen Juristen durchaus unbekannt war.

Dagegen ist es äußerst merkwürdig, daß, wie wir
dießfalls des bestimmtesten unterrichtet sind, schon in
der classischen Zeit eine besondere Fassung des Bürg-
schaftsvertrages ganz bekannt und geläufig war, durch
welche von selbst, und ohne daß eine directe und
ausdrückliche Verwahrung wider jene gegenseitige Consumtion beygefügt werden durfte, das Eintreten von
dieser, in völligem Einklang mit dem strengsten *Ius
ciuile*, ausgeschlossen wurde.

Statt daß nähmlich der Bürgschaftsvertrag gewöhnlich Ausdrücke enthielt, wie *Idem dare spondes?
Idem fidepromittis? Idem fide tua esse iubes?* u.
dgl. (3), so konnte die Stipulation auch so gefaßt
werden: *Quanto minus a Titio consecutus fuero,
tandum dare spondes* (4)? Und die eigenthümliche

(3) *Gai.* Comm. III. §§ 116.   (4) f. z. B. L. 150. De
92. Vgl. z. B. L. 8. § 8.   V. S.
L. 47. § 1. L. 55. De fideiuss.

praktische Wirkung dieser Conception war auf der einen
Seite ein wahres vertragsmäßiges *Beneficium excussionis* für den Bürgen, auf der andern aber Aufhebung der objectiven Identität zwischen Haupt-Obligation und Bürgschafts-Nexus, und daher nothwendige
Ausschließung der gegenseitigen Consumtion durch Proceß: mit andern Worten, es wurden dadurch die
Verpflichtung des Hauptschuldners und die des Bürgen zwey ganz verschiedene und außer einander liegende Obligationen, von denen die eine erst durch die
Nichterfüllung der andern entstand, an diese Nichterfüllung auch ihrem quantitativen Inhalte nach als
an ihre Bedingung geknüpft war (5), und mithin so
zu sagen erst da anfing, wo die andere aufhörte.

Daß aber unter diesen Umständen von gegenseitiger Consumtion keine Rede seyn konnte, bedarf nach
dem Obigen (6) wohl keiner weitern allgemeinen Begründung.

Der specielle Beweis aber, daß die Römer sich
wirklich die Sache auf die bemerkte Art dachten, liegt
zur Genüge in folgenden Stellen.

(5) Vgl. unten Note 10.
(6) s. oben S. 443. ff., wo
ausführlich gezeigt wurde, daß
gerade die objective Identität
der beyden Obligationen in dem
gewöhnlichen Fall auch den
Grund der gegenseitigen Consumtion ausmacht.

L. 116. De V. O. (*Papinian.* lib. 4. Quæst.)

„Decem stipulatus a Titio postea, *quanto mi-*
„*nus ab eo consequi posses*, si a Mæuio sti-
„pularis; sine dubio Mæuius uniuersi peri-
„culum potest subire (7). Sed et si decem
„petieris a Titio, Mæuius non erit solutus,
„nisi iudicatum Titius fecerit. Paulus notat:
„Non enim sunt duo rei Mæuius et Titius
„eiusdem obligationis, sed Mæuius sub con-
„dicione debet, si a Titio exigi non poterit.
„Igitur nec Titio conuento Mæuius libera-
„tur, qui an debiturus sit, incertum est,
„et soluente Titio non liberatur Mæuius,
„qui nec tenebatur, cum condicio stipula-
„tionis deficit: nec Mæuius pendente stipu-
„lationis condicione recte potest conueniri;
„a Mæuio enim ante Titium excussum non
„recte petetur.“

L. 21. De solutionibus. (*Paulus* lib. 10. ad Sab.)

„Si decem stipulatus a Titio, deinde stipu-
„leris a Seio, *quanto minus ab illo con-*
„*secutus sis:* etsi decem petieris a Titio,
„non tamen absoluitur Seius: quid enim si
„condemnatus Titius nihil facere potest?

(7) Vgl. d. L. 150. De V. S.

„Sed etsi cum Seio prius egeris, Titius in
„nullam partem liberatur (8): incertum quippe
„est, an omnino Seius debiturus sit. Deni-
„que si totum Titius soluerit, nec debitor
„fuisse uidebitur Seius, quia condicio eius
„deficit. “

Sodann ist noch ganz besonders die schon oben (9)
benutzte L. fi. De fidei. et nomin. tut. zu vergleichen, in welcher, wie dort gezeigt wurde, die
ganze Interposition dieser Stipulatio *Quanto minus*
u. s. w. recht augenfällig gar nichts anderes als die

---

(8) Ueber diesen einzigen
Punkt scheint *Celsus* eine etwas verschiedene Ansicht gehabt
zu haben. Man sehe L. fi. pr.
De R. C. „Si ego decem sti-
„pulatus a Titio, deinceps
„stipuler a Seio, *quanto mi-*
„nus a Titio consequi possim;
„si decem petiero a Titio,
„non liberatur Seius; alioquin
„nequicquam mihi cauetur. Et
„si iudicatum fecerit Titius,
„nihil ultra Seius tenebitur.
„*Sed si cum Seio egero, quan-*
„tumcumque est, quo minus a
„*Titio exigere potuero eo tem-*
„*pore, quo iudicium inter me*

, et Seium acceptum est, tanto
„*minus a Titio postea petere*
„*possum.*“

(9) S. 437. Die Worte dieser Stelle s. das. Note 5., so
wie auch die ebenfalls hieher
gehörige L. 2. C. De fidei. tut.,
deren zweyte Hälfte darin von
der in d. L. fi. zum Grunde
liegenden Ansicht Papinian's
abzuweichen scheint, daß zwischen der Obligation des Tutor,
und dessen, welcher *rem pupillo*
saluam fore promittirt hat, die
objective Identität geläugnet,
und daher die gegenseitige Consumtion ausgeschlossen wird.

Vermeidung der nachtheiligen Wirkung der Consumtion zum Zwecke haben konnte. (10)

In welchem Verhältniß nun aber diese und andere denkbare Contract-Formen der claſſiſchen Zeit zu der vorhin berührten Notiz der L. pen. C. cit. betreffend die Ausschließung der gegenseitigen Consumtion durch den Bürgschaftsvertrag stehen mögen, müſſen wir dahin geſtellt laſſen.

Endlich iſt im Vorhergehenden noch nicht erwähnt der Fall mehrerer Mitbürgen und ihr Verhältniß zu einander.

Waren diese *Sponsores* oder *Fidepromissores*, so hatte der Creditor von einer gegenseitigen Consumtion unter keinen Umständen etwas zu besorgen, denn zwiſchen ihnen war ja bekanntlich die Obligation ipso iure getheilt (11). Mag alſo die Actio eine *certa* oder

(10) Daß man auch in Fällen anderer Art die Wirkung der Anſtellung der Hauptklage auf acceſſoriſche Obligationen durch die Faſſung der Stipulation, welche diese begründen ſollte, und insbeſondere dadurch, daß man ſie ausdrücklich an Zahlung und Nichtzahlung als an ihre Bedingung knüpfte, zum voraus ausschließen konnte, davon iſt in L. 90. De V. O. ein bemerkenswerthes Beyſpiel enthalten. (*Pompon.*) „Cum „stipulati sumus pro usuris „legitimis pœnam in singulos „menses, *si sors soluta non* „*sit*: etiamsi sortis obligatio „in iudicium sit deducta, ad- „huc tamen pœna crescit, quia „uerum est, solutam pecuniam „non esse.“

(11) *Gai.* Comm. III. §§ 121. 122. Comm. IV. § 22.

incerta seyn, so begreift sie immer nur eine *pars uirilis*, nur diese wird mithin in Judicium deducirt und consumirt; dagegen die übrigen Theile (d. h. die Verpflichtung der Mitbürgen) können dadurch eben so wenig berührt werden als die Obligation eines Erben durch Belangung seines Miterben.

Dagegen im Fall mehrerer *Fideiussores* verhielt sich die Sache anders. Von diesen haftet ipso iure jeder in solidum, und jeder hat bloß nebenher die Befugniß zu verlangen, daß der Creditor nicht mehr von ihm einklage, als ein Mannstheil, wenn man das Ganze unter die zur Zeit der L. C. solventen Bürgen vertheilt, beträgt (12).

Fragen wir nun, wie die Klagformel einzurichten sey, wenn der Kläger wirklich nur einen solchen Theil fordert, so hat die Sache bey *Actionibus certis* keine Schwierigkeit, denn hier kann er im eigentlichsten Sinne *diuidere actionem* (13), d. h. er kann *minus intendere* (14), in der Art, daß schon die Inten- tio auf eine pars uirilis lautet; und dann wird na-

(12) Darüber haben wir außer den eben angeführten §§ des *Gaius* auch eine Menge Stellen in den Pandekten und im Co- der; z. B. L. 26. L. 27. L. 28. L. 51. §§ 1. 4. De fideiuss.

L. 12. Rem. pup. s. L. (s. Note 17.)

(13) Vgl. L. 11. pr. De duo. reis.

(14) *Gai.* Comm. IV. § 56.

türlich auch bloß ſo viel in Judicium deducirt und conſumirt, für die übrigen Theile aber bleibt ihm die Actio erhalten.

Dagegen bey *Actionibus incertis*, wo die Intentio auf ein *Quicquid dare facere oportet* geſtellt iſt, läßt ſich dieß nicht denken, und ich ſehe hier keinen andern Ausweg, als anzunehmen, daß die Erwähnung der Theilung in der Condemnatio geſchehen ſey (15). Dann aber haben wir wieder den Fall einer Klage, durch welche der Kläger wegen der Einſchränkung der Condemnatio unmöglich das Ganze erhalten kann, und doch wegen der

---

(15) Daß von dieſer Theilung wenigſtens irgendwo in der Formula etwas ausdrücklich geſagt werden mußte, ergibt ſich auch ſchon daraus, daß, wenn der Beklagte Theilung forderte, der Kläger ſie verweigerte, indem z. B. über die Solvenz der übrigen Bürgen Zweifel walteten, zum Schutze des Beklagten eine beſondere Exceptio dilatoria erforderlich war. Man ſehe L. 28. De fideiuss. (*Paul.*) „Si conten„dat fideiussor, cæteros sol„uendo esse, etiam exceptio„nem ei dandam, *si non et* „*illi soluendo sint.*" Vgl. L. 51. § 1. eod. — Unter dieſer Exceptio darf man ſich aber ja nicht das Mittel denken, wodurch jene Theilung wirklich in's Werk geſetzt worden wäre, ſondern dieſelbe hatte, wie jede andere Exceptio dilatoria, wenn der Kläger es darauf ankommen ließ, und ſie dann vom Judex begründet erfunden wurde, gänzliche Abweiſung deſſelben zur Folge. Vgl. *Gai.* Comm. IV. § 123.

Allgemeinheit der Intentio seine ganze Forderung in Judicium deducirt und consumirt.

Daß es nun hier praktische Schutzmittel für den Creditor gegeben habe, davon bin ich fest überzeugt. Ohne Zweifel konnte er sich vor allem damit helfen, daß er alle *Fideiussores* zugleich belangte (16). Wie weit dieß aber hingereicht habe (17), und ob es

(16) Daß dieß wirklich zu geschehen pflegte, zeigen folgende Stellen: L. 6. De fidei. et nomin. L. 28. pr. De appellation. L. 51. §§ 1. 4. L. 52. § 1. De fidei. et mand. Die erste derselben lautet z. B. so: (*Papinian.*) „Pupillus contra „tutores eorumque fideiusso-„res iudicem accepit: iudice „defuncto prius quam ad eum „iretur, contra solos fideius-„sores alter index datus est. „Officio cognoscentis conue-„niet, si tutores soluendo „sint, et administratio non „dispar sed communis fuit, „portionum uirilium admit-„tere rationem ex persona „tutorum.‟ Im Allgemeinen vgl. auch L. 5. C. Arbitr. tut.

(17) Es versteht sich von selbst, daß diese gleichzeitige

Belangung aller Bürgen nicht immer möglich war, und oft durch die Regeln des Gerichts-standes und manches andere gehindert werden konnte. Man bemerke z. B. folgende für das Beneficium diuisionis über-haupt, und besonders auch we-gen der darin statuirten Aus-nahme von demselben, wichtige Stelle: L. 12. Rem pup. sal. fo. (*Papinian.*) „Si plures fide-„iussores a tutore pupillo dati „sunt, non esse eum distrin-„gendum, sed in unum dan-„dam actionem: ita ut ei, „qui conueniretur, actiones „præstarentur: nec quisquam „putauerit, ab iure disces-„sum; postquam pro ea parte „placuit tutores condemnari, „quam administrauerunt; et „ita demum in solidum, si

das einzige gewesen sey, weiß ich nicht, und die
Quellen geben uns hierüber aus dem schon angegebenen natürlichen Grunde keinen sichern Aufschluß.
Doch scheint auch in dem Umstand, daß Justinian
in d. L. pen. die mit der Belangung eines Bürgen
verbundene Liberation der übrigen als praktisches
Recht seiner Zeit darstellt, und dabey erwähnt, man
finde es oft für nöthig, sich dagegen durch Vertrag
zu sichern, eine etwelche Andeutung zu liegen, daß
eine andere praktische Hülfe nicht Statt gefunden
habe.

§. 67.

Ein einzelner Fall, in welchem die processualische
Consumtion, ebenfalls wegen der beschränkten Condemnatio, sehr ungerechte Folgen haben könnte, ist
der einer *Actio pra socio*, welche — nach der bekannten

„res a cæteris non seruetur,
„et idonea culpa detegatur,
„quod suspectum facere super-
„sederint. nam æquitas arbitri
„atque officium uiri boni ui-
„detur eam formam iuris de-
„siderasse. Cæterum fideius-
„sores ciuiliter in solidum
„obligati, cæteris quidem agen-
„tibus, ut diuidatur actio,
„impetrare possunt; pupillo
„uero agente, qui non ipse
„contraxit, sed in tutorem
„incidit, et ignorat omnia,
„beneficium diuidendæ actio-
„nis iniuriam habere uisum
„est; *ne ex una tutelæ causa*
„plures ac uariæ quæstiones
„apud diuersos iudices consti-
„tuerentur.“

Regel — mit der Beschränkung *in quantum facere debitor potest* ertheilt worden war.

Allein hier finden wir für den Creditor durch die ausdrückliche Bestimmung gesorgt, daß der Beklagte zum voraus angehalten werden solle, zu versprechen, er wolle das Uebrige künftig nachbezahlen.

L. 63. § 4. Pro socio (*Ulpian.*)

„Item uidendum, an cautio ueniat in hoc
„iudicium eius, quod facere socius non pos-
„sit, scilicet (1) nuda promissio? Quod
„magis dicendum arbitror.“

Vgl. L. 47. § 2. De peculio (*Paul.*)

„Si semel actum sit de peculio, quamuis
„minus inueniatur rei iudicandæ tempore in
„peculio, quam debet, tamen cautionibus
„locum esse non placuit de futuro incre-
„mento peculii: *hoc enim in pro socio
„actione locum habet, quia socius uni-
„uersum debet* (2).“

Daß aber bey dieser neuen Stipulation einzig der Zweck vorschwebte, die Consumtion für den Creditor unschädlich zu machen, zeigt der Umstand recht deut-

---

(1) al. *an* scilicet.

(2) Den Gegensatz s. in
L. 35. De fideiuss. L. 1. § ult.

De pecun. const., vgl. mit
L. 6. § 2. L. 7. De fideiuss.

lich, daß bloße Repromiſſion, nicht aber Sa=
tisdation ſollte gefordert werden können.

Ob nun daſſelbe auch in allen übrigen Fällen,
in denen die Moderation *in quantum facere debitor potest* eintritt, angenommen wurde, darüber fehlt
es an ausdrücklichen Nachrichten. Doch wäre kein
Grund für verſchiedene Beſtimmungen abzuſehen (3).

§ 68.

Edictum quod falso tutore. —

Wir können aus den ziemlich unzuſammenhängen=
den und fragmentariſchen Nachrichten des Tit. Dig.
Quod falso tutore ſo viel mit Sicherheit entnehmen,
daß für den Fall, wo ein falſcher Tutor einen Pu=
pillen verbeyſtändete, und ihm zur Vollziehung von
Rechtsgeſchäften ſeine Auctoritas verlieh, durch
beſondere Beſtimmungen des prätoriſchen Edictes in
mehrfacher Beziehung geſorgt war, daß nicht der un=
ſchuldige Dritte, welcher auf dieſe Weiſe mit dem
Pupillen in Verkehr getreten war, dadurch geſchädigt
würde. Zu dieſem Zwecke wurde jenem theils eine
Actio in factum gegen den *falsus tutor*, wenn die=
ſer wirklich dolos gehandelt hatte, auf Schadens=

(3) Später ſcheint man auch
ohne eine ſolche Cautio das
Einklagen des Reſtes zugelaſ=
ſen zu haben. L. 3. C. Sol.
matrim.

ersatz (1), theils überhaupt nöthigenfalls Restitutio
in integrum gegen den Pupillen selbst verheißen.

Diese letztere nun, welche uns hier ausschließlich
interessirt, bezog sich schon nach den Worten des
Edicts ganz besonders auf eine allfällig eingetretene
processualische Consumtion (2), und zwar verhält es
sich damit so:

Gesetzt es hatte jemand gegen den Pupillen eine
Klage, die er geltend machen wollte; er wandte sich
deßhalb an die Person, welche sich für den Tutor

---

(1) L. 7. Quod falso tut.

(2) Die hieher gehörigen
Hauptstellen sind L. 1. §. 6. —
L. 6. Quod fal. tut., worin
uns von Ulpian und Pau-
lus folgendes enthalten ist:
§ 6. „Ait Prætor. *Si id actor
„ignorauit, dabo in inte-
„grum restitutionem.* Scienti
„non subuenit: merito, quo-
„niam ipse se decepit. L. 2.
„*Si id,* inquit, *actor ignora-
„uit.* Labeo, et si dictum
„sit ei, et bona fide non cre-
„diderit. L. 3. Plane si is
„sit, qui auxilio non indi-
„get, scientia ei non nocet,
„utputa si pupillus cum pu-
„pillo egit; nam cum nihil

„actum sit, scientia non no-
„cet. L. 4. Minori 25. an-
„nis succurretur, etiamsi scie-
„rit. L. 5. Interdum tamen
„etsi scientia noceat, tamen re-
„stitutio facienda erit, si a præ-
„tore compulsus est ad iudi-
„cium accipiendum. L. 6. Pu-
„pilli scientia computanda non
„est, tutoris eius computanda
„est: utique et si pupillo cau-
„tum sit, melius dicitur, rem
„suam restitui pupillo, quam
„incertum cautionis euentum
„eum spectare. Quod et Iu-
„lianus, si alias circumuen-
„tus sit pupillus, respondit.“—
Vgl. auch L. 7. § 3. L. 10.
eod.

ausgab, und die er wirklich selbst für denselben hielt.
Dieser stellte den Knaben vor den Prätor, uud ließ
ihn in seiner Gegenwart und unter Gewährung seiner Auctoritas dasjenige vollziehen, wodurch er den
Proceß als Beklagter auf sich nahm, d. h. er ließ
ihn *iudicium accipere*, und so ging dann der Proceß weiter seinen ordentlichen Gang. Erfolgt nun
am Ende eine Condemnation, so wird dieselbe natürlich, wie die Formula selbst, gegen die Person
des Pupillen gerichtet (3), und es hat keinen

(3) Man denke sich ja nicht
etwa einen Fall, wo der *falsus tutor* im Nahmen des Pupillen den Proceß selbst übernommen, die Sache *tutorio
nomine* geführt hätte, so daß
dann die *condemnatio*, wie wir
aus *Gai.* Comm. IV. §§ 82.
86. 87. wissen, auf den *tutor*
selbst gestellt worden wäre.
Vielmehr handelt es sich hier
um eine Proceß-Führung, die
der Pupill, mit der *auctoritas*
versehen, selbst übernommen
hat, so wie wir ja aus mehrern Stellen wissen, daß der
Tutor, wo es immer die kör-
perliche und geistige Entwickelung des Pupillen erlaubt, in

allen Angelegenheiten, und
nahmentlich auch bey Procef-
sen, ihn selbst unter seiner Lei-
tung und *auctoritas* handeln
lassen, nicht aber für ihn und
in seinem Nahmen handeln soll.
Man sehe hierüber L. 1. § 2.
De admin. et peric. tut. (*Ulpian.*) „Sufficit tutoribus ad
„plenam defensionem, siue
„ipsi iudicium suscipiant,
„siue pupillus ipsis auctori-
„bus . . . Licentia igitur erit,
„utrum malint ipsi suscipere
„iudicium, an pupillum ex-
„hibere, ut ipsis auctoribus
„iudicium suscipiatur: ita ta-
„men, ut pro his, qui fari
„non possunt, uel absint,

Zweifel, daß, wenn die Auctoritas von dem wahren Tutor herrühren würde, die ganze Proceß-Führung, und so auch die Condemnation des Pupillen, eben so gültig und wirksam wäre, wie wenn ein Großjähriger gehandelt hätte. So aber verhält sich alles dieß umgekehrt: ein *falsus tutor* ist kein *tutor*, seine Auctoritas ist keine hinreichende Auctoritas, es steht daher alles so, wie wenn der Pupill ohne Auctoritas tutoris auf seine eigene Faust processirt hätte: folglich kann ihn auch die ganze Proceß-Führung, und nahmentlich die Condemnation, nicht binden (4), und es entsteht daraus für den Kläger keine *Actio iudicati*, die ihm zur Execution des Urtheils verhelfen könnte.

Wie aber, wenn er jetzt seine ursprüngliche Klage von neuem gegen den Pupillen anstellen wollte?

Wir haben oben (5) gesehen, daß, sobald der rechte Kläger seine Klage gegen irgend jemanden, mag derselbe auch gar nicht befugt seyn für den wahren Debitor zu handeln, angestellt hat, dieselbe

---

„ipsi tutores iudicium susci-
„piant, pro his autem, qui
„supra septimum annum æta-
„tis sunt, et præsto fuerint,
„auctoritatem præstent.“ —
Vgl. L. 2. pr. L. 9. pr. eod.
L. 7. Quan. ex fac. tut. L. 37.

§ 1. Ad. SC. Trebell. L. 7.
§ 1. De bon. poss. L. 2. C.
Qui legit. pers. — Ueber d.
L. 1. § 2. f. Unterholzner
in d. Zeitschr. f. gesch. R. W.
Bd. I. S. 47. ff.

(5) S. 349. ff.

ohne anderes confumirt ift, fomit nachher auch gegen den rechten Beklagten nicht mehr gebraucht werden kann (6). Folglich ift auch im vorliegenden Fall der Umstand, daß die Klage gegen den mit keiner Auctoritas tutoris verfehenen Pupillen, welcher nicht befugt war, fich felbft zu defendiren, angeftellt wurde, nach Römifcher Anficht nicht hinreichend, um die Confumtion der Klage zu hindern, und der Kläger fähe fich alfo in der nachtheiligen Lage, weder das erlangte Urtheil zur Vollziehung bringen, noch mit Aufgebung deffelben fein urfprüngliches Recht auf's neue von vorne an verfolgen zu können.

Allein dagegen verheißt der Prätor im Edict zum voraus feine Hülfe, indem er erklärt, Jedem die auf folche Art verlorene Klage reftituiren zu

---

(6) Wie confequent diefe Idee feftgehalten wurde, davon gibt befonders auch L. 18. De interrog. in iu. eine ftarke Probe, und gerade die Art, wie man hier der übergroßen Härte, welche mit der ftrengen Anwendung der Regel verbunden gewefen wäre, in einem einzelnen Fall abzuhelfen fuchte, ift die ftärkfte Beftätigung der Regel felbft. Dort fagt nähmlich Julian: „Qui ex parte „dimidia heres erat, cum ab„sentem coheredem suum de„fendere uellet, ut satisda„tionis onus euitare posset, „respondit, se solum here„dem esse, et condemnatus „est. Quaerebat actor, cum „ipse soluendo non esset, an „rescisso superiore iudicio in „eum, qui reuera heres erat, „actio dari deberet? Proculus „respondit, rescisso iudicio „posse agi. Idque est uerum.“

wollen, jedoch nur unter der Bedingung, wenn der
Kläger den wahren Sachverhalt nicht gekannt, und
sich nicht wissentlich mit der Auctoritas des *falsus
tutor* begnügt habe.

So viel theils als Resultat, theils zur Erklärung
der oben mitgetheilten Fragmente.

§ 69.

Noch finden wir mehrere Beyspiele in unsern
Quellen, wo die processualische Consumtion nicht in
Folge specieller Grundsätze, wie die waren, welche
wir in den vorher gehenden §§ kennen gelernt haben,
sondern nach der eigenthümlichen Beschaffenheit des
vorliegenden Falles, kraft des dem rechtsprechenden
Magistrate zustehenden Arbitrium, nach der Ansicht
der Römischen Juristen in ihren Folgen aufgehoben
werden sollte. Dahin gehören folgende:

a) In L. 2. exc. r. iud. (1) ist von einem Fall
die Rede, wo eine *Exceptio dilatoria* die Abwei-

---

(1) (*Ulpian.*) „Qui cum
„herede eius egit, qui filium
„praeterierat, et exceptione
„summotus est, *At si non in ea
„causa sint tabulae testamenti, ut
„contra eas bonorum possessio
„dari possit: omittente eman-
„cipato filio bonorum posses-
„sionem, non inique restitua-

„tur, ut agat cum herede.
„Et ita Iulianus lib. 4. Di-
„gestorum scripsit.“ Die
Stelle, welche hier aus Julian citirt wird, finden wir
(und zwar mit völlig zutref-
fender Inscription) als L. 15.
De O. et A.

sung des Klägers herbey geführt hatte. Nachher, als der Grund dieser Exceptio weggefallen war, wollte er die Klage von neuem anstellen. Daß ihm jetzt die Regel der Consumtion entgegen stand, er= gibt sich aus allem Bisherigen, und Gajus (2) be= lehrt uns darüber ausdrücklich. Auch kann man nicht sagen, daß in dieser Anwendung der Consumtion im Allgemeinen eine besondere Unbilligkeit liege; denn der Kläger durfte ja nur nach Anleitung jener Stelle bey Gajus die Anstellung der Klage aufschie= ben, um dieser Gefahr zu entgehen.

Damit ist aber natürlich nicht ausgeschlossen, daß auch in einzelnen Fällen dieser Art in Folge be= sonderer Umstände in der Anwendung der Rechtsre= gel eine wahre Härte liegen, und somit auch *arbi= trio Prætoris* derselben in der Jurisdiction abge= holfen werden könne. So sieht auch wirklich in der angeführten Stelle der Jurist den vorliegenden Fall an, und gestattet von diesem Gesichtspunkte aus dem Kläger Restitutio in integrum.

(2) Comm. IV. § 123. „Ob=
„seruandum est autem ei, cui
„dilatoria obiicitur exceptio,
„ut differat actionem: alio=
„quin si obiecta exceptione
„egerit, rem perdit. nec enim
„post illud tempus, quo in=
„tegra re euitare poterat, ad=
„huc ei potestas agendi su=
„perest, re in iudicium de=
„ducta et per exceptionem
„perempta.“

b) Ein Fall, wo jemand als Intestat-Erbe eine Hereditatis petitio anstellte, dieselbe mit einem unstatthaften Grunde verfocht, und daher abgewiesen wurde. Zeigt es sich nachher, daß aus einem andern Grunde die Intestat-Succession jenem Kläger doch gehöre, so kann auch hier unter Umständen in der strengen Durchführung des Consumtions-Princips eine wahre Unbilligkeit liegen. Einen solchen Fall enthält wirklich L. 11. pr. De exc. r. iud. (3), und auch hier wird daher auf die Stellung des rechtsprechenden Magistrates, welcher gegen dieselbe Hülfe schaffen könne und solle (4), verwiesen.

c) Noch andere Beyspiele derselben Art sehe man endlich in L. 18. De interrog. in iu. fac. (5) L. 13. pr. De instit. act. (6) L. 1. § ult. Quan. de pec. act. ann. L. 20. pr. § 1. De tutelæ et rat. u. s. w.

---

(3) Die Worte dieser Stelle s. oben S. 290. Note 8.

(4) Es geschah dieß in dem vorliegenden Falle wohl ganz einfach durch *denegatio exceptionis rei iudicatæ.* s. oben S. 556.

(5) Die Worte dieser Stelle s. oben S. 577. Note 6.

(6) (*Ulpian.*) „Habebat quis „seruum merci oleariæ præ- „positum Arelatæ; eundem „et mutuis pecuniis accipien- „dis: acceperat mutuam pe- „cuniam. Putans creditor, „ad mercem eum accepisse, „egit proposita actione: pro- „bare non potuit, mercis gra- „tia eum accepisse. *Licet con- „sumpta est actio,* nec am- „plius agere poterit, quasi „pecuniis quoque mutuis ac-

§ 70.

Noch bleibt uns eine andere Maßregel, welche gegen ungebührliche Folgen des Conſumtions-Principes ergriffen wurde, zu betrachten übrig.

Es iſt oben (1) dargethan worden, daß und warum die Regel der Conſumtion, zuſammen mit der Actio iudicati, in vielen Fällen, und beſonders bey den *in rem actionibus*, zur Erreichung deſſen, was als allgemeiner Zweck jedes Urtheils angeſehen werden muß, durchaus nicht genüge, und daß daher die Anwendung der *Exc. rei iudicatæ* in einer zweyten Function, in welcher ſie gerade die Sicherung des durch den frühern Proceß und ſeine Entſcheidung gewonnenen poſitiven Reſultates bezweckt, als ein wahres Bedürfniß anerkannt und gebraucht worden ſey. So haben wir oben die Exc. r. i. in ihrer poſitiven Function als ein die Regel der Conſumtion ergänzendes Rechtsmittel kennen gelernt.

Wie nun, wenn dieſe Regel der Conſumtion den einen Zweck des Urtheils, Sicherung des gewonnenen poſitiven Reſultates, in gewiſſen Fällen nicht

„cipiendis esset præpositus,
„tamen Iulianus *utilem ei actio-*
„*nem competere* alt.“

(1) S. 210. ff.

nur nicht befördert, sondern ihm sogar geradezu wider-
streitet? mit andern Worten, wenn der positive Inhalt des Urtheils mit dessen allgemeiner zerstörender
Wirkung in Widerspruch geräth, indem gerade der
Beklagte die Regel der Consumtion durch das Rechtsmittel der Exc. r. i. gelten macht, welchem der positive Inhalt des frühern Urtheils ungünstig ist,
und zwar in einem der zahlreichen Fälle, in denen
durch dasselbe eine neue Actio, nahmentlich eine
Actio iudicati gar nicht entsteht, oder wo dieselbe
dem Kläger wenigstens nicht alles verschaffen kann,
wozu ihn der Inhalt des Urtheils berechtigt; folglich dieses dem Sieger ganz oder theilweise unnütz
würde? Es fragt sich: soll in dergleichen Fällen die
civile Regel der Consumtion strenge durchgeführt, und
allem praktischen Gefühle zuwider zum Effect gebracht, oder soll vielmehr, wie es die A e q u i t a s,
der eigentliche Geist des ganzen Rechts-Institutes
des Urtheils erfordert, der p o s i t i v e Gehalt des
Urtheils gegen diese seine n e g a t i v e Wirkung in
Schutz genommen werden?

Für das letztere nun müssen sich die Römischen
Juristen schon frühe entschieden haben; wenigstens
finden wir hierüber schon von Julian eine Stelle,
welche als allgemeine Regel aufstellt, die Exc. r. i.
solle dem nichts nützen, welcher in dem frühern

Proceß unterlegen ist. Es ist die kurze L. 16. De exc. r. i. aus Julian's Lib. 51. Digestorum.

> „Euidenter enim iniquissimum est, proficere
> „rei iudicatæ exceptionem ei, contra quem
> „iudicatum est. "

Zwar ist dieses Fragment, wie schon der erste Anblick zeigt, von den Compilatoren völlig aus seinem Zusammenhange gerissen, und auf eine Art hingestellt, daß dadurch das Mißverständniß veranlaßt werden könnte, als wäre diese Regel ganz wörtlich und allgemein zu nehmen. Allein gerade dieser Umstand, daß die Regel gar nicht in ihrem ursprünglichen Zusammenhange da steht, und schon in ihrer äußern Erscheinung zeigt, daß Julian sie nicht als ein allgemeines Princip für sich, sondern zur Unterstützung einer speciellen Entscheidung hinstellte, macht es desto unbedenklicher, ihr die beschränktere Bedeutung, die sie aus innern Gründen ohne allen Zweifel haben muß, auch im Sinne ihres Verfassers unterzulegen, und zu behaupten, daß sie eben nur die Fälle, von denen wir hier sprechen, nähmlich wo die Anwendung der Exc. r. i. die Realisirung des positiven Inhaltes des Urtheils hindern würde, betrifft: — eine Erklärung, die um so weniger einer ausführlichen Demonstration bedarf, da wohl niemand daran denken wird, einen siegreichen Kläger, der sich durch die Actio iudicati das ganze Resultat des frühern Processes verschaffen kann (2), gegen die Exc. r. i. in Schutz zu nehmen, und den Beklagten zur wiederhohlten Durchfechtung desselben Rechtsstreites anzuhalten (3).

Dieß wird denn auch durch die beyden sehr merkwürdigen Anwendungen jener Regel, welche sich in L. 16. § 5. De pignoribus und L. 9. § 1. De exc. r. iud. vorfinden, bestätigt, so wie wir hier zugleich über die formelle Art, in welcher dieselbe realisirt wurde, Aufschluß erhalten. Damit verhält es sich nähmlich so:

So wie derjenige, welchem der positive Inhalt des ausgefällten Urtheils günstig war, diesen, wo er nachher in der Lage eines Beklagten sich befindet, durch die Exc. rei iudicatæ gegen eine Klage gelten zu machen befugt ist, ebenso kann er sich sehr natür-

(2) Dazu genügt aber, wie wir bald an einem Beyspiele sehen werden, die bloße Existenz einer Actio iudicati nicht unbedingt.

(3) Man denke sich z. B. den Fall: A fordert mit der Actio uenditi 100. von B, und erhält ein günstiges Urtheil, wodurch B auf 100. condemnirt wird. Nachher findet er, daß er aus dem fraglichen Rechtsverhältniß wohl 150. hätte einklagen können, und um diese reichlichere Condemnation zu bewirken, stellt er dieselbe Actio uenditi von neuem an. — Es wird wohl niemand zweifeln, daß ihm die Consumtion seiner Klage ohne anders entgegen steht.

lich auf diesen Inhalt des Urtheils auch dann berufen, wenn einer von ihm selbst angestellten Klage
eine Exceptio opponirt wird, die demselben zuwider
läuft; mit andern Worten: er kann auf diesen Grund
hin sowohl einer Actio als einer *Exceptio* eine Exceptio (4) entgegen setzen, d. h. es kann eben so gut eine
Replicatio rei iudicatæ geben, wie es eine *Exceptio*
rei iudicatæ gibt, und dieselbe ist, nach Analogie
der letztern, immer begründet, sobald die vorliegende
Exceptio dem positiven Inhalt des Urtheils widerspricht. So steht in L. 24. De exc. r. iud. (5) die
Replicatio rei iudicatæ bey einer Actio Publiciana
der *Exceptio dominii* entgegen, und gerade ebenso
muß die nähmliche Replicatio der *Exceptio rei iu-*
dicatæ entgegen stehen, wenn diese die processualische
Consumtion in einem Falle gelten machen will, wo
dadurch der positive Inhalt des Urtheils seines Ef-
fects beraubt würde.

Dieß ist denn auch wirklich in den beyden vorhin
angeführten Stellen für zwey verschiedene Fälle aus-

(4) Vgl. L. 22. § 1. De
exceptionibus.

(5) (*Iulian.*) „Si quis rem
„a non domino emerit, mox
„petente domino absolutus
„sit, deinde possessionem ami-
„serit, et a domino petierit:
„aduersus exceptionem, *si non*
„*eius sit res*, replicatione hac
„adiuuabitur: *at* (al. *aut*) *si*
„*res iudicata non sit.* “

drücklich statuirt, und diese bleiben uns jetzt noch zu
näherer Betrachtung übrig (6).

§ 71.

L. 9. § 1. De exc. r. iud. (*Ulpianus* lib. 75.
ad Edictum.)

„Si quis fundum, quem putabat se possidere,
„defenderit, mox emerit, re secundum petito-
„rem iudicata an restituere cogatur? Et ait
„Neratius, si actori iterum petenti obiiciatur
„exceptio rei iudicatæ, replicare eum opor-
„tere de re secundum se iudicata.“ (1)

Der Fall, den Ulpian vor Augen hat, ist dieser:
A belangt den B als Besitzer einer Sache, welche
dieser aber gar nicht in seinen Händen hat, mit der

(6) Die beyden Fragmente
machen die Veranlassung und
den Hauptgegenstand der schon
ein Mahl (S. 216. Note 5.)
angeführten geistvollen Dissertation von Ribbentrop aus,
und ich bin mit der Art, wie
dieselben dort interpretirt werden, im Wesentlichen so einverstanden, daß nur theils die
Wichtigkeit der beyden Stellen
für den Zusammenhang unserer Lehre, theils die räthsel-
hafte, aber, wie es scheint,
wirklich in der Absicht des
Verfassers begründete Unbe-
kanntheit jener Schrift die folgende Erörterung statt eines
einfachen Citates, zur Vermeidung einer Lücke nothwendig gemacht haben.

(1) Von dieser Stelle handelt Ribbentrop a. a. O.
nach den vorausgeschickten allgemeinen Untersuchungen besonders in § 6. pp. 61 — 72.

Rei uindicatio.   B, ſtatt ſich einfach auf den fehlen⸗
den Beſitz zu berufen, und dadurch ohne weiteres
die Abweiſung des Klägers herbey zu führen (2),
läßt ſich, weil er wirklich Beſitzer zu ſeyn glaubt,
auf die Klage ſelbſt ein, und beſtreitet dem Kläger
ſein Eigenthum.   Dieſes wird alſo der Gegenſtand
der richterlichen Unterſuchung, und der Juder erklärt
in Folge derſelben den A für den Eigenthümer, und
befiehlt dem B, wie gewöhnlich, zugleich die Reſtitu⸗
tion (3).   Jetzt klärt ſich der Irrthum auf, und da
unter dieſen Umſtänden weder ein directer Zwang
zur Reſtitution möglich iſt, noch die Requiſite einer
Condemnation in die *Litis æstimatio* ſich vorfinden,
ſo wird B abſolvirt (4).   Später kauft nun B die⸗

(2) Daß dieß in dergleichen
Fällen das einfache und ge⸗
wöhnliche war, habe ich oben
§§. 296. und 299. zu zeigen
geſucht.

(3) Ueber dieſes erſte Er⸗
kenntniß und ſein Verhältniß
zu der endlichen Condemnation
oder Abſolution ſ. oben S. 215 f.
und daſelbſt beſonders die No⸗
ten 4. und 5.

(4) Ribbentrop, der über⸗
haupt auf alle wirklichen und
möglichen abweichenden Anſich⸗

ten ſehr ausführlich und gründ⸗
lich eingeht, läßt ſich auch ein⸗
wenden, ob nicht etwa das
re secundum petitorem iudicata
auf eine endliche Condem⸗
nation zu beziehen ſey.   Es
wird aber hiegegen ganz rich⸗
tig erinnert: Als Grund einer
Condemnation wäre in dem vor⸗
liegenden Falle einzig denkbar
die hartnäckige Erklärung des
Beklagten, er könne wohl re⸗
ſtituiren, aber er wolle nicht.
Dieſe kam aber ohne Zweifel

selbe Sache von einem Dritten, der sie ihm auch wirklich übergibt (5). Und jetzt tritt A' auf's neue

(wie auch wir schon oben S. 219. angenommen haben) in der Wirklichkeit setzen vor, und ist in unserm Falle doppelt unwahrscheinlich, weil es sich doch kaum denken läßt, daß der Beklagte sogar bis zur endlichen Condemnation in dem Irrthum über den Besitz der Sache verblieben wäre. Zudem hat es nicht das mindeste gegen sich, sondern ist zumahl bey *in rem actionibus* ganz gewöhnlich, daß die Worte *re secundum petitorem iudicata* auf das der Condemnation oder Absolution vorher gehende Urtheil über das zum Grunde liegende Recht selbst bezogen werden. s. z. B. L. 20. § 17. L. pen. De hered. pet. (vgl. L. 41. pr. eod.) L. 15. § 6. Qui satisda. cog. L. 57. L. 58. De R. V. L. 32. pr. De religiosis. L. 4. § 7. De dol. exc. L. 11. § 3. De iureiur. u. v. a.

(5) Daß man sich die Folge der Ereignisse, und nahmentlich den Zeitpunkt des Ankaufs der Sache im Sinne Ulpian's wirklich so denken müsse, wird in der citirten Interpretation vor allem festgestellt. Jeder Zweifel fiele von selbst weg, wenn man nur das Kolon nach *emerit* streichen und hinter *iudicata* versetzen wollte. Allein dieß Hülfsmittel wird mit Recht verschmäht, indem Ulpian, wenn er in seinem Ausdruck so genau gewesen wäre, wohl viel eher geschrieben hätte: *mox, re secundum petitorem iudicata, emerit.* Wohl aber ist folgendes entscheidend dafür, daß der Kauf und der damit verbundene Besitzerwerb nicht nur nach dem Urtheil über das Eigenthum, sondern auch erst nach der absolutorischen Final-Sentenz Statt gefunden habe: Der Grund, warum dem A der frühere Proceß zu seiner Sache nicht verhelfen kann, so daß nun die Anstellung einer neuen Klage für ihn Bedürfniß wird, ist offenbar einzig der, weil der

gegen B mit der Rei uindicatio auf. Es ist die Frage: Welchen Erfolg soll diese zweyte Vindication haben? kann B jetzt zur Restitution der Sache angehalten werden, oder wird er, gestützt auf die durch den frühern Proceß bewirkte Consumtion der Eigenthumsklage deß A vermittelst der Exc. r. i. von sich abweisen können?

So viel ist allervorderst gewiß, daß nach den Grundsätzen der Consumtions-Lehre die Exc. r. i. wirklich zusteht, und zwar nicht wegen der geschehenen endlichen Absolution, wie dieß aus den Entscheidungen in L. 17. L. 18. De exc. r. i. L. 8. pr.

Beklagte den Besitz zu spät erhalten hat. Nun ist aber bekannt, daß bey der Rei uindicatio der Besitz nicht schon zur Zeit der L. C. vorhanden zu seyn braucht, sondern, wenn nur zur Zeit des Urtheils über das dingliche Recht der Beklagte Besitzer ist, der Restitutions-Befehl gegen ihn ausgesprochen, und nöthigenfalls exequirt wird. L. 27. § 1. De R. V. L. 30. pr. De peculio. L. 18. § 1. De hered. pet. Hätte also B vor dem ersten Urtheil die Sache gekauft und erhalten, so bedürfte A gar keiner neuen Klage; und ganz aus denselben Gründen muß auch die Voraussetzung verworfen werden, daß dieser Erwerb zwischen dem ersten Urtheil über das Eigenthum und der Final-Sentenz Statt gefunden habe; denn auch so wäre eine Absolution ohne vorher gehende Restitution gar nicht eingetreten, und doch muß diese in dem Fall unserer Stelle (vgl. Note 4.) vorgekommen seyn.

38

Ratam rem haberi. (6) des bestimmtesten hervor geht, sondern bloß deßwegen, weil das beyden Klagen zum Grunde liegende Eigenthum des A unter denselben Parteyen schon damahls Gegenstand der richterlichen Untersuchung und Beurtheilung geworden war, und nach dem Obigen die bloße Existenz eines Urtheils zur Begründung der Exc. r. i. in ihrer negativen Function hinreicht.

Vergleichen wir aber mit dieser Wirkung des ausgefällten Urtheils den Erfolg, den dasselbe nach seinem materiellen Inhalt, nach seinem Sinn und Geist haben sollte, so kommen wir auf ein sehr verschiedenes Resultat. Der Juder hatte geurtheilt, A sey Eigenthümer, und B solle ihm die Sache zurück geben; die Entscheidung war also ganz zu Gunsten des A ausgefallen, es kann mithin als die eigentliche Bedeutung, die wahre Bestimmung dieses Urtheils nichts anderes angesehen werden, als, das Eigenthum des A richterlich anzuerkennen, und nahmentlich gegen B zu schützen; und nur zufällige, mit dem Eigenthum des B in gar keiner Berührung stehende Umstände hatten das wirkliche Eintreten dieses Schutzes für den Augenblick unmöglich gemacht. Und doch sollte

(6) Die Worte dieser Stellen s. oben S. 297. f., so wie die genauere Entwickelung desselben, was wir hier durch dieselben begründen, den Inhalt jenes ganzen § 36. ausmacht.

gerade dieß Urtheil die einzige Ursache werden, daß A zu keinen Zeiten den richterlichen Schutz seines Eigenthums gegen Störungen des B erlangen könnte?

Gegen diese Ungereimtheit kommt nun aber eben das *Euidenter iniquissimum est* der L. 16. cit. zur Anwendung, und so gestattet auch Ulpian in unserer Stelle dem A die *Replicatio de re secundum se iudicata*, wodurch die Exceptio rei iudicatæ des B fruchtlos gemacht, und der Inhalt des Urtheils gegen die ungerechte Wirkung des Consumtions-Principes gerettet wird.

§ 72.

d. L. 16. § 5. De pignoribus. (1) (*Marcianus* libro singulari ad formulam hypothecariam.)

„Creditor hypothecam sibi per sententiam
„adiudicatam quemadmodum habiturus sit,
„quæritur: nam dominium eius uindicare non
„potest. Sed hypothecaria agere potest; et
„si exceptio obiicietur a possessore rei iu-
„dicatæ, replicet, *si secundum me iudica-*
„*tum non est.*"

So lautet das Fragment nach der Florentinischen Leseart (2), an deren Richtigkeit heutzutage

(1) *Ribbentrop* l. c. § 5.   (2) Abweichende Lesearten
pp. 47—60.   sind folgende: In einer von

wohl niemand mehr zweifeln wird, so daß wir sie ungeachtet der nicht unbedeutenden Varianten bey der Interpretation unbedenklich zum Grunde legen können.

Ribbentrop p. 47. not. 54. angeführten HS. (es ist dieß wahrscheinlich das einzige in Göttingen befindliche vollständige Dig. uet.) fehlen die Worte *Sed hypothecaria agere potest,* und das Weitere lautet so: „ut „si exceptio obiicietur a pos„sessore iudicatæ s. rei repli„cet si eum iudicatum non „est." Meine eigene HS. weicht folgender Maßen von der Flor. ab: „ut si exceptio „obiicietur a possessore *iudi„catæ rei,* replicet, si secun„dum *eum* iudicatum non est." Als überein stimmende Leseart mehrerer älter Ausgaben bemerke man: *ut si exceptio obiiciatur a possessore iudicati,* replicet, si secundum *eum* iudicatum non est. Dafür führt *Ribbentrop* an: Ed. Nic. Ienson Galici (s. Spangenberg Einleitung in das Röm. Justin. Rechtsbuch S. 666.) Dig. uet. Ioh. Syber Almani s. l. 1482. Norimbergæ ap. Ant. Koburger

1482. Venetiis apud fratres Furliuienses 1484. Ibid. p. Bapt. de Tortis 1494. Lugduni p. Nic. de Benedictis 1506. Ibid. op. Franc. Fradin. 1524. Dieselbe Leseart finde ich auch in Dig. uet. s. l. et a. (s. Schtader civ. Abh. S. 367. Nro. 14.) Ed. Venetiis ex off. Iacobi Galici Rubeorum familia 1477. Ib. p. B. de Tortis 1492. Lugduni p. Fr. Fradin. 1510. Parisiis ex off. Claud. Cheuallonii. 1527. Ibid. ex off. Rob. Stephani. 1527. (bloßer Druckfehler ist hier *abiiciatur*) u. s. w. Ebenso liest *Haloander,* nur daß er mit der Florent. *me* statt *eum* setzt. Dann haben auch etliche Ausgaben: *si non secundum eum iudicatum est.* So Ed. Parisiis ap. Carolam Guillard 1548. Lugduni 1566. und 1606. — Ganz sinnlos ist endlich die Leseart der Ed. Venetiis p. Bapt. de Tortis 1502. ut si . . . *iudicanti,* replicet, *si secundum eum iudicatum est.*

Was nun den Sinn der Stelle selbst betrifft, so finden wir denselben bey ältern und neuern Auslegern auf sehr verschiedene Weise angegeben.

Eine Erklärung, die auf den ersten Anblick viel gefälliges hat, ist folgende: (3)

A stellt wegen einer ihm verpfändeten Sache gegen B die Actio hypothecaria an; der Inder überzeugt sich von der Richtigkeit des Pfandrechts, befiehlt dem B die Restitution, und dieser gehorcht. Nachher verliert A dieses sein Pfand wieder, und findet den B zum zweyten Mahl im Besitze desselben. Er tritt auf's neue gegen ihn (4) mit der Actio hypothecaria auf,

(3) Außer der Glosse, wo diese Erklärung schon angedeutet ist, findet *Ribbentrop* dieselbe, freylich mit mehr oder weniger Abweichungen, in folgenden, mir nur zum Theil zugänglichen, Schriften: *Raph. Fulgosius* ad h. §. *Udalr. Zasius* ad L. 9. § 1. De exc. r. i. 4. 5. (in Opp. Francofurti ad Mœnum 1611. Tom. III. p. 364.) *Bachovius* de pignoribus et hypothecis, Lib. III. cap. 16., und endlich *Odofredus* ad h. L. — Eben dahin gehört auch *Schulting*,

Notæ ad Digesta, ed. Smallenburg, ad h. §.

(4) Erinnert man sich auf der einen Seite an das, was oben über die subjective Beziehung der Exc. r. i., nahmentlich über das bekannte Requisit der eadem persona gesagt worden ist, und bemerkt man andererseits, daß Marcian in dem vorliegenden Fall die Exc. r. i. als an sich wirklich zustehend anerkennt, so muß es sogleich als verwerflich erscheinen, wenn Einige die Möglichkeit zulassen, daß dem A im zwey-

und unterstützt sie gegen Einwendungen von Seite der processualischen Consumtion mit der angegebenen Re-plicatio, wodurch er den positiven Inhalt des frü-hern Urtheils, das sein Pfandrecht gutgeheißen hatte, gelten macht.

Bevor wir auf die Prüfung dieser Erklärung ein-gehen, mag noch folgende abweichende Bestimmung des Falles unserer Stelle bemerkt werden:

A belangte den B mit der Actio hypothecaria, der Juder anerkennt das Pfandrecht, und befiehlt zu restituiren. Jetzt zeigt sich aber, daß dem B die Be-sitzes-Requisite fehlen, und er wird daher absolvirt. Nachher bekommt er die Sache wirklich, und nun stellt A auf's neue dieselbe Klage gegen ihn an. Die Exc. r. i. und die ihr entgegen stehende Replicatio finden in dem vorhin angegebenen Sinne Statt (5).

---

ten Proceß ein ganz anderer Beklagter als im ersten gegen-über stehe.

(5) Dieser Fall würde offen-bar in allen Theilen mit dem der L. 9. §. 1. De exc. r. iud., cit., überein stimmen, nur daß dort von einer *Rei uindicatio*, hier von einer Pfandklage die Rede wäre. — Als Ver-theidiger dieser Ansicht nennt *Ribbentrop* (p. 54. not. 52.) außer der Glosse, wo sie sich auch schon vorfindet, *Bartolus* ad h. L. und *Negusantius* De pignoribus et hypothecis, p. 8. m. 1. n. 45., welche sich jedoch desselben Mißgriffes, der in der vorher gehenden Note an einigen Vertheidigern der ersten Ansicht gerügt wurde, schuldig gemacht hätten.

So viel ist nun wohl gewiß, daß diese beyden
Suppositionen an und für sich nichts unrichtiges ent=
halten; mit andern Worten, daß die bezeichneten Fälle
auf jene Art allerdings nach Römischen Grundsätzen
richtig beurtheilt wären, folglich als Beyspiele von
der Anwendung der *Replicatio rei iudicatæ* immer=
hin berücksichtigt zu werden verdienen (6).

Dagegen eine ganz andere Frage ist es, ob Mar=
cian den einen oder den andern wirklich vor Augen

---

(6) Dieß ist auch der Haupt=
grund, warum ich diese beyden
Erklärungen besonders heraus
heben zu müssen glaubte. An=
dern fehlt dieses Interesse. So
hat auch *Ant. Faber* (De Er=
ror. pragm. Dec. 92. Err. 10.)
unsern § 5. bearbeitet; seine
Interpretation ist aber völlig
abenteuerlich, und läuft dar=
auf hinaus, daß der ganze
Inhalt der Stelle für Tribo=
nianischen Unsinn erklärt
wird. — Recht wild klingt end=
lich die Erklärung von West=
phal (Versuch e. systm. Er=
läut. d. sämmtl. Röm. Ges.
vom Pfandrechte. Leipzig. 1800.
S. 332. f.): „Die Personal=
„klage, sagt er, und die Pfand=

„klage sind zwey verschiedene
„Dinge. Eine schließt die an=
„dere nicht aus, und die No=
„vation, so durch die Litis=
„contestation und gerichtliche
„Erkenntnisse entsteht, ist nicht
„schädlich sondern nützlich. Hie=
„her wird vermuthlich zu zie=
„hen seyn, L. 16. § 5. De
„Pign. . . . Durch das rechts=
„kräftige Erkenntniß war eine
„Novation vorgegangen. Soll
„sich also der Kläger doch noch
„der hypothekarischen Klage be=
„dienen? Wenn er sich deren be=
„dient, wird ihm der Beklagte
„nicht die geschehene Novation
„entgegen stellen? Soll er sich
„lieber einer andern Klage,
„als z. E. der Eigenthums=

gehabt habe, und ob jene Suppositionen mit den Worten unserer Stelle nach richtigen Grundsätzen der Interpretation verträglich seyen.

In dieser Beziehung kann es nicht entgehen, daß sich weder von einer wirklich geschehenen Restitution des B an A und dem nachher erfolgten neuen Verlust des Besitzes; noch von dem Umstand, daß B als Nichtbesitzer absolvirt worden war, nachher aber den Besitz erworben hatte, in unserer Stelle irgend eine Andeutung findet; und es steht somit jeder der beyden Interpretationen die entscheidende Einwendung entgegen, daß sie wesentlich auf Voraussetzungen beruhen, die unmöglich aus dem Inhalt der Stelle entnommen werden können, sondern die vielmehr erst ganz willführlich in dieselbe hinein getragen werden müssen. Ueberdieß scheinen der erstern Erklärung insbesondere die Worte „*quemadmodum creditor hy-* „*pothecam sibi per sententiam adiudicatam ha-* „*biturus sit*" geradezu zu widersprechen, indem dieselben doch ohne die äußerste Gewalt nicht anders zu verstehen sind, als so, daß dadurch die Frage aufgeworfen werde, wie der Creditor die ihm durch das

„klage, der Publicianæ etc. „bedienen? Das letztere kann „und braucht er nicht. Die „Novation ist zu seinem Vor=

„theil. Es bleibt bey der Hy= „pothekklage. Sie heißt actio „hypothecaria judicati."

Urtheil zuerkannte Hypothek nun wirklich bekommen könne.

So sind denn auch jene beyden Erklärungen aus den angeführten Gründen mit Recht von Ribbentrop bestimmt verworfen worden: seine eigene Ansicht aber, von deren Richtigkeit ich mich vollständig überzeugt habe, ist folgende:

A belangt den B, welcher eine ihm verpfändete Sache besitzt, mit der Actio hypothecaria (7). Der Juder anerkennt das Pfandrecht des A, und befiehlt dem B die Restitution. Da nun dieser weder geradezu gehorcht, noch sich, wie ihm bekanntlich frey steht, durch Bezahlung der Schuld selbst liberirt, da ferner A sich um die richterliche Execution des Restitutions-Befehles nicht bewirbt (8), so wird B nunmehr in die Litis æstimatio condemnirt (9). Dadurch erhält allerdings A die Actio iudicati gegen B auf

---

(7) *Ribbentrop* hat sich a. a. O. die Mühe gegeben, noch besonders nachzuweisen, daß man bey dem *adiudicare* weder an ein *iudicium diuisorium*, noch an eine Pfandklage *per sponsionem* (deren Möglichkeit überhaupt mit Recht bezweifelt wird) denken dürfe.

(8) f. oben S. 215. f. Note 5.

(9) Wäre nicht diese Condemnation wirklich ausgesprochen, und dadurch der erste Proceß völlig beendigt worden, so würde die folgende Frage nach einer neuen Klage für den A von selbst wegfallen, denn er dürfte ja nur die Execution des Juder requiriren. Dagegen nach der Condemna-

die in der Condemnation begriffene Summe, aber er verliert darum nicht sein Pfandrecht an der Sache selbst (10), und daher auch nicht die mit demselben verbundene Klage (11).

Wie nun, wenn er jetzt, statt die Actio iudicati zu gebrauchen, lieber auf das Pfand selbst greifen möchte: vielleicht etwa weil er inzwischen an der Solvenz des B zu zweifeln anfängt, oder weil es das Interesse des Schuldners (der nach den Worten unserer Stelle nicht eben nothwendig mit der Person des B als identisch gedacht werden muß) zu erfordern scheint, daß dem B die Sache abgenommen werde, oder aus andern denkbaren Gründen?

tion ist dieß nicht mehr möglich, indem mit dem Augenblick ihrer Ausfüllung bekanntlich alle Functionen des Judex aufhören. Vgl. L. 55. De re iudicata. L. 14. L. 62. eod.

(10) Es ist oben (S. 99. ff.) gezeigt worden, daß durch den Proceß über die persönliche Schuldklage das Pfandrecht nicht untergeht (f. besonders die S. 100. Note 7. und 8. angeführten Stellen). Daß aber auch durch L. C. und Ur-

theil über die *Actio hypothecaria* das Pfandrecht nicht *ipso iure* zerstört werden kann, folgt nicht nur aus den allgemeinen Grundsätzen der processualischen Consumtion, sondern ist auch außer unserer Stelle in § 6. h. L. 16. (f. Note 13.) auf's bestimmteste anerkannt.

(11) Wie enge beydes zusammen hängt, spricht *Gaius* in L. 27. pr. De noxal. act. recht deutlich aus.

Die Eigenthumsklage, sagt Marcian, steht dem A nicht zu, denn es ergibt sich aus dem ganzen Zusammenhang, daß ein einfacher Pfandvertrag, und nicht eine Sicherheitsbestellung durch Fiducia, zum Grunde liegt (12). Wohl aber hat er noch immer die Actio hypothecaria, und die einzige Einwendung, welche derselben von Seite der processualischen Consumtion opponirt werden kann, soll in Kraft des positiven Inhalts des Urtheils und vermittelst einer darauf gegründeten Replicatio aufgehoben und erfolglos gemacht werden.

Gedeiht sonach die Sache zum zweyten Mahl dahin, daß der Judex das Pfandrecht des A zu schützen erklärt, und dem B die Restitution befiehlt, so kann jetzt A die unmittelbare Execution dieses Befehles verlangen, und sich so den Besitz seines Pfandes verschaffen.

Uebrigens wird diese Interpretation neben ihrer innern Wahrscheinlichkeit auch dadurch bestätigt, daß gerade in dem folgenden § 6. h. L. 16. (13) die Frage

(12) Dieser Gedanke steckt wohl auch bey Marcian im Hintergrund, und dadurch ist der Vorwurf ausgeschlossen, als sey durch die Worte *Nam dominium eius uindicare non potest* etwas ganz triviales und überflüssiges ausgesprochen.

(13) „Si pluris condemna-„tus sit debitor non restitu-„endo pignus, quam compu-„tatio sortis et usurarum fa-

verhandelt wird, was der Debitor, welcher mit der Actio
hypothecaria condemnirt worden war, bezahlen müsse,
um das Pfand zu befreyen; wobey offenbar gerade
d e r Fall (nähmlich einer wiederhohlten Anstellung der
Pfandklage) voraus gesetzt wird, dessen Möglichkeit
der Jurist unmittelbar vorher (in unserm § 5.) nachgewiesen hatte.

„ciebat, an, si tantum sol-
„uerit, quantum debebat, ex-
„oneretur hypotheca? Quod
„ego, quantum quidem ad
„subtilitatem legis et aucto-
„ritatem sententiæ, non probo:
„semel enim causa transire

„uidetur ad condemnationem,
„et inde pecunia deberi. Sed
„humanius est, non amplius
„eum, quam quod reuera de-
„bet, dando, hypothecam li-
„berari.“

Quellenregister.

Es sind darin nur diejenigen Stellen enthalten, zu deren Erklärung oder Kritik mehr oder weniger beygetragen werden sollte. Die eingeklammerten Zahlen gehen auf die Seiten. Wenn bey einer Stelle mehrere Seitenzahlen stehen, so bezeichnet ein Sternchen die Seite, wo sich der Text abgedruckt findet.

I. Justinianeische Quellen.

L. 35. (187.)
— 41. (529.)
— 46. (48.)
— 49. § 1. (163.)
— 56. (*108. *311.)
— 74. § 2. (351.)
— 76. (141.)

Lib. 5. Tit. 2. De inoff. testam.
L. 6. § 1. (387.)
— 8. § 16. (386.)
— 15. § 2. (391.)
— 17. § 1. (386.)

Lib. 5. Tit. 3. De hered. pet.
L. 3. (215.)
— 10. (215.)
— 16. pr. (192.)
— pen. 57. (217.)

Lib. 6. Tit. 1. De R. V.
L. 18. (174.)
— 20. (174.)
— 21. (177.)
— 25. (41.)
— 27. § 1. (191.)
— 35. § 1. (215.)
— 58. (215. *218.)
— 68. (215.)

Lib. 7. Tit. 1. De usufructu.
L. 6. § 1. (116.)
— 33. § 1. (278.)

Lib. 7. Tit. 2. De usufr. accresc.
L. 1. § 2. (192.)
— 10. (*177. 279.)

Lib. 7. Tit. 6. Si ususfr. pet.
L. 5. § 5. (176.)

Lib. 8. Tit. 5. Si seruit. uindic.
L. 7. (214.)
— 8. § 4. (174.)
— 19. (160.)

Lib. 9. Tit. 2. Ad leg. Aquil.
L. 30. § 1. (158.)

Lib. 9. Tit. 4. De noxal act.
L. 39. § 3. (67.)
— pen. 42. § 1. (52.)

Lib. 10. Tit. 2. Famil. hercisc.
L. 25. § 7. (365.)
— 25. § 8. (364.)
— 36. (353.)
— 44. § 1. (116.)
— 48. (168.)
— 54. (366.)

Lib. 11. Tit. 1. De interrog.
in iu.
L. 11. § 9. (128.)
— 18. (*577. 580.)

Lib. 11. Tit. 6. Si mensor fal.
mo. di.
L. 3. § ult. 6. (425.)

Lib. 12. Tit. 1. De R. C.
L. 9. (f. Zusatz am Ende.)
— 24. (Ebendas.)
— fi. 42. pr. (566.)

Lib. 26. Tit. 7. De admin. et
  peric. tut.
    L. 1. § 2. (575.)
    — 22. (97.)
    — 23. (344.)
    — 25. (531.)
    — 46. § 5. (533.)

Lib. 27. Tit. 3. De tutelæ et
  ration.
    L. 20. pr. (580.)
    — 20. § 1. (532. 580.)
    — 22. (*100. *128.)
    — 23. (233.)

L. 27. Tit. 6. Quod falso tut.
    L. 1. § 6. (574.)
    — 2. (574.)
    — 3. (574.)
    — 4. (574.)
    — 5. (574.)
    — 6. (574.)

Lib. 27. Tit. 7. De fidei. et
  nom. tut.
    L. 6. (570.)
    — 7. (*437. 566.)

Lib. 27. Tit. 10. De curator.
  furio.
    L. 7. § 1. (341. f.)
    — 7. § 2. (335.)

Lib. 28. Tit. 1. Qui testam.
  fa. po.
    L. 20. § 8. (*1. 26.)

Lib. 30. De legatis 1mo.
    L. 50. § 1. (384.)

Lib. 31. De legatis 2do.
    L. 46. (518.)

Lib. 32. De legatis 3io.
    L. 8. pr. (160.)
    — 93. § 1. (285.)

Lib. 34. Tit. 3. De liberat.
  leg.
    L. 28. § pen. 13. (285.)
    — 28. § ult. 14. (286.)
    — 29. (454.)

Lib. 35. Tit. 1. De C. et D.
    L. 74. § 3. (503.)

Lib. 36. Tit. 1. Ad SC. Trebell.
    L. 65. § 2. (75.)

Lib. 37. Tit. 14. De iur. patron.
    L. 14. (393.)

Lib. 38. Tit. 2. De bon. libert.
    L. 12. § 3. (75.)

Lib. 39. Tit. 4. De publicanis.
    L. 1. pr. (56.)
    — 5. pr. (57.)

Lib. 40. Tit. 7. De statuliberis.
    L. 29. § 1. (366.)

Lib. 40. Tit. 12. De liber. cau.
    L. 8. § 1. (406.)
    — 8. § 2. (406.)
    — 9. pr. (*398. 406.)

L. 14. § 1. (*280. 294.)
— 14. § 2. (*286. 291.)
— 15. (224.)
— 16. (583.)
— 17. (*297. 589.)
— 18. (*298. 589.)
— 19. (*225. 529.)
— 20. (540.)
— 21. pr. (540.)
— 21. § 1. (262.)
— 21. § 2. (262.)
— 21. § 3. (293.)
— 22. (*357. 538.)
— 23. (536.)
— 24. (340. *585.)
— 25. pr. (292.)
— 25. § 2. (333.)
— 26. pr. (265.)
— 26. § 1. (265.)
— 27. (*284. 294.)
— 28. (368.)
— 29. pr. (358. *399.)
— 29. § 1. (367.)
— pen. 30. pr. (288.)
— pen. 30. § 1. (221. *226.)

Lib. 44. Tit. 3. De diu. temp.
praescrip.

L. 2. (154. *155.)

Lib. 44. Tit. 4. De dol. excep.

L. 2. § 5. (343.)
— 9. (327.)

Lib. 44. Tit. 6. De litigiosis.

L. 1. § 1. (195.)

Lib. 44. Tit. 7. De O. et A.

L. 15. (578.)
— 18. (285.)
— 32. (493.)
— 34. pr. (485.)
— 34. § 1. (489.)
— 34. § 2. (490.)
— 41. § 1. (492.)
— 53. pr. (484.)
— 60. (*483. 494.)

Lib. 45. Tit. 1. De V. O.

L. 16. § 1. (514.)
— 76. § 1. (519.)
— 83. § 1. (128.)
— 89. (520.)
— 90. (567.)
— 116. (565.)
— 125. (520.)

Lib. 45. Tit. 2. De duo. reis.

L. 2. (449.)
— 3. § 1. (444.)
— 9. § 1. (448.)
— 12. § 1. (427.)
— fi. 19. (448.)

Lib. 46. Tit. 1. De fideiussoribus.

L. 4. § 1. (450.)
— 5. (442.)
— 8. § 3. (102.)
— 13. (451.)

Lib. 7. Tit. 56. Quib. res iud.
n. noc.

  L. 1. (314.)

  — 2. (358.)

  — fi. 3. (359.)

Lib. 7. Tit. 58. Si ex fals. instrum.

  L. 1. (295.)

  — 2. (295.)

  — 3. (295.)

  — 4. (295.)

Lib. 8. Tit. 14. De pignoribus.

  L. 5. (*296. 379.)

L. 8. (100.)

Lib. 8. Tit. 27. Etiam ob chirograph.

  L. un. (100.)

Lib. 8. Tit. 33. Si pign. con-
uen.

  L. 1. (217. 250.)

Lib. 8. Tit. 41. De fideiussoribus.

  L. 15. (438.)

  — pen. 28. (*436. 562.
              571.)

II. Uebrige Quellen.

Asconius ad Cic. Verrin. I. 9.
(24.)

Basiliken.

Lib. 8. Tit. 2. § 43. [L. 43.
§ 1. D. De procuratoribus.]
T. 1. p. 421. (328.)

Lib. 16. Tit. 2. § 10. [L. 10.
De usufr. accresc.] T. 2.
p. 271. (179.)

Lib. 41. Tit. 4. § 11. [L. 11.
§ 9. De interrog. in iu.]
T. 5. p. 736. (128.)

Lib. 51. Tit. 2. § 1. [L. 1. De
exc. r. iud.] Meerm. T. 5.
p. 81. (387.)

Lib. 51. Tit. 2. § 7. [L. 7. pr.
§§ 1—3. eod.] Meerm. T. 5.
p. 82. (270.)

Lib. 51. Tit. 2. § 26. [L. 29.
pr. eod.] Meerm. T. 5. p. 85.
(400.)

Lib. 51. Tit. 2. § 27. [L. 30.
pr. eod.] Meerm. T. 5. p. 85.
(288.)

Lib. 51. Tit. 3. § 2. [L. 2.
De diu. tempor.] Meerm.
T. 5. p. 86. (156.)

Cicero ad Atticum XVI. 15.
(9. 68. 436. 439. *463.)

—— pro Cæcina 3. (33.)

Cicero pro Cæcina 33. (190.)

—— ad Famil. V. 14. (503.)

—— de Inuentione II. 19. (504.)

—— pro Muræna 4. (503.)

—— de Oratore I. 36. (*506. *522.)

—— de Oratore I. 37. (258. *522.)

—— Orator. partition. 28. (33.)

—— proRoscio Com.4.(188.)

—— — — — 11. (33.)

—— in Verrem II. 12. (213.)

Consultatio ueteris Iureconsulti c. 3. (319.)

Festus s. v. Contestari. (*1. ff. 9. 17. 19. *32. ff. 68.)

—— Liti. (505.)

—— Reus. (68.)

Fragmenta Vaticana.

§ 47. (115.)

§ 53. (506.)

§ 74. (192.)

§ 195. (461.)

§ 263. (93.)

§ 317. (*307. 326.)

§ 323. (328.)

§ 328. (329.)

§ 331. (308.)

§ 332. (*326. 329.)

§ 333. (*309. 317.)

Fragmentum de iure fisci.

§ 3. (461.)

Gaius.

Comm. III. § 176. (94. 106.)

— — § 177. (94. 106.)

— — § 178. (94. 106.)

— — § 179. (94. 106.)

— — §180. (*83. ff. 200. 205. 230.)

— — §181. (*83. ff. 200. 205. 230.)

Comm. IV. § 3. (248.)

— — § 30. (5.)

— — § 40. (249.)

— — § 41. (*244. 249.)

— — § 44. (118.)

— — § 47. (*118. 193. 357.)

— — § 53. (244.)

— — § 54. (*501. 517.)

— — § 55. (246.)

— — § 57. (246. *501.)

— — § 58. (246. *508.)

— — § 59. (543.)

— — § 60. (249. *507.)

— — § 62. (252.)

— — § 68. (504. *505.)

— — § 74. (428.)

— — § 86. (90.)

— — § 95. (5.)

— — § 97. (305.)

— — § 98. (305.)

Fortſetzung und Ergänzung zu S. 514. Note 4.

Es iſt gar nicht unwichtig, ſich jenes wohl zu merken, denn man möchte ſich ſonſt leicht durch den Umſtand, daß von einer *Stipulatio certæ pecuniæ* die Rede iſt, verleiten laſſen, an eine *Stipulatio certa* zu benken, und dann käme die Regel in die Queere, daß man zwar aus jeder Obligation, ſey ſie *certa* oder *incerta*, wenn man es wagen will, und ſeinen Vortheil dabey zu finden glaubt (ſ. *Cicero* pro Roscio Com. cc. 4. 5.), die *Condictio certi*, nicht aber umgekehrt aus einer *Stipulatio certa* eine *Actio incerta* anſtellen kann. Man ſehe hierüber L. 9. De R. C. (*Ulpian.*) „Certi condictio competit ex omni „causa, ex omni obligatione, ex qua certum petitur, siue ex „certo contractu petatur, siue ex incerto: licet enim nobis „ex omni contractu certum condicere, dummodo præsens sit „obligatio: cæterum si in diem sit uel sub condicione obli- „gatio, ante diem uel condicionem non potero agere.“ ſ. auch § 1. ff. ibid. Dazu L. 24. eod. (*Ulpian.*) „Si quis certum „stipulatus fuerit, ex stipulatu actionem non habet, sed illa „condictitia actione id persequi debet, per quam certum „petitur.“

———————

Lightning Source UK Ltd.
Milton Keynes UK
UKOW06f2320250813

215954UK00005B/88/P